Programmer en Fortran

2e édition

AUX EDITIONS EYROLLES

Du même auteur

C. Delannoy. – **Le guide complet du langage C**.
N°14012, 2014, 844 pages.

C. Delannoy. – **Programmer en langage C**. *Avec exercices corrigés*.
N°14010, 5e édition, 2009, 276 pages (réédition avec nouvelle présentation, 2014).

C. Delannoy. – **Exercices en langage C**.
N°11105, 2002, 2010 pages.

C. Delannoy. – **S'initier à la programmation et à l'orienté objet**.
Avec des exemples en C, C++, C#, Python, Java et PHP.
N°14011, 2e édition, 2014, 382 pages.

C. Delannoy. – **Programmer en langage C++.**
N°14008, 8e édition, 2011, 820 pages (réédition avec nouvelle présentation, 2014).

C. Delannoy. – **Exercices en langage C++**.
N°12201, 3e édition, 2007, 336 pages.

C. Delannoy. – **Programmer en Java**. *Java 8*.
N°14007, 9e édition, 2014, 940 pages.

C. Delannoy. – **Exercices en Java**.
N°14009, 4e édition, 2014, 360 pages.

Autres ouvrages

G. Swinnen. – **Apprendre à programmer avec Python 3**.
N°13434, 3e édition, 2012, 435 pages.

P. Roques. – **UML 2 par la pratique**
N°12565, 7e édition, 2009, 396 pages.

C. Soutou, O. Teste. – **SQL pour Oracle**.
N°13673, 6e édition, 2013, 642 pages.

C. Soutou. – **Programmer avec MySQL**.
N°13719, 3e édition, 2013, 520 pages.

Claude Delannoy

Programmer en Fortran

2e édition

Fortran 90 et ses évolutions Fortran 95, 2003 et 2008

EYROLLES

ÉDITIONS EYROLLES
61, bd Saint-Germain
75240 Paris Cedex 05
www.editions-eyrolles.com

 ISBN : 978-2-212-14020-0

AVANT-PROPOS

Bien qu'existant depuis de nombreuses décennies, Fortran a toujours su évoluer pour conserver sa suprématie dans le domaine du calcul scientifique.

Après ses premières normalisations (Fortran 66 et Fortran 77), une évolution radicale a eu lieu avec la norme **Fortran 90**. Elle en a fait un "vrai langage structuré" et elle a amélioré ses possibilités de "programmation modulaire", notamment grâce à la notion d'interface. Si cette norme s'était limitée à cela, Fortran 90 aurait déjà possédé des qualités que l'on ne retrouvait pas simultanément dans les langages des années 1990. Mais, elle est allée beaucoup plus loin en introduisant :

- des possibilités de manipulation de tableaux, à la fois puissantes et concises, sans véritable équivalent dans les autres langages[1], particulièrement bien adaptées au calcul vectoriel ou parallèle ;
- la gestion dynamique, par le biais de pointeurs ou de tableaux allouables ;
- des outils originaux de surdéfinition d'opérateurs, de généricité, de création de types abstraits.

---

[1]. Fortran 77 était déjà supérieur aux autres langages en matière d'entrée-sortie de tableaux.

Par la suite, si la norme **Fortran 95** (qui a notamment introduit l'instruction *forall* spécifique au calcul parallèle) n'a constitué qu'une évolution mineure, **Fortran 2003**, en revanche, a doté le langage de réelles fonctionnalités de Programmation Orientée Objet, tout en en améliorant ses possibilités de gestion dynamique, en le dotant (facultativement) de mécanismes d'interopérabilité avec le langage C. Enfin, **Fortran 2008** a surtout apporté quelques améliorations destinées au calcul parallèle (co-tableaux) ou au développement de gros programmes (sous-modules).

Cet ouvrage est destiné à tous ceux qui souhaitent maîtriser la programmation en Fortran : étudiants des disciplines scientifiques, chercheurs ou ingénieurs, enseignants de ce langage. Il a été conçu sous forme d'un cours complet :

- chaque notion importante est illustrée d'un programme d'école[2] montrant comment la mettre en œuvre dans un contexte réel ; celui-ci peut également servir :
  * à une prise de connaissance intuitive ou à une révision rapide de la notion en question ;
  * à une expérimentation directe dans votre environnement de travail ;
  * de point de départ à une expérimentation personnelle ;
- nous avons cherché à être progressif et nous avons systématiquement évité les "références avant", ce qui signifie que la compréhension d'un passage donné ne fait intervenir que ce qui précède ; il est ainsi possible d'étudier l'ouvrage de façon séquentielle,
- la plupart des chapitres sont dotés d'exercices corrigés en fin de volume. Ils vous permettront de contrôler l'acquisition de vos connaissances.

D'une manière générale, l'ouvrage s'adresse à un "lecteur type" possédant déjà quelques rudiments de programmation (éventuellement Fortran 77). La présente édition tient compte des différentes versions du langage. Néanmoins, le discours privilégie Fortran 90/95 (qui reste toujours très utilisé). Lorsque cela s'est avéré justifié, les différences avec Fortran 77 ou les apports des normes 2003 et 2008 sont mentionnées au fil du texte.

En plus de son caractère didactique, nous avons conçu cet ouvrage de manière à faciliter sa consultation lors de la recherche d'une information précise :

- les chapitres sont fortement structurés ; ceci permet une première recherche au niveau de la table des matières ;
- au fil du texte, des encadrés viennent récapituler la syntaxe des différentes instructions du langage ; sachez qu'ils sont toujours exhaustifs, quitte à mentionner des points non encore abordés[3] ;

---

2. C'est-à-dire conçu spécifiquement pour illustrer la notion en question.

- de nombreuses annexes font le point sur certains aspects, au demeurant techniques, dont la présentation exhaustive dans le texte principal aurait nuit à la clarté de l'exposé : multiplicité des formes de déclarations, descripteurs de format, variantes des types de base, type *complex*, instructions obsolètes, description de l'ensemble des fonctions intrinsèques.

En outre, cette dernière édition comporte deux nouvelles annexes :

- une présentation didactique des possibilités de Programmation Orientée Objet offertes par Fortran 2003 ;
- la description des autres apports des normes 2003 et 2008.

[3]. Ceci n'est pas contradictoire avec le fait d'éviter des références avant ; ici, il ne s'agit que de mentionner l'existence de certains points dont la connaissance n'est nullement nécessaire à la compréhension du cours.

TABLE DES MATIERES

I. GENERALITES SUR FORTRAN 90

Ce chapitre vous propose tout d'abord une première approche du langage Fortran 90, basée sur un exemple commenté. Nous vous montrons, de manière pour l'instant "informelle", comment s'expriment :

- les instructions de base que sont les déclarations de variables, l'affectation, la lecture et l'écriture,
- deux des structures fondamentales : boucle avec compteur et choix.

Cela nous permettra dans les prochains chapitres d'illustrer chaque notion importante d'exemples complets de programmes, avant que nous n'ayons réalisé une étude détaillée de toutes les instructions qui le constituent.

Nous dégagerons ensuite les règles générales qui s'appliquent à l'écriture d'un programme en Fortran 90 (identificateurs, mots clés, format des lignes...). Vous serez ainsi en mesure, dès le début, d'expérimenter les programmes proposés, de les adapter, voire d'écrire les vôtres (ne serait-ce que ceux correspondant aux exercices proposés!).

1 - PRESENTATION PAR L'EXEMPLE DE QUELQUES INSTRUCTIONS DE FORTRAN 90

1.1 Un exemple de programme en Fortran 90

Voici un exemple de programme en Fortran 90, accompagné d'un exemple d'exécution en mode "conversationnel[1]" (c'est-à-dire que les entrées-sorties se font par l'intermédiaire d'un clavier et d'un écran). Avant d'en lire les explications qui suivent, essayez d'en percevoir plus ou moins le rôle.

```
program racines_carrees

  integer :: i, nrac = 5
  real ::    valeur, racine

  print *, 'Bonjour - je vais vous calculer ', nrac, ' racines carrees'
  do i = 1, nrac
    print *, 'Donnez un nombre :'
    read *, valeur
    if (valeur >= 0) then
      racine = sqrt (valeur)
      print *, 'le nombre ', valeur, ' a pour racine : ', racine
    else
      print *, 'le nombre ', valeur, 'ne possede pas de racine'
    end if
  end do
  print *, 'Travail termine - Au revoir'

end
```

```
 Bonjour - je vais vous calculer  5  racines carrees
 Donnez un nombre :
25
 le nombre   25.0000000  a pour racine :    5.0000000
 Donnez un nombre :
-3.58
 le nombre   -3.5799999 ne possede pas de racine
```

1. On dit aussi "mode dialogué".

```
 Donnez un nombre :
1.25e32
 le nombre    1.2500000E+32   a pour racine :    1.1180340E+16
 Donnez un nombre :
0.9
 le nombre    0.9000000   a pour racine :    0.9486833
 Donnez un nombre :
2
 le nombre    2.0000000   a pour racine :    1.4142135
 Travail termine - Au revoir
```

1.2 Structure générale d'un programme en Fortran 90

Un programme[2] Fortran 90 commence par un "en-tête", ici :

```
program racines_carrees
```

et se termine par une instruction :

```
end
```

L'en-tête est facultatif. Lorsqu'il est présent, le nom de programme (ici *racines_carrees*) doit être écrit suivant les conventions applicables à tous les "identificateurs" (elles seront présentées dans le paragraphe 2).

Entre l'en-tête et l'instruction *end*, on trouve (comme dans la plupart des langages) des instructions de "déclaration" et des instructions "exécutables". Les instructions de déclaration doivent, en Fortran 90, toujours précéder les instructions exécutables. Plus tard, nous verrons qu'en outre ces déclarations doivent respecter un certain ordre.

1.3 Déclarations de type

Les deux instructions :

```
   integer :: i, nrac = 5
   real ::    valeur, racine
```

2. En toute rigueur, nous devrions dire un "programme principal" ; mais cette distinction ne se justifiera que lorsque nous aurons abordé l'étude des procédures.

sont des "déclarations". La première précise que les variables *i* et *nrac* sont de type *integer* (entier), c'est-à-dire destinées à contenir des nombres entiers (relatifs). Nous verrons qu'il est possible, en Fortran 90, de définir plusieurs sortes de types entiers (pour l'instant, nous utilisons, en quelque sorte, un type entier "par défaut").

Notez que, dans cette déclaration de type, nous avons écrit *nrac = 5* et non simplement *nrac*. On dit que *nrac* a été "initialisée" (ici à la valeur 5) lors de sa déclaration. Autrement dit, lorsque notre programme commencera à s'exécuter, la variable *nrac* contiendra la valeur 5 ; bien entendu, cela n'empêche nullement que sa valeur évolue par la suite[3] (ce qui n'est pas le cas dans le présent programme).

La seconde de ces déclarations précise que les variables *valeur* et *racine* sont de type *real*, c'est-à-dire destinées à contenir des "nombres flottants" (approximation de nombres réels). Là encore, nous verrons qu'en Fortran 90 il existe plusieurs types de flottants.

Remarque importante :

> Contrairement à de nombreux autres langages (Pascal, C...), Fortran ne rend pas obligatoire les déclarations de type. Plus précisément, lorsqu'une variable n'est pas déclarée, il lui attribue d'office un type en tenant compte de la première lettre de son nom. Nous y reviendrons dans le chapitre suivant mais, d'ores et déjà, nous vous déconseillons d'employer cette facilité qui est une source d'erreurs.

1.4 Pour écrire des informations : l'instruction print

L'instruction :

```
print *, 'Bonjour - je vais vous calculer ', nrac, ' racines carrees'
```

demande d'écrire sur l'unité de sortie standard[4] les informations :

```
'Bonjour - je vais vous calculer ', nrac, ' racines carrees'
```

3. Il ne faut pas confondre une telle déclaration avec ce que l'on nomme généralement une "constante symbolique", c'est-à-dire un symbole dont la valeur ne peut évoluer au cours du programme ; cela s'obtiendra, en Fortran 90, à l'aide de l'attribut parameter.

4. Notez que cette sortie standard peut, suivant les cas, être associée à un écran ou à une imprimante. Naturellement, la manière décrire un programme n'est pas la même dans les deux cas : dans le premier, on peut "interagir" avec l'utilisateur ; ce n'est pas le cas dans le second. Ici, nous avons supposé que cette sortie standard était un écran.

Le symbole * qui précède la liste des informations précise qu'on souhaite les écrire suivant un "format par défaut". Nous verrons plus tard, dans le chapitre consacré aux "entrées-sorties conversationnelles" comment imposer nous-mêmes un format de notre choix.

Ici, nous demandons d'écrire trois informations différentes :

'Bonjour - je vais vous calculer '

nrac

' racines carrees'

La première et la troisième de ces informations correspondent à ce que l'on nomme un libellé ou une "chaîne de caractères[5]" (ou, parfois plus brièvement, une "chaîne"). Il s'agit d'une suite de caractères (quelconques) encadrés d'apostrophes (on peut aussi utiliser les guillemets). La troisième information correspond à la valeur de la variable *nrac*.

Remarque :

Si vous examinez attentivement l'exemple d'exécution de notre programme, vous constaterez que l'instruction *print* fait précéder tout ce qu'elle affiche d'un espace supplémentaire. L'explication de ce phénomène vous sera fournie dans le chapitre relatif aux entrées-sorties conversationnelles (il est essentiellement lié à l'existence de ce que l'on nomme le "caractère de contrôle" à destination de l'imprimante).

1.5 Pour faire une répétition : l'instruction do

Comme nous le verrons, il existe en Fortran 90 plusieurs façons d'effectuer une répétition (on dit aussi une "boucle). Ici :

```
do i = 1, nrac
```

demande de répéter les instructions suivantes (délimitées par l'instruction *end do*), en attribuant à la variable *i* successivement les valeurs 1, 2... nrac. Il s'agit d'une classique "boucle avec compteur".

5. En toute rigueur, il s'agit d'une chaîne de caractères constante.

1.6 Pour lire des informations : l'instruction read

La première instruction du "bloc" répété par l'instruction *do* affiche simplement le message :

```
Donnez un nombre :
```

L'instruction suivante :

```
read *, valeur
```

lit sur l'entrée standard[6], suivant un format "par défaut", une valeur qu'elle affecte[7] à la variable *valeur*. Nous verrons plus tard ce qu'est exactement ce format par défaut pour les nombres réels (pour l'instant, l'exemple d'exécution vous en donne déjà une bonne idée!).

Remarque :

Chaque instruction *print* provoque, à la fin de l'affichage, un changement de ligne. Manifestement, dans certains cas d'interrogation de l'utilisateur, il serait plus judicieux d'éviter ce phénomène de manière à ce que sa réponse apparaisse à la suite de la question posée (ce n'était pas le cas ici). Ceci est effectivement possible en Fortran 90 ; il vous faudra toutefois attendre le chapitre relatif aux fichiers pour voir comment procéder.

1.7 Pour faire des choix : l'instruction if

Les lignes :

```
if (valeur >= 0) then
  racine = sqrt (valeur)
  print *, 'le nombre ', valeur, ' a pour racine : ', racine
else
  print *, 'le nombre ', valeur, 'ne possede pas de racine'
end if
```

constituent une instruction de choix basée sur la condition *valeur* > = *0* (elle est vraie si la valeur contenue dans la variable *valeur* est positive ou nulle). Si cette condition est vraie, on exécute les instructions :

6. Ici, nous supposons qu'il s'agit d'un clavier.

7. On devrait théoriquement employer le verbe "assigner".

```
racine = sqrt (valeur)
print *, 'le nombre ', valeur, ' a pour racine : ', racine
```

Si elle est fausse, on exécute l'instruction :

```
print *, 'le nombre ', valeur, 'ne possede pas de racine'
```

La fonction prédéfinie[8] *sqrt* fournit la valeur de la racine carrée d'une valeur flottante qu'on lui transmet en "argument". L'instruction :

```
racine = sqrt (valeur)
```

est une classique instruction d'affectation (de la forme *variable = expression*).

1.8 Différences avec Fortran 77

Disons ici un petit mot pour ceux d'entre vous qui connaissent déjà le Fortran 77 et qui peuvent être quelque peu déroutés par l'exemple proposé.

Tout d'abord, sachez que Fortran 90 accepte **tout** ce qui était légal en Fortran 77. Dans ces conditions, on pourrait considérer qu'il suffit d'étudier simplement les nouveautés apportées par Fortran 90. En fait, les choses sont un peu plus complexes dans la mesure où Fortran 90 permet également d'exprimer différemment (généralement mieux) certains points.

Ainsi, en Fortran 77, les instructions devaient être écrites suivant un "format" assez rigoureux (colonnes 1 à 5 pour les étiquettes, colonne 6 pour les lignes "de suite"...). En Fortran 90, il n'existe plus aucune contrainte de ce genre : comme vous pouvez le voir sur notre exemple, nos instructions peuvent commencer en n'importe quel emplacement d'une ligne.

De même, Fortran 90 a homogénéisé les déclarations ; pour l'instant cela peut apparaître comme une contrainte lorsque l'on écrit !

```
real :: valeur, racine
```

alors qu'en Fortran 77, on se serait contenté de ceci (qui reste accepté par Fortran 90) :

```
real valeur, racine
```

8. On parle souvent de fonction "intrinsèque".

En revanche, l'initialisation de la variable *nrac* au sein de sa déclaration n'était pas possible en Fortran 77. Il aurait fallu prévoir, en début des instructions exécutables, une instruction d'affectation *nrac = 5* ou faire appel à une instruction *data* (devenue désuète en Fortran 90).

Enfin, l'instruction *do* aurait dû être écrite en faisant appel à une étiquette pour repérer la dernière instruction ; par exemple :

```
      do 100 i = 1, nrac
         .....
100   continue
```

2 - QUELQUES REGLES D'ECR,TURE

Ce paragraphe vous expose un certain nombre de règles générales intervenant dans l'écriture d'un programme en Fortran 90.

2.1 Les identificateurs

Les identificateurs servent à désigner les différents "objets" manipulés par le programme : variables, fonctions, noms de types... Comme dans la plupart des langages, ils sont formés d'une suite de caractères choisis parmi les **lettres** ou les **chiffres**, le premier d'entre eux étant nécessairement une lettre.

En ce qui concerne les lettres :

- le caractère "souligné" (_) est considéré comme une lettre. Il peut donc apparaître en début d'un identificateur. Voici quelques identificateurs corrects :

  lg_lig valeur_5 _total _89

- les majuscules et les minuscules sont autorisées mais (comme en Pascal) on ne les distingue pas les unes des autres. Ainsi *racine* et *Racine* représentent le même identificateur.

La longueur d'un identificateur est limitée à 31 caractères[9] (63 à partir de Fortran 2003).

9. En Fortran 77, elle était limitée à 6 caractères.

2.2 Les mots clés

Un certain nombre d'identificateurs sont définis par le langage et ont une signification bien précise. Nous avons déjà rencontré : *program*, *integer*, *real*, *print*, *read*, *if*, *do*, *else*... Néanmoins, contrairement à ce qui se passe dans d'autres langages, ces "mots clés" ne sont pas "réservés" ; autrement dit, il est possible de les utiliser comme identificateurs usuels, par exemple comme noms de variables, sans pour autant qu'ils perdent leur signification prédéfinie (le choix de la "bonne signification" se faisant à partir du contexte). Voici un exemple de programme, fort peu recommandable, exploitant une telle possibilité :

```
program bizare
integer :: real = 1
real ::    integer = 2.5
print *, real, integer
end
```

```
 2   1.0000000
```

Lorsqu'on utilise un mot clé comme identificateur

2.3 Le "format libre"

Fortran 90 autorise en fait deux "formats" d'écriture des instructions. Le plus intéressant des deux est le format libre que nous décrivons ici (l'autre format, dit "fixe", est décrit dans le paragraphe suivant).

a) Longueur des lignes

Les lignes peuvent être de longueur quelconque, à concurrence de 132 caractères.

b) Les séparateurs

Dans notre langue écrite, les différents mots sont séparés par un espace, un signe de ponctuation ou une fin de ligne. Il en va presque de même en Fortran 90 : deux identificateurs successifs entre lesquels la syntaxe n'impose aucun signe particulier (tel que : , = * + - ( ) etc.) doivent impérativement être séparés soit par un espace, soit par un changement de ligne (dans ce cas, toutefois, apparaîtra en plus, au moins un caractère de suite - nous y reviendrons un peu plus loin).

En revanche, dès que la syntaxe impose un séparateur quelconque, il n'est pas nécessaire d'introduire d'espaces supplémentaires ; cela est toutefois permis et améliore généralement grandement la lisibilité du programme.

Ainsi, vous devrez impérativement écrire :

```
do i = 1, nval
```

et non :

```
doi = 1, nval
```

En revanche, rien ne vous empêche d'écrire :

```
integer::n,resultat,p1,jour
```

mais il sera quand même plus lisible d'écrire :

```
integer :: n, resultat, p1, jour
```

c) Les instructions multiples

A priori, la fin de ligne sert de séparation naturelle entre deux instructions. Mais il est possible de placer plusieurs instructions sur une même ligne en les séparant par un point-virgule. Par exemple :

```
print *, 'donnez un nombre' ; read *, n
```

est équivalent à :

```
print *, 'donnez un nombre'
read *, n
```

d) ,nstructions s'étendant sur plusieurs lignes

On peut prolonger une instruction sur la ou les lignes suivantes ; dans ce cas, on précise qu'une ligne est incomplète en la terminant par &. Le mécanisme peut être répété plusieurs fois (jusqu'à 40 en Fortran 90, 256 en Fortran 2003 !). Par exemple :

```
print *,  'abscisse ',  valeur,      &
          ' ordonnee ',  resultat,   &
          ' précision ', epsilon
```

est équivalent à :

```
print *, 'abscisse ', valeur, 'ordonnee', resultat, 'precision', epsilon
```

Si l'on souhaite "couper" une instruction à l'intérieur d'une chaîne, il est nécessaire de prévoir (outre le caractère & de fin de la première ligne) que le premier caractère non blanc de la ligne suivante soit, lui aussi, un &[10]. Par exemple, ces instructions :

```
print *, 'bonjour &
          &monsieur'
```

sont correctes. En revanche, celles-ci ne le seraient pas :

```
print *, 'bonjour &
          monsieur'
```

En toute rigueur, cette possibilité pourrait également s'appliquer à la coupure d'un identificateur ; nous vous déconseillons de l'utiliser dans ce cas, pour d'évidentes raisons de manque de lisibilité.

Bien entendu, il est possible de combiner instructions multiples et instructions s'étendant sur plusieurs lignes. A titre d'exemple (à ne pas suivre!), voici comment pourrait être (mal) présenté notre précédent programme :

```
program racines_carrees ; integer :: i, &
nrac = 5
     real :: &
valeur, racine ;  print *, 'Bonjour - je vais vous &
      &calculer ', nrac, ' racines carrees' ;  do i = 1, nrac
print *, 'Donnez un nombre :' ; read *, valeur ; if (valeur >= 0) then
racine = sqrt (valeur) ; print *, 'le nombre ', valeur, ' a pour racine : ',&
racine ; else ;  print *, 'le nombre ', valeur, 'ne possede pas de racine';
end if ; end do ;  print *, 'Travail termine - Au revoir' ; end
```

Exemple de programme abusant du format libre

10. En toute rigueur, cette contrainte provient de la liberté que vous offre Fortran d'introduire une ligne commentaire (voyez le paragraphe 2.4) entre ces deux lignes.

2.4 Les commentaires

Dès lors qu'un caractère ! figure dans une ligne, tout ce qui le suit, jusqu'à la fin de la lignes est considéré comme un commentaire. En voici un exemple :

```
if (valeur >= 0) then       ! on s'assure que le nombre n'est pas négatif
```

Naturellement, cette possibilité peut être exploitée pour écrire des lignes complètes de commentaires (le caractère ! pouvant être placé n'importe où avant le texte concerné) comme dans :

```
! --------------- on ne traite que les valeurs non négatives ------------
  if (valeur >= 0) then
    !                          cas valeur positive ou nulle
    racine = sqrt (valeur)
    print *, 'le nombre ', valeur, ' a pour racine : ', racine
  else
    !                          cas valeur négative
    print *, 'le nombre ', valeur, 'ne possede pas de racine'
  end if
```

Notez qu'il n'est pas possible d'introduire un commentaire entre deux instructions d'une même ligne (puisque alors la seconde instruction fera partie du commentaire) ; par exemple, dans :

```
i = 0   ! ne pas oublier cette initialisation  ; p = 5
```

p = 5 fait partie du commentaire introduit à la sutie de *i = 0*!

En revanche, en utilisant la possibilité d'écriture d'une instruction sur plusieurs lignes, on peut présenter des déclarations sous la forme suivante :

```
integer :: i, &           ! indice de boucle
           nrac = 5       ! nombre de racines à calculer
real ::    valeur, &      ! valeur courante
           racine         ! racine carrée de la valeur courante
```

laquelle doit, toutefois, être comparée avec :

```
integer :: i              ! indice de boucle
integer :: nrac = 5       ! nombre de racines à calculer
real ::    valeur         ! valeur courante
real ::    racine         ! racine carrée de la valeur courante
```

Remarque :

Le caratère & peut apparaître dans un commentaire : il n'a alors aucune signification ; le caractère ! peut apparaître dans une chaîne : il s'agit alors d'un caractère (comme un autre) de la chaîne.

On peut insérer une ligne commentaire (c'est-à-dire une ligne dont le premier caractère non blanc est un !) entre deux lignes différentes d'une même instruction ; nous vous conseillons d'éviter cette possibilité qui nuit à la lisibilité des programmes.

2.5 Le "format fixe"

Le format fixe du Fortran 90 correspond essentiellement à l'ancien format du Fortran 77, auquel il apporte deux extensions : les instructions multiples et la nouvelle forme de commentaires (introduits par !). Son principal intérêt est d'assurer la compatibilité d'anciens programmes. Rappelons brièvement quel est cet ancien format du Fortran 77.

Chaque ligne peut contenir au maximum 72 caractères (on peut toutefois trouver des caractères supplémentaires mais, dans ce cas, ils ne sont pas considérés par le compilateur). Elle se découpe en 3 zones :

- *zone étiquette* (les 5 premières colonnes) : elle est, comme son nom l'indique, destinée à contenir une *étiquette* (nombre entier permettant de "repérer" une instruction). Là encore, nous verrons que, compte tenu de la présence d'instructions structurées, l'emploi des étiquettes devient rare en Fortran 90. Nous parlerons un peu des étiquettes dans le chapitre consacré aux structures de contrôle (nous verrons alors comment elles s'introduisent dans le "format libre").

- *zone instruction* (les colonnes 7 à 72) : elle contiendra l'instruction Fortran proprement dit (sans, bien sûr, son éventuelle étiquette!).

- *colonne suite* (colonne 6) : elle sert à mentionner que la zone instruction contient en fait la suite de l'instruction écrite dans la ligne précédente.

La structure que nous venons de décrire s'applique à toutes les lignes, à l'exception de celles qui comportent le caractère "C" en colonne 1 et qui sont considérées comme des commentaires.

Dans le format fixe, la notion de séparateur n'existe plus (il n'est plus nécessaire de séparer deux identificateurs par un espace) et, de surcroît, l'espace est sans signification[11]. Ainsi, n'importe laquelle de ces lignes :

```
doi = 1, nrac
d         oi = 1,  n          rac
```

est (hélas!) interprétée comme :

```
do i = 1, nrac
```

Remarque :

Les deux formats (libre et fixe) sont incompatibles. Il est donc nécessaire de préciser, lors de la compilation, quel est le format utilisé. Généralement, sans information précise de votre part, le compilateur considérera qu'il a affaire à du format libre. Notez que, grâce aux possibilités de "compilation séparée" offertes par Fortran, il vous sera toujours loisible de "récupérer" des routines écrites en Fortran 77 (donc en format fixe), sans être pour autant contraint d'utiliser ce format, manifestement désuet, pour le logiciel que vous développerez.

11. N'oubliez pas que le seul intérêt de ce format fixe est de permettre de compiler en Fortran 90 des programmes écrits en Fortran 77.

II. LES TYPES DE BASE DE FORTRAN 90 : INTEGER, REAL, DOUBLE PRECISION ET LOGICAL

Les types *integer* et *real* que nous avons déjà rencontrés sont souvent dits "scalaires" ou "simples" car, à un moment donné, une variable d'un tel type contient une seule valeur. Ils s'opposent aux types dits "agrégés[1]" qui correspondent à des variables[2] qui, à un moment donné, contiennent plusieurs valeurs. Le cas le plus courant de type agrégé est le tableau qui est formé d'un ensemble de valeurs de même type ; nous verrons que Fortran permet également de définir des "structures", dans lesquelles sont associées des valeurs de types quelconques.

Ici, nous allons étudier en détail les types simples permettant de représenter des nombres entiers (*integer*), des nombres réels (*real* et *double precision*) et des valeurs logiques (*logical*), c'est-à-dire des valeurs du type "vrai/faux".

---

1. On parle aussi de types structurés, mais ce terme est plus ambigu, dans la mesure où l'un des types agrégés de Fortran 90 est le type structure.

2. Attention, le terme de variable n'a pas la même signification dans tous les langages. C'est ainsi qu'en Fortran 77, on réservait traditionnellement ce terme aux variables de type scalaire (on parlait de variables indicées pour des éléments d'un tableau). Mais le seul type agrégé était alors le tableau. En Fortran 90, on va disposer de beaucoup de types agrégés et il devient utile de disposer d'un mot permettant de désigner n'importe quel "objet" d'un type quelconque. Ici, nous utiliserons à cet effet le mot variable ; lorsqu'il sera nécessaire d'être plus précis, nous parlerons alors de variable simple, de tableau, de structure., d'élément de tableau, de champ de structure...

Notez bien que nous laissons momentanément de côté deux types particuliers qu'on peut considérer à la fois comme des types simples et des types structurés, à savoir le type "complexe" et le type "chaîne de caractères". Ceux-ci seront abordés ultérieurement.

1 - LA NOTION DE TYPE

La mémoire centrale est un ensemble de "positions binaires" nommées bits. Les bits sont généralement regroupés en octets (8 bits) et chaque octet est repéré par ce qu'on nomme son adresse.

L'ordinateur, compte tenu de sa technologie (actuelle!) ne sait représenter et traiter que des informations exprimées sous forme binaire. Toute information, quelle que soit sa nature, devra être **codée** sous cette forme. Dans ces conditions, on voit qu'il ne suffit pas de connaître le contenu d'un emplacement de la mémoire (d'un ou plusieurs octets) pour être en mesure de lui attribuer une signification. Par exemple, si "vous" savez qu'un octet contient le "motif binaire" suivant :

    01001101

vous pouvez considérer que cela représente le nombre entier 77 (puisque le motif ci-dessus correspond à la représentation en base 2 de ce nombre). Mais pourquoi cela représenterait-il un nombre? En effet, toutes les informations (nombres entiers, nombres réels, nombres complexes, caractères, instructions de programme en langage machine, graphiques...) devront, au bout du compte, être codées en binaire.

Dans ces conditions, les huit bits ci-dessus peuvent peut-être représenter un caractère ; dans ce cas, si nous connaissons la convention employée sur la machine concernée pour représenter les caractères, nous pouvons lui faire correspondre un caractère donné (par exemple M, dans le cas du code ASCII). Ils peuvent également représenter une "partie" d'une instruction machine ou d'un nombre entier codé sur deux octets, ou d'un nombre réel codé sur 4 octets, ou ... autre chose.

On comprend donc qu'il n'est pas possible d'attribuer une signification à une information binaire tant que l'on ne connaît pas la manière dont elle a été codée. Qui plus est, en général, il ne sera même pas possible de "traiter" cette information. Par exemple, pour additionner deux informations, il faudra savoir quel codage a été employé afin de pouvoir mettre en oeuvre les "bonnes" instructions[3] (en langage machine).

3. Par exemple, on ne fait pas appel aux mêmes circuits électroniques pour additionner deux nombres codés sous forme "entière" et deux nombres codés sous forme "flottante".

D'une manière générale, la notion de type, telle qu'elle existe dans les langages évolués, sert à régler (entre autres choses) les problèmes que nous venons d'évoquer.

Pour chacun des types que nous allons étudier dans ce chapitre, nous préciserons :

- les valeurs qu'il permet de représenter,
- les limitations qui découlent de sa représentation en machine,
- la façon d'écrire des constantes de ce type.

2 - LE TYPE INTEGER

Le type *integer* permet de représenter des nombres entiers relatifs. Pour ce faire, on utilise un certain nombre d'octets (ce nombre dépendant de la machine concernée). Un bit est réservé pour représenter le signe du nombre (0 correspond à un nombre positif et 1 à un nombre négatif). Les autres bits servent à représenter la valeur absolue du nombre[4].

Les limitations inhérentes au type *integer* dépendent de la machine. Voici des valeurs usuelles[5] correspondant à des entiers codés sur 16 ou 32 bits :

16 bits	de -32 768 à 32 767
32 bits	de -2 147 483 648 à 2 147 483 647

Pour introduire une constante entière dans un programme, il vous suffit de l'écrire sous la forme (décimale) habituelle, avec ou sans signe, comme dans :

+533 48 -2894

Il est également possible de fournir des constantes écrites en base 2 (binaire), 8 (octale) ou 16 (hexadécimale). Dans ce cas, on place la valeur correspondantes entre apostrophes et on la fait précéder de l'une des lettres B (pour binaire), O (pour octal) ou Z (pour hexadécimal) comme dans ces exemples :

B'0110101110' O'05472' Z'B0FA'

---

4. Elle peut être représentée "naturellement", c'est-à-dire par son codage direct en binaire ou par ce qu'on nomme son "complément à deux". Cette dernière technique a le mérite de ne demander qu'un seul "circuit électronique" pour réaliser une opération donnée (addition, par exemple) aussi bien sur des nombres positifs que sur des nombres négatifs. Elle a d'ailleurs tendance à se généraliser.

5. L'amplitude des nombres négatifs peut diminuer de 1 lorsque l'on n'emploie pas la technique du complément à 2.

Remarque :

Les limitations imposées par le type *integer* varient d'une machine à une autre, ce qui peut nuire à la portabilité absolue des programmes. Le Fortran 90 a introduit la possibilité de définir des types entiers dont on fixe explicitement les limitations (en nombre de chiffres décimaux), ce qui, en théorie, devrait permettre d'améliorer la portabilité des programmes.

En fait, cette possibilité s'avère en pratique moins séduisante qu'elle n'y paraît a priori. En effet, on n'a aucune assurance sur le fait que la machine concernée pourra représenter effectivement des entiers de la taille demandée, de sorte qu'un programme donné pourra être compilé correctement sur telle machine et rejeté sur telle autre!

Nous parlerons plus en détail de ces "variantes du type *integer*" dans l'annexe B.

3 - LE TYPE REAL

3.1 La représentation en mémoire du type real

Le type *real* permet de représenter, **de manière approchée**, une partie des nombres réels. Pour ce faire, il s'inspire de la notation "scientifique" (ou "exponentielle") bien connue qui consiste à écrire un nombre sous la forme $1.5\ 10^{22}$ ou $0.472\ 10^{-8}$; dans une telle notation, on nomme "mantisses" les quantités telles que 1.5 ou 0.472 et "exposants" les quantités telles que 22 ou -8.

Plus précisément, un nombre réel sera représenté en flottant en déterminant deux quantités M (mantisse) et E (exposant) telles que la valeur

$$M . B^{E}$$

représente une approximation de ce nombre. La base B est généralement unique pour une machine donnée (il s'agit souvent de 2 ou de 16) et elle ne figure pas explicitement dans la représentation machine du nombre.

La connaissance des caractéristiques exactes du système de codage n'est généralement pas indispensable[6]. En revanche, il est important de noter que de telles représentations sont caractérisées par deux éléments :

6. Sauf lorsque l'on doit faire une analyse fine des erreurs de calcul.

- *la précision* : lors du codage d'un nombre décimal quelconque dans un type flottant, il est nécessaire de ne conserver qu'un nombre fini de bits. Or, la plupart des nombres s'exprimant avec un nombre limité de décimales ne peuvent pas s'exprimer de façon exacte dans un tel codage. On est donc obligé de se limiter à une représentation approchée en faisant ce qu'on nomme une "erreur de troncature".

- *le domaine couvert*, c'est-à-dire l'ensemble des nombres représentables à l'erreur de troncature près.

Sur beaucoup de machines, le type *real* est représenté sur 32 bits ; suivant le codage employé, on obtient des nombres pouvant couvrir des domaines allant de $[10^{-38}, 10^{38}]$ à $[10^{-78}, 10^{75}]$ avec une précision relative de l'ordre de 10^{-6}.

3.2 Notation des constantes de type réel

Comme dans la plupart des langages, les constantes de type réel peuvent s'écrire indifféremment suivant l'une des deux notations :

- décimale,

- exponentielle.

La notation décimale doit comporter obligatoirement un point (correspondant à notre virgule). La partie entière ou la partie décimale peuvent être omises (mais, bien sûr, pas toutes les deux en même temps!). En voici quelques exemples corrects :

```
12.43    -0.38    -.38    4.    .27
```

Par contre, la constante *47* serait considérée comme entière et non comme flottante. Dans la pratique, ce fait aura peu d'importance[7], compte tenu des conversions automatiques qui seront mises en place par le compilateur (et dont nous parlerons dans le chapitre suivant).

La notation exponentielle utilise la lettre e (ou E) pour introduire un exposant entier (puissance de 10), avec ou sans signe. La mantisse peut être n'importe quel nombre décimal ou entier (le point peut être absent dès que l'on utilise un exposant). Voici quelques exemples corrects (les exemples d'une même ligne étant équivalents) :

```
    4.25E4        4.25e+4      42.5E3
  54.27E-32     542.7E-33     5427e-34
      48e13         48.e13     48.0E13
```

7 . Si ce n'est au niveau du temps d'exécution.

Remarque :

Comme le type *integer*, le type *real* a l'inconvénient de ne pas correspondre aux mêmes limitations sur toutes les machines. Ici encore, Fortran 90 a introduit la possibilité de définir des types dans lesquels on choisit les limitations, à la fois en domaine et en précision. Ainsi, théoriquement, vous pouvez définir un type permettant de représenter des réels s'étendant de 10^{-n} à 10^{n} avec une précision relative de 10^{-p} (en choisissant vous-même les valeurs de n et de p). Mais, ici encore, cette possibilité s'avérera peu intéressante en pratique, dans la mesure où vous n'aurez jamais l'assurance de pouvoir disposer d'un type ainsi défini sur toutes les machines. Un programme donné pourra donc être compilé correctement sur telle machine et rejeté sur telle autre!

Nous parlerons plus en détail de ces "variantes du type *real*" dans l'annexe B.

4 - LE TYPE DOUBLE PRECISION

La norme du Fortran 90, comme celle du Fortan 77, prévoit que, dans tous les cas, il existe, outre le type *real* dont nous venons de parler, un type disposant d'une plus grande précision (mais pas nécessairement d'un domaine plus étendu) et nommé *double precision*.

Beaucoup de machines représentent un tel type sur 64 bits avec une précision relative de l'ordre de 10^{-15}.

Les constantes du type *double precision* doivent s'écrire obligatoirement sous forme exponentielle en utilisant la lettre D (ou d) à la place de la lettre E (ou e). Par exemple 0.1e0 et 0.1d0 représentent toutes deux une approximation de la valeur réelle 0,1 mais la seconde est plus précise.

Remarque :

Contrairement à ce qui se passait pour les types *integer* et *real*, il n'existe pas de "variantes du type *double precision*". Cela est, de toute façon, inutile puisque de telles variantes sont en fait contenues dans celles du type *real*.

5 - LE TYPE LOGICAL

Ce type "logique" peut ne pas apparaître d'emblée comme aussi nécessaire et naturel que les trois autres types scalaires que nous venons d'étudier. C'est pourquoi nous allons l'illustrer de quatre petits exemples complets.

```
program expression_logique
integer :: n, p
print *, 'donnez deux nombres entiers'
read *, n, p
if (n<p) then
     print *, 'croissant'
   else
     print *, 'non croissant'
end if
end
```

```
 donnez deux nombres entiers
25 10
 non croissant
```

Exemple d'expression logique

Ce premier exemple ne présente en fait aucune difficulté particulière. On peut simplement noter qu'il y apparaît un "choix" régi par la condition $n<p$. En fait, cette condition apparaît comme ce que l'on nomme une expression de type logique, type qui ne comporte que deux valeurs possibles : vrai et faux.

Notez bien que, jusqu'ici, nous n'avons pas encore introduit de déclaration correspondant à ce nouveau type puisque nous n'avons pas eu besoin de variables de ce type. Mais voyez maintenant cet exemple :

```
program exemple_variable_logique
integer :: n, p
logical :: range
print *, 'donnez deux nombres entiers'
read *, n, p
```

```
range = n<p
if (range) then
     print *, 'croissant'
   else
     print *, 'non croissant'
end if
end
```

```
 donnez deux nombres entiers
25 10
 non croissant
```

Exemple d'utilisation d'une variable logique nommée range

Cette fois, la valeur de l'expression logique $n<p$ est affectée à la variable nommée *range*, laquelle a été déclarée de type *logical*. Cette variable est ensuite utilisée pour effectuer le choix entre les deux possibilités d'affichage.

Voici un troisième exemple qui vous montre que l'on peut écrire la valeur d'une variable logique :

```
program ecriture_de_valeur_logique
integer :: n, p
logical :: range
print *, 'donnez deux nombres entiers'
read *, n, p
range = n<p
print *, 'valeur : ', range
end
```

```
 donnez deux nombres entiers
25 10
 valeur :  F
```

Ecriture de la valeur d'une variable logique

Notez que la valeur faux s'écrit simplement **F** (abréviation de "false"). La valeur vrai s'écrirait **T** (abréviation de "true"). Voici enfin un dernier exemple, un peu artificiel, qui vous montre comment s'écrivent les deux constantes du type *logical*, à savoir :

.false. **.true.**

```
program constantes_logiques
integer :: n, p
logical :: range
print *, 'donnez deux nombres entiers'
read *, n, p
range = .true.
if (n>p) then
    range = .false.
end if
print *, 'valeur : ', range
end
```

```
 donnez deux nombres entiers
12 18
 valeur :  T
```

Utilisation des constantes logiques : .true. et .false.

6 - LE TYPAGE IMPLICITE DES VARIABLES

A priori, Fortran 90, comme Fortran 77, ne rend pas obligatoire les déclarations des types des variables. Si vous cherchez à utiliser une variable qui n'a pas été explicitement déclarée, Fortran lui attribue "implicitement" l'un des deux types *integer* ou *real*, en tenant simplement compte de la première lettre de son nom. S'il s'agit de l'une des lettres i, j, k , l, m ou n[8], elle sera de type *integer* ; dans tous les autres cas, elle sera de type *real*.

D'une manière générale, une telle tolérance s'avère plus néfaste qu'utile. En effet, considérez ce petit exemple :

8. A titre mnémonique, notez que la suite de ces lettres est "encadrée" par les lettres i et n qui constituent elles-mêmes les deux premières lettres du mot integer.

```
integer :: nbre = 5, k
  .....
k = nbr + 1
```

On a écrit manifestement *nbr* au lieu de *nbre*. Dans ce cas, la variable *nbr* sera considérée comme une autre variable (ici, de type *integer*) et, manifestement, elle ne sera probablement pas définie. Malgré tout, aucune erreur de compilation ne sera détectée[9].

Fortran 90 a introduit une déclaration particulière permettant de demander qu'aucun typage implicite n'ait lieu. Il suffit de placer (avant toutes les autres déclarations), l'instruction :

implicit none

Si notre précédent exemple comportait cette instruction, le compilateur aurait détecté une erreur dans l'affectation : *k = nbr + 1*.

Nous vous recommandons vivement d'utiliser systématiquement cette possibilité, afin de retrouver en Fortran 90 la sécurité offerte en standard par la plupart des langages actuels.

9. Il n'en va pas ainsi dans des langages comme Pascal ou C qui imposent le typage explicite de toutes les variables.

III. LES EXPRESSIONS ET L'INSTRUCTION D'AFFECTATION

D'une manière générale, l'instruction d'affectation se présente sous la forme :

variable = expression

Nous avons déjà rencontré des exemples :

```
k = nbr + 1                  ! nbr et k étaient de type integer
racine = sqrt (valeur)       ! racine et valeur étaient de type real
range = n<p                  ! range était de type logical
```

Toutefois, dans ce cas, les expressions concernées étaient suffisamment simples pour qu'on en saisisse intuitivement la signification. Mais ces expressions peuvent devenir beaucoup plus compliquées, en faisant intervenir :

- des opérateurs moins triviaux comme la division entière, l'exponentiation ou les opérateurs logiques,

- plusieurs opérateurs et, donc, des problèmes de priorités,

- des valeurs (variables ou constantes) de types différents (on parle alors d'expressions mixtes) lorsque cela est permis, ce qui fera apparaître des "conversions implicites",

- à gauche du signe égal, une variable ayant un type différent du résultat fourni par l'expression, ce qui fera apparaître des "conversions forcées".

Ce sont ces différents points que nous allons étudier dans ce chapitre.

1 - LES EXPRESSIONS ARITHMETIQUES

1.1 Les opérateurs arithmétiques usuels

Comme dans tous les langages, on trouve, en Fortran 90, les opérateurs correspondant aux opérations algébriques usuelles, à savoir :

- quatre opérateurs dits "binaires", c'est-à-dire comportant deux opérandes, correspondant aux quatre opérations usuelles : + (addition), - (soustraction), * (multiplication) et / (division).

- un opérateur dit "unaire", c'est-à-dire ne comportant qu'un seul opérande, correspondant à l'opposé : il se note également -.

Les quatre opérateurs binaires ne sont définis a priori que lorsque leurs deux opérandes sont de même type[1] et ils fournissent un résultat de ce type. Par exemple, avec ces déclarations :

```
integer :: n, p
real :: x, y
```

l'expression *n+p* fournit un résultat de type *integer*, tandis que *x*y* fournit un résultat de type *real*.

Ce point est particulièrement important dans le cas de l'opérateur de division. En effet, **le quotient de deux entiers est un entier.** Par exemple, 5/2 vaut 2, 7/5 vaut 1... En revanche, le quotient de deux réels est bien un réel. Par exemple, 5.0/2.0 est un réel de valeur (approchée) 2,5.

Nous verrons néanmoins qu'il est possible de faire porter ces quatre opérateurs sur deux opérandes de types différents, grâce aux possibilités de "conversions" que le compilateur mettra en place dans ce cas. Ainsi des expressions telles que *n + x* ou *n/x* auront-elles un sens.

1. C'est ainsi que sont prévues les instructions de base de la machine. Par exemple, on trouvera, sur une machine donnée, une instruction de multiplication de deux réels 32 bits, une instruction de multiplication de deux réels 64 bits et une multiplication de deux entiers mais on ne trouvera jamais de multiplication d'un réel 32 bits par un entier...

Remarques :

1) D'une manière générale, l'opérateur /, lorsqu'il porte sur des entiers (relatifs) n et p, fournit un résultat de valeur absolue :

|n|:|p|

où le symbole ":" représente la division entière. Le signe du résultat est celui obtenu par la règle habituelle. Par exemple, -8/3 vaut -2. Notez que, dans le cas d'entiers positifs, le résultat n'est rien d'autre que le quotient entier usuel (division euclidienne)[2]. Ce n'est que dans les autres cas que l'on aboutit à un résultat pouvant différer d'une unité.

2) Contrairement à d'autres langages comme Pascal ou C, Fortran ne dispose pas d'opérateur "modulo". Une "fonction prédéfinie" nommée *mod* permet toutefois d'obtenir le même résultat.

1.2 L'opérateur d'élévation à la puissance : **

Fortran dispose d'un opérateur d'élévation à la puissance. Il se note ** ; ainsi, l'expression *a**b* correspond à la notation mathématique a^b.

Contrairement aux opérateurs précédents, l'opérateur ** est a priori défini pour toutes les combinaisons de types de ses deux opérandes[3]. Toutefois, certaines combinaisons imposent des restrictions sur les valeurs mêmes des opérandes. Celles-ci sont la conséquence immédiate de la définition mathématique de l'exponentiation. En effet, il ne faut pas oublier que, quel que soit le type de x :

$x^0 = 1$

Pour r entier positif :

$x^r = x * x * ..... *x$ (r fois)

$x^{-r} = 1 / x^r$

Pour r réel quelconque :

$x^r = e^{r \text{ Log } x}$ si x positif ou nul,

x^r n'est pas calculable pour x négatif

2. Rappelons que mathématiquement, le quotient entier de n par p est un entier q tel que :

$n = p*q + r$

$r < p$

3. Mais rappelons que les possibilités de conversion implicite d'un des deux opérandes permettront quand même à un opérateur de porter sur des opérandes de types différents.

D'autre part, le type du résultat est entier si les deux opérandes sont entiers et réel dans tous les autres cas[4].

Ainsi, une puissance entière positive ne pose aucun problème particulier. 2**3 est bien l'entier 8 ; de même 2.5**2 sera un réel de valeur (approchée) 6,25. En revanche, 2**(-3) est l'entier calculé par la formule 1/(2**3), soit 1/8, c'est-à-dire finalement 0!

De même, (-2.)**(-3) sera le réel obtenu comme étant l'inverse (en réel) de (-2.)**3 qui vaut -8 ; on trouvera donc bien, dans ce cas, la valeur (approchée) 1,25. En revanche, l'expression (-2)**3. (qui correspondrait au réel obtenu par la formule $e^{3Log(-2)}$) ne sera pas calculable.

Remarque :

Dans une expression telle que x**y, il ne faut pas espérer obtenir un diagnostic de compilation dans les cas où elle n'est pas calculable. En effet, le compilateur ne peut pas connaître la valeur d'une variable[5] qui d'ailleurs, par définition même, est susceptible d'évoluer au fil de l'exécution du programme! Ce n'est que lorsque l'on exécutera l'instruction "coupable" que l'on obtiendra un "message d'erreur"[6], généralement assorti d'un arrêt de l'exécution.

1.3 Les priorités relatives

Lorsque plusieurs opérateurs apparaissent dans une même expression, il est nécessaire de savoir dans quel ordre ils sont mis en jeu. En Fortran, comme dans les autres langages, les règles sont "naturelles" et rejoignent celles de l'algèbre traditionnelle (du moins, en ce qui concerne les opérateurs arithmétiques dont nous parlons ici).

Voici les priorités (par ordre décroissant) des opérateurs que nous avons rencontrés[7] :

```
**
*  /
- (unaire)
+  -
```

4. En toute rigueur, le résultat sera de type double precision si l'un des deux opérandes est de ce type ; on retrouvera des règles comparables lorsque l'on parlera d'expressions mixtes.

5. Sauf, éventuellement, si l'exposant est une constante ou une "expression constante" (cette notion sera abordée un peu plus loin).

6. Ce message signalera généralement que l'on cherche à calculer un logarithme avec un argument négatif.

7. L'annexe E récapitule les priorités de tous les opérateurs.

En cas de priorités identiques, les calculs s'effectuent de "gauche à droite". Une exception a toutefois lieu pour l'opérateur ** pour lequel les calculs s'effectuent de droite à gauche (pour respecter les habitudes mathématiques).

Enfin, des parenthèses permettent d'outrepasser ces règles de priorité, en forçant le calcul préalable de l'expression qu'elles contiennent. Notez que ces parenthèses peuvent également être employées pour assurer une meilleure lisibilité d'une expression.

Voici quelques exemples dans lesquels l'expression de droite, où ont été introduites des parenthèses superflues, montre dans quel ordre s'effectuent les calculs (les deux expressions proposées conduisent donc aux mêmes résultats) :

```
a + b * c                   a + ( b * c )
a * b + c / d               ( a * b ) + ( c / d )
- c / d                      - ( c  / d )
- a + c / d                 ( - a ) + ( c / d )
- a / ( b + c )            - ( a  / ( b + c ) )
a ** b ** c                 a ** (b ** c)
```

Remarques :

1) On peut, bien sûr, comme en mathématiques, trouver, dans une expression, un appel d'une fonction (comme dans *sqrt (valeur)*).

2) La norme prévoit que l'ordre exact des calculs dans une partie d'expression ne comportant pas de parenthèses peut être modifiée par le compilateur si cela ne modifie pas la **valeur théorique** de l'expression. Par exemple, dans l'expression :

```
a + b + c
```

le calcul peut se faire indifféremment en ajoutant d'abord a et b ou b et c.

Mieux, dans :

```
a / b / c
```

le calcul peut se faire indifféremment comme *(a/b)/c* ou comme *a/(b*c)* (cela peut se produire dans le cas d'une machine où la multiplication est plus rapide que la division).

Si, mathématiquement, les expressions réellement calculées sont identiques à celles effectivement écrites dans le programme, il n'en reste pas moins que l'ordre des calculs a une incidence sur le résultat numérique final, et ceci pour au moins deux raisons :

- la précision limitée des calculs,

- les risques de dépassement de capacité qui, suivant les valeurs concernées, peuvent apparaître dans une des formulations et pas nécessairement dans l'autre.

Sachez que vous pouvez cependant imposer un ordre précis aux calculs en faisant appel à des parenthèses supplémentaires. Par exemple, avec :

```
(a + b) + c
```

vous êtes certain que a et b seront bien additionnés en premier.

1.4 Les expressions mixtes : les conversions implicites

Nous avons vu le rôle des quatre opérateurs binaires +, -, * et / lorsqu'ils portent sur des opérandes de même type. Fortran accepte que ces opérateurs portent sur deux opérandes de types différents. Dans ce cas, simplement, le compilateur met en place des instructions de conversion de l'un des opérandes dans le type de l'autre. De telles conversions, dites "implicites", se font toujours en respectant la "hiérarchie" :

integer -> real -> double precision

et ceci afin de ne pas (trop) dégrader les valeurs soumises à des conversions : une valeur entière convertie en réel n'est pas modifiée de façon importante (tout au plus peut-on, dans certains cas rares, aboutir à une erreur de représentation).

Voici quelques exemples, dans lesquels nous supposons effectuées les déclarations suivantes :

```
integer ::          n, p
real ::             x, y
double precision :: z
```

n + x

La valeur de n est convertie en *real*, avant d'être ajoutée à celle de x. Le résultat est de type *real*.

x * y + z

Le produit x * y est d'abord évalué en *real* ; puis le résultat est converti en *double precision* pour être ajouté à la valeur de z. Le résultat est de type *double precision*.

x + n/p

Le quotient n/p est d'abord évalué en *integer* ; puis le résultat est converti en *real* pour être ajouté à x. Le résultat est de type *real*. Notez bien que, si n a pour valeur 3, p pour valeur 5 et x pour valeur 1.5, le résultat vaudra (3/5) + 1.5, c'est-à-dire 0 + 1.5, soit (environ) 1,5. Pour obtenir 2,1 (0.6 + 1.5), il faudrait éviter la division entière : pour ce faire, on pourrait remplacer, dans l'expression, n par une variable réelle ayant reçu la même valeur. La démarche la plus élégante et la plus lisible consiste à utiliser une fonction intrinsèque nommée *real* qui convertit un entier en réel ; dans ce cas, on remplace l'expression précédente par l'une des trois suivantes :

```
x + real(n)/p          x + n/real(p)          x + real(n)/real(p)
```

Remarques :

1) Compte tenu des "variantes" des types *integer* et *real* prévues par Fortran 90, les possibilités de conversions implicites[8] sont en fait plus nombreuses. Par exemple, il faudra considérer que le type *integer* correspond à toute une hiérarchie de types entiers de plus en plus "grands".

2) Comme nous l'avons déjà évoqué, Fortran connaît le type *complex* et l'assimile à un type scalaire. Ce dernier pourra apparaître dans des expressions, éventuellement mélangé avec les types numériques que nous venons d'évoquer ; là encore, des conversions implicites pourra avoir lieu : leur sens sera défini en considérant que le type *complex* occupe la première place dans la hiérarchie.

1.5 Les conversions forcées par une affectation

Jusqu'ici, nous avons raisonné comme si, dans une affectation de la forme :

variable = expression

la variable était d'un type (numérique) identique à celui de l'expression (même si l'expression pouvait être mixte).

Mais Fortran accepte que la variable soit d'un type numérique différent de celui de l'expression. Dans ce cas, le compilateur met en place une conversion de la valeur de l'expression dans le type de la variable. Cette fois, une telle conversion peut très bien se faire sans respecter la hiérarchie dont nous avons parlé précédemment.

8. L'annexe A vous fournit la liste de toutes ces fonctions.

Toutes les conversions sont acceptées par Fortran. Mais, comme on s'en doute, dès lors qu'elles n'ont plus lieu suivant la hiérarchie *integer->real->double precision*, des problèmes peuvent apparaître en ce qui concerne le résultat de cette conversion.

Plus précisément, la conversion d'un réel (*real* ou *double precision*) x en un entier fournit théoriquement la partie entière E(x) lorsque x est positif ou nul et la valeur -E(-x) si x est négatif ; ainsi, 3.75 converti en entier fournit 3 ; de même -5.75 fournit -5 (notez que la partie entière, au sens mathématique du terme, serait -6). Mais, si un tel entier n'est pas représentable dans le type *integer*, le résultat est (relativement) imprévisible.

De même, la conversion d'une valeur de type *double precision* en une valeur de type *real*[9] fournira simplement un résultat moins précis si la valeur obtenue reste représentable dans le type *real* ; dans le cas contraire, le résultat sera, ici encore, imprévisible.

Exemples

```
integer :: n = 5, p = 10, q
real ::    x = 0.5, y = 1.25, z
     ......
y = n + p            ! y reçoit la valeur réelle 15
p = x + y            ! p reçoit la valeur entière 1 (conversion de 1.75 en entier)
p = -x - y           ! p reçoit la valeur entière -1 (conversion de -1.75 en entier)
```

Remarque :

Comme nous l'avons déjà dit dans le paragraphe 1.4, il existe des fonctions de conversion d'un type numérique dans un autre type numérique. Nous avons d'ailleurs rencontré la fonction *real*, à laquelle nous avions fourni un "argument" de type *integer*. Dune manière générale, cette fonction peut s'appliquer à n'importe quel type numérique : *integer*, *double precision* ou même un type entier ou réel "généralisé" ou encore au type *complex* (que nous rencontrerons plus tard - dans ce cas, on obtient la partie réelle du nombre).

D'une manière comparable, il existe une fonction nommée *int* qui convertit en entier une valeur de n'importe quel autre type numérique. En voici un petit exemple :

```
integer :: n = 3
real ::    x = 0.3, y
  .....
```

9. Ou encore, compte tenu des variantes, la conversion d'un type réel dans un autre type réel de moins grande précision.

```
y = int (x) / p        ! y reçoit la valeur 0
y = x / p              ! y reçoit la valeur 0,1
y = x / real (p)       ! y reçoit toujours la valeur 0,1
```

2 - LES EXPRESSIONS LOGIQUES

Nous avons déjà rencontré des exemples d'expressions logiques dans les précédents chapitres : il s'agissait de comparaison entre expressions numériques. Nous allons ici faire le point sur les comparaisons existantes avant de vous présenter les "opérateurs logiques" **et, ou** et **non.** Notez bien que les (nouvelles) expressions logiques que nous serons ainsi en mesure de construire pourront intervenir aussi bien dans une affectation que dans certaines instructions structurées (telles que *if*).

2.1 Les comparaisons

Fortran 90, comme Fortran 77, dispose de 6 opérateurs de comparaison. Pour chacun d'entre eux, vous pouvez indifféremment employer soit l'ancienne notation Fortran 77, soit la nouvelle, manifestement plus pratique (attention, la comparaison d'égalité s'écrit = = et non = qui correspond à une affectation!).

ancienne notation	nouvelle notation	signification
.LT.	<	inférieur à
.LE.	<=	inférieur ou égal à
.GT.	>	supérieur à
.GE.	>=	supérieur ou égal à
.EQ.	==	égal à
.NE.	/=	différent de

Les opérateurs de comparaison

Ces opérateurs peuvent s'appliquer à des expressions numériques de type quelconque[10]. Lorsque les deux expressions ne sont pas du même type, il y a mise en place d'une conversion implicite du résultat de l'une d'entre elles dans le type de l'autre suivant le même mécanisme que celui que nous avons rencontré dans l'évaluation des expressions numériques.

Notez que les comparaisons d'égalité entre expressions non entières doivent être envisagées avec beaucoup de précautions. En effet, compte tenu des erreurs d'évaluation (représentation et calcul), faites lors de l'évaluation de telles expressions, il est fréquent que l'égalité théoriquement attendue n'ait pas lieu. Ainsi souvent une expression logique telle que *a+a+a == 3*a* (*a* étant réelle) sera fausse. D'ailleurs, pour déterminer ce qu'on appelle l'"epsilon machine", c'est-à-dire la précision relative d'un type numérique donné, on est amené à rechercher la plus grande valeur *eps* telle que l'expression logique *1.0 + eps == 1.0* soit vraie[11]!

Les priorités des opérateurs de comparaison sont inférieures à celles de tous les opérateurs arithmétiques de sorte que dans une expression telle que *a+5 < b*z*, il n'est pas utile d'employer des parenthèses (on peut bien sûr les utiliser pour éviter tout doute lors de la relecture du programme, surtout si l'on est habitué à travailler avec d'autres langages où les règles de priorité sont différentes!).

2.2 Les opérateurs logiques

. Nous avons vu comment fabriquer des expressions logiques "simples" à l'aide des opérateurs de comparaison. Mais Fortran vous permet également de combiner deux expressions logiques à l'aide des opérateurs logiques classiques **et**, **ou** (inclusif) et **non**. Ceux-ci se notent[12] :

.and. **.or.** **.not.**

Par exemple :

a<b .and. c<d prend la valeur vrai si les deux expressions *a<b* et *c<d* sont toutes vraies et la valeur faux dans le cas contraire.

---

10. Nous verrons qu'ils possèdent également une signification pour les chaînes de caractères. De plus, == et /= sont utilisables pour les complexes.

11. A titre indicatif, avec des réels représentés sur 32 bits, cet "epsilon machine" est de l'ordre de 10-6.

12. Rappelons que, comme tous les mots clés ou tous les identificateurs Fortran, ils peuvent indifféremment être écrits en majuscules ou en minuscules.

a < b .or. c < d prend la valeur vrai si l'une au moins des deux expressions $a<b$ et $c<d$ est vraie et la valeur faux dans le cas contraire. Notez bien qu'il s'agit de ce que l'on nomme un "ou inclusif" : l'expression en question est vraie même si les deux expressions $a<b$ et $c<d$ sont vraies.

.not. a < b prend la valeur vrai si l'expression $a<b$ a la valeur faux et la valeur faux dans le cas contraire. Cette expression est équivalente à $a> =b$.

En ce qui concerne leurs priorités, les opérateurs logiques se classent ainsi par priorité décroissante : *.not.*, *.and.*, *.or.* ; ils ont tous les trois une priorité inférieure à celle de tous les opérateurs que nous avons rencontrés[13]. Ainsi n'avons-nous pas besoin de parenthèses dans les exemples précédents, pas plus qu'il n'en faudrait dans :

```
a+5 < b*z .or c < 2*a*x + b
```

Bien entendu, ces opérateurs peuvent s'appliquer à n'importe quels opérandes de type logique, chaque opérande pouvant à son tour faire intervenir un tel opérateur. En voici un exemple (sans les parenthèses, l'expression serait différente) :

```
.not. (a<b .and. c<d)
```

Remarque :

Fortran ne dispose pas de "ou exclusif" ; en revanche, il dispose de deux opérateurs logiques peu répandus, à savoir **équivalent** noté **.eqv.** et **non équivalent** noté **.neqv.** ; rappelons leur définition (*expl1* et *expl2* étant deux expressions logiques) :

expl1 .eqv. expl2 est :

- vrai si *expl1* et *expl2* sont tous deux vrais ou tous deux faux,
- faux dans le contraire.

expl1 .neqv. expl2 est :

- vrai si *expl1.eqv.expl2* est faux,
- faux dans le cas contraire.

13; L'annexe E récapitule les priorités de tous les opérateurs.

3 - LES EXPRESSIONS CONSTANTES

3.1 Notion de constante symbolique

Il est fréquent qu'une même constante intervienne en plusieurs endroits d'un programme. Dans ces conditions, il est préférable de définir une seul fois (donc en un seul endroit!) un symbole correspondant à cette constante ; les modifications éventuelles du programme en deviendront d'autant plus aisées. Pour ce faire, on pourrait certes initialiser une variable lors de sa déclaration ; nous en avons d'ailleurs vu un exemple dans le chapitre 1 :

```
integer :: nrac = 5
```

Toutefois, dans ce cas, rien n'interdit de modifier (volontairement ou non) la valeur de la variable de n au sein du programme. Fortran vous permet de définir ce qu'on appelle généralement une "constante symbolique", c'est-à-dire un symbole auquel on attribue une valeur qui ne pourra pas être modifiée par le programme. Cela se fait en ajoutant (en Fortan 90) l'attribut *parameter* dans une déclaration de type. Avec ces déclarations :

```
integer, parameter :: nrac = 5
integer ::            n = 10
```

le compilateur rejétera toute instruction cherchant à modifier *nrac*, par exemple *nrac = nrac + 1* ou *nrac = 20* ou *read *, nrac*. En revanche, il acceptera que ces mêmes actions soient appliquées à la variable *n*.

Remarques :

1) Les déclarations de "constantes symboliques" (attribut "parameter") doivent toujours apparaître avant les autres déclarations de variables.

2) En Fortran 77, la déclaration de notre constante symbolique *nrac* aurait dû s'écrire :

```
parameter (nrac=5)
  .....
integer nrac
```

3.2 Notion d'expression constante

Dans notre précédent exemple, la valeur attribuée à notre constante symbolique *nrac* était une "banale" constante. Mais, Fortran 90 vous autorise à employer ce qu'il nomme une "**expression constante**", c'est-à-dire une **expression que le compilateur est capable de calculer** lorsqu'il traduit votre programme.

C'est ainsi, que dans une expression constante peut apparaître une constante symbolique préalablement définie :

```
integer, parameter :: nelem = 20
integer, parameter :: nelem_1 = nelem-1, dim = 2*nelem
integer, parameter :: coef = nelem**3 + 2*nelem_1
```

D'une manière générale, une expression constante peut faire intervenir non seulement des constantes (symboliques ou non), des opérateurs logiques ou arithmétiques (toutefois, ** doit toujours avoir un second opérande de type entier) mais également ce que Fortran nomme des "**fonctions élémentaires**[14]" avec toutefois une restriction importante : ces fonctions devront obligatoirement porter sur des entiers (ou des chaînes) et fournir un entier (ou une chaîne). Pour fixer les idées, disons que les fonctions **abs** (valeur absolue) et **mod** (modulo) sont dans ce cas. Voici un exemple d'instructions correctes :

```
integer, parameter :: n1 = 50, n2 = 120
integer, parameter :: résidu = mod (n1, n2), nbv = abs (n1-n2) + 1
```

D'autre part, nous n'avons en fait parlé ici que des "expressions constantes scalaires" ; nous verrons, en effet, qu'il est également possible de définir des expressions constantes de type tableau[15].

3.3 Utilisation d'une expression constante

Nous venons de voir comment utiliser une expression constante pour définir une constante symbolique. Une expression constante peut également servir à "initialiser" une variable lors de sa déclaration :

```
integer, parameter :: npts = 20
real, parameter ::    debut = 0.5, fin = 2.65
  ...
real :: x = debut
real :: ecart = (fin - debut) / (npts-1)
```

14. Traduction de l'anglais : "elemental fonctions". Nous verrons en effet que les fonctions intrinsèques (ou fonctions standards) se classent en plusieurs catégories dont l'une correspond aux fonctions élémentaires.

15. En toute rigueur, hormis les fonctions élémentaires, il existe 4 autres fonctions (repeat, trim, transfer et surtout reshape) qui peuvent apparaître dans une expression constante.

Nous rencontrerons ultérieurement d'autres situations dans lesquelles une expression constante peut intervenir, notamment dans la déclaration des dimensions de certains tableaux.

Remarque :

Certains distinguent les expressions qui sont "théoriquement constantes" de celles que le compilateur est effectivement en mesure de calculer ; on parle alors d'expression constante dans le premier cas et d'expression d'initialisation dans le second. Cette distinction a généralement peu d'importance, si ce n'est au niveau de l'optimisation du temps d'exécution d'un programme : une expression théoriquement constante apparaissant dans une boucle pourra être calculée (éventuellement lors de l'exécution) avant l'entrée dans la boucle.

EXERCICES

N. B. Ces exercices sont corrigés en fin de volume

1) Avec ces déclarations :

```
integer :: n = 6, p = 10
real :: x = 1.5
double precision :: z = 5.25
```

donnez le type et la valeur de chacune des expressions suivantes :

```
a)    p*x - 12
b)    z + n/p
c)    x + (n + 1.0) / p
d)    (p - 7) ** (n-4) ** (p-8)
e)    -p**(n-4)
f)    p > n
g)    z > x .and. p > n
h)    n == p .or. x > z
i)    .not. x == z .and. n == p
j)    .not. (x == z .and. n == p)
```

2) Quels seront les résultats fournis par ce programme :

```
program exoiii2
  implicit none
  integer :: n, p
  real :: x, y
  logical :: ok
  n = 4 ; x = 0.9
  p = n * x ;                print *, 'A : ', p
  y = n * x ;                print *, 'B : ', y
  y = int (n*x) ;            print *, 'C : ', y
  p = int (n*x) ;            print *, 'D : ', p
  ok = n<6 .and. n>3 ;       print *, 'E : ', ok
  ok = int (n*x) == n-1 ; print *, 'F : ', ok
end
```

3) Ecrire un programme qui lit une valeur réelle représentant la valeur d'un angle en degrés décimaux et qui affiche la valeur correspondante en degrés sexagésimaux (degrés, minutes, secondes). Rappelons que, par exemple :

50,26 degrés = 50 degrés 15 minutes 36 secondes

IV. LES INSTRUCTIONS DE CONTROLE

A priori, dans un programme, les instructions sont exécutées séquentiellement, c'est-à-dire dans l'ordre où elles apparaissent. Or la puissance et le "comportement intelligent" d'un programme proviennent essentiellement :

- de la possibilité d'effectuer des "**choix**", de se comporter différemment suivant les "circonstances" (celles-ci pouvant être, par exemple, une réponse de l'utilisateur, un résultat de calcul...),
- de la possibilité d'effectuer des "**boucles**" (ou "répétitions"), autrement dit de répéter plusieurs fois un ensemble donné d'instructions.

Tous les langages disposent d'instructions, nommées "*instructions de contrôle*", permettant de réaliser ces choix ou ces boucles. Suivant le cas, celles-ci peuvent être :

- basées essentiellement sur la notion de branchement (conditionnel ou inconditionnel) ; c'était le cas, par exemple, des premières versions de Basic,
- ou, au contraire, traduire fidèlement les structures fondamentales de la programmation structurée ; c'est le cas, par exemple, du langage Pascal bien que, en toute rigueur, ce dernier dispose d'une instruction de branchement inconditionnel (*goto*).

A l'origine, Fortran se classait plutôt dans la première catégorie ; il ne possédait qu'une seule structure : la boucle avec compteur. Au fur et à mesure de l'apparition de nouvelles versions de Fortran, de nouvelles structures sont apparues et l'on peut dire que Fortran 90 se classe maintenant dans la catégorie des langages structurés. Nous verrons en effet qu'il dispose des structures suivantes :

- choix simple (ou alternative) à l'aide de l'instruction *if* structurée[1] (nous verrons qu'elle permettra, grâce à *elseif*, de traduire des alternatives "en cascade",
- choix multiple à l'aide le l'instruction *select case*,
- répétition avec compteur à l'aide de l'instruction *do*,
- répétition conditionnelle à l'aide de l'instruction *while*,
- répétition inconditionnelle à l'aide de l'instruction *do* infinie (ici, une instruction de "rupture de séquence" sera toutefois nécessaire pour mettre fin à la boucle ; il ne s'agit donc plus d'une véritable instruction structurée, au sens de la programmation structurée).

Toutefois, la notion de branchement n'est pas totalement absente du Fortran 90 puisque, comme nous le verrons :

- d'une part, il dispose d'instructions de branchement inconditionnel : *exit*, *cycle* et *go to* ; nous verrons d'ailleurs que l'instruction *exit* permettra de réaliser une "structure de boucle à sortie intermédiaire",
- d'autre part, il accepte toujours les instructions des versions précédentes, malgré leur manque d'intérêt et, ceci, dans un simple souci de "compatibilité".

Ce chapitre étudie les différentes instructions de contrôle de Fortran 90, à l'exception de celles qui sont considérées comme périmées et qui sont présentées dans l'annexe H.

1 - L'INSTRUCTION IF STRUCTURE

Comme nous l'avons déjà mentionné, la même instruction "*if* structuré" permet de réaliser à la fois des alternatives usuelles (choix entre deux possibilités) et des alternatives "en cascade". Nous allons en examiner progressivement ces différentes possibilités avant de récapituler la syntaxe générale de l'instruction *if* structuré dans le paragraphe 1.5.

---

1. Nous verrons qu'il existe d'autres sortes d'instructions if, d'où la présence du qualificatif "structuré".

1.1 Réalisation d'une alternative (ou choix simple)

Nous avons déjà rencontré des exemples d'alternatives ; ils se présentaient sous une forme que nous pouvons schématiser comme suit :

```
if (expression_logique) then
     :          ! instructions exécutées quand l'expression logique est vraie
else
     :          ! instructions exécutées quand l'expression logique est fausse
end if
```

La partie introduitre par le mot clé *else* peut ne pas exister, ce qui conduit à la forme simplifiée :

```
if (expression_logique) then
     :          ! instructions exécutées quand l'expression logique est vraie
end if
```

Rappelons que Fortran 90 autorise que vous placiez sur une même ligne plusieurs instructions séparées par des points-virgules. Dans ce cas, il ne faut pas perdre de vue que chacune des lignes du schéma précédent doit être comptée pour une instruction. Par exemple, if faudra écrire :

```
if (a<b) then ; print * , 'croissant'
         else ; print *, 'non croissant'
end if
```

Notamment, il ne faudra pas oublier le point-virgule qui suit le mot *then* ou celui qui suit le mot *else*. Il serait incorrect d'écrire :

```
if (a<b) then print *, 'croissant'          ! incorrect
         else print *, 'non croisant'       ! incorrect
end if
```

Naturellement, compte tenu de la souplesse du format libre de Fortran 90, on pourra, si on le souhaite, écrire de façon concise (les points-virgules sont encore plus nombreux!) :

```
if (a<b) then ; print * , 'croissant' ; else ; print *, 'non croissant' ; end if
```

Remarques :

1) On peut indifféremment écrire *end if* (avec un ou plusieurs espaces) ou *endif* (sans espace).

2) Il est possible de "donner un nom" à une instruction *if* structuré. Dans ce cas, un identificateur quelconque suivi de deux-points (:) peut apparaître avant le mot clé *if*. Ce même identificateur peut être répété après *else* et après *end if* (mais rien n'oblige à le répéter à l'un de ces deux emplacements ou aux deux). Par exemple, notre précédente instruction peut s'écrire :

```
ordre : if (a<b) then
              print * , 'croissant'
           else ordre
              print *, 'non croissant'
        end if ordre
```

Ceci présente surtout un intérêt dans le cas d'imbrications importantes de structures, afin de mieux repérer les instructions concernées (dans la plupart des cas l'identation des instructions suffit à assurer ce repérage).

Une éventuelle erreur de nom sera détectée en compilation.

1.2 Bloc, instruction simple et instruction structurée

Comme nous l'avons déjà évoqué, il existe en Fortran 90 deux types d'instructions :

- les **instructions simples** telles que *read, print*, l'affectation,...

- les **instructions structurées**[2] dont font partie l'instruction *if* structuré que nous venons de rencontrer et l'instruction *do* qui figurait dans notre exemple du premier chapitre.

Une instruction structurée fait toujours intervenir un ou plusieurs **blocs** d'instructions ; un bloc n'est rien d'autre qu'une suite d'une[3] ou plusieurs instructions, chacune de ces instructions pouvant être elle-même simple ou structurée ; dans ce dernier cas, on dit qu'on a affaire à des "structures imbriquées" : dans le prochain paragraphe, nous présenterons un exemple d'instruction *if* structuré imbriquée dans une autre instruction *if* structuré.

Notez qu'en Fortran 90, contrairement à d'autres langages tels que Pascal ou C, un bloc n'est pas toujours délimité par les mêmes mots clés (*begin* et *end* en Pascal, { et } en C)[4] ; ces derniers varient en effet avec l'instruction structurée concernée : il peut s'agir par exemple de *then* et *else*, de *then* et *end if*, de *else* et *end if* ou encore de *do* et *end do*...

---

2. On dit aussi parfois : composées.

3. Un bloc peut ne contenir aucune instruction ; en pratique, cela n'a guère d'intérêt!

4. De plus, dans ces langages, les délimiteurs font syntaxiquement partie du bloc lui-même, alors qu'en Fortran 90 ils font partie de la syntaxe de l'instruction concernée.

1.3 Les alternatives imbriquées

Dans les instructions figurant dans chacune des parties d'un choix simple, peut à son tour apparaître un autre choix simple, comme dans ce schéma :

```
if (exp_log_1) then
   :         ! exécutées si exp_log_1 est vraie
  if (exp_log_2) then
      :      ! exécutées si exp_log_1 et exp_log_2 sont vraies
  else
      :      ! exécutées si exp_log_1 est vraie et exp_log_2 est fausse
  end if
else
   :         ! exécutées si exp_log_1 est fausse
end if
```

ou encore :

```
if (exp_log_1) then
   :         ! exécutées si exp_log_1 est vraie
  if (exp_log_2) then
      :      ! exécutées si exp_log_1 et exp_log_2 sont vraies
  else
      :      ! exécutées si exp_log_1 est vrai et exp_log2 est fausse
  end if
end if
```

Ce second cas est moins trivial que le premier, dans la mesure où il n'y a qu'un seul mot clé *else* pour deux *if*. Certes l'indentation des instructions suggère bien à quel *if* se réfère l'unique mot clé *else* ; mais cette indentation n'est pas significative pour le compilateur qui considère, en fait, qu'un *else* se rapporte toujours au dernier *if* non encore fermé. La règle est d'ailleurs la même dans tous les langages possédant ce type de structure.

Notez bien que si l'on cherche à donner un nom à l'une ou aux deux instructions *if* concernées, il n'est pas possible de modifier la règle que nous venons d'évoquer en forçant par exemple un *end if* à porter sur une autre instruction. Dans ce cas, on aboutira simplement à un diagnostic de compilation.

1.4 L'instruction else if

Il est fréquent de rencontrer des alternatives en cascade, telles que :

```
if (exp_log_1) then
    :           ! exp_log_1 est vraie
else
  if (exp_log_2) then
      :         ! exp_log_1 est fausse et exp_log_2 est vraie
  else
    if (exp_log_3) then
        :       ! exp_log_1 et exp_log_2 sont fausses et exp_log_3 est vraie
    else
        :       ! exp_log_1, exp_log_2 et exp_log_3 sont fausses
    end if
  end if
end if
```

Dans ce cas, l'instruction *else if* offre une solution plus concise :

```
if (exp_log_1) then
    :           ! exp_log_1 est vraie
else if (exp_log_2) then
    :           ! exp_log_1 est fausse et exp_log_2 est vraie
else if (exp_log_3) then
    :           ! exp_log_1 et exp_log_2 sont fausses et exp_log_3 est vraie
else
    :           ! exp_log_1, exp_log_2 et exp_log_3 sont fausses
end if
```

Notez bien que, de par sa nature même, l'instruction *else if* ne peut apparaître (en un nombre quelconque de fois) dans une instruction *if* qu'avant le mot *else* et ce dernier ne peut plus figurer qu'une seule fois (toute autre construction n'aurait en fait pas de sens!). Le paragraphe suivant vous récapitulera la syntaxe complète de l'instruction *if*.

A titre d'exemple, voici en parallèle deux programmes réalisant la même chose, à savoir une facturation avec remise. Ils lisent en donnée un simple prix hors taxes et ils calculent le prix TTC correspondant (avec un taux de TVA constant de 18,6%). Ils établissent ensuite une remise dont le taux dépend de la valeur ainsi obtenue, à savoir :

- 0 % pour un montant inférieur à 1 000 F
- 1 % pour un montant supérieur ou égal à 1 000 F et inférieur à 2 000 F

- 3 % pour un montant supérieur ou égal à 2 000 F et inférieur à 5 000 F
- 5 % pour un montant supérieur ou égal à 5 000 F

Le premier programme a été écrit sans *else if*, le second avec.

```
program facturation_avec_remise
implicit none
real, parameter :: taux_tva = 17.6
real :: ht, ttc, net, tauxr, remise

print *, 'donnez le prix hors taxes : '
read *, ht

ttc = ht * (1. + taux_tva/100.)
if (ttc < 1000.) then
    tauxr = 0.
else
    if (ttc < 2000.) then
       tauxr = 1.
    else
       if (ttc < 5000.) then
          tauxr = 3.
       else
          tauxr = 5.
       end if
    end if
end if

remise = ttc * tauxr / 100.
net = ttc - remise
print *, 'prix ttc :     ', ttc
print *, 'remise :       ', remise
print *, 'net a payer : ', net
end
```

```
program facturation_avec_remise
implicit none
real, parameter :: taux_tva = 17.6
real :: ht, ttc, net, tauxr, remise

print *, 'donnez le prix hors taxes : '
read *, ht

ttc = ht * (1. + taux_tva/100.)
if (ttc < 1000.) then
     tauxr = 0.
   else if (ttc < 2000.) then
     tauxr = 1.
   else if (ttc < 5000.) then
     tauxr = 3.
   else
     tauxr = 5.
end if

remise = ttc * tauxr / 100.
net = ttc - remise
print *, 'prix ttc :     ', ttc
print *, 'remise :       ', remise
print *, 'net a payer : ', net
end
```

Comparaison entre alternatives imbriquées et emploi de else if

1.5 Syntaxe de l'instruction if

D'une manière générale, après *if (expression_logique) then* on trouve obligatoirement un bloc d'instructions après lequel apparaissent :

- 0, 1 ou plusieurs instructions *else if (expression_logique)* suivies chacunes d'un bloc d'instructions (dans ce cas, chaque nouveau mot clé *else if* sert à délimiter le bloc précédent),

- **puis**, éventuellement, le mot *else* qui introduit des instructions correspondant au cas où aucune des conditions précédemment mentionnées n'est vraie,

- le mot *end if*.

Nous la noterons de la manière suivante :

```
[nom :]   IF (exp_log) THEN
              bloc
        [ ELSE IF (exp_log) THEN [nom]
              bloc
        ]...
        [ ELSE [nom]
              bloc
        ]
          END IF [nom]
```

L'instruction if

Avec :

exp_log : expression quelconque de type *logical*,

nom : identificateur quelconque.

bloc : bloc d'instructions, c'est-à-dire une ou plusieurs instructions quelconques (simples ou structurées).

Nous utilisons ici des "conventions" relativement répandues pour décrire la syntaxe du langage Fortran 90, à savoir :

- les crochets ([...]) précisent que leur contenu est facultatif,

- lorsque des crochets sont suivis de points de suspension (...), cela signifie que leur contenu peut apparaître 0, 1 ou plusieurs fois (c'est le cas de la partie introduite par *else if*),

- pour faciliter la lecture, les mots clés sont écrits en majuscules (ils peuvent bien sûr être écrits en minuscules dans votre programme). De même, nous ne mentionnons pas la double possibilité : END IF ou ENDIF.

Notez qu'un nom peut apparaître devant le mot *if* ; il peut être répété après le *then* de chaque *else if* (lorque ce dernier existe) et après le *else* s'il existe.

Remarque :

En Fortran 77, on dispose de la même instruction *if* structuré, avec cette différence qu'il n'est pas possible d'introduire des repères sous forme d'identificateur.

2 - UN CAS PARTICULIER D'ALTERNATIVE : L'INSTRUCTION "IF LOGIQUE".

Lorsqu'une alternative ne comporte pas de "partie *else*" et qu'en outre la "partie *then*" ne comporte qu'une seule instruction simple, on aboutit à une écriture relativement lourde comme dans cet exemple :

```
if (x > max) then
     max = x
end if
```

En fait, vous pouvez (en Fortran 90, comme en Fortran 77) écrire tout simplement :

```
if (x > max) max = x
```

Notez bien qu'il n'y a plus de mot clé *then* (l'instruction *if (x>max) then max=x* serait incorrecte, malgré son apparente "lisibilité"!).

Voici la syntaxe générale de cette instruction simple (elle ne fait intervenir aucun bloc!) :

```
if (exp_log) inst_simple
```

L'instruction if logique

Avec :

exp_log : expression quelconque de type *logical*,

inst_simple : instruction simple exécutable[1] différente d'une autre instruction *if* simple ou de *end* (et qui ne soit pas le mot clé de début ou de fin d'un bloc d'une instruction structurée[2]).

3 - L'INSTRUCTION SELECT CASE

Fortran 77 ne disposait que de la structure de choix simple. Fortran 90 a introduit la structure de choix multiple avec l'instruction *select case*. Nous allons l'introduire sur un exemple avant d'en montrer la portée générale et la syntaxe.

3.1 Exemple d'instruction select case

Voyez ce petit programme accompagné de deux exemples d'exécution :

```
program exemple_select_case
implicit none
integer :: n
print *, 'donnez un nombre entier'
read *, n
```

1. Nous verrons en effet qu'il existe des "instructions simples non exécutables" qui ne sont pas pour autant des déclarations : l'instruction format.

2. Nous mentionnons ce point dans un souci de complétude car, en fait, il s'agit plus d'une question de bon sens!

```
select case (n)
  case (0)                        ! n = 0
    print *, 'il est nul'
  case (1,2)                      ! n = 1 ou 2
    print *, 'il est petit'
  case (3:10)                     ! 3 <= n <= 10
    print *, 'il est moyen'
  case (11:)                      ! n >= 11
    print *, 'il est grand'
  case default                    ! tous les autres cas
    print *, 'il est negatif'
end select
end
```

```
 donnez un nombre entier
4
 il est moyen
```

```
2
 donnez un nombre entier
-11
 il est negatif
```

Exemple d'instruction select case

L'essentiel du programme est constitué d'une instruction (structurée) *select case* s'étendant de la ligne *select case (n)* jusqu'à la ligne *end select*. Son rôle est de calculer la valeur de l'expression figurant à la suite de *select case* (ici *n*) et d'exécuter :

- l'instruction *print *, 'il est nul'* si cette valeur est 0 (*case (0)*),
- l'instruction *print *, 'il est petit'* si cette valeur est 1 ou 2 (*case(1,2)*),
- l'instruction *print *, 'il est moyen'* si cette valeur est comprise entre 3 et 10 (*case(3:10)*),
- l'instruction *print *,'il est grand'* si cette valeur est supérieure ou égale à 11 (*case(11:)*),
- l'instruction suivant *case (default)* si aucune des "conditions" précédentes n'est satisfaite.

3.2 D'une manière générale

Les indications qui figurent dans les parenthèses suivant le mot *case* se nomment des "sélecteurs".

Notez bien que les lignes de la forme *case (...)* sont des instructions à part entière ; en effet, si l'on souhaitait les placer sur la même ligne que l'instruction suivante, il faudrait utiliser un point-virgule :

```
case(0) :    .....
case (1,2) : .....
```

Dans notre exemple, à chaque sélecteur ne correspondait qu'une seule instruction ; mais il pourrait s'agir d'un bloc d'instructions.

Les sélecteurs peuvent comporter :

- une seule valeur, comme dans *case(0)*,

- un intervalle de valeurs, comme dans *case(3:10)* ; dans ce cas, une des bornes peut être absente : *case (11:)* signifie 11 ou au-delà, *case (:40)* signifierait 40 ou avant,

- une liste de valeurs ou d'intervalles, comme dans *case (1, 4:8, 20:25, 50)*.

L'expression figurant à la suite de *select case* doit être scalaire ; mais, de plus, elle ne peut pas être réelle (ou complexe!) car il faut que la condition d'égalité avec les valeurs du sélecteur ne posent pas de problème de précision.

Les sélecteurs peuvent faire appel à des "expressions constantes", c'est-à-dire calculables par le compilateur - revoyez éventuellement le paragraphe 3.2 du chapitre III). Par exemple, avec ces déclarations :

```
integer, parameter :: nval = 20, limite = 100
```

voici des exemples de sélecteurs corrects :

```
case (nval)          case (0:limite-1)          case (limite:2*limite)
```

Comme on peut s'y attendre, pour éviter toute ambiguïté, il est nécessaire que les valeurs figurant dans les différents sélecteurs d'une même instruction *select case* ne se "recoupent pas". Ainsi, avec :

```
case (0:3)        ! entre 0 et 3
   .....
case (2)          ! 2 appartient déjà à l'intervalle précédent **** erreur ***
   .....
```

on aboutirait à une erreur de compilation

Notez que cette condition de non-recoupement peut se révéler difficile à respecter lorsque l'on utilise des expressions constantes. Considérez par exemple :

```
integer, parameter :: nval = 20
   .....
select case (...)
  case (nval-3:nval+3)
     .....
  case (8)
     .....
end select
```

A priori, les instructions sont correctes. Mais si, par la suite, on modifie la valeur de *nval* (ce qui est tout à fait normal) en l'amenant à 10, on va créer un recoupement entre 8 et l'intervalle 10-3:10+3. En fait, on peut considérer que l'exemple précédent est "mal programmé" ; en effet, il aurait fallu s'assurer non seulement que les sélecteurs concernés ne se recoupaient pas pour les valeurs courantes des différents paramètres, mais, surtout, qu'ils ne risquaient pas de se recouper quelles que soient les valeurs des paramètres concernés. Bien entendu, ici, pour améliorer les choses, il faudrait connaître le problème qui a conduit à cette suite d'instructions ; peut-être, par exemple, que 8 pourrait être remplacé par *nval-12* ou *nval/2-2*...

En ce qui concerne l'ordre dans lequel apparaissent les différents sélecteurs, Fortran 90 n'impose aucune restriction, y compris d'ailleurs sur le *case (default)* qui pourrait ne pas être le dernier. Pour d'évidentes raisons de lisibilité, il est toutefois conseillé de placer ce dernier à la fin et de respecter l'ordre naturel pour les autres.

3.3 Syntaxe de l'instruction select case

En utilisant les conventions présentées dans le paragraphe 1.5, la syntaxe de l'instruction *select case* est la suivante[3] (notez que, comme pour tous nos "encadrés de syntaxe", nous fournissons l'ensemble des possibilités, ce qui nous amène, par exemple, à citer des types que nous n'étudierons qu'ultérieurement ou à parler des "variantes" des types de base) :

3. Nous employons des notations dont la signification a été définie dans le paragraphe 1.5 de ce chapitre.

```
[nom :]  SELECT CASE (exp_scal)
             [ CASE (sélecteur) [nom]
                  bloc
             ]...
         END SELECT [name]
```

L'instruction select case

Avec :

exp_scal : expression scalaire de type *integer* (éventuellement avec variantes), *logical* (éventuellement avec variantes) ou *character* (éventuellement avec variantes)

sélecteur : liste composée de 1 ou plusieurs éléments de la forme :

- valeur
- intervalle de la forme *[valeur1]:valeur2* ou *valeur1:[valeur2]*

les valeurs concernées devant être du même type que *exp_scal* (la variante pouvant cependant être différente dans le cas des types *integer* ou *logical*).

Remarques :

1) Comme toutes les instructions structurées, *select case* peut comporter un "nom" (identificateur usuel) et ce nom peut éventuellement être répété devant chaque bloc concerné et à la fin de l'instruction. Les remarques faites à propos de l'instruction *if* structuré s'appliquent bien sûr ici.

2) S'il est possible théoriquement de baser une instruction *select case* sur le type *logical*, ceci n'a guère d'intérêt en pratique (une banale "alternative" fait l'affaire).

3) Anticipant quelque peu sur le chapitre relatif aux chaînes de caractères, on peut déjà dire que la possibilité d'utiliser un sélecteur de type *character* présente un intérêt manifeste. Par exemple, si la variable *rep* est de ce type, on pourra utiliser des constructions de ce type :

```
select cas (rep)
  case ('oui')
    .....
  case ('non')
    ......
  case (default)
    .....
end select
```

4 - LA BOUCLE AVEC COMPTEUR

4.1 Introduction

Nous avons déjà rencontré cette instruction dans :

```
do i = 1, nrac
   :
end do
```

Son rôle était alors évident : répéter le bloc correspondant en donnant successivement à la variable *i* les valeurs 1, 2,... *nrac*.

Il est possible de préciser un "incrément" différent de 1 ; ainsi, avec :

```
do i = 1, 10, 3
   :
end do
```

on répétera 4 fois les instructions correspondantes, en donnant successivement à i les valeurs 1, 4 (1+3), 7 et 10.

L'incrément peut être négatif ; ainsi, avec :

```
do i = 5, 1, -1
     :
end do
```

on effectuera 5 répétitions, en donnant successivement à i les valeurs 5, 4, 3, 2 et 1.

D'une manière générale, il est possible d'utiliser des expressions comme valeurs de début, de fin ou comme incrément, comme nous allons le voir en examinant la syntaxe générale de cette instruction.

4.2 Syntaxe de la boucle avec compteur (do)

```
[nom :] DO var = debut, fin [, pas]
            bloc
        END DO [nom]
```

La structure de boucle avec compteur (do)

Avec :

var : identificateur (il ne peut donc pas s'agir d'un élément d'un tableau ou d'un champ d'une structure[4]) d'une variable de type *integer* (ou d'une de ses variantes)

debut, *fin* et *pas* : expressions quelconques de type *integer* (éventuellement avec variante, cette dernière n'étant pas obligatoirement la même pour les trois expressions). Si *pas* est omis, il est pris par défaut égal à 1.

Remarques :

1) La variable *var* se nomme souvent "variable de contrôle" de la boucle. Cette variable doit avoir été déclarée dans le programme au même titre que n'importe quelle autre, même si elle n'est pas utilisée au sein de la boucle (ce qui signifie qu'alors elle ne sert qu'à en "compter" les tours. **La valeur de var ne doit pas être modifiée dans le bloc régit par la boucle** ; notez qu'actuellement la plupart des compilateurs signalent le non-respect de cette règle (si tel n'est pas le cas, le comportement du programme risque d'être fortement pertubé!).

2) En toute rigueur, il est possible d'utiliser une variable de type *real* (sans variante) ou *double precision*. Cette possibilité est cependant considérée comme "désuète" car elle pose des problèmes liés à la précision des calculs dans ce cas (le nombre de tours de boucle pouvant varier d'une machine à une autre!).

4.3 Rôle précis de la boucle avec compteur

Dans la plupart des cas, le bon sens permet de savoir le nombre exact de tours qui sera mis en oeuvre par une instruction de boucle avec compteur. Toutefois, compte tenu de la souplesse offerte par la syntaxe de cette instruction, certains cas demandent un complément d'information. D'une manière générale, on peut traduire le rôle de cette instruction de la façon suivante :

4. Les notions de tableau et de structure sont étudiées ultérieurement.

1) calculer les valeurs des expressions *debut*, *fin* et *pas* (s'il ne s'agit pas d'expressions constantes car, dans le cas contraire, ce calcul aura déjà été réalisé à la compilation), et affecter à *var* la valeur *debut*,

2) si *pas* est positif et que la valeur de *var* n'est pas supérieure à celle de *fin* ou que *pas* est négatif et que la valeur de *var* n'est pas inférieure à celle de *fin*, exécuter le bloc ; dans le cas contraire, mettre fin à la boucle,

3) incrémenter la variable *var* de la quantité *pas* et revenir en 2.

On voit que dans certains cas, le bloc concerné peut n'être exécuté aucune fois ; c'est, bien sûr le cas avec :

```
do i = 2,1
```

mais les choses peuvent être moins évidentes comme dans :

```
integer, parameter :: ndeb=2, nmax = n*n - n - 3
integer :: i
   .....
do i = ndeb, nmax
```

ou, même, compte tenu de ce que *debut* et *fin* peuvent être des expressions (dont la valeur n'est connue que lors de l'exécution) :

```
integer :: ndeb, nmax, i
   .....
print *, 'indice de début, indice de fin ?'
read *, ndeb, nmax
do i = ndeb, nmax
```

Notez que, même lorsque *debut*, *fin* ou *pas* sont des expressions, le nombre de tours est parfaitement déterminé lors de l'entrée dans la boucle[5] ; si, par mégarde, vous modifiez des valeurs de variables intervenant dans ces expressions, cela n'aura aucune incidence sur le nombre de tours effectivement réalisés ; par exemple, avec :

```
integer :: i, n=5, p=2
do i = 1, 2*n+1, p
  .....
  n = n + 1
  p = p - 1
end do
```

5. Il est précisément donné par la formule : n = max (0, E(fin-debut + pas)/pas), E désignant la partie entière ; cette formule s'applique également au cas (déconseillé) où les bornes sont de type réel.

tout se passera comme si l'on avait écrit *do i = 1, 11, 2* ; on aura donc 6 tours de boucle (i prenant les valeurs 1, 3, 5,... 11) et ceci bien que la valeur de n et p, donc des expressions *2*n + 1* et *p*, évoluent au cours de la boucle.

Néanmoins, il est vivement conseillé d'éviter ce genre de choses qui nuit obligatoirement à la lisibilité du programme.

Par ailleurs, la norme prévoit qu'à la fin de l'exécution de la boucle, la valeur de *var* n'est pas définie (en toute rigueur, elle vaudra souvent *fin* ou *fin +pas* mais rien ne permet de l'assurer). Il est donc raisonnable de ne jamais chercher à exploiter la valeur de la variable de contrôle en dehors de la boucle.

5 - LA BOUCLE "TANT QUE" : L'INSTRUCTION DO WHILE

Fortran 90 a introduit une nouvelle structure de boucle, à savoir ce que l'on nomme généralement la boucle "tant que". Dans la boucle avec compteur précédente, le nombre de répétition était déterminé dès l'entrée dans la boucle. En revanche, la boucle "tant que" est ce que l'on nomme une répétition dite conditionnelle, c'est-à-dire une répétition dans laquelle la pouruite est régie par une condition.

Notez toutefois que la présence de cette instruction dans Fortran 90 est assez contreversée, certains allant jusqu'à la considérer comme "périmée" (dès son apparition!). En fait, elle posera essentiellement problème dans le cas d'emploi de "super calculateurs" de type vectoriel ou parallèle ; nous verrons comment, dans ce cas, nous en passer.

5.1 Exemple d'introduction de l'instruction do while

Voyez ce programme accompagné d'un exemple d'exécution :

```
program exemple_do_while
implicit none
integer :: n              ! nombre lu en donnée
integer :: somme          ! somme de tous les nombres lus
```

```
somme = 0
do while (somme < 100)
   print *, 'donnez un nombre entier'
   read *, n
   somme = somme + n
end do
print *, 'somme obtenue : ', somme
end
```

```
 donnez un nombre entier
15
 donnez un nombre entier
25
 donnez un nombre entier
12
 donnez un nombre entier
60
 somme obtenue :  112
```

Exemple d'instruction do while

L'instruction :

```
do while (somme < 100)
   ...
end do
```

répète le bloc qu'elle contient tant que la condition mentionnée (*somme < 100*) est vraie. Plus précisément, cette condition est examinée avant la première exécution du bloc ; si elle avait été fausse, le bloc n'aurait pas été exécuté du tout (ici, ce n'est pas le cas, compte tenu de notre initialisation de *somme* à 0). Après chaque exécution du bloc, on examine à nouveau la condition pour savoir s'il faut entamer une nouvelle exécution ou, au contraire, interrompre la boucle et, donc, passer à l'instruction suivant le *end do*.

Naturellement, on ne sait pas, a priori, combien de fois le bloc concerné sera exécuté.

5.2 Syntaxe de l'instruction do while

```
[nom :] DO WHILE (exp_log)
            bloc
        END DO [nom]
```

L'instruction do while

Avec :

exp_log : expression de type *logical.*

Remarques :

1) L'expression *exp_log* doit être définie lorsque l'on commence à exécuter cette instruction.

2) Si *exp_log* est fausse lors de l'entrée dans la boucle, le bloc correspondant ne sera exécuté aucune fois.

3) Pour qu'une telle boucle ait un intérêt, il faut manifestement que la valeur de *exp_log* ait des chances d'être modifiée à l'intérieur du bloc concerné. Si tel n'est pas le cas, cela signifie qu'on aboutira à une "boucle infinie".

4) Si l'on écrit des programmes destinés à être exécutés sur des calculateurs vectoriels ou parallèles, on a intérêt à réserver l'emploi de cette boucle à des situations qui s'y prêtent. Notamment, si l'on doit gérer un "compteur" à l'intérieur d'une telle boucle, il faudra savoir qu'on court le risque que le programme obtenu ne soit pas très optimisé en temps ; dans ce cas, contrairement à la philophie de la programmation structurée, il sera préférable d'utiliser une boucle avec compteur, dont on prévoira une "sortie extraordinaire" par *exit* (nous y reviendrons un peu plus loin).

5) Contrairement à ce qui passe dans d'autres langages (C, Pascal), il n'existe pas en Fortran 90 de répétition "jusqu'à". Nous verrons comment la "simuler" à l'aide de *exit* associé à une "boucle infinie".

6 - POUR MODIFIER LE DEROULEMENT D'UNE BOUCLE : LES INSTRUCTIONS EXIT ET CYCLE

Certains langages tels que Pascal avaient tendance à appliquer trop strictement les principes de la programmation structurée dont l'objectif était de disposer d'un nombre restreint de structures de base. Ainsi, non seulement les structures de boucle ne comportaient qu'une sortie mais, de surcroît, celle-ci était obligatoirement située au début (boucle "tant que") ou à la fin (boucle "jusqu'à"). Or de telles contraintes peuvent manifestement alourdir exagérément la programmation, ce qui va finalement à l'encontre du but espéré. C'est pourquoi certains langages (C, Fortran 90...) ont prévu des instructions complémentaires permettant d'assouplir quelque peu les structures de boucles existantes. En Fortran 90, on trouve dans cet esprit les instructions **exit** et **cycle** que nous allons étudier maintenant.

6.1 Sortie anticipée de boucle : l'instruction exit

Cette instruction sert à interrompre le déroulement d'une boucle. Présentons-la tout d'abord sur un "exemple d'école" dont le seul intérêt est de montrer son fonctionnement.

```
program exemple_utilisation_exit
implicit none
integer :: i
do i = 1, 10
   print *, 'debut tour ', i
   if (i == 3) exit
   print *, 'fin tour ', i
end do
print *, 'au revoir'
end
```

```
debut tour  1
fin tour  1
debut tour  2
fin tour  2
debut tour  3
au revoir
```

Exemple d'utilisation de l'instruction exit

Dans la pratique, cette instruction s'avère très utile pour régler le cas où, au sein d'une boucle, on rencontre une situation exceptionnelle qui compromet la poursuite de la boucle. Dans ce cas, on utilisera un schéma de ce type :

```
do i = 1, n
   .....
   .....
   if ( ...) exit
   .....
   .....
end do
```

Si, comme il est probable, on a besoin, dans la suite du programme, de savoir si la boucle s'est déroulée entièrement ou non, on pourra faire appel à une variable de type *logical* (ici *ok*) de cette façon :

```
ok = .true.
do i = 1, n
   .....
   if ( ...) then
      ok = .false.
      exit
   endif
   .....
end do
if (ok) then
   .....      ! cas où la boucle s'est déroulée entièrement
else
   .....      ! cas où la boucle a été interrompue
end if
```

D'une manière générale, l'instruction *exit* peut apparaître dans n'importe quel type de boucle : avec compteur (comme dans l'exemple précédent), tant que ou "infinie" ; cette dernière structure sera présentée un peu plus loin (on verra précisément que c'est l'instruction *exit* qui lui donne un intérêt).

D'autre part, lorsqu'une instruction *exit* apparaît dans une boucle elle-même imbriquée dans une autre boucle, elle ne met fin, a priori, qu'à la boucle la plus interne.; voyez cet exemple

```
do while (.not. fini)
   .....
   do i = 1, n
      .....
      if (...) exit          ! sortie 1
      .....
   end do
```

```
    .....                    ! instruction A
    if (...) exit            ! sortie 2
    .....
end do
.....                        ! instruction B
```

Quand l'instruction *exit* de la ligne "sortie 1" est exécutée, il y a "branchement" à "instruction A ; lorsque l'instruction *exit* de la ligne "sortie 2" est exécutée, il y a branchement à "instruction B".

Néanmoins, il est possible de "sortir" d'un niveau de boucle supérieur, en ajoutant à l'instruction *exit* le nom de la structure concernée (bien sûr, ce nom, a priori facultatif, doit exister pour que la chose soit possible). En voici un exemple :

```
comptage : do while (.not. fini)
              do i = 1, n
                 .....
                 if (...) exit comptage      ! on sort de la boucle nommée comptage
                 .....
              end do
              .....
           end do
```

Notez bien que si la boucle contenant *exit* contient, à son tour, une autre boucle (à laquelle *exit* est extérieure), cette dernière boucle n'intervient pas dans le fonctionnement de *exit*.

Syntaxe de l'instruction exit

```
EXIT [nom]
```

L'instruction exit

Avec :

nom : nom d'une structure de boucle à l'intérieur de laquelle se trouve l'instruction *exit*.

6.2 Bouclage anticipé : l'instruction cycle

Comme *exit*, l'instruction *cycle* permet de rompre le déroulement "naturel" d'une boucle mais, cette fois, il s'agit simplement de passer "prématurément" au tour de boucle suivant. Voici, ici encore un "exemple d'école" destiné à vous en présenter le fonctionnement :

```
program exemple_utilisation_cycle
implicit none
integer :: i
do i = 1, 5
   print *, 'debut tour', i
   if (i<4) cycle
   print *, 'fin tour', i
end do
print *, 'au revoir'
end
```

```
debut tour 1
debut tour 2
debut tour 3
debut tour 4
fin tour 4
debut tour 5
fin tour 5
au revoir
```

Exemple d'utilisation de l'instruction cycle

Dans le prochain paragraphe consacré à la boucle "infinie", nous rencontrerons un exemple "réaliste" d'utilisation de *cycle*.

D'une manière générale, l'instruction *cycle*, comme l'instruction *exit*, peut apparaître dans n'importe quel type de boucle : avec compteur (comme dans l'exemple précédent), tant que ou "infinie". De même, lorsqu'une instruction *cycle* apparaît dans une boucle imbriquée dans une autre, elle concerne, a priori, la boucle la plus interne. Mais, il est possible de la faire porter sur une boucle de niveau moins élevé en ajoutant à l'instruction *cycle* le nom de la structure concernée. En voici un exemple :

```
comptage : do while (.not. fini)
              .....                     ! instructions A
              do i = 1, n
                 .....
                 if (...) cycle comptage   ! bouclage anticipé
                 .....                  ! instructions B
              end do
              .....                     ! instructions C
           end do
```

Si l'instruction de bouclage anticipé *cycle comptage* est exécutée, elle ne se contente pas de "sauter" les instructions B ; elle provoque le passage au tour suivant de la boucle nommée *comptage*, c'est-à-dire en fait, l'examen de la condition de poursuite (ici *.not. fini*) et si cette condition est vraie, on exécute les instructions A, avant d'entamer une nouvelle exécution complète de la boucle avec compteur (on repart à $i = 1$).

Bien entendu, il n'en serait pas allé de même si l'on s'était contenté d'une simple instruction *cycle*, laquelle, dans ce cas, aurait simplement provoqué le "saut" des instructions B, avec passage à la valeur suivante de i (si la limite n n'était pas atteinte).

Syntaxe de l'instruction cycle

```
CYCLE [nom]
```

L'instruction cycle

Avec :

nom : nom d'une structure de boucle à l'intérieur de laquelle se trouve l'instruction *cycle.*

7 - LA STRUCTURE DE BOUCLE INFINIE : L'INSTRUCTION DO

7.1 Introduction

Fortran 90 possède une structure de boucle qui peut, de prime abord, sembler curieuse, à savoir la boucle (d'apparence!) infinie :

```
do
    .....
    .....
end do
```

Bien entendu, son intérêt se justifie à partir du moment où l'on note qu'il est possible d'introduire, à l'intérieur du bloc concerné, une ou plusieurs instructions d'arrêt prématuré de la boucle (*exit*) ou, d'une façon générale, n'importe quelle instruction de "rupture de séquence" (*goto*, *if*...).

Nous allons voir deux exemples classiques d'utilisation de cette nouvelle structure, après vous en avoir présenté la syntaxe.

7.2 Syntaxe

```
[nom : ]  DO
              bloc
          END DO [nom]
```

La structure de boucle "infinie"

7.3 Exemples

1) Il est très fréquent que l'on doive traiter une suite de données, en nombre non connu à l'avance, une valeur particulière servant à préciser qu'il n'y a plus rien à traiter. On doit donc répéter les deux actions :

- lire une valeur,
- traiter la valeur.

Toutefois, la valeur servant de signal de fin de données ne doit généralement pas être traitée. La mise en oeuvre de ce traitement peut être réalisée simplement en Fortran 90[1], de la façon suivante :

```
do
   read *, x                 ! lecture d'une valeur
   if ( x ...)  exit         ! sortie si signal de fin
   .....
   .....                     ! traitement de la valeur lue
   .....
end do
```

1. La programmation serait moins simple si l'on voulait se limiter aux structures fondamentales de la programmation structurée.

Naturellement, il est facile de généraliser ce canevas au cas où l'on lit, non pas une seule donnée, mais tout un ensemble de données ou, même, au cas où l'on doit programmer une boucle conditionnelle dans laquelle la sortie ne peut se faire en début[2].

2) Comme nous l'avons dit, Fortran 90 ne dispose pas de boucle "jusqu'à". Cette dernière peut toutefois se programmer facilement à l'aide d'une boucle infinie. Ainsi, la construction suivante correspond à la répétition d'un bloc d'instruction jusqu'à ce que l'expression logique *exp_log* devienne vraie :

```
do
   .....
   .....
   if (exp_log) exit
end do
```

3) Comme nous l'avons déjà dit en introduction du paragraphe 5, la boucle *do while* est déconseillée dans le cas de "super calculateurs", compte tenu des risques de dégradation de performances qu'elle comporte. Dans ce cas, la construction :

```
do
  if (.not. exp_log) exit
  .....
end do
```

joue le même rôle que :

```
do while (exp_log)
   .....
end do
```

8 - LES INSTRUCTIONS GO TO ET STOP

8.1 L'instruction go to et la notion d'étiquette

En Fortran 77, compte tenu de son manque de structures fondamentales, l'instruction *go to* était indispensable (ne serait-ce que pour exprimer les structures fondamentales de la programmation structurée). En Fortran 90, son intérêt décline sérieusement compte tenu, non seulement de l'apparition de nouvelles structures, mais aussi de l'existence de *exit* et *cycle*. Néanmoins, l'instruction *go to* peut encore servir dans quelques situations telles que celle où l'on souhaite traiter convenablement l'apparition d'un événement extraordinaire

2. On parle souvent, dans une telle situation, de boucle n + 1/2.

qui compromet le bon déroulement d'un programme (c'est la même notion que celle que nous avons évoquée dans le cas d'une boucle, avec cette différence qu'ici la portée de l'incident est le programme lui-même et non plus seulement une boucle.

Comme on peut s'y attendre, l'instruction *go to* provoque un "branchement" à un emplacement quelconque d'un programme ; plus précisément :

```
GO TO etiquette
```

L'instruction go to

Avec :

étiquette : nombre entier (sans signe) de 1 à 5 chiffres (non nul) qui doit figurer devant l'instruction à laquelle on souhaite se brancher.

Quelques règles (de bon sens!)

- Une étiquette ne peut apparaître que devant une instruction exécutable (il existera une exception pour l'instruction *format* qui peut posséder une étiquette, mais il ne sera pas possible de la faire figurer dans une instruction de branchement.

- Une instruction *go to* ne peut pas provoquer un branchement vers l'intérieur d'un bloc (cela reviendrait à y pénétrer sans passer par le "contrôle" imposé par l'instruction structurée dont il fait partie). En revanche, on peut toujours se brancher d'un endroit d'un bloc :

  * vers une autre instruction du même bloc, y compris à une instruction délimitant la fin de ce bloc,

  * à une instruction en dehors de ce bloc (pour peu qu'on ne viole pas la règle précédente).

Remarques :

1) Bien qu'elle soit devenue désuète en Fortran 90, il existe une autre instruction faisant intervenir des étiquettes ; il s'agit de ce que l'on nommait l'instruction *if* arithmétique. Voyez éventuellement l'annexe H qui présente les instructions périmées du Fortran 90.

2) Les notions de nom de structure et d'étiquette sont parfaitement dissociées. Notamment, on ne peut pas se brancher au nom d'une structure.

3) Une étiquette peut précéder une instruction structurée portant un nom, comme dans :

```
100 comptage : do while (.not.fini)
                 .....
               end do
```

8.2 L'instruction stop

Jusqu'ici, dans les programmes que nous avons rencontré, l'exécution se terminait à la rencontre de l'instruction *end*. En fait, il est possible de prévoir d'autres arrêts d'un programme. Pour ce faire, une première possibilité consiste à prévoir un branchement sur l'instruction *end* elle-même à laquelle on attache une étiquette :

```
      if (...) go to 9999
        .....
 9999 end
```

Notez qu'il n'est pas possible d'écrire :

```
      if (...) end          ! incorrect
```

car l'instruction *end* ne doit apparaître que comme délimiteur à la fin du programme[3].

D'une manière générale, il existe une autre instruction qui peut être utilisée n'importe où comme n'importe quelle instruction exécutable : il s'agit de l'instruction *stop*. Ainsi, peut-on écrire :

```
      if (...) stop
```

ou encore :

```
     if (...) then
         print *, 'Problème insurmontables- arrêt exécution'
         stop
     endif
```

3. D'ailleurs, en Fortran 77, l'instruction end ne pouvait pas recevoir d'étiquette.

Voici un "canevas" montrant comment gérer une situation exceptionnelle nécessitant un arrêt du programme :

```
     .....
     if (...) go to 9999         ! détection situation exceptionnelle
     .....
     .....                       ! déroulement normal
     .....
     stop                        ! fin de la partie "normale du programme"
9999 print * 'Problème insurmontable - On arrête'
     stop
     end                         ! fin des instructions du programme
```

Notez que le dernier *stop* n'est pas indispensable ; en revanche, le *end* l'est puisqu'il sert de délimiteur pour le compilateur.

Remarques :

1) Il est possible de faire suivre le mot clé *stop*, soit d'une chaîne de caractères, soit d'un nombre entier positif de 1 à 5 chiffres, comme dans :

```
stop 'erreur insoluble'
stop 123
```

Cette information supplémentaire pourra alors éventuellement transmise au "système d'exploitation" sous lequel fonctionne le programme et communiquée à l'utilisateur sous une forme déterminée.

2) En Fortran 77, l'instruction *stop* était obligatoire car l'instrtuction *end* n'était pas exécutable (elle ne servait que de délimiteur).

3) Il existe une instruction "vide", à savoir **continue** ; elle était surtout très utile en Fortran 77 pour marquer la fin d'une boucle (dans ce cas, elle était précédée d'une étiquette).

EXERCICES

N.B. Ces exercices sont corrigés en fin de volume

1) Calculer la moyenne de notes fournies au clavier avec un "dialogue" de ce type :

```
 note  1
12
 note  2
15.25
 note  3
8.75
 note  4
-1
 moyenne de ces  3  notes :   12.0000000
```

Le nombre de notes n'est pas connu a priori et l'utilisateur peut en fournir autant qu'il le désire. Pour signaler qu'il a terminé, on convient qu'il fournira une note fictive négative. Celle-ci ne devra naturellement pas être prise en compte dans le calcul de la moyenne.

2) Ecrire un programme qui détermine la énième valeur u_n (n étant fourni en donnée) de la "suite de Fibonacci" définie comme suit :

u1 = 1

u2 = 1

$u_n = u_{n-1} + u_{n-2}$ pour n>2

3) Calculer la somme des n premiers termes de la "série harmonique", c'est-à-dire la somme :

$$1 + 1/2 + 1/3 + 1/4 + ... + 1/n$$

La valeur de n sera lue en donnée.

4) Afficher toutes les manières possibles d'obtenir un franc avec des pièces de 2 centimes, 5 centimes et 10 centimes. Dire combien de possibilités ont été ainsi trouvées.

5) Ecrire un programme qui trouve la plus grande et la plus petite valeur d'une succession de notes (nombres entiers entre 0 et 20) fournies en données, ainsi que le nombre de fois où ce maximum et ce minimum ont été attribués. On supposera que les notes, en nombre non connu à l'avance, seront terminées par une valeur négative.

V. LES TABLEAUX

Comme tous les langages, Fortran permet de manipuler des "tableaux". Rappelons qu'on nomme tableau un ensemble ordonné d'éléments de même type désigné par un identificateur unique ; chaque élément du tableau est repéré par un "indice" (nombre entier) précisant sa position au sein de l'ensemble.

Si Fortran 77 n'offrait que des possibilités "classiques" de manipulation de tableaux, Fortran 90, en revanche, a introduit de nombreuses facilités, fort puissantes et absentes de la plupart des autres langages. On peut citer, notamment :

- les opérations "globales", c'est-à-dire portant sur l'ensemble des éléments d'un tableau ou de plusieurs tableaux,
- la notion de "section de tableau", qui permet de manipuler une portion de tableau comme un tableau, même lorsque cette portion n'est pas formée d'éléments "consécutifs",
- l'affectation conditionnelle (instruction *where*),
- les "constructeurs" de tableaux, qui simplifient l'affectation de valeurs quelconques aux différents éléments d'un même tableau,
- de nombreuses fonctions intrinsèques.

Ce sont ces différentes possiblités que nous étudierons ici. Nous les complèterons par quelques informations concernant la lecture ou l'écriture de tableaux.

Notez que certains points relatifs aux tableaux ne pourront être abordés que dans les prochains chapitres. C'est le cas, notamment, des tableaux transmis en argument d'un sous-programme, des tableaux dynamiques, des pointeurs sur des tableaux...

1 - DECLARATION ET UTILISATION CLASSIQUE D'UN TABLEAU A UNE DIMENSION

1.1 Exemple introductif

Voyez ce petit programme :

```
program exemple_tableau
implicit none
integer, dimension (5) :: t            ! t est un tableau de 5 entiers
integer :: i

do i = 1, 5
   print *, 'donnez un entier relatif'
   read *, t(i)                        ! on lit l'element de rang i de t
end do
print *, 'voici les nombres positifs que vous avez donne : '
do i = 1, 5
   if (t(i) > 0) print *, t(i)
end do
end
```

```
 donnez un entier relatif
3
 donnez un entier relatif
-5
 donnez un entier relatif
-8
 donnez un entier relatif
2
 donnez un entier relatif
9
```

```
voici les nombres positifs que vous avez donne :
3
2
9
```

Exemple d'utilisation d'un tableau

La déclaration :

```
integer, dimension (5) :: t
```

spécifie que *t* est le nom d'un tableau de 5 éléments de type entier. Chaque élément sera repéré par sa position dans le tableau, nommée "indice". **Ici**, la première position portera le numéro 1 (nous verrons toutefois, qu'en Fortran 90, il est possible de demander qu'elle porte un numéro différent). Nos indices pourront donc varier de 1 à 5. Le premier élément du tableau sera noté *t(1)*, le second *t(2)*... Plus généralement, une notation telle que *t(i)*désigne l'élement dont la position dans le tableau *t* est fournie par la valeur actuelle de *i*.

1.2 D'une manière générale

a) Les éléments d'un tableau

Un élément de tableau peut être utilisé comme le serait n'importe quelle variable de son type. Ainsi, il peut :

- apparaître dans une expression :

```
n = t(2) * 5 + 3
```

- apparaître à gauche d'une affectation :

```
t(3) = 2 * k - 5
```

b) Les indices

Les indices peuvent prendre la forme de n'importe quelle **expression arithmétique de type entier**. Par exemple, ces notations sont correctes (n, p, j, k et l étant de type entier) :

```
t (n-3)
t (3*p - 2*k + j/l)
```

c) Les bornes des indices

En Fortran 90, vous pouvez demander qu'un indice commence à une valeur différente de 1. Par exemple, avec cette déclaration :

```
real, dimension (-1:12) :: v
```

vous spécifiez que le tableau *v* comportera 14 éléments de type *real* ; ses éléments seront :

```
v(-1)  v(0)  v(1)  ...  v(11)  v(12)
```

Comme vous l'avez constaté dans notre exemple de programme précédent, lorsque la valeur initiale des indices ne figure pas dans la déclaration, elle est prise par défaut égale à 1. Ainsi, la déclaration :

```
integer, dimension (5) :: t
```

est équivalente à :

```
integer, dimension (1:5) :: t
```

D'une manière générale, les limites d'indices mentionnées dans la déclaration d'un tableau peuvent être non seulement des constantes comme dans tous nos précédents exemples, mais n'importe quelles **expression constantes**. Cette remarque s'avère particulièrement utile puisqu'elle permet d'utiliser des constantes symboliques, comme dans cet exemple :

```
integer, parameter ::                    n_comp = 10, mini = -7, maxi = 15
real, dimension (n_comp) ::              vecteur
integer, dimension (mini:maxi) ::        coef
integer, dimension (mini-1::maxi+1) :: ponder
```

Cette façon de faire permet d'améliorer à la fois :

- la lisibilité du programme (il est plus facile de comprendre *do i = 1, n_comp* que *do i = 1, 10*),

- l'adaptation éventuelle du programme : un changement de valeur d'un paramètre n'entraîne qu'une seule intervention au niveau de la déclaration correspondante.

d) Le type des éléments

Dans nos exemples, les éléments de tableau étaient de type *integer* ou *real*. D'une manière générale, ils peuvent être de n'importe quel type. Il peut donc s'agir :

- d'un de ceux dont nous avons déjà parlé : *integer* (éventuellement avec variante), *real* (éventuellement avec variante), *double precision* ou *logical* comme dans :

```
logical, dimension (10:20) :: premier
```

(le tableau *premier* pourrait par exemple être prévu tel que *premier(i)* ait la valeur vrai si *i* est premier et la valeur faux dans le cas contraire)

- mais également de types que nous rencontrerons ultérieurement : *complex*, structures ou chaînes de caractères (nous verrons alors des exemples de tels tableaux).

e) En cas de débordement d'indice

Lorsque l'on emploie une constante comme indice, il est possible au compilateur de détecter une valeur située en dehors des limites prévues (toutefois, tous les compilateurs ne mentionnent pas l'erreur).

En revanche, dès lors qu'on emploie comme indice une expression (non constante), il est clair que le compilateur n'est plus en mesure d'effectuer un tel contrôle. Dans ces conditions, un indice mal calculé pourra se traduire, lors de l'exécution du programme, par des anomalies plus ou moins faciles à identifier ; la situation la plus catastrophique est celle où l'on "écrase" une information située en dehors du tableau, voire, dans certains cas, une instruction de programme. L'erreur ne sera détectée (si elle l'est!) que lorsque l'on cherchera à utiliser la donnée ou l'instruction ainsi écrasée. Ce phénomène est responsable d'une grande partie des "erreurs de programmation". Il peut éventuellement être évité en ajoutant, au sein de son programme[1], des instructions vérifiant, avant toute utilisation d'un indice qu'il est bien situé dans les limites autorisées[2].

---

1. Comme de telles instructions sont pénalisantes en temps d'exécution, on a souvent tendance (facheusement) à les dédaigner. Néanmoins, il reste toujours possible de prévoir des contrôles sévères à la mise au point et à se limiter en phase d'exploitation à des contrôles portant sur les seuls points "névralgiques" (notamment, les indices dont la valeur découle de valeurs lues en données).

2. Certains compilateurs, à vocation pédagogique, introduisent d'ailleurs automatiquement de telles instructions dans le programme exécutable.

2 - LES TABLEAUX A PLUSIEURS DIMENSIONS

2.1 Déclaration et utilisation de tableaux à plusieurs dimensions

Ce que nous venons de voir pour les tableaux à "une dimension" se généralise sans difficultés à ce que l'on nomme des tableaux à "plusieurs dimensions" (ou encore à plusieurs indices). Par exemple :

```
integer, dimension (5, 3) :: t1
```

spécifie que le tableau *t1* comporte 15 (5 x 3) éléments de type *integer* ; chaque élément est, cette fois, repéré par deux indices, le premier allant de 1 à 5, le second de 1 à 3, comme dans (i, j et k étant entiers) :

```
t(1, 2)    t(i, j)    t(i-3, i+k)
```

Ici encore, les valeurs minimales des indices peuvent être précisées. Par exemple :

```
real, dimension (-1:10, 0:10) :: t2
```

spécifie que *t2* est un tableau de 132 (12 x 11) éléments, chaque élément étant repéré par deux indices, le premier allant de -1 à 10, le second de 0 à 10.

D'une manière générale, il est possible de définir des tableaux comportant jusqu'à **7 dimensions.** Ainsi :

```
integer, dimension (-1:1, 10, 0:4, 2, -3:0, 2, 4) :: t3
```

déclare un tableau *t3* de 9 600 éléments (3 x 10 x 5 x 2 x 4 x 2 x 4) où chaque élément est repéré par 7 indices (en pratique, on en utilisera rarement autant!).

2.2 Rang, étendue, taille et profil d'un tableau

Faisons ici un petit point concernant le vocabulaire relatif aux tableaux. Pour illustrer notre propos, nous utiliserons les exemples déjà rencontrés :

```
integer, dimension (5) :: t
integer, dimension (5, 3) :: t1
real, dimension (-1:10, 0:10) :: t2
integer, dimension (-1:1, 10, 0:4, 2, -3:0, 2, 4) :: t3
```

Le nombre de dimensions d'un tableau s'appelle son **rang**. Ainsi, *t* est de rang 1, *t1* et *t2* sont de rang 2 et *t3* est de rang 7.

Le nombre de valeurs possibles pour un indice pour une dimension donnée s'appelle l'**étendue** du tableau suivant cette dimension. Ainsi *t* a une étendue de 5 suivant son unique dimension ; *t1* a une étendue de 5 suivant la première dimension et une étendue de 3 suivant la seconde dimension. De même, *t2* a une étendue de 12 suivant la première dimension... Naturellement, lorsque la limite inférieure d'un indice dans une dimension donnée est égale à 1, l'étendue suivant cette dimension est égale à la limite supérieure de l'indice (c'est, par exemple, le cas pour les étendues de *t1*).

Le produit des étendues dans toutes les dimensions fournit bien sûr le nombre d'éléments d'un tableau ; c'est ce qu'on nomme aussi sa **taille.**

Enfin, la liste des étendues d'un tableau constitue son **profil** (ou sa forme). Ainsi :

t a pour profil (5)

t1 a pour profil (5, 3)

t2 a pour profil (12, 11)

t3 a pour profil (3, 10, 5, 2, 4, 2, 4)

Notez bien que **la notion de profil ne fait absolument pas intervenir les valeurs limites des indices.** C'est ainsi que les deux tableaux *tab1* et *tab2* définis ainsi :

```
integer, dimension (-1:5, 0:9) :: tab1
integer, dimension (7, 2:11)   :: tab2
```

ont même profil (7, 10).

Nous verrons que cette notion de profil joue un rôle important en Fortran 90 ; notamment deux tableaux de même profil seront "compatibles[3]", c'est-à-dire qu'on pourra affecter à l'un la valeur de l'autre.

2.3 Remarque à propos des déclarations de tableaux en Fortran 77

Fortran 77 offrait des possibilités comparables à celles que nous venons d'évoquer, avec toutefois quelques nuances :

- les indices commençaient toujours à 1 ; il n'était donc pas possible de déclarer tels quels les tableaux *t2* et *t3* précédents,

3. Certains disent parfois "conformants".

- la syntaxe des déclarations était différente. Ainsi, *t1* aurait dû être déclaré :

```
integer t1
dimension t1 (5,3)
```

ou encore :

```
integer t1 (5, 3)
```

Ce type de déclaration est accepté par Fortran 90[4].

3 - LES OPERATIONS GLOBALES RELATIVES AUX TABLEAUX

Comme nous l'avons déjà dit et vu, il est toujours possible de manipuler individuellement chacun des éléments d'un tableau ; c'est d'ailleurs ce que nous avons fait dans le programme exemple du paragraphe 1. Mais Fortran 90 permet souvent de manipuler "globalement" l'ensemble des éléments d'un tableau, offrant ainsi des possibilités très séduisantes pour l'utilisateur scientifique[5] ; ce sont ces possibilités que nous allons étudier ici, à savoir :

- l'affectation collective d'une même valeur à tous les éléments d'un tableau,
- les "expressions de type tableau" qui s'apparentent (sans toutefois être identiques) aux expressions vectorielles ou matricielles des mathématiques.

Notez que ces possibilités se trouveront enrichies par la possibilité d'employer des sections de tableau dont nous parlerons un peu plus loin.

3.1 Affectation collective d'une valeur à tous les éléments d'un tableau

Soit cette déclaration :

```
integer, dimension (10) :: vect
```

L'instruction suivante :

---

4. Rappelons qu'un programme Fortran 77 est toujours accepté par un compilateur Fortran 90 (il faudra souvent toutefois préciser que l'on emploie un "format fixe").

5. Possibilités qu'on ne trouve d'ailleurs pas dans des langages tels que C ou Pascal.

```
vect = 1
```

est acceptée par Fortran 90. Elle affecte la valeur (scalaire) 1 à tous les éléments de *vect*. Elle remplace avantageusement (*i* étant déclarée entière) :

```
do i = 1, 10
   vect (i) = 1
end do
```

De même, avec :

```
real, dimension (5, 3) :: mat
```

vous pourrez écrire :

```
mat = 1.5
```

Cette instruction affectera la valeur réelle 1,5 aux 15 éléments (5x3) de *mat*.

D'une manière générale, vous pouvez utiliser une affectation de la forme :

```
identificateur_tableau = expression
```

Affectation collective d'une valeur à un tableau

Avec :

expression : expression de même type que celui des éléments du tableau ou d'un type "compatible" (un type numérique est compatible avec n'importe quel autre type numérique).

Remarques :

1) Aucune restriction ne pèse sur le type des éléments. Certes, dans nos exemples, il s'agissait de types scalaires. Mais, comme nous le verrons par la suite, il pourra s'agir de complexes, de structures ou de chaînes de caractères[6].

2) Compte tenu de la comptabilité des types numériques entre eux, vous avez tout à fait le droit d'écrire (avec nos précédents tableaux) :

6. Il ne peut toutefois pas s'agir de tableaux car, en Fortran 90, il n'existe pas de tableaux de tableaux! (alors que c'est le cas en Pascal).

```
vect = 2.8     ! correspond a vect = 2
mat = 4        ! correspond a mat = 4.0
```

3.2 Les "expressions tableau"

a) Exemples d'introduction

Soient ces déclarations :

```
integer, parameter :: dim = 12
real, dimension (dim) : a, b, w
```

L'instruction :

```
w = a + b
```

est équivalente à (i étant supposé déclarée de type *integer*) :

```
do i = 1, dim
   w(i) = a(i) + b(i)
end do
```

De même :

```
w = a * b
```

est équivalente à :

```
do i = 1, dim
  w(i) = a(i) * b(i) ! attention, produit élément par élément et non produit scalaire
end do
```

Mieux :

```
w = a * b + 5
```

est équivalent à :

```
do i = 1, dim
   w(i) = a(i) * b(i) + 5
end do
```

Dans les trois affectations présentées, on trouve :

- à gauche, un identificateur de tableau,
- à droite, ce que l'on nomme une "**expression tableau**", c'est-à-dire une expression qui fournit en résultat un tableau (de valeurs de même type).

Cette nouvelle forme d'affectation et la notion d'expression tableau qui lui correspond vont apparaître progressivement dans ce chapitre. Voici deux autres exemples :

```
w = 2 * w
```

permet de multiplier par 2 tous les éléments de *w*.

```
w = w + 1
```

augmente de 1 la valeur de tous les éléments de *w*.

Remarques :

1) Dans une expression telle que $w = a + b$, il n'apparaît pas d'emblée que *a*, *b* ou *w* sont des tableaux. Sachez que, si vous le souhaitez, Fortran 90 vous permettra d'employer une notation plus explicite de la forme :

```
w (:) = a(:) + b(:)
```

Celle-ci sera présentée ultérieurement avec la notion de "section de tableau".

2) Malgré sa ressemblance avec la notion d'expression vectorielle ou matricielle des mathématiques, la notion d'expression tableau comporte des différences ; en particulier :

- en mathématiques, on ne peut pas ajouter un scalaire à un vecteur ou une matrice,
- en mathématiques, le produit de deux vecteurs de même étendue fournit un résultat scalaire (produit scalaire) ; il n'a donc pas la même signification qu'en Fortran 90 où l'on obtient un vecteur. Notez toutefois qu'il existe une fonction intrinsèque (*prodscal*) permettant précisément d'obtenir le produit scalaire de deux tableaux de rang 1.

b) Attention à la correspondance

Dans des expressions tableau telles que $a + b$, il faut bien sûr que *a* et *b* aient le même nombre d'éléments, c'est-à-dire le même profil. En revanche, il n'est pas nécessaire que les limites des indices soient les mêmes (ce qui était le cas dans notre exemple). La même remarque s'applique à l'affectation de la valeur d'une expression tableau à un tableau. Voyons cela plus précisément sur un nouvel exemple :

```
real, dimension (10)   :: v1
real, dimension (0:9)  :: v2
real, dimension (2:11) :: w
   .....
w = v1 + v2
```

L'expression *v1 + v2* est un tableau de réels, dont le premier élément de valeur *v1(1) + v2(0)* sera affecté à *w(2)*, le second élément a pour valeur *v1(2) + v2(1)* et il sera affecté à *w(3)*... Autrement dit l'instruction d'affectation *w = v1 + v2* est équivalent à (*i* étant entière) :

```
do i = 2, 11
   w(i) = v1(i-1) + v2(i-2)
end do
```

ou encore à :

```
do i = 0, 9
   w(i+2) = v1(i+1) + v2(i)
end do
```

Autrement dit, **la correspondance entre les éléments des différents tableaux**, aussi bien dans l'évaluation d'une expression tableau que dans l'affectation, **ne tient compte que du profil** des tableaux concenés. Naturellement, ceci se généralise à des expressions tableau à plusieurs dimensions comme dans :

```
real, dimension (10, 20)        :: u
real, dimension (-2:7, 10:29) :: v
real, dimension (10, 0:19)      :: w
   .....
w = u + v
```

Ici, les tableaux *u*, *v*et *w* ont le même profil (10,20). L'affectation *w = u + v* est équivalente (par exemple) à :

```
do i = 1, 10
   do j = 1, 20
      w (i,j) = u(i, j-1) + v(i-3, j-9)
   end do
end do
```

En revanche, avec les déclarations :

```
real, dimension (10)  :: tab1
real, dimension (0:8) :: tab2
```

une expression telle que *tab1+tab2* n'aurait pas de sens puisque les deux tableaux n'ont pas le même profil (10 pour *tab1* et 9 pour *tab2*). De même, l'affectation *tab1 = tab2* serait incorrecte.

Remarque :

Dans nos précédents exemples, nous nous sommes limités à des tableaux de type numérique. Voici un exemple d'expression tableau de type logique :

```
logical, dimension (10) :: compare
integer, dimension (10) :: v1, v2
   .....
compare = v1 < v2
```

Comme nous l'avons déjà évoqué, on pourra rencontrer des expressions tableau de type *character* ou structure.

c) Les possibilités de conversion

Dans nos précédents exemples, les tableaux apparaissant dans une expression étaient formés d'éléments de même type. En fait, **Fortran 90 applique aux expressions tableau et aux affectations à un tableau les mêmes règles de conversion que pour les expressions scalaires.** Voyez cet exemple :

```
integer, dimension (10) :: tn, tp
real, dimension (10)    :: tr
   .....
tn = tp + tr
tr = tp + 2.5
```

L'expression *tp+ tr* est une expression tableau de réels obtenue en convertissant toutes les valeurs de *tp* en réel, avant de les ajouter à celles de *tr*. Puis, pour effectuer l'affectation à *tn*, on réalise une conversion des valeurs ainsi obtenues en entier.

De même, l'expression *tp + 2.5* est une expression tableau de réels obtenue en convertissant toutes les valeurs de *tp* en réel avant de leur ajouter 2,5. Ici, le résultat peut alors être affecté directement à *tr* (qui est du type réel).

d) Les opérateurs intrinsèques et les tableaux en général

Bien que nous n'ayons pas encore examiné toutes les possibilités d'expressions tableau, nous pouvons déjà faire un premier point concernant l'application des opérateurs intrinsèques à des tableaux.

Si un **opérateur unaire** *op* est applicable à un type *t*, il peut être appliqué à un tableau *A* d'éléments de type *t*. Dans ce cas *op A* est le tableau de même profil que A dans lequel chaque élément est *op A(i)*. Par exemple, si *a* est un tableau numérique, *-a* est une expression tableau formée des opposés des éléments de a.

Si un **opérateur binaire** *op* est applicable à deux opérandes de type *t1* et *t2* :

- il peut être appliqué à deux tableaux *A* et *B* de même profil, l'un de type *t1*, l'autre de type *t2*. Dans ce cas *A op B* est le tableau de même profil que *A* et *B* dans lequel chaque élément a la valeur et le type de *A(i) op B(i)* ; l'expression *tp + tr* du paragraphe c en est un exemple ;

- il peut être appliqué à un tableau A de type *t1* et un élément *x* de type *t2* (respectivement à un élément *x* de type *t1* et un tableau *A* de type *t2*). Dans ce cas *A op x* (respectivment *x op A)* est le tableau de même profil que *A* dans lequel chaque élément a la valeur et le type de *A(i) op x* (respectivement *x op A(i)*) ; l'expression *tp + 2.5* du paragraphe c en est un exemple.

Notez bien que ces règles sont assez fastidieuses à énoncer de façon précise. Il n'en reste pas moins qu'elles correspondent à l'intuition qu'on peut en avoir.

Remarque :

Ces règles s'appliquent à tous les opérateurs définis par le langage (nommés souvent "opérateurs intrinsèques"). Mais nous verrons qu'il est possible, en Fortran 90, de définir soi-même de nouveaux opérateurs (qui ne seront donc plus "intrinsèques") : ces derniers ne jouiront plus des propriétés que nous venons d'énoncer[7].

---

7. Sauf si vous le prévoyez explicitement, en exploitant des possibilités de "surdéfinition" d'opérateurs dont nous parlerons plus tard.

3.3 Application des fonctions élémentaires à un tableau

La fonction élémentaire *sqrt* fournit la valeur de la racine carrée de la valeur réelle qu'on lui transmet en argument. Voici un exemple où l'on applique simultanément cette fonction à tous les éléments d'un tableau :

```
real, dimension (10) :: val, rac
    ...
rac = sqrt (val)
```

L'affectation *rac = sqrt (val)* fait intervenir une nouvelle forme d'expression tableau : *sqrt (val)*. Celle-ci n'est rien d'autre que le tableau de réels obtenus en appliquant la fonction *sqrt* à chacun des éléments du tableau *val*.

D'une manière générale, toutes les fonctions élémentaires[8] peuvent être appliquées à un tableau de profil quelconque ; elles fournissent en résultat un tableau de même profil. Ce dernier peut éventuellement intervenir, à son tour, dans une expression tableau plus complète comme dans :

```
real, dimension (10) :: val, res
real, dimension (0:9) :: coef
    ...
res = 2 * (sqrt (val) + coef)
```

Voici un autre exemple faisant appel à deux fonctions élémentaires que nous n'avons pas encore rencontrées mais dont le rôle est évident (notez bien que *a, b* et *omega* sont des scalaires, tandis que *t* et *valeurs* sont des tableaux) :

```
integer, parameter :: np = 100
real, dimension (np) :: t, valeurs
real :: a, b, omega
    .....
valeurs = a * cos (omega * t) + b * sin (omega * t)
```

8. En fait, par définition, une fonction élémentaire (en anglais elemental) est une fonction qu'on peut appliquer à tous les éléments d'un tableau.

3.4 Les fonctions portant sur des tableaux

Les fonctions élémentaires dont nous venons de parler ont la particularité de pouvoir porter indifféremment sur des scalaires[9] ou sur des tableaux. En dehors de cela, il existe également des fonctions spécifiques aux tableaux, c'est-à-dire ne comportant plus d'équivalent pour des scalaires. L'exemple le plus usuel est probablement la fonction *sum* qui fournit en résultat la somme des valeurs d'un tableau qu'on lui fournit en argument :

```
real, dimension (15, 30) :: mat
real :: somme
   .....
somme = sum (mat)
```

La fonction *sum* s'applique à des tableaux d'entiers, de réels ou de complexes et elle fournit un résultat du même type.

De façon comparable, il existe les fonctions *maxval* (valeur maximale d'un tableau), *minval* (valeur minimale d'un tableau) et *product* (produit des valeurs d'un tableau).

Par ailleurs, il faut mentionner :

- la fonction *dot_product* qui permet d'obtenir le produit scalaire de deux tableaux numériques (éventuellement complexes) de même profil,
- la fonction *matmul* qui permet d'obtenir le tableau correspondant au produit de deux matrices de dimension appropriées.

Toutes ces fonctions sont décrites dans l'annexe A.

4 - CONSTRUCTION ET INITIALISATION DE TABLEAUX

Fortran 90 offre une notation particulière dite "**constructeur**" permettant de regrouper les valeurs des différents éléments d'un tableau.

9. Ou, en toute rigueur, sur des complexes (qui sont presque des scalaires) ou des chaînes de caractères, types dont nous parlerons ultérieurement.

4.1 Construction de tableaux à une dimension

a) Introduction

La notation (remarquez bien la liste de valeurs encadrée par *(/* et */)*[10]) :

```
(/ 3, 5, 1, 8, 12 /)
```

représente un tableau formé des 5 nombres entiers : 3, 5, 1, 8 et 12. On peut dire qu'il s'agit d'une expression tableau d'entiers de profil (5).

Cette expression peut être utilisée classiquement dans une affectation, comme dans :

```
integer, dimension (5) :: t
   .....
t = (/ 3, 5, 1, 8, 12 /)
```

ou, même dans[11] :

```
t = 2 * (/ 3, 5, 1, 8, 12 /) + 5
```

b) Utilisation d'expressions dans un constructeur de tableau

Dans un constructeur de tableau, on peut en fait mentionner, non pas seulement des constantes, mais n'importe quelles expressions, à condition toutefois qu'elles soient toutes de même type. Par exemple, si *n* et *p* sont des variables entières, on pourra écrire (*t* étant le même tableau que ci-dessus) :

```
t = (/ 3, n, n+p, 2*n, 2*p /)
```

c) Utilisation de "listes à boucle implicite" dans un constructeur de tableau

En fait, dans un constructeur de tableau, on doit prévoir une liste de valeurs. Or, Fortran 90 possède une notation spéciale pour décrire une liste de valeurs, lorsque celles-

10. Il ne doit pas y avoir d'espace entre (et / ou entre / et).

11. En pratique, ce genre d'utilisation sera assez rare. Mais l'exemple permet de bien insister sur le fait qu'un constructeur de tableau fournit bien une expression tableau.

ci peuvent se déduire d'une expression unique dans laquelle on se contente de faire varier une variable entière. Par exemple, la notation :

```
( 3*i + 1, i = 1, 6, 2)
```

représente la **liste** des différentes valeurs que prend l'expression *3*i + 1* quand la variable *i* prend successivement les valeurs 1, 3 et 5 (de 1 à 6 par pas de 2, comme dans une boucle do, en quelque sorte[12]!). Cette notation remplace donc la liste :

```
4, 10, 16
```

Une telle notation porte le nom de **liste à boucle implicite**, ou encore de "liste implicite" (nous emploierons souvent ce terme, par souci de brièveté) ou, parfois de "boucle implicite".

En plaçant une telle notation dans un constructeur de tableau (de la forme *(/ liste de valeurs /)*, on obtient (n'oubliez pas les parenthèses qui encadrent la liste implicite) :

```
(/ ( 3*i + 1, i = 1, 6, 2) /)
```

qui représente un tableau de 3 entiers : 4, 10 et 16.

Naturellement, une liste implicite peut apparaître n'importe où dans une liste de valeurs et, donc, éventuellement, être accompagnée d'autres valeurs (ou même d'autres listes implicites), comme dans cette affectation :

```
t = (/ ( 3*i + 1, i = 1, 6, 2), 20, 8 /)
```

qui affecte à t les valeurs 4, 10, 16, 20 et 8.

Voici un autre exemple de liste implicite générant des valeurs réelles :

```
real, dimension (0:90) :: valeurs
integer :: i                          ! pour la boucle implicite
   .....
angle = (/ (i*0,2, i=0, 90) /)
```

Voici un dernier exemple qui montre que la boucle implicite peut porter sur une expression ; l'instruction :

```
t = (/ (i, 2*i, i = 1, 5) /)
```

place dans t les valeurs 1, 2, 2, 4, 3, 6, 4, 8, 5, 10.

---

12. D'où le nom de boucle implicite.

Remarque importante :

La ou les variables apparaissant dans une liste implicite sont de "vraies" variables. Nous voulons dire par là qu'elles doivent être déclarées au même titre que les autres et l'exécution de l'instruction correspondante entraîne obligatoirement une modification de ces variables. Ainsi, il faudra éviter d'incorporer l'exemple précédent à l'intérieur d'une boucle dans laquelle *i* serait une variable de contrôle d'une boucle *do*. Il s'agit d'ailleurs là d'une source d'erreur fréquente (beaucoup de compteurs, d'indices... s'appellent i, j...!).

d) D'une manière générale

Le constructeur de tableau à une dimension se présente sous la forme générale suivante :

```
(/ liste_d_éléments /)
```

Le constructeur de tableau

Avec :

élément :

- expression quelconque,
- liste implicite de la forme :

  (liste_d_éléments, variable_entière = début, fin [,pas])

  Avec : *début*, *fin* et *pas* : expressions de type entier.

Toutes les expressions figurant dans le constructeur doivent être de même type (entier, réel, complexe, variantes comprises) et non seulement d'un type comptible.

Remarques :

1) Rien n'interdit d'écrire une liste implicite dans laquelle la liste d'éléments est réduite à la variable entière, comme dans :

```
(i, i=1,5)
```

qui est équivalent à la liste 1, 2, 3, 4, 5. Ainsi la notation :

```
(/ (i, i=1,5) /)
```

représentera le tableau de 5 entiers : 1, 2, 3, 4 et 5.

2) Notez bien qu'il n'est pas permis de mélanger les types dans un constructeur ; ainsi, ceci est incorrect :

```
(/ 3, 4.5, 2.5 /)     ! incorrect
```

3) Comme vous pouvez le constater, la définition d'une liste implicite est "récursive" ; plus précisément, la *liste_d_éléments* peut elle-même être une liste implicite, comme dans cet exemple de constructeur :

```
(/ ( (i+2*j, j = 1, 3) , i = 1, 2) /)
```

Il est équivalent à :

```
(/ (1+2*j, j = 1, 3), (2+2*j, j = 1, 3) /)
```

4) La variable peut ne pas apparaître dans la liste d'éléments. Par exemple, avec :

```
(/ 100, i= 1, 10 /)
```

on obtient un tableau de 10 entiers égaux à 100. Avec :

```
(/ ( (i, i = 1, 3), j = 1, 2 ) /)
```

on obtient un tableau constitué des 6 entiers : 1, 2, 3, 1, 2, 3.

5) Nous avons présenté la notion de liste implicite à propos des constructeurs de tableaux. Mais nous verrons d'autres circonstances où l'on peut utiliser une liste implicite, dans le seul but de fabriquer une liste de valeurs, notamment dans une instruction d'entrée-sortie (dans ce cas, si plusieurs expressions y apparaissent, elles pourront être de types différents). De plus, ici, notre liste implicite générait des valeurs scalaires ; nous verrons qu'il est possible de générer des valeurs de type structuré (tableau ou structure), voire d'appliquer le constructeur de tableau à des tableaux de structures...

4.2 Initialisation de tableaux à une dimension

Nous avons déjà vu qu'on peut initialiser une variable lors de sa déclaration. Ceci s'applique également aux tableaux en faisant appel naturellement à un constructeur. En voici un exemple :

```
integer, dimension (5) :: t = (/ 2, 4, 3, 9, 11 /)
```

D'une manière générale, comme on peut s'en douter, on peut utiliser dans le constructeur une liste de valeurs obtenues par des expressions constantes (calculables par le compilateur) :

```
integer, parameter :: lim = 14
integer, dimension (5) :: t = (/ lim-1, lim, lim+5, 2*lim-1, lim*lim /)
```

Mais, il est également permis de faire apparaîtres des boucles implicites, pour peu que les expressions qu'elles renferment (hormis la ou les variables "compteur") soient elles-mêmes des expressions constantes. En voici un exemple :

```
integer, parameter :: lim = 9
integer :: i                          ! indispensable
integer, dimension (5) :: t = (/  (2*lim+i, i = 1, 5) /)
```

Notez qu'alors la ou les variables "compteur" doivent absolument avoir été **déclarées auparavant.**

Par ailleurs, il est tout à fait possible de définir des constantes symboliques (*parameter*) qui soient des tableaux. Il suffit simplement d'utiliser l'instruction *parameter* et des "expressions tableau constantes", c'est-à-dire dont les éléments sont eux-mêmes des expressions constantes. En voici un premier exemple :

```
integer, dimension (5), parameter :: v = (/ 3, 7, 4, 7, 12 /)     ! v est un tableau
                                                                  ! constant
```

En voici un autre qui montre comment transformer les déclarations précédentes relatives à t pour qu'il devienne un tableau constant :

```
integer, parameter :: lim = 9
integer :: i                          ! indispensable
integer, dimension (5), parameter :: t = (/  (2*lim+i, i = 1, 5) /)
```

Notez bien que si *lim* n'était pas une constante, la dernière déclaration serait incorrecte.

4.3 Construction et initialisation de tableaux à plusieurs dimensions

Curieusement, Fortran 90 n'a pas prévu de constructeur pour des tableaux à plus d'une dimension. En revanche, il existe une fonction qui permet de fabriquer un tableau de profil donné, à partir d'un tableau à une dimension. Il s'agit de la fonction **reshape**.

Considérons ces déclarations :

```
integer, dimension (6)    :: t1 = (/ (i,i=1,6) /)
integer, dimension (3, 2) :: t2
```

L'expression :

```
reshape (t1, (/ 3, 2 /) )
```

est un tableau à 2 dimensions obtenu en répartissant les valeurs du premier argument *t1*, suivant le profil indiqué en second argument, lequel doit être un tableau d'entiers fournissant le profil voulu. La répartition des valeurs se fait suivant un ordre qui n'est pas nécessairement celui auquel on s'attend : en effet, il s'agit de celui obtenu en faisant varier plus rapidement le premier indice[13] ; autrement dit :

l'élément de rang 1, 1 sera t1 (1),

l'élément de rang 2, 1 sera t1 (2),

l'élément de rang 3, 1 sera t1 (3),

l'élément de rang 1, 2 sera t1 (4),

l'élément de rang 2, 2 sera t1 (5),

l'élément de rang 3, 2 sera t1 (6).

L'expression tableau fournie par la fonction *reshape* peut apparaître :

- dans une affectation :

```
t2 = reshape (t1, (/ 3, 2 /) )
```

- mais aussi dans une expression constante(car l'emploi de la fonction *reshape*, entre autres, y est autorisé) ; par exemple nous pourrions ainsi initialiser notre tableau *t2*, lors de sa déclaration :

```
integer, dimension (3, 2) :: t2 = reshape (t1, (/ 3, 2 /) )
```

13. Ceci correspond à l'ordre dans lequel les éléments d'un tableau à deux dimensions sont rangés en mémoire.

Remarques :

1) Dans l'exemple précédent, il serait judicieux de placer les dimensions de *t2* en "constantes symboliques" (*parameter*), afin de diminuer les risques d'erreur (de programmation) et, le cas échéant, faciliter leur modification. Par exemple, on pourrait écrire :

```
integer, parameter :: nl = 3, nc = 3
integer :: i
integer, dimension (nl*nc)  :: t1 = (/ (i,i=1,nl*nc) /)
integer, dimension (nl, nc) :: t2 = reshape (t1, (/ nl, nc /) )
```

2) Le second argument de *reshape* n'est rien d'autre qu'un tableau d'entiers de rang 1. On peut écrire par exemple,

```
integer, dimension (2) :: profil = (/ nl, nc /)
   ...
integer, dimension (nl, nc) :: t2 = reshape (t1, profil)
```

3) Ce que nous avons dit à propos des tableaux constants à une dimension s'applique également aux tableaux constants à plusieurs dimensions. A simple titre indicatif, voici comment nous pourrions appliquer cela au tableau *t2* de la remarque 1 :

```
integer, parameter :: nl = 3, nc = 3
integer :: i
integer, dimension (nl * nc), parameter :: t1 = (/ (i, i=1, nl*nc) /)
integer, dimension (nl, nc), parameter :: t2 = reshape (t1, (/ nl, nc /) )
```

Notez bien que nous avons dû faire également de *t1* un tableau constant (sinon l'expression *reshape* n'aurait pas été une expression constante).

5 - LES SECTIONS DE TABLEAU

Fortran 90 a le mérite d'introduire une notion originale que ne possèdent ni C ni Pascal : celle de **section de tableau** (on dit parfois : sous-tableau). Compte tenu de sa puissance, nous allons l'étudier progressivement en commençant par les sections de tableaux à une dimension et en distinguant, dans ce cas, deux sortes de sections : les sections régulières (lesquelles peuvent être continues ou discontinues) et les sections irrégulières (liées à la notion de "vecteur d'indice").

5.1 Sections régulières d'un tableau à une dimension

Pour introduire cette nouvelle notion, nous commencerons par un cas particulier de section régulière, à savoir la "section continue", laquelle a le mérite d'être relativement naturelle.

a) Notion de section continue

Nous avons déjà vu comment créer des expressions tableau et affecter le résultat à un tableau de même profil mais supposez que nous disposions des deux tableaux *v* et *w* définis ainsi :

```
integer, dimension (10) :: v
integer, dimension (5)  :: w
```

Si vous souhaitez recopier les 5 premiers éléments de *v* dans les 5 éléments de *w*, vous ne pouvez plus utiliser les facilités que nous avons déjà rencontrées. Dans ces conditions, il semble qu'il faille revenir à une notation développée telle que :

```
do i = 1, 5
   w(i) = v(i)
end do
```

En fait, Fortran 90 vous permet d'écrire simplement :

```
w = v (1:5)
```

La notation *v(1:5)* est une expression tableau représentant le tableau de 5 éléments formés des valeurs de *v(1), v(2)... v(5)*.

Dans cet exemple, *v(1:5)* était employé comme une expression. Mais (et cela est moins naturel!) Fortran 90 accepte qu'une telle notation soit employée à gauche d'une affectation, c'est-à-dire comme une variable[14]. Par exemple, avec :

```
v(1:5) = (/ 3, 7, 1, 8, 0 /)
```

nous affecterons aux 5 premiers éléments de *v*, les valeurs 3, 7, 1, 8 et 0 . Ou encore, avec :

```
v(2:4) = w(5:7)
```

14. Rappelons que le terme de variable désigne toute référence à quelque chose susceptible d'être modifié.

nous obtiendrons l'équivalent des affectations :

```
v(2) = w(5) ; v(3) = w(6) ; v(4) = w(7)
```

Voici d'autres affectations correctes :

```
w = v(1:5) + v(6:10)
w = v(1:5) + v(3:7) + v(5:9)
```

Remarque :

Dans une section continue, on peut omettre une des bornes ou les deux. Lorsqu'une borne est omise, on utilise celle du tableau complet. Ainsi :

v(:4) est équivalent à v(1:4),

v(3:) est équivalent à v(3:10),

v(:) est équivalent à v(1:10) ou encore à v.

La dernière remarque montre qu'on peut toujours faire suivre un identificateur de tableau de (:), ce qui peut permettre, comme nous l'avons déjà évoqué, de mieux distinguer, dans un programme, les tableaux des scalaires.

b) En cas de "recoupement"

Comme vous pouvez vous en douter, un problème apparaît dès lors que des sections de tableau ayant des parties communes apparaissent à la fois à gauche et à droite d'une affectation. Considérez par exemple :

```
real, dimension (10) :: v
   .....
v(2:9) = ( v(1:8) + v(3:10) ) / 2
```

Ici, *v(2)* se voit affecter une valeur dépendant de *v(1)* et *v(3)*. Mais, *v(3)* reçoit lui-même une valeur dépendant de *v(2)* et *v(4)*. De quel *v(2)* s'agit-il? De l'"ancien" ou du "nouveau"? En fait, la règle adoptée par Fortran 90 est la suivante :

La valeur d'une expression tableau est entièrement évaluée avant d'être affectée[15].

15. En fait, cette règle, introduite dans le cas de sections continues de tableau, est valable pour toutes les expressions de type tableau.

Ainsi, dans notre exemple, on remplace chacune des composantes de *v*, excepté les extrêmes, par la valeur moyenne des deux composantes voisines. S'il fallait écrire la même chose sans utiliser de section de tableau, il faudrait surtout éviter de procéder ainsi :

```
do i = 2, 9
   v(i) = ( v(i-1) + v(i+1) ) / 2        ! résultat différent de celui escompté
end do
```

On pourrait par exemple utiliser un tableau intermédiaire *v1*[16] :

```
integer, dimension (10) :: v
integer, dimension (10) :: v1
   .....
do i = 1, 10
   v1 (i) = v(i)
end do
do i = 2, 9
   v(i) = (v1(i-1) + v1(i+1)) / 2
end do
```

c) Notion de section régulière non continue

En fait, dans le paragraphe précédent, nos sections étaient formées de valeurs consécutives. Il est possible également de fabriquer une section de tableau constituée de valeurs prélevées "régulièrement" dans un tableau. Il suffit pour cela de compléter les deux "bornes" par une indication de pas (comme dans une instruction *do* ou une liste implicite). Par exemple, avec :

```
integer, dimension (10) :: w
```

l'expression tableau *w(1:7:2)* représente un tableau de 4 éléments constitué des éléments *w(1)*, *w(3)*, *w(5)* et *w(7)*.

Ici encore, une telle expression (section de tableau) peut être utilisée comme une variable comme dans :

```
w(1:9:2) = 1
w(2:10:2) = 2
```

La première place la valeur 1 dans les éléments de rang impair de *w* ; la seconde place la valeur 2 dans les éléments de rang pair de *w*.

---

16. Il existe des solutions sans tableau intermédiaire, mais elles sont peu lisibles.

Voici un autre exemple :

```
integer, dimension (5) ::  v = (/ (i, i=1, 5) /)
integer, dimension (10) :: w
   .....
w(1:9:2) = v
w(2:10:2) = v
```

On obtient finalement les valeurs 1, 1, 2, 2, 3, 3... 5, 5 dans les 10 éléments de *w*. Bien sûr, ici il serait plus simple d'écrire :

```
w = (/ (i, i, i = 1, 5) /)
```

d) Les sections régulières d'un tableau à une dimension en général

D'une manière générale, une section régulière (continue ou non) se note de la façon suivante :

```
identificateur_tableau ( [début] : [fin ] [: pas] )
```

Section régulière d'un tableau à une dimension

Avec :

début, *fin* et *pas* : expressions entières quelconques ; quand une telle expression est omise, elle est prise par défaut égale à :

- la valeur du premier indice du tableau pour *début*,
- la valeur du dernier indice du tableau pour *fin*,
- un pour *pas*.

Remarques :

1) Le premier séparateur (deux points) est obligatoire, le second n'apparaît que si le pas est présent. Ainsi *t(::2)* est correct mais *t(1:5:)* ne l'est pas.

2) Dans nos exemples, nous avions utilisé des valeurs constantes mais les expressions peuvent se révéler très utiles. Notamment dans des applications de type "calcul

numérique", vous utiliserez fréquemment des expressions de la forme *v(1:n)* ; cette dernière représente un "vecteur" dont le nombre d'éléments est égal à la valeur contenue dans la variable *n*. Notez à ce propos :

- qu'il s'agira effectivement des *n* premiers éléments de *v* si le premier indice de *v* est égal à un (ce qui est le cas par défaut),

- que les valeurs de ce vecteur peuvent ne pas être toutes définies si la valeur de *n* est supérieure au plus grand indice de *v* ou inférieure à son plus petit indice.

3) Le pas peut être négatif. Ainsi, avec cette simple instruction :

```
v (1:5) = v(5:1:-1)
```

vous "inversez" les éléments d'indice 1 à 5 de *v* (celui d'indice 3 ne changeant d'ailleurs pas de valeur).

e) Cas de la "section vide"

Dès lors que la valeur de *début* est supérieure à celle de *fin* (avec un *pas* positif, ou l'inverse avec un *pas* négatif), la section correspondante ne comportera aucun élément. Ceci est parfaitement accepté par Fortran 90 (et se révélera fort pratique dans certains problèmes d'analyse numérique). La valeur de l'expression (de type tableau, rappelons-le!) est un tableau de rang 1 et de dimension 0. Comme il est possible d'affecter un scalaire à un tableau, l'instruction :

```
v(1:n) = 1
```

aura toujours un sens, quelle que soit la valeur de *n* ; simplement, si *n* est négatif, elle ne fera ... rien.

Nous reviendrons sur ces "sections vides" dans le cas de sections de tableaux à plusieurs dimensions.

5.2 Section quelconque d'un tableau à une dimension à l'aide d'un vecteur d'indices

a) Notion de vecteur d'indice

Soient ces déclarations :

```
integer, dimension (10) :: w
integer, dimension (8)  :: v
```

La notation *w ((/ 1, 3, 7, 10 /))* représente un tableau de 4 éléments, constitué des éléments d'indice 1, 3, 7 et 10 de *w* (autrement dit, elle corrrespond ici à *(/ w(1), w(3), w(7), w(10) /)*). Elle peut être utilisée dans une expression tableau comme dans cette instruction :

```
v (2:5) = w ( (/ 1, 3, 7, 10 /) )
```

qui est équivalente à :

```
v(2) = w(1) ; v(3) = w(3) ; v(4) = w(7) ; v(5) = w(10)
```

ou encore à :

```
v (2:5) = (/ w(1), w(3), w(7), w(10) /)
```

Elle peut également intervenir à gauche d'une affectation comme dans :

```
w ( (/ 1, 3, 7, 10 /) ) = 100
w ( (/ 1, 3, 7, 10 /) ) = v(3:6)
```

La première instruction est alors équivalente à :

```
w(1) = 100 ; w(3) = 100 ; w(7) = 100 ; w(10) = 100
```

tandis que la seconde est équivalente à :

```
w(1) = v(3) ; w(3) = v(4) ; w(7) = v(5) ; w(10) = v(6)
```

Le tableau d'entiers (ici constant) *(/ 1; 3, 7, 10 /)* se nomme ici un "vecteur d'indice". D'une manière générale, on peut utiliser un tableau d'entiers quelconque. Par exemple, si l'on déclare :

```
integer, dimension (4) :: ind = (/ 1, 3, 7, 10 /)
```

Nos deux précédentes instructions peuvent s'écrire :

```
w (ind) = 100
w (ind) = v(3:6)
```

la notation *w(ind)* joue le même rôle que *w (/ 1, 3, 7, 10 /)* (avec toutefois cette différence qu'avec cette nouvelle notation, il devient possible de faire évoluer le contenu de *ind*)

De même, on peut utiliser un vecteur d'indice fabriqué à l'aide d'un constructeur de tableau. Ainsi, l'expression (au demeurant peu lisible) *w((/ (i, i=1, 6, 2) /))* serait équivalente à *w(1:6:2)* ; l'expression *w ((/ (i, i=1, 5, 2), (i, i=2, 6, 2) /))* reviendrait à considérer les éléments de *w* dans l'ordre 1, 3, 5, 2, 4, 6 ; elle n'aurait plus d'équivalent sous forme de section régulière.

Voici, à titre d'exemple d'application, comment effectuer une permutation circulaire des éléments du tableau w précédent (mais on peut faire la même chose en utilisant la fonction prédéfinie *cshift*!) :

```
w (:) = w ( (/ (i, i = 2, 10), 1 /) )
```

b) Attention aux ambiguïtés

Une notation telle que *w((/ 3, 5, 3, 9 /))* représente effectivement un tableau de 4 éléments. Elle ne présente aucune difficulté tant qu'il s'agit d'en utiliser la "valeur", c'est-à-dire lorsqu'on l'emploie au sein d'une expression. En revanche, elle ne peut apparaître à gauche d'une affectation compte tenu de son ambiguïté (w(3) recevrait deux valeurs différentes!).

D'une manière générale, quand une section de tableau apparaît à gauche d'une affectation, elle ne doit pas faire intervenir deux fois le même élément. Certes, une telle anomalie est facile à déceler lorsque le vecteur d'indice est un tableau de constantes et elle est alors généralement détectée en compilation. En revanche, les choses sont moins évidentes dans le cas de tableaux variables (constructeur contenant des expressions variables ou tout simplement identificateur de tableau) ; l'erreur ne peut alors être décelée que lors de l'exécution (quand elle l'est!).

c) Cas des sections vides

Avec un vecteur d'indice constant, on ne risque pas d'aboutir à une section vide. En revanche, cela peut se produire dans des situations telles que *v((/ (i, i = n, p, q /))*. Suivant les valeurs relatives de *n p* et *q*, on pourra n'obtenir aucun élément. Rappelons que la section vide reste un tableau de rang 1 et d'étendue 0.

5.3 Sections de tableaux à plusieurs dimensions

Ce que nous venons de voir peut se généraliser à des tableaux à plusieurs dimensions. Suivant chaque dimension, on peut préciser les indices que l'on souhaite considérer et ceci aussi bien sous la forme de sections régulières (continues ou non) que de sections par vecteur d'indice. Par exemple, avec cette déclaration :

```
integer, dimension (4, 6) :: t
```

la notation *t(1:2, 1:3)* correspond à un tableau de 6 éléments de profil (2, 3), qu'on pourrait schématiser ainsi :

```
t(1,1)   t(1,2)   t(1,3)
t(2,1)   t(2,2)   t(2,3)
```

la notation *t(1:4:2, 1:6)* correspond à un tableau de 12 éléments de profil (2, 6) ; elle est équivalente à *t(1:4:2, :)* et elle pourrait se schématiser ainsi :

```
t(1, 1)   t(1,2)   t(1,3)   t(1,4)   t(1,5)   t(1,6)
t(3, 1)   t(3,2)   t(3,3)   t(3,4)   t(3,5)   t(3,6)
```

la notation *t(1:6:4, (/ 2, 5, 1, 3 /))* correspond à un tableau de 6 éléments de profil (2, 4) correspondant à ce schéma :

```
t(1, 2)   t(1, 5)   t(1, 1)   t(1, 3)
t(5, 2)   t(5, 5)   t(5, 1)   t(5, 3)
```

Mais, et c'est là une nouveauté par rapport aux sections de tableaux à une dimension, on peut aussi spécifier une section pour certaines dimensions et la valeur d'un indice pour d'autres. Par exemple *t(2, 1:3)* **est un tableau de rang 1** formé des trois premiers éléments de la deuxième ligne[17] de *t*. Notez bien que, contrairement à la précédente, la section *t(2:2, 1:3)* serait de rang 2 et de profil (1, 3) ; autrement dit, elle aurait la même taille que la précédente, mais son profil serait différent.

Cette remarque prend toute son importante si l'on pense que l'affectation de tableaux n'est possible que si les profils sont identiques! Elle prend encore plus d'importance dans le cas d'une expression de la forme *t(n:p, 1:3)* qui sera toujours de rang 2, quelles que soient les valeurs de n et de p. Ainsi, lorsque $n=p$, elle est de profil (1, 3) ; avec $n>p$, elle est de profil (0,3) : il s'agit d'une nouvelle forme de section vide.

---

17. On utilise souvent les termes lignes et colonnes dans le cas de tableaux à deux dimensions par analogie avec les lignes et les colonnes d'une matrice.

5.4 Les sections de tableaux en général

```
identificateur_tableau (specif1, specif2... specifn)
```

Section de tableau de dimension quelconque

Avec :

specif$_i$: une des trois possibilités suivantes :

- indice (expression entière quelconque),
- indication de section régulière, de la forme : [deb]:[fin][:pas]
- vecteur d'indice (tableau d'entiers à une dimension)

Le rang de cette section (défini à la compilation) est au nombre de spécifications fournies sous forme de section régulière ou de vecteur d'indice.

5.5 Exemples

a) Permuter deux lignes d'une matrice

Soient ces déclarations :

```
integer, parameter :: nl = 9, nc = 12
real, dimension (nl, nc) :: mat
real, dimension (nc)     :: lig
```

On peut échanger les lignes de rang i et j de *mat* par :

```
lig        = mat (i, :)      ! recopie la ligne i de mat dans lig
mat (i, :) = mat (j, :)      ! recopie la ligne j de mat dans la ligne i de mat
mat (j, :) = ligne           ! recopie lig dans la ligne j
```

b) Mettre la même valeur (1) dans le triangle inférieur d'une matrice carrée

```
integer, parameter :: ne = 5              ! on obtient dans mat
integer :: i                              !
real, dimension (ne, ne) :: mat           !  1  0  0  0  0
   .....                                  !  1  1  0  0  0
```

```
mat = 0.0                                    ! 1 1 1 0 0
do i = 1, ne                                 ! 1 1 1 1 0
   mat(1:i, i) = 1.0                         ! 1 1 1 1 1
end do
```

On pourrait également procéder ainsi (sans initialiser préalablement *mat* à zéro) :

```
do i = 1, ne
   mat(1:i, i) = 1.0
   mat (i+1:ne,i) = 0.0
end do
```

Dans ce cas, la seconde section *mat(i + 1:ne, i)* (de rang 1 et de profil variable) devient, au dernier tour de boucle (*i=ne*) une "section vide" ; l'instruction correspondante ne fait alors... rien.

c) Créer une matrice par blocs

Soient deux matrices a et b. On cherche à constituer une nouvelle matrice (nommée *mat*) formée ainsi (a et b désignant des blocs de taille quelconque et 0 un bloc de taille queconque ne contenant que des zéros) :

```
a   0
0   b
```

```
integer, parameter :: nl1 = 3, nl2 = 2, nc1 = 4, nc2 = 3
integer, parameter :: nl = nl1+nl2, nc = nc1+nc2
integer, dimension (nl1, nc1) :: a
integer, dimension (nl2, nc2) :: b
integer, dimension (nl, nc) :: mat
   .....
mat = 0
mat (1:nl1, 1 : nc1) = a
mat (nl1+1 : nl, nc1+1 : nc) = b
```

Remarque :

Les possibilités de Fortran 90 en matière de traitement de tableau sont encore enrichies par l'existence de fonctions intrinsèques telles que *cshift* et *eoshift* qui se révèlent très utiles dans certains algorithmes scientifiques, tant par la simplicité et l'efficacité qu'elles leurs confèrent. Pour plus de détails concernant ces fonctions, on se reportera à l'annexe A.

6 - L'INSTRUCTION WHERE

6.1 Introduction

Nous avons déjà vu comment simplifier la programmation de certains traitements en utilisant les expressions de type tableau. L'instruction *where* va nous permettre d'appliquer ces possibilités dans le cas où l'on ne souhaite traiter que les éléments vérifiant une certaine condition.

Par exemple, si *a* et *b* sont deux tableaux réels de même profil, nous savons affecter à chaque élément de *b*, la valeur de la racine carrée de l'élément correspondant de *a* en écrivant :

```
b = sqrt (a)
```

En pratique, toutefois, on souhaitera traiter correctement le cas où *a* contient des valeurs négatives en convenant (par exemple) qu'on se contente alors d'affecter la valeur 0 à l'élément correspondant de *b*. Dans ce cas, on peut penser qu'il est nécessaire de "revenir" à une formulation élément par élément de la forme (ici, on suppose que nos tableaux sont de rang 1 et de taille n) :

```
do i = 1, n
   if ( a(i) >= 0.0 ) then
                         b(i) = sqrt (a(i))
                      else
                         b(i) = 0.0
   end if
end do
```

En fait, l'instruction *where* va nous permettre de conserver une écriture "globale" en procédant ainsi :

```
where (a >= 0)
    b = sqrt (a)
elsewhere
    b = 0.0
end where
```

6.2 Syntaxe de l'instruction where

```
  WHERE (expression_logique_tableau)
           bloc1
[ ELSEWHERE
           bloc2
]
  END WHERE
```

L'instruction where (forme générale)

Avec :

bloc1 et *bloc2* : **instructions d'affectation** dans lesquelles le tableau figurant à gauche du signe = est du même profil que le résultat fourni par l'expression logique de type tableau figurant dans la ligne *where*.

Notez que, bien que ce soit rare en pratique, il est possible d'introduire plusieurs instructions d'affectation ; naturellement, ces dernières doivent concerner obligatoirement des tableaux de même profil (dans le cas contraire, d'ailleurs, on ne voit guère la signification que pourrait posséder notre instruction).

Lorsque *bloc2* est absent et que *bloc1* ne comporte qu'une seule instruction d'affectation, on peut utiliser une forme simplifiée :

```
WHERE (expression_logique_tableau)  instruction
```

L'instruction where (forme particulière)

Par exemple, avec :

```
where (a<0.0) a = 0.0
```

on met à zéro tous les éléments négatifs du tableau a.

6.3 Quelques commentaires

1) L'expression logique servant de "filtre" au traitement réalisé par l'instruction *where* peut être un tableau de type logique. Par exemple, avec ces déclarations :

```
integer, parameter :: n = 20
logical, dimension (n) :: inverse
integer, dimension (n)  :: a, b, c
```

On peut très bien écrire :

```
where (inverse)
    c = a
    a = b
    b = c
end where
```

Ces instructions inverseront les seuls éléments de *b* et de *c* pour lesquels l'élément correspondant de *inverse* aura la valeur vrai. Notez bien qu'ici nous ne pouvons plus utiliser un scalaire pour procéder à l'échange, ce qui aurait été le cas si nous avions utilisé une boucle usuelle.

2) Les expressions figurant dans les expressions peuvent être quelconques, pour peu que leur résultat soit du profil voulu. Considérez alors ces instructions (a étant un tableau de dimension n) :

```
where (a>0) a = a - sum(a) / n
```

Que représente alors *sum(a)*? En fait, dans notre premier exemple la fonction *sqrt* était une "fonction élémentaire" ; ce n'est pas le cas de *sum* (elle ne s'applique qu'à un tableau, pas à chacun de ces éléments). Dans ce cas, la règle est que cette fonction est calculée comme elle le serait en dehors d'une instruction *where*. Elle porte donc sur tous les éléments de *a* (négatifs compris).

On notera que, dans :

```
where (a>=0) b = a / sum (sqrt(a))
```

sqrt est élémentaire, tandis que *sum* ne l'est pas. Ici, la règle est que les fonctions élémentaires apparaissant en argument d'une fonction non élémentaire ne soient pas soumises au filtre. Autrement dit, l'expression *sum (sqrt(a))* porte toujours sur tous les éléments de *a*. On aboutira donc à une erreur d'exécution dès lors que *a* contient une valeur négative.

3) La norme prévoit que l'exécution d'une instruction *where* commence par évaluer complètement la valeur du filtre (c'est-à-dire toutes les valeurs du tableau logique correspondant) avant d'exécuter les différentes affectations. En pratique, cela signifie que si les affectations placées dans l'instruction *where* modifient la valeur du filtre, cela n'aura aucune incidence sur son déroulement (qui restera celui prévu lors de l'entrée dans l'instruction[18]).

7 - ENTREES-SORTIES DE TABLEAUX

7.1 Dans une liste, un nom de tableau est équivalent à la liste de tous ses éléments

Examinons enfin les possibilités fort puissantes que nous offre Fortran 90 en matière d'entrées-sorties de tableaux ou de parties de tableaux.

Considérons ces déclarations :

```
integer, dimension (6) :: t
real, dimension (3, 2) :: mat
```

Bien entendu, un élément de tableau peut apparaître dans une liste d'entrée-sortie, comme dans :

```
read *, t(2)
print *, mat (2, 1)
```

Mais on peut également employer le **nom du tableau**. Dans ce cas, il est **équivalent** à la **liste de tous ses éléments**. Pour un tableau de rang 1, l'ordre est naturel ; ainsi, *t* est équivalent à *t(1)*, *t(2)*, *t(3)*, *t(4)*, *t(5)*, *t(6)*.

Pour un tableau de rang supérieur à 1, on obtient l'ordre d'arrangement des éléments en mémoire (revoyez éventuellement le paragraphe 4.3). Ainsi, *mat* est équivalent à *mat(1,1)*, *mat(2,1)*, *mat(3,1)*, *mat(1,2)*, *mat(2;2)*, *mat(3,2)*.

18. Un peu à l'image de ce qui se passe pour une instruction do dans laquelle on modifie la valeur des bornes.

7.2 Cas des sections de tableaux

La règle précédente s'applique également à des sections de tableau. Ainsi :

```
print *, t( (/ 1, 5, 4, 2 /) )
```

est équivalent à :

```
print *, t(1), t(5), t(4), t(2)
```

De même :

```
read *, mat (1:2, 1)
```

est équivalent à :

```
read *, mat(1,1), mat(2,1)
```

Mais, dans le cas d'une lecture, il faut **éviter que, dans une même section, le même élément ne soit cité deux fois**. On retrouve ici la même règle que pour l'affectation à une section de tableau (ce qui est logique puisqu'une lecture implique une affectation implicite!). Ainsi :

```
read *, t ( (/ 2, 4, 2 /) )          ! incorrect
```

Remarque :

Notez bien que l'interdiction d'ambiguïté ne concerne que les sections de tableau utilisées comme des variables. Ainsi, une lecture telle que :

```
read *, t(2), t(4), t(2)            ! correct mais stupide
```

reste autorisée même si elle est stupide ; en effet, ici, aucune ambiguïté n'existe dans chacune des variables citées dans la liste.

7.3 D'une manière générale

D'une manière générale, dans une liste apparaissant dans une instruction de lecture, vous ne pouvez faire intervenir que des "variables[19]" (les sections sans ambiguïté étant bien des variables). Dans les instructions d'écriture, vous pouvez introduire en revanche n'importe

19. Au sens général de ce terme.

quelle expression. En voici des exemples (on suppose que *a* et *b* sont des tableaux de rang 1) :

```
print *, a+b
print *, a(2:5) + b(1:4)
print *, 2 * (/ 3, 1, 5 /) + 1     ! équivalent à print *, 7, 3, 11
```

7.4 Utilisation de listes implicites

a) Pour obtenir des éléments de tableau

Dans une liste d'entrée-sortie, on peut utiliser un mécanisme analogue à celui que nous avons décrit dans le cas des constructeurs de tableaux.

Par exemple :

```
print *, ( t(i), i = 1, 5, 2)
```

est équivalente à :

```
print *, t(1), t(3), t(5)
```

De même :

```
print *, (t1(i), t2(i), i = 1, 5, 2)
```

est équivalente à :

```
print *, t1(1), t2(1), t1(3), t2(3), t1(5), t2(5)
```

Elle est toutefois différente de :

```
print *, t1 (1:5:2), t2(1:5:2)
```

cette dernière écrivant effectivement les mêmes éléments, mais dans un ordre différent.

Voici une manière d'écrire les éléments d'un tableau de rang deux (de dimensions n et p) suivant l'ordre naturel (et non plus suivant l'ordre d'arrangement de ses éléments en mémoire) :

```
print *, ( (t(i,j), j=1, p), i=1, n)
```

b) Pour obtenir des expressions de type tableau

Dans les exemples précédents, les expressions concernées étaient des éléments[20] de tableau. Mais, il peut s'agir également d'expressions de type tableau.

Dans le cas d'écriture, ces expressions peuvent être absolument quelconques comme dans :

```
print *, ( mat(:,j), j = 2, 4)        ! écrit les colonnes de rang 2, 3 et 4 de mat

print *, ( mat1(1:5, j) + mat2(6:10,j), j = 1, 5)
```

Naturellement, dans le cas de lectures, il faut que chaque expression ainsi générée par la liste implicite soit une variable, ce qui revient à dire qu'il peut s'agir d'une section de tableau, à condition qu'elle ne présente pas d'ambiguïté. Ainsi :

```
read *, ( mat(:,j), j = 2, 4)                         ! correct

read *, ( mat1(1:5, j) + mat2(6:10,j), j = 1, 5)      ! incorrect car expression

read *, ( mat ( (/ 1, 3, 1 /), :)                     ! incorrect car ambiguite
```

Là encore, cette instruction sera correcte (mais stupide) :

```
read *, mat(1,:), mat(3,:), mat(1,:)
```

EXERCICES

N.B. Ces exercices sont corrigés en fin de volume

1) Quels sont le rang, le profil et la taille des tableaux déclarés ainsi :

```
integer, dimension (2:10, 3:5) :: te
integer, dimension (4, 1:2, -3:10) :: tr
```

2) Soient ces déclarations :

```
real, dimension (10, 20) a, b, c
```

---

20. Ici scalaires. Plus loin, nous verrons que ces éléments peuvent être des structures ou des chaînes de caractères.

Que font ces instructions :

```
a = 5
b = a
c = a + b
```

3) Quelle critique pouvez-vous apporter à ce programme :

```
integer, parameter :: n1=10, n2=20
real, dimension (n1, n2) :: a
real, dimension (n1, 2*n1) :: b
real, dimension (10, 20) :: c
   .....
c = a + b
```

4) Avec ces déclarations :

```
integer, parameter :: nel = 10
real, dimension (nel) :: a
real, dimension (0 : nel-1) :: b
real, dimension (1 : nel-1) :: c1, c2
```

Parmi ces instructions, quelles sont celles qui sont incorrectes :

```
a = b                    ! I
a = b + c1               ! II
a = 2*b + 5              ! III
a (2 : nel) = c1         ! IV
a (1 : nel-1) = c1       ! V
b (::2) = c1 (::2)       ! VI
```

5) Soient ces déclarations :

```
real, dimension (10, 20) :: mat
integer :: i, j
```

Ecrire une section représentant :

a) la ligne de rang i de mat,

b) la colonne de rang j de mat,

c) toutes les lignes paires de mat,

d) les éléments de rang impair, à la fois en ligne et en colonne,

e) la matrice obtenue en inversant l'ordre des lignes,

f) la matrice obtenue en inversant l'ordre des colonnes,

g) la matrice obtenue en inversant à la fois l'ordre des lignes et celui des colonnes

6) Ecrire les instructions de déclaration et d'initialisation de :

a) un tableau de 20 entiers contenant les 20 premiers nombres impairs,

b) un tableau de 20 entiers contenant les 10 premiers nombres entiers suivis des 10 premiers nombres impairs.

7) Ecrire les instructions de déclaration et d'initialisation d'un tableau de réels contenant :

a) les nombres 0 à 0,9 par pas de 0,1

b) les nombres 1 à 9,5 par pas de 0,5.

8) Ecrire les instructions de déclaration et d'initialisation d'un tableau t d'entiers de rang 2 contenant la table de multiplication des nombres de 1 à 10 (t(i,j) doit contenir la valeur i*j).

9) Quels résultats fournira ce programme :

```
program construction_tableau
implicit none
integer, parameter        :: nel = 10
integer                   :: i, n
integer, dimension (nel) :: t = (/ (i, i=1, nel) /) ! constructeur a l'initialisation

print *, 'tableau t apres initialisation : ', t
print *, 'donnez un entier : ' ; read *, n
t = (/ n, n+1, n+2, (n+2*i, i = 4, nel) /)          ! constructeur a l'execution
print *, 'tableau t apres execution      : ', t
end
```

VI. LES ENTREES-SORTIES STANDARDS

Jusqu'ici, nous avons utilisé de façon relativement intuitive les instructions de lecture sur l'"entrée standard" et d'écriture sur la "sortie standard" avec ce que l'on nomme le **format libre** (désigné en fait par le symbole * dans les instructions correspondantes).

Ici, nous allons commencer par apporter quelques précisions sur ce format libre dont on verra qu'on peut très souvent se contenter pour la lecture. Nous verrons ensuite comment imposer nous-mêmes un format précis (gabarit, précision des nombres, espaces...), et ceci aussi bien pour les informations que nous écrivons pour celles que nous lisons (en toute rigueur, vous serez plus souvent amené à utiliser un tel format en lecture qu'en écriture).

Notez que, dans le chapitre consacré aux fichiers, nous étudierons une nouvelle syntaxe des instructions d'entrées-sorties qui pourra également s'appliquer aux entrées-sorties standards ; nous verrons qu'elle offre alors d'autres possibilités que celles que nous abordons ici, notamment au niveau du contrôle du changement de ligne et de la gestion des erreurs.

1 - LE FORMAT LIBRE EN LECTURE

Jusqu'ici, nous n'avons exploité que quelques possibilités du format libre (séparation des informations par un ou plusieurs espaces ou fin de ligne). Voyons ce qu'est ce format libre[1] d'une manière générale, en nous limitant toutefois ici aux types de base connus (entier, réel et logique[2]).

1.1 Ecriture des informations

Lorsque vous lisez en format libre une variable de type **entier**, vous pouvez exprimer sa valeur sous la forme de n'importe quelle constante entière avec ou sans signe comme, par exemple :

```
+345    78    -3456
```

Pour une variable de type **réel** (**real** ou **double precision**), vous disposez d'une grande liberté. En effet, vous pouvez l'introduire indifféremment sous forme d'une constante entière ou sous forme d'une constante réelle en notation flottante ou exponentielle (dans ce cas, l'exposant peut être indifféremment E, e, D ou d), par exemple :

```
+32   -3.45e2    7890.23    -2.56d3   4E6
```

Quant aux variables de type **logical**, vous pouvez les introduire indifféremment sous la forme :

T, TRUE, t, true, .T., .TRUE., .t., .true. pour vrai,

F, FALSE, f, false, .F., .FALSE., .f., .false. pour faux.

Lorsque vous fournissez une information ne correspondant pas à l'une des formes autorisées (par exemple 12.5 pour un entier, 25.5A2 pour un réel...), vous obtenez un "message d'erreur" accompagné d'un arrêt de l'exécution. Ce comportement (que l'on retrouve dans la plupart de langages) peut s'avérer peu satisfaisant et, comme nous le verrons dans le chapitre consacré aux fichiers, il existe des techniques permettant de prendre en charge l'analyse de la réponse fournie par un utilisateur et, en cas d'erreur, lui demander d'en fournir une nouvelle.

1. Au lieu d'entrées-sorties en format libre, on parle aussi d'"entrées-sorties dirigées par liste" (par opposition aux entrées-sorties dirigées par format).

2. Pour les autres types, vous trouverez les informations nécessaires dans les chapitres correspondants.

1.2 Séparation des informations

Nous avons déjà vu que les différentes informations peuvent être séparées par un ou plusieurs **espaces.** On peut également utiliser une **virgule** (précédée ou suivie d'éventuels espaces). La **fin de ligne** est elle-même un séparateur, ce qui revient à dire que, si l'on n'a pas trouvé suffisamment d'informations sur une ligne donnée, on en lit tout simplement une autre...

Par exemple, avec :

```
integer :: n, p
   .....
read *, n, p
```

On obtiendra toujours les valeurs 10 et 20 dans *n* et *p* avec les différentes réponses suivantes (chaque colonne correspond à une réponse possible et le symbole @ représente une fin de ligne) :

```
10 20@            10,20@          10,  20@          10@
                                                    20@
```

Chaque nouvelle instruction de lecture entraîne toujours la lecture d'une nouvelle ligne[3], même si certaines informations de la ligne précédente n'ont pas été prises en compte. Ainsi, avec ces instructions :

```
integer :: n, p
   .....
read *, n
read *, p
```

Si l'utilisateur fournit ces deux lignes d'information :

```
10  20  30@
40@
```

la variable *n* prendra la valeur 10 et la variable *p* prendra la valeur 40 (les informations 20 et 30 auront purement et simplement été ignorées).

3. Nous verrons toutefois que la seconde forme des entrées-sorties (présentée dans le chapitre relatif aux fichiers) permettra de modifier ce comportement.

1.3 On peut omettre des informations

Voyez cet exemple de programme, accompagné de quatre exemples d'exécution :

```
program info_insuffisante
  implicit none
  integer :: n = 1, p = 2, q = 3          ! n, p et q sont initialisees
  print *, "donnez trois entiers"
  read *, n, p, q
  print *, "merci pour ", n, ", ", p, " et ", q
end
```

```
donnez trois entiers
125, 230, 450
merci pour 125, 230 et 450
```

```
donnez trois entiers
125,, 450
merci pour 125, 2 et 450
```

```
donnez trois entiers
,, 450
merci pour 1, 2 et 450
```

```
donnez trois entiers
125/
merci pour 125, 2 et 3
```

D'une manière générale, quand aucune information ne figure entre deux virgules[4], **la valeur de la variable correspondante reste inchangée**. De même, un caractère / en fin d'une ligne revient à considérer que toutes les valeurs suivantes sont absentes.

Ces deux possibilités peuvent paraître séduisantes, notamment lorsqu'il s'agit de fournir des informations par l'intermédiaire du clavier ; en effet, il devient possible à l'utilisateur de ne fournir que certaines données, les autres recevant en quelque sorte des valeurs par

4. Cette règle ne peut pas s'appliquer au cas des espaces car un nombre quelconque d'espaces joue le rôle d'un seul séparateur.

défaut[5]. Il n'en reste pas moins que cela complique quelque peu la programmation, dans la mesure où l'on doit alors s'assurer que toute variable recevant une valeur par une instruction de lecture a été convenablement initialisée.

1.4 On peut mettre des informations "en facteur"

Il est également possible de fournir des réponses de la forme *n*valeur* où *n* est une constante entière (sans signe) et *valeur* une valeur exprimée sous une forme appropriée (la valeur peut même être absente!). Par exemple, avec ces instructions :

```
integer, dimension (5) :: t = (/ 1, 2, 3, 4, 5/)
integer :: n=10, p=20
   .....
read *, t, n, p        ! équivalent à read *, t(1), t(2), t(3), t(4), t(5), n, p
```

voici quelques exemples des valeurs obtenues dans t, n et p avec les réponses indiquées à gauche :

```
7*8                t(1)=8  t(2)=8  t(3)=8  t(4)=8  t(5)=8    n=8  p=8
3*7, 2*3, 2*0      t(1)=7  t(2)=7  t(3)=7  t(4)=3  t(5)=3    n=0  p=0
2*6,, 8/           t(1)=6  t(2)=6  t(3)=3  t(4)=8  t(5)=5    n=10 p=20
4*, 10, 1, 0       t(1)=1  t(2)=2  t(3)=3  t(4)=4  t(5)=10   n=1  p=0
```

Remarque :

Les possibilités d'omission d'information et de mise en facteur que procure le format libre ne se retrouveront pas dans le cas de lecture avec un format. Aussi, l'utilisateur d'un programme, s'il n'est pas prévenu explicitement, ne peut pas savoir s'il a effectivement le droit d'en (ab)user.

2 - LE FORMAT LIBRE EN ECRITURE

Comme nous l'avons déjà vu, les instructions d'écriture en format libre fournissent les informations suivant une représentation adaptée à leur type. Suivant leurs valeurs, les nombres réels peuvent être écrits en notation flottante ou en notation exponentielle, ce qui, manifestement, ne facilite pas l'affichage de grands tableaux de valeurs.

5. Qu'il serait toutefois bon, dans un cas réel, de faire connaître à l'utilisateur, ce qui n'était pas le cas dans notre

D'une manière générale, le comportement exact du format libre n'est pas défini par la norme du langage ; il dépend donc de la machine. Dans ces conditions, le format libre en écriture est généralement réservé à l'écriture de petites quantités d'informations ou, le cas échéant, à des informations que l'on se contente d'afficher pendant la phase de mise au point d'un programme[6].

3 - UTILISATION D'UN FORMAT DANS UNE INSTRUCTION D'ENTREE-SORTIE

Comme nous l'avons laissé entendre dans les deux paragraphes précédents, les motivations pour imposer un format ne sont pas les mêmes suivant qu'il s'agit d'instructions d'écriture ou de lecture. Dans le premier cas, il s'agit probablement de maîtriser la présentation de ses résultats ; dans le second cas, il peut s'agir d'une adaptation à des données existantes non adaptées à un format libre (naturellement, cela signifie que les données en question ont déjà été créées, autrement dit que l'on travaille en "mode différé" et non pas en "mode conversationnel).

Néanmoins, le "formalisme" est le même dans les deux cas (lecture ou écriture) ; nous allons le décrire dans ce paragraphe.

Tout d'abord un **format** se présente toujours comme une liste de **descripteurs**, placée entre parenthèses, comme dans cet exemple qui peut être utilisé pour lire ou écrire deux entiers (nous verrons plus tard la signification exacte de ces descripteurs) :

```
(i3, i4)
```

Pour spécifier un format dans une instruction d'entrée-sortie, vous disposez de deux possibilités[7] :

- introduire ce format sous forme d'une chaîne de caractères (à la place du caractère * qui représente le format "libre"), ce qui conduit à[8] :

```
read '(i3, i4)', n, p                    write '(i3, i4)', n, p
```

programme exemple.

6. Cette remarque ne s'applique pas du tout au format libre en lecture.

7. La seconde est toutefois considérée comme "désuète" mais il s'agissait de la forme usuelle en Fortran 77.

8. Rappelons que les chaînes de caractères peuvent être indiféremment limitées par des apostrophes (') ou par des guillemets (").

- faire figurer ce format dans une instruction indépendante de mot clé **format** , possédant une étiquette[9] et mentionner cette étiquette dans l'instruction (toujours à la place du caractère *) :

```
read 1025, n, p                        write 1025, n, p
  .....                                  .....
1025 format (i3, i4)                   1025 format (i3, i4)
```

Cette "instruction format" peut être placée n'importe où, parmi les instructions exécutables.

La seconde possibilité est considérée comme "périmée" en Fortran 90. On pourrait objecter qu'elle a l'avantage de n'écrire qu'une seule fois un format qu'on peut utiliser dans différentes instructions : en fait, nous verrons que la notion de variable de type caractère (sous-entendu de type chaîne de caractères) permettra d'obtenir la même souplesse en utilisant la première forme (on y mentionnera le nom d'une chaîne au lieu de fournir une chaîne constante).

4 - LES PRINCIPAUX DESCRIPTEURS DE FORMAT EN ECRITURE

Nous allons étudier ici les descripteurs les plus usités dans un format d'écriture. Les autres descripteurs sont décrits dans l'annexe D. Pour chaque descripteur (les symboles *w*, *p* et *d* l'accompagnant représentent toujours des constantes entières sans signe), nous fournissons les résultats fournis par une instruction d'écriture pour différentes valeurs possibles des variables correspondantes (le symbole ^ représente un espace). Nous supposons que *n* et *p* sont des variables entières, *x* et *y* des variables réelles et *ok* une variable logique.

Notez que toute lettre apparaissant dans un descripteur peut indifféremment être écrite en majuscule ou en minuscule (comme dans les mots clés).

4.1 Pour écrire des entiers : le descripteur Iw

n	p	print '(i3, i4)', n, p
5	23	^^5^^23
-12	45	-12^^45
-23	4521	-234521

9. La notion d'étiquette, peu utilisée en Fortran 90, a été présentée en même temps que l'instruction go to : rappelons qu'il s'agit d'une constante entière sans signe de 1 à 5 chiffres différente de 0.

```
-247            28            ***^^28
```

Le descripteur *i3* affiche la valeur correspondante (qui doit être entière[10]) sur 3 caractères, cadrée à droite. Si le "gabarit" (ici 3) est insuffisant, il y a écriture d'étoiles (*) ; c'est ce qui se produit dans le dernier cas. Notez que, contrairement à ce qui passait avec le format libre, on peut très bien, lorsqu'on impose soi-même un format, ne plus avoir d'espaces entre plusieurs valeurs : c'est ce qui se passe dans le troisième cas.

4.2 Pour écrire des réels en notation flottante : le descripteur Fw.d

```
        x             print '(f8.2)', x

      2.5             ^^^^2.50
  -47.678             ^^-47.68
  100000.             ********
```

Le descripteur *f8.2* écrit la valeur correspondante (qui doit être réelle[11]) avec la notation flottante, sur 8 caractères, avec 2 chiffres (il y a arrondi au plus proche) après le point décimal (lequel compte pour un emplacement dans les 8 prévus). Là encore, si le gabarit est insuffisant, il y a écriture d'étoiles : c'est ce qui se produit dans le dernier cas.

4.3 Pour écrire des réels en notation exponentielle : le descripteur Ew.d

```
        x             print '(e12.4)', x

      2.5             ^^0.2500E+01
  -47.678             ^-0.4768E+02
```

Le descripteur *E12.4* écrit la valeur correspondante avec la notation exponentielle avec une mantisse "normalisée", c'est-à-dire comprise dans l'intervalle [0,1;1[[12] avec un gabarit total de 12 caractères, 4 d'entre eux étant réservés aux chiffres significatifs de la mantisse.

---

10. Eventuellement avec variante.

11. C'est-à-dire de type real (éventuellement avec variante) ou double precision.

12. Notez que d'autres langages, par exemple le C, utilisent une mantisse normalisée entre 1 et 10.

Remarques :

1) Il est préférable de prévoir w>d+6, afin de pouvoir toujours disposer de la place nécessaire au signe, au zéro, au point, à la lettre E et à la valeur de l'exposant.

2) Avec le descripteur *Ew.d*, on obtient un exposant sur 2 chiffres. Si celà s'avère insuffisant, il faut avoir recours au descripteur *Ew.dEe* : voyez éventuellement l'annexe D.

4.4 Pour introduire des libellés dans le format

```
   n        p         print '("nombre : ", i3, " valeur : ", i4)', n, p

   5       23         nombre^:^^^5^valeur^:^^^23
 -12       45         nombre^:^-12^valeur^:^^^45
 -23     4521         nombre^:^-23^valeur^:^4521
-247       28         nombre^:^***^valeur^:^^^28
```

Comme le montrent ces exemples, un descripteur de format peut être constitué d'une chaîne de caractères constante telle que *"nombre : "*. Son rôle est alors simplement d'écrire le texte correspondant. On note que, cette fois, un tel descripteur ne correspond plus à un élément de la liste ; il se suffit en quelque sorte à lui-même. On parlera dans ce cas de **descripteur passif** (on parle aussi de descripteur de contrôle) ; dans le cas où un descripteur correspond à un élément de liste (comme par exemple *I*, *F* ou *E*), on parlera de **descripteur actif** (ou descripteur d'édition).

Notez bien que les espaces obtenus dans les résultats proviennent, pour les uns de ceux figurant dans le descripteur de format, pour les autres, d'espaces ajoutés à gauche pour compléter le "gabarit".

Remarques :

1) Dans notre exemple, nous avons délimité la chaîne correspondant au format par des apostrophes, tandis que nous avons délimité chaque descripteur par des guillemets. Nous aurions pu faire l'inverse. En revanche, nous n'aurions pas pu écrire, par exemple :

```
print '('nombre : ', i3, ' valeur : ', i4)', n, p        ! incorrrect
```

En effet, la deuxième apostrophe aurait été considérée comme mettant fin au format et une erreur de syntaxe n'aurait pas manqué d'apparaître. Nous reviendrons plus en détail sur ces problèmes d'introduction d'un caractère délimiteur dans une chaîne dans le chapitre VIII consacré aux chaînes de caractères.

2) Bien qu'elles fournissent le même résultat, ne confondez pas :

```
print *, 'bonjour'
```

qui écrit la chaîne *bonjour* en format libre, avec :

```
print '("bonjour")'
```

qui écrit... rien (la liste est vide) suivant le format *("bonjour")*, lequel comporte un descripteur passif demandant d'écrire le libellé *bonjour*.

4.5 Pour introduire des espaces : le descripteur wX[13]

```
   x        y          print '(f6.2, 3x, f5.3)' x, y

  2.5      8.25        ^^2.50^^^8.250
```

Le descripteur (passif) *3x* demande simplement d'écrire 3 espaces. Il est, en fait, équivalent au descripteur "^^^".

4.6 Pour écrire des valeurs logiques : le descripteur Lw

Son rôle est évidant sur ces exemples :

```
   ok          print '("===", l5, "===")'

 .true.        ===^^^^T===
 .false.       ===    F===
```

4.7 Pour se "positionner" dans le "tampon" : le descripteur Tp

Voyez tout d'abord cet exemple :

```
   n        p          print '(t10, "n=", i4, t20, "p=", i3)', n, p
   5        23         ^^^^^^^^^n=^^^5^^^^p=^^23
```

13. Notez que le gabarit w figure ici devant la spécification et non derrière.

Le descripteur *t10* est un descripteur passif (ou "de contrôle") qui demande de "se placer" sur le dixième caractère de la ligne. Nous aurions pu obtenir le même résultat avec le descripteur *x*, mais il nous aurait fallu compter "manuellement" les gabarits des différentes informations écrites :

```
print '(9x, "n=", i4, 6x, "p=", i3)', n, p
```

Manifestement, cela s'avère moins pratique!

Voyez maintenant ce deuxième exemple :

```
n       p       print '(t20, "n=", i4, t3, "p=", i3)', n, p

5       23      ^^p= 23^^^^^^^^^^^^n=   5
```

Cette fois, pour bien comprendre le rôle du descripteur *t*, il est nécessaire de savoir qu'en Fortran l'information à écrire est transmise à l'unité de sortie, non pas progressivement, mais "ligne par ligne" (dans tous nos exemples, nous n'écrivions qu'une seule ligne, mais nous verrons bientôt des cas où l'on en écrit plusieurs). Autrement dit, on commence par préparer dans un emplacement mémoire (nommé "tampon[14]") une "image" de la ligne qu'on souhaite écrire. Tant que cette dernière n'a pas été transmise à l'unité de sortie, il est donc possible d'en modifier le contenu. C'est précisément ce qui se passe dans notre exemple où, grâce à ce descripteur *t*, il devient possible de se "positionner" n'importe où dans ce tampon donc, en quelque sorte "d'avancer" ou de "reculer" à son gré. Naturellement, un tel résultat serait impossible à obtenir si l'information était effectivement transmise à l'unité de sortie, au fur et à mesure de sa constitution.

Naturellement, un tel mécanisme a ses revers puisqu'il permet (généralement par mégarde) d'écraser (éventuellement partiellement) dans le tampon une information qui y a déjà été placée. En voici deux exemples significatifs :

```
 n       p       print '(t6, "n=", i4, t3, "p=", i5)', n, p

  5      23      ^^p=^^^23^5
125     476      ^^p=^^47625
```

14. En anglais : "buffer".

4.8 Pour "changer de ligne" : le descripteur /

Le descripteur passif / demande simplement de transmettre à l'unité de sortie le contenu du "tampon" en cours de préparation. Il permet donc de "changer de ligne". Voici un premier exemple :

```
n          p          print '("nombre : ", i4/"valeur : ", i4)', n, p

25         145        nombre :   25
                      valeur :  145
```

En fait, notre instruction d'écriture est rigoureusement équivalente aux deux instructions suivantes :

```
print '("nombre : ", i4)'
print '("valeur : ", i4)'
```

Voici un second exemple où nous "sautons" deux lignes :

```
n          p          print '("nombre : ", i4///"valeur : ", i4)', n, p

25         145        nombre :   25


                      valeur :  145
```

Remarques

1) Il n'est pas nécessaire de séparer le descripteur / des autres à l'aide d'une virgule. Le faire ne constitue cependant pas une erreur ; l'instruction de notre premier exemple aurait pu également s'écrire :

```
print '("nombre : ", i4,/,"valeur : ", i4)'
```

2) Nous verrons (dans le paragraphe 4.10) que certaines imprimantes attribuent une signification particulière au premier caractère de chaque ligne ; dans ce cas, les résultats imprimés par les exemples précédents pourront se présenter légèrement différemment.

4.9 Attention aux erreurs de descripteurs

A priori, lorsqu'on demande d'écrire un entier, on peut, par mégarde, utiliser le descripteur *e* ou *f* destiné à des nombres réels. Or **ce genre d'erreur ne sera pas détecté par le compilateur**. En effet, le format n'est rien d'autre qu'une chaîne de caractères que le compilateur ne cherche pas à interpréter (encore moins à vérifier) le contenu[15] , pas plus qu'il ne le fait pour n'importe quelle autre chaîne !

Ce n'est que lors de l'exécution que l'on obtiendra un message, accompagné d'un arrêt du programme.

4.10 Cas particulier de certains périphériques d'impression

Autrefois, certains périphériques d'impression n'imprimaient pas le premier caractère de chaque ligne car ils l'utilisaient pour "contrôler" l'avancement du papier (on parlait souvent, dans ce cas, de "caractère de contrôle" de l'imprimante). Voici les significations des caractères tels qu'ils étaient définis par Fortran 90, sachant qu'après l'impression d'une ligne, l'imprimante restait positionnée sur cette dernière (de sorte qu'il était éventuellement possible de la surchager lors de l'impression d'une nouvelle ligne) :

blanc avancer d'une ligne avant d'imprimer (cas usuel) : si toutes les lignes sont imprimées ainsi, on obtient bien des lignes consécutives,

\+ ne pas avancer avant d'imprimer : on imprime donc **sur** la ligne précédente,

0 avancer de deux lignes avant d'imprimer (ce qui laisse une ligne blanche entre la ligne que l'on va imprimer et la précédente),

1 passer au début d'une nouvelle page avant d'imprimer,

Autre Tout autre caractère a le même effet que l'espace (mais, attention, il ne sera pas imprimé !).

Même lorsqu'un programme se contentait d'afficher des informations à l'écran, il était prudent de prévoir de commencer chaque ligne par un espace. De cette façon, on ne rencontrait aucun problème s'il fallait modifier le programme pour qu'il envoie ses informations sur un périphérique utilisant un "caractère de contrôle".

C'est pour cette raison que les écritures avec format libre ajoutent systématiquement un espace en début de chaque ligne. Ceci reste vrai pour Fortran 2003 ou 2008 alors que, théoriquement, la notion de caractère de contrôle n'est plus prise en compte dans ces versions.

---

15. D'ailleurs, cela sera totalement impossible lorsque la dite chaîne sera placée dans une "variable" dont, par définition, le contenu n'est plus défini à la compilation.

5 - LES PRINCIPAUX DESCRIPTEURS DE FORMAT EN LECTURE

Rappelons qu'en général les lectures en format libre seront suffisantes dans la plupart des cas et qu'il faudra donc réserver l'emploi d'un format en lecture à des situations exceptionnelles.

Comme nous l'avons fait pour les instructions d'écriture, nous allons maintenant examiner (un peu plus succintement toutefois) les principaux descripteurs de format que l'on peut utiliser dans une instruction de lecture (il s'agit des mêmes que pour une lecture mais, parfois, leur signification doit être nuancée[16]). Là encore, vous en trouverez la liste complète en annexe D. Dans tous nos exemples, nous indiquons l'information fournie en réponse à l'instruction de lecture et, à sa droite, les valeurs attribuées aux variables correspondantes.

5.1 Lecture d'entiers : le descripteur Iw

```
read '(i3, i4)', n, p                      n        p

^42^^15                                   42       15
^124547                                   12     4547
^-3^^-456                                 -3       -4
```

Ici, comme vous pouvez le constater, la notion de séparateur n'existe plus. Le gabarit mentionné dans le spécificateur définit **exactement** le nombre de caractères qui sera pris en compte dans l'information lue. Ainsi, ici, la valeur de n est formée avec les 3 premiers caractères et celle de p avec les 4 caractères suivants.

Si l'on fournit plus d'information que l'instruction n'en exploite (c'est le cas du dernier exemple), l'information excédentaire sera purement et simplement ignorée ; en effet, il ne faut pas oublier que la lecture suivante prendra en compte une nouvelle ligne d'information (il est possible de modifier ce "comportement par défaut" ; nous n'en parlerons que dans le chapitre consacré aux fichiers).

Bien entendu, la notion de "donnée absente", dont nous avons parlé à propos du format libre, n'a plus de signification ici (voyez le troisième exemple). On peut toutefois s'interroger sur ce qui se produirait si l'on fournissait moins de caractères que prévu (ici,

16. Tout simplement parce que, portant sur une opération différente, les contraintes sont parfois différentes.

moins de 7 (4 de *i4* + 3 de *i3*). Nous verrons que, même dans ce cas, il y aura toujours "quelque chose".

5.2 Lecture de réels : les descripteurs Fw.d et Ew.d

En lecture, les descripteurs *Fw.d* et *Ew.d* jouent exactement le même rôle. La valeur de *w* donne toujours le gabarit total. L'idée générale (que nous préciserons après quelques exemples) est que la valeur de *d* n'est utilisée effectivement que s'il est impossible d'attribuer une valeur à l'information fournie dans ce gabarit. Voici quelques exemples :

```
read '(f8.2)', x                x

^^^3.452                    3.452
^2.5e3^^                     2500
12e2^^^^                     1200
^^35-2^^                     0.35
12345678                123456.78
```

D'une manière générale, à l'intérieur du gabarit spécifié, on peut trouver un nombre écrit en notation exponentielle (avec *e*, *E*, *d* ou *D*) ou flottante ; dans ce cas, la valeur de *d* n'est pas utilisée : c'est ce qui se produit dans nos trois premiers exemples. En outre, il est permis d'utiliser la notation exponentielle, sans la lettre indiquant l'exposant, à condition que ce dernier soit précédé d'un signe + ou -[17] : c'est le cas dans notre quatrième exemple.

En revanche, si dans le gabarit indiqué, on ne trouve ni exposant (ou un signe le repérant) ni point décimal, la valeur de *w* sert à préciser combien de caractères seront considérés comme correspondant à des chiffres après la virgule : c'est ce qui s'est produit dans le dernier exemple[18].

Remarques :

1) Lorsque nous disons, par exemple, que la variable x prend la valeur 3.452, il faut sous-entendre qu'il s'agit d'une valeur approchée, compte tenu d'une probable erreur de représentation.

17. Il faut bien pouvoir se repérer!

18. Notez que se demander si le point "compte ou non pour une position" est un faux problème : il y a 8 caractères pris en compte ; parmi ceux-ci, les 2 derniers sont considérés comme la partie décimale.

2) En toute rigueur, il existe un descripteur (*Dw.d*) rigoureusement équivalent à *Ew.d*. Il ne se justifie que par souci de compatibilité avec les anciennes versions de Fortran dans lesquels on faisait la distinction entre les différents types de réels.

5.3 Pour "sauter" des informations : le descripteur wX

```
read '(i3, 2x, i4)', n, p          n        p

^12^^^238                         12      238
123456789                        123     6789
```

Le descripteur *2x* permet d'ignorer 2 caractères dans l'information lue.

5.4 Pour se positionner dans le "tampon" : le descripteur Tp

Le descripteur *Tp* joue en lecture un rôle analogue à celui qu'il a en entrée ; en effet, comme une écriture, une lecture en Fortran se déroule en deux temps :

- lecture d'une ligne complète d'information dans un "tampon" en mémoire centrale,
- analyse du contenu de ce tampon, en suivant les descripteurs de format.

Comme on s'en doute, l'analyse du tampon fait intervenir un "pointeur" qui repére le prochain caractère à prendre en compte. Le rôle de *Tp* consiste simplement à placer ce pointeur sur le caractère de position *p*.

Voici un premier exemple simple :

```
read '(t2, i3, t7, i1, t9, i2)', n, p, q         n         p         q

1234567890                                      234         7        90
```

En voici un second, dans lequel on se permet d'explorer plusieurs fois une partie des informations lues :

```
read '(i3, 2x, i4, t2, i2, t7, i1)', n, p, q, r       n         p         q        r

123^^4567                                            123      4567        23        5
```

Notez bien que s'il est possible de se passer du descripteur *t* dans le premier cas, il n'en va plus de même dans le second cas (à moins de demander à l'utilisateur de fournir deux fois la même information!).

5.5 Pour lire une nouvelle ligne : le descripteur /

Le descripteur / provoque la lecture d'une nouvelle ligne dans le tampon ; bien entendu, les informations de la ligne précédente ne seront plus exploitables. Voici un exemple :

```
read '(i3/i2)', n, p          n        p

1234^^47
21                           123       21
```

L'instruction précédente est équivalente aux deux instructions :

```
read '(i3)', n
read '(i2)', p
```

5.6 Cas des espaces figurant à l'intérieur d'une donnée

Considérez cet exemple :

```
read '(i4, i5)', n, p                  n         p

^4^2^1^^578                           42        15
```

Il correspond au comportement par défaut du Fortran 90. On voit que les espaces figurant dans les données sont purement et simplement ignorés (toutefois, quand un gabarit ne contient que des espaces, la valeur correspondante est zéro). Cela peut paraître "naturel" ; toutefois, il faut savoir que les versions antérieures de Fortran (y compris Fortran 77) interprétaient de tels espaces comme des zéros[19].

Si cela est absolument nécessaire, sachez que vous pouvez imposer que ces espaces soient interprétés comme des zéros en utilisant un descripteur approprié *BZ* dont nous parlons dans l'annexe D.

19. Du moins dans le cas de données numériques.

5.7 Quand on fournit trop ou trop peu d'informations

Nous avons déjà vu que, lorsque vous fournissez trop d'informations, celles-ci sont purement et simplement ignorées, dans la mesure où toute nouvelle instruction de lecture provoque la lecture d'une nouvelle ligne. Nous verrons toutefois que la deuxième forme des instructions de lecture (qui sera présentée dans le chapitre relatif aux fichiers) permet d'éviter de changer de ligne à chaque nouvelle lecture ; il deviendra alors possible d'exploiter des informations excédentaires.

Lorsque vous fournissez (en apparence) insuffisamment d'informations, c'est-à-dire un nombre de caractères inférieur au nombre attendu par l'ensemble des descripteurs du format, le comportement n'est guère naturel. En effet, tout se passe comme si les lignes étaient lues dans un tampon de grande taille (égale à la plus grande ligne qu'on peut entrer dans l'environnement concerné) initialement rempli d'espaces. Dans ces conditions, bien que l'utilisateur n'ait pas fourni d'informations, l'instruction de lecture trouve toujours quelque chose, en particulier 0 pour une valeur numérique[20]!

6 - LA SYNTAXE DES INSTRUCTIONS D'ENTREES-SORTIES (PREMIERE FORME)

Voici, en résumé, comment se présente la syntaxe des instructions d'entrée-sortie dites "formatées" c'est-à-dire utilisant un format (lequel peut éventuellement être un "format libre"). Nous verrons plus tard (dans le chapitre consacré aux fichiers) que :

- d'une part, il existe des entrées-sorties non formatées (utilisables uniquement avec des périphériques d'archivage de l'information - typiquement le disque),
- d'autre part, il existe une deuxième forme des instructions d'entrée-sortie formatées.

Par ailleurs, dans le chapitre précédent, nous avons déjà présenté la notion de "boucle implicite" dans une liste d'entrée-sortie. Cette notion a été intégrée dans la syntaxe ci-après, de sorte que celle-ci est exhaustive.

```
READ fmt, liste                    PRINT fmt, liste
```

Les entrées-sorties formatées (première forme)

20. Dans le cas de lecture dans des fichiers, on aura le même comportement mais on pourra alors le modifiier en utilisant le paramètre pad = dans l'instruction open (il n'existe pas d'équivalent pour les lectures standards).

fmt : une des quatre possibilités suivantes :

- *

- chaîne de caractères de la forme : *liste_de_spécifications)*,

- nom d'une variable de type *character*[21],

- étiquette d'une instruction FORMAT.

liste : [*liste_d'éléments*][22]

Avec *élément* : une des deux possibilités suivantes :

- expression quelconque (dans le cas d'une instruction d'écriture) ou variable[23] (dans le cas d'une instruction d'écriture),

- boucle implicite de la forme : (*liste_d'éléments, variable = debut, fin [,pas]*)

variable : variable simple entière

début, fin et *pas* : expressions entières

7 - LE FORMAT D'UNE MANIERE GENERALE

D'une manière générale :

- il existe d'autres descripteurs de format que ceux que nous vous avons présentés ici. Certains seront étudiés dans des chapitres ultérieurs ; les autres (d'un usage peu courant) sont décrits dans l'annexe D qui reprend l'ensemble des spécifications de format.

- il est possible d'effectuer des "mises en facteur" de descripteurs,

- nous avons raisonné jusqu'ici en supposant que le nombre d'éléments de la liste était égal au nombre de descripteurs actifs du format ; mais cette condition peut ne pas être respectée.

Ce sont ces deux derniers poinst que nous allons examiner dans ce paragraphe.

21. Cette notion sera étudiée ultérieurement.

22. Comme l'indiquent les crochets, cette liste peut être vide.

23. Rappelons que nous employons ce terme de variable au sens général de référence à quelque chose dont la valeur peut être modifiée ; il peut s'agir de variables simple, d'éléments de tableau, de composantes d'une structure, de tableaux, de sections de tableaux, de structures...

7.1 Utilisation de facteur de répétition de descripteurs

D'une part, il est possible de mentionner un "facteur de répétition" (constante non nulle sans signe) devant n'importe quel descripteur actif. Par exemple :

```
4i5
```

est équivalent à :

```
i5, i5, i5, i5
```

D'autre part, il est également possible d'appliquer un tel facteur de répétition à un groupe de descripteurs (actifs ou passifs) placé entre parenthèses. Par exemple :

```
3(2x, i3, 5x, f8.2)
```

est équivalent à :

```
2x, i3, 5x, f8.2, 2x, i3, 5x, f8.2, 2x, i3, 5x, f8.2
```

Les répétitions "imbriquées" sont autorisées, de sorte que cette construction est correcte :

```
3(2x, 4(i5, 2f8.3), 2e12.4)
```

7.2 Règles de correspondance entre le format et la liste

Nous allons voir maintenant ce que prévoit Fortran lorsque le nombre de descripteurs actifs du format n'est plus égal au nombre d'éléments de la liste.

a) Nombre de descripteurs actifs inférieur au nombre d'éléments de la liste

La règle veut que, dans ce cas, l'instruction s'interrompe lorsqu'elle a fini de traiter tous les éléments de la liste d'entrée-sortie. Toutefois, les descripteurs passifs suivants (s'il en existe) sont traités normalement (on s'arrête alors au premier descripteur actif rencontré!). Par exemple :

```
n = 5
print "(1x, i2, 'eme' / t4, 'cas', f10.3, "-")', n
```

écrit (en supposant que le premier caractère de chaque ligne est effectivement écrit) :

```
^^5eme
^^^cas
```

Notez que les descripteurs /, t4 et 'cas' ont été traités. Le descripteur '-' ne l'a pas été, puisqu'il est précédé d'un descripteur actif non utilisé.

Remarques :

1) Lorsque le nombre de descripteurs actifs est égal au nombre d'éléments de la liste, la règle concernant les spécifications passives s'applique de la même manière que précédemment (mais cela paraît alors naturel). Par exemple, avec :

```
print "('bonjour')"
```

on obtient bien :

```
bonjour
```

De même, avec :

```
n = 5
print "(1x, i3, 'eme valeur')"
```

on obtient bien :

```
^^^5eme valeur
```

2) Il existe un descipteur passif particulier (noté ":") qui permet d'empêcher la prise en compte des descripteurs passifs suivants, alors que la liste est épuisée (voyez l'annexe D).

b) Nombre de descripteurs actifs supérieur au nombre d'éléments de la liste

La règle veut que, dans ce cas, on **cherche toujours à "satisfaire" la liste**. Pour ce faire, on **explore à nouveau le format**, autant de fois que nécessaire en "**changeant de ligne**[24]" à

24.Nous parlons ici de "changement de ligne", dans la mesure où notre propos s'applique aux entrées-sorties standards. Lorsque nous généraliserons ces possiblités à des fichiers, nous parlerons plutôt de "changement d'enregistrement". De plus, la règle devra être quelque peu "nuancée" pour tenir compte des possibilites que vous aurez de ne pas changer systématiquement d'enregistrement à chaque nouvelle opération (en utilisant le paramètre advance='no').

chaque réexploration (c'est-à-dire en faisant "comme si" une nouvelle instruction d'entrée-sortie avait été demandée).

On explore à nouveau le format

Si le format ne contient qu'une seule paire de parenthèses (c'est-à-dire s'il n'y a aucun facteur de répétition de groupe), on explore à nouveau tous les descripteurs depuis le début.

En revanche, si le format contient plusieurs "niveaux" de parenthèses, on réexplore uniquement le "niveau le plus interne" le plus à droite, en tenant compte de son facteur de répétition éventuel (on peut dire aussi : on réexplore le format, à partir de sa parenthèse gauche la plus à droite!).

On change de ligne

S'il s'agit d'une lecture, on lit une nouvelle ligne, avant de poursuivre l'exploration du format.

S'il s'agit d'une écriture, on écrit la ligne en cours de composition et on prépare une nouvelle ; notez que si elle est destinée à une imprimante qui "mange le premier caractère", il faudra bien faire en sorte que cette nouvelle ligne dispose à son tour de son "caractère de contrôle[25]".

Voyons quelques exemples.

Exemple 1

```
integer, dimension (27) :: t
   .....
print "(1x,10i5)", t              ! ici, on prévoit un "caractère de contrôle"
```

Le même mécanisme de réexploration va se dérouler ici, à cela près que, après la première réexploration de format, la liste n'est pas encore épuisée. On va donc explorer à nouveau le format, pour écrire les valeurs de t(21), t(22)... t(27). La liste se trouve alors épuisée avant la fin de la troisième exploration du format.

Cet exemple vous montre comment écrire très simplement un ensemble de valeurs sur plusieurs lignes présentées de la même manière : quel que soit le nombre total de valeurs,

25. Il s'agit d'ailleurs là d'un oubli fréquent qui se traduit souvent par une "rupture d'alignement" entre la première ligne et la ou les suivantes.

il suffit de prévoir le format d'une seule ligne. Le mécanisme de réexploration du format fait le reste.

Naturellement, le même raisonnement s'appliquerait à une lecture.

Exemple 2

Soit la matrice a déclarée ainsi :

```
real, dimension (15, 5) :: a
```

On souhaite en écrire la valeur sous la forme suivante :

```
a(1,1)          a(1,2)          a(1,3)          a(1,4)          a(1,5)
a(2,1)          a(2,2)          a(2,3)          a(2,4)          a(2,5)
                           ....................
a(15,1)         a(15,2)         a(15,3)         a(15,4)         a(15,5)
```

On peut répéter 5 fois l'écriture d'une ligne :

```
do i = 1, 15
   print "(1x, 5e16.8)", a(i,:)                ! on prévoit un "caractère de contrôle"
end do
```

On peut aussi écrire tous les éléments en une seule instruction :

```
print "(1x, 5e16.8)", ( a(i,:), i=1,15 )      ! on prévoit un "caractère de contrôle"
```

Si l'on souhaite "numéroter" les lignes, on pourra s'y prendre ainsi :

```
do i = 1, 15
   print "(1x, i3, 5e16.8)", i, a(i,:)
end do
```

ou ainsi :

```
print "(1x, i3, 5e16.8)", ( i, a(i,:), i=1,15 )
```

EXERCICES

N.B. Ces exercices sont corrigés en fin de volume

1) Quels résultats fournira ce programme :

```
program es1
  implicit none
  integer :: n=10,  p=5
  real    :: x=2.5, y=3.5
  read *, n, p, x, y
  print "(1x, i3, 2x, i2, 2(f8.2, 2x))", n, p, x, y
end
```

suivant qu'on lui fournit les réponses suivantes :

```
a)  1^8^12^25
b)  1,8,,25
c)  2*, 2*5
```

2) Quels résultats fournira ce programme :

```
program es2
  implicit none
  integer :: n=123,  p=4567
  real    :: x=12.365, y=3.255e5
  print "(1x, i4, i5)", n, p
  print "(1x, i3, i4)", n, p
  print "(1x, i3, 2x, i2)", n, p
  print "(1x, 2f10.3)", x, y
  print "(1x, i2, f6.3, 2x, i4, f7.0)", n, x, p, y
  print "(1x, 'valeur de n :'/ 3x, i4 //1x, 'valeur de p :'/ 3x, i4)", n, p
  print "(t8, i3, t2, i4, t6, ':')", n, p
  print "(1x, 'n=', f8.3, t7, i3)", x, n
end
```

3) Ecrire les instructions permettant d'afficher les valeurs de deux matrices a, de dimension 5x3 et b de dimension 5x2 sous la forme suivante :

```
                            A                                  B
ligne  1      a(1,1)    a(1,2)    a(1,3)        b(1,1)    b(1,2)
ligne  2      a(2,1)    a(2,2)    a(2,3)        b(2,1)    b(2,2)
                                  ..............
                                  ..............
ligne  5      a(5,1)    a(5,2)    a(5,3)        b(5,1)    b(5,2)
```

VII. LES SOUS-PROGRAMMES ET LES FONCTIONS

Comme tous les langages, Fortran permet de découper un programme en plusieurs parties nommées souvent "procédures[1]". Il s'agit là d'un des aspects de la programmation structurée (on la nomme aussi programmation modulaire) qui se justifie pour plusieurs raisons :

- Un programme écrit d'un seul tenant devient difficile à comprendre dès qu'il dépasse une ou deux pages de texte. Un découpage en procédures permet de le scinder en plusieurs parties et de regrouper dans le "programme principal" les instructions en décrivant les enchaînements. Chacune de ces parties peut d'ailleurs, si nécessaire, être décomposée à son tour en parties plus élémentaires ; ce processus de décomposition pouvant être répété autant de fois que nécessaire comme le préconisent les méthodes de "programmation structurée".

- La décomposition en procédures permet d'éviter des séquences d'instructions répétitives, et cela d'autant plus que la notion "d'argument" permet de "paramétrer" les procédures en question.

- La programmation par procédures permet le partage d'outils communs qu'il suffit d'avoir écrits et mis au point une seule fois.

---

1. On parle aussi de "module", mais ce terme possédera une signification particulière en Fortran.

Comme la plupart des autres langages, Fortran dispose de deux sortes de procédures :

- Les "*fonctions*", assez proches de la notion mathématique correspondante. Notamment, une fonction dispose généralement d'arguments qui correspondent à des informations qui lui sont transmises et elle fournit un résultat unique ; désigné par le nom même de la fonction, ce dernier peut apparaître dans une expression. On dit d'ailleurs que la fonction possède une valeur et qu'un appel de fonction est assimilable à une expression.

- Les "*sous-programmes*[2]" qui élargissent la notion de fonction. Le sous-programme ne possède plus de valeur à proprement parler et son appel ne peut plus apparaître au sein d'une expression. Par contre, il dispose toujours d'arguments. Parmi ces derniers, certains peuvent, comme pour la fonction, correspondre à des informations qui lui sont transmises. Mais d'autres, contrairement à ce qui se passe pour la fonction, peuvent correspondre à des informations qu'il produit en retour de son appel. De plus, un sous-programme peut réaliser une action[3] (par exemple afficher un message).

En Fortran 77, les procédures formaient toujours des "unités de compilation" distinctes. Plus précisément, chaque procédure était compilée comme un tout, indépendamment de toutes les autres et du programme principal susceptible de l'utiliser (ou des programmes principaux ou des autres procédures). Ceci restait vrai quand plusieurs procédures voyaient leurs instructions regroupées dans un même "fichier source".

En Fortran 90, on conserve bien sûr la possibilité de créer des procédures séparées : on parle alors de "**procédures externes**". Mais, de plus, chaque procédure, ainsi que le programme principal, peut définir ce que l'on nomme des "**procédures internes**". Ces dernières s'appellent exactement de la même manière que les procédures externes mais elles sont compilées en même temps que la procédure "**hôte**" (c'est-à-dire celle qui les contient) ; on verra que cette nuance autorise le partage d'informations, non plus seulement par argument, mais également par "**variables globales**[4]".

En ce qui concerne la transmission d'information par arguments, nous verrons, qu'ici encore, Fortran 90 fait preuve d'originalité puisqu'il distingue trois types d'arguments :

2. Dans certains langages, on dit qu'il existe deux sortes de modules : les procédures et les fonctions. Ici, le mot sous-programme correspond à procédure, tandis le mot procédure correspond à module ; quant au mot module, nous verrons qu'il possède en Fortran 90 une signification précise...

3. En fait, en Fortran 90, comme dans la plupart des langages, la fonction peut quand même réaliser une action, bien que ce ne soit pas là sa vocation.

entrée (*in*), **sortie** (*out*) et **entrée/sortie** (*inout*)[5]. Fortran 77 ne faisait pas de telles distinctions et nous verrons d'ailleurs qu'il restera possible d'utiliser sa façon de faire, laquelle, au demeurant, ne correspond pleinement à aucun des trois modes précédents.

Ce chapitre va commencer par vous présenter sur des exemples les notions de sous-programme externe et interne, ce qui, dans le second cas, nous amènera à vous présenter la notion de variable globale. Nous examinerons ensuite les différents "modes" de transmission des arguments. Puis nous aborderons l'importante notion d'interface (introduite elle-aussi par Fortran 90) et la manière dont elle vous permet de "fiabiliser" les appels de procédures ; plus tard, nous verrons qu'elle est également indispensable pour exploiter les possibilités de création de modules, de surdéfinition des opérateurs, de procédures génériques...

Nous ferons ensuite le point sur tout ce concerne la transmission de tableaux en argument. Nous verrons notamment comment la notion de profil implicite introduite par Fortran 90 facilite énormément les choses. Nous parlerons ensuite des variables automatiques (variables définies dans une procédure) et nous verrons comment Fortran 90 vous permet de définir des tableaux automatiques dont la taille ne peut être définie que lors de l'exécution. Nous découvrirons qu'une fonction peut fournir un résultat qui soit un tableau (et non plus seulement un scalaire). Nous étudierons la façon de définir des arguments optionnels, d'appeler une procédure en lui transmettant des arguments par mot clé. Nous terminerons par les procédures transmises en argument et les procédures récursives.

1 - NOTION DE PROCEDURE EXTERNE

Commençons donc par examiner un exemple de procédure (ici un sous-programme) externe, en distinguant :

- sa **définition**, c'est-à-dire l'écriture des instructions qui le composent,

- son **utilisation**, c'est-à-dire l'écriture d'une instruction appropriée permettant de le mettre en oeuvre (l'appeler) au sein d'un programme principal.

4. Attention, cette notion n'a guère de lien avec les "COMMON" du Fortran 77. Connaisseurs! Patientez jusqu'au chapitre XI où vous verrez comment mieux programmer en Fortran 90, cette possibilité désormais "désuète".

5. Attention, ceci ne préjuge en rien de la manière dont l'information est réellement transmise (par valeur ou par adresse...).

1.1 Exemple de définition d'un sous-programme externe

```
subroutine optimist (n_fois)
  implicit none
  integer, intent (in) :: n_fois     ! déclaration de l'argument n_fois
  integer              :: i          ! déclaration d'une variable "locale"
  do i = 1, n_fois
     print *, 'il fait beau'
  end do
end subroutine optimist
```

Exemple de définition d'un sous-programme externe

Comme vous le constatez, ce sous-programme se présente de façon voisine d'un programme puisqu'il comporte un en-tête (commençant par le mot clé *subroutine*), des instructions de déclaration, des instructions exécutables et une instruction *end*.

L'en-tête y est toutefois plus élaboré que dans le cas d'un programme principal puisqu'on y trouve, outre le nom du sous-programme (*optimist*), une liste de noms d'arguments (ici, il n'y en a qu'un nommé *n_fois*). Les noms des arguments n'ont d'importance qu'au sein de la définition du sous-programme ; on parle d'**arguments "muets"** (ou paramètres muets ou encore arguments ou paramètres formels). Ils ne servent qu'à décrire le travail du sous-programme.

Notez que les déclarations du sous-programme comportent à la fois :

- la déclaration du type (*integer*) de l'unique argument *n_fois* ; on y rencontre un qualificatif supplémentaire *intent (in)* qui précise qu'il s'agit d'un argument d'entrée ; nous reviendrons plus en détail sur les différents modes d'arguments,

- la déclaration de **variables** dites **locales** au sous-programe (ici i), c'est-à-dire de variables qui n'ont d'intérêt que pendant l'exécution du sous-programme et qui ne sont connues que de lui. On ne peut utiliser ces variables que depuis les instructions du sous-programme ; on traduit cela en disant que **leur "portée" est limitée au sous-programme où elles sont déclarées**.

Le reste de la définition du sous-programme est formé d'instructions classiques, excepté le fait qu'on y utilise l'argument *n_fois*.

En définitive, on voit que ce sous-programme affiche le message *il fait beau* un nombre de fois égal à la valeur entière qu'il recevra en argument.

1.2 Exemple d'utilisation

Voici un bref exemple de programme principal utilisant le sous-programme précédent et accompagné du résultat fourni par son exécution :

```
program exple_sous_programme
  implicit none
  integer :: n = 2
  print *, 'appel optimist (n)'
  call optimist (n)
  print *, 'appel optimist (2*n+1)'
  call optimist (2*n+1)
end
```

```
appel optimist (n)
il fait beau
il fait beau
appel optimist (2*n+1)
il fait beau
il fait beau
il fait beau
il fait beau
il fait beau
```

Exemple d'utilisation d'un sous-programme externe

Comme vous le constatez, l'appel du sous-programme se fait à l'aide d'une instruction de mot clé *call*, mentionnant à la fois son nom et les arguments qu'on souhaite lui transmettre. Ici, nous appelons *optimist*, une première fois en lui transmettant la variable *n*, une seconde fois en lui transmettant l'expression $2*n + 1$.

Les arguments fournis lors de l'appel d'un sous-programme se nomment **arguments "effectifs"** (ou paramètres effectifs). Ici, nous avons pu utiliser une expression comme argument effectif ; comme nous le verrons plus loin, ceci est possible car l'argument correspondant a été déclaré avec le mode *in*.

1.3 Mise en oeuvre

Pour mettre en oeuvre notre exemple, vous disposez de deux démarches :

- **créer deux "fichiers source"** contenant l'un le programme principal, l'autre le sous-programme. Naturellement, il faudra compiler ces deux fichiers, ce qui conduira à la création de deux "modules objet" ; il faudra faire en sorte qu'ils soient convenablement "rassemblés" lors de l'édition de liens ; la démarche exacte dépend du système employé ; souvent, une seule "commande" suffira pour compiler le programme principal et réaliser l'édition de liens avec le module objet correspondant au sous-programme qu'on aura préalablement compilé.

- **créer un seul "fichier source"** contenant à la fois le programme principal et le sous-programme (dans un ordre quelconque) ; généralement, une seule "commande" permettra de demander la compilation (programme principal et sous-programme seront toutefois compilés séparément) et l'édition de liens.

D'une manière générale, la première démarche est plutôt utilisée lorsque l'on est amené à préparer un sous-programme d'intérêt général, c'est-à-dire utilisable par plusieurs programmes différents.

Remarques :

1) Etant donné qu'en Fortran le programme principal et chacune des procédures externes sont **toujours compilés séparément**[6], il semble qu'a priori il soit impossible au compilateur de vérifier que les arguments effectifs correspondent bien en nombre et en type aux arguments muets spécifiés dans la définition d'une procédure. Nous reviendrons plus loin sur ce point en précisant, d'une part, quelles sont les règles exactes à respecter et, d'autre part, comment la notion d'interface permet de diminuer les risques d'erreur.

2) On nommera souvent "unité de compilation" un ensemble d'instructions compilées en même temps. Ainsi, un programme principal ou une procédure externe constituent toujours une unité de compilation.

---

6. Même, rappelons-le, lorsque le programme principal et les procédures externes figurent dans un même fichier source.

2 - NOTION DE PROCEDURE INTERNE

2.1 Exemple de sous-programme interne

Pour introduire cette notion de procédure interne, voyons comment se présenterait l'exemple précédent si nous avions fait de *optimist* un sous-programme interne.

```
program exple_sous_programme
  implicit none
  integer :: n = 2
  print *, 'appel optimist (n)'
  call optimist (n)
  print *, 'appel optimist (2*n+1)'
  call optimist (2*n+1)
contains
subroutine optimist (n_fois)
  integer, intent (in) :: n_fois     ! déclaration de l'argument n_fois
  integer              :: i          ! déclaration d'une variable "locale"
  do i = 1, n_fois
     print *, 'il fait beau'
  end do
end subroutine optimist
end
```

Exemple de définition et d'utilisation d'un sous-programme interne

Cette fois, il n'y a plus qu'une seule "unité de programme" commençant par l'en-tête *program* et terminée par l'unique instruction *end*. La définition du sous-programme *optimist* est restée la même mais elle est placée entre la fin du programme principal et une nouvelle instruction *contains*, laquelle précise que notre unité de programme (ici le programme principal) "contient" des procédures internes dont la définition vient à la suite.

La procédure interne est donc définie en même temps que le programme (ou la procédure) qui l'utilise qu'on appelle son "**hôte**". Contrairement à une procédure externe qui était accessible à qui souhaitait l'utiliser, la procédure interne n'est accessible qu'à son hôte[7].

7. Après compilation d'une procédure externe, il reste, dans le module objet, une trace de son nom (on a affaire à ce qu'on nomme un nom externe). Dans le cas d'une procédure interne, il ne reste aucune trace de son nom, pas plus qu'il ne reste une trace des noms des différentes variables locales à la procédure.

2.2 La notion de variable globale

La notion de variable locale (dont la portée est limitée à la procédure où elle est déclarée) s'applique aussi bien dans le cas des procédures externes que des procédures internes (dans nos deux précédents exemples, la variable i est locale à *optimist*).

Dans le cas des procédures externes, on est en présence de domaines indépendants qui ne peuvent communiquer que par le biais des arguments. En revanche, dans le cas des procédures internes, il en va différemment puisque : **la procédure interne a accès à toutes les variables définies par son hôte** (on parle alors dans ce cas de variable globale). Elle peut aussi bien en utiliser la valeur que la modifier.

Voici un exemple d'école, dans lequel un sous-programme *trinome*, interne au programme principal, calcule la valeur de l'expression ax^2+bx+c, les valeurs de a, b et c étant fournies par des variables globales (nommées ici a, b, et c) et les valeurs de x étant transmises en argument.

```
program variables_globales
  implicit none
  real :: a = 1.,     b = 2.,     c = 5.
  real :: val1 = 1.5, val2 = 3.1
  real :: res
  call trinome (val1)
  print *, 'trinome (', val1, ')=', res
  call trinome (val2)
  print *, 'trinome (', val2, ')=', res
contains
  subroutine trinome (x)
    real, intent (in) :: x
    res = a * x * x  + b * x  + c    ! a, b, c et res sont "globales"
  end subroutine trinome
end program variables_globales
```

```
 trinome (   1.5000000 )=  10.2500000
 trinome (   3.0999999 )=  20.8099995
```

Exemple d'utilisation de variables globales

Si nous voulions écrire *trinome* sous forme de sous-programme externe, il faudrait absolument faire de a, b et c des arguments.

D'une manière générale, les procédures internes sont généralement réservées à des procédures relativement courtes, n'ayant d'intérêt que pour une application donnée, c'est-à-dire n'ayant que peu de chance de pouvoir être utilisées en dehors du contexte dans lequel elles ont été définies[8].

Quant à la notion de variable globale, il faut considérer qu'elle n'est que le "sous-produit" de la notion de procédure interne. Elle ne doit être utilisée qu'avec parcimonie, dans la mesure où elle est génératrice de ce qu'on nomme des risques d'effets de bord, c'est-à-dire de modification non désirée de variables.

Voici, à titre d'exemple de ce qu'il vaut mieux éviter de faire, deux autres versions du précédent programme. Dans la première, nous avons remplacé la transmission par argument (*n_fois*) par une variable globale (de même nom, ici) :

```
program exple_var_globale
  implicit none
  integer :: n = 2
  integer :: n_fois             ! maintenant, n_fois est declaree dans principal
  n_fois = 2                    ! on en fixe la valeur avant 1er appel de optimist
  print *, 'premier appel optimist'
  call optimist
  n_fois = 2*n+1                     ! puis, avant le 2eme appel
  print *, 'deuxieme appel optimist'
  call optimist
contains

subroutine optimist
  integer :: i                       ! déclaration d'une variable "locale"
  do i = 1, n_fois
     print *, 'il fait beau'
  end do
end subroutine optimist
end
```

8. Ce qui n'exclut nullement que leur procédure hôte soit, quant à elle, d'intérêt général.

Dans la seconde, nous avons fait du compteur de boucle i (initialement local à *optimist*), une variable globale (imagingez les risques d'erreur encourrus dans le cas où le programme principal utiliserait, lui aussi, la variable i!) :

```
program exple_var_glob
  implicit none
  integer :: i                          ! cette fois, i est declare dans princ
  integer :: n = 2
  print *, 'appel optimist (n)'
  call optimist (n)
  print *, 'appel optimist (2*n+1)'
  call optimist (2*n+1)
contains
subroutine optimist (n_fois)
  integer, intent (in) :: n_fois      ! déclaration de l'argument n_fois
  do i = 1, n_fois                    ! ici, on se sert de i du prog hote
     print *, 'il fait beau'
  end do
end subroutine optimist
end
```

2.3 Quelques règles concernant les procédures internes

Les noms des arguments muets n'ont aucun rapport avec le nom d'éventuelles variables globales de même nom. Considérez par exemple ce schéma :

```
program test
  integer :: n, p, q
     .....
  call sp (p)
     .....
contains
  subroutine sp (n)
     real q
     .....
  end subroutine sp
end program test
```

Ici, dans la définition du sous-programme *sp*, n désignera toujours son unique argument. Il ne sera jamais possible d'accéder à la variable globale n. Ainsi, on peut dire que des variables définies dans une unité de programmation sont accessibles à ses procédures internes, à condition de ne pas être "masquée" par un argument de même nom. La même remarque s'appliquerait à une variable locale ; par exemple, ici, dans *sp*, q désignera toujours la variable locale et la variable globale q sera masquée.

Remarques :

1) Les étiquettes ne sont pas soumises aux même règles de portée que les variables ; plus précisément, la portée d'une étiquette est toujours limitée à la procédure (même si elle est interne) dans laquelle elle est définie. En particulier, l'usage des étiquettes en Fortran devrait être très limité.

2) En revanche, la portée d'une instruction de déclaration telle que *implicit* reste bien l'unité de compilation. Ainsi, dans notre exemple du paragraphe 2.2, elle s'applique aussi bien au programme principal qu'à la procédure interne *trinome*.

3) Aucun des problèmes de portée que nous venons d'évoquer ne se posait dans le cas de procédures externes (puisqu'il y a totale indépendance...).

4) Ce que nous avons dit à propos des sous-programmes s'applique naturellement aux fonctions ; ainsi, une fonction pourra être externe ou interne et, dans ce dernier cas, utiliser éventuellement des variables globales.

3 - LES DIFFERENTES SORTES D'ARGUMENTS EN FORTRAN 90

Jusqu'ici, dans nos exemples, nous avons déclaré nos arguments avec l'attribut *intent (in)* sans trop nous préoccuper de sa signification exacte. En Fortran 77, on ne faisait aucune distinction entre les différents arguments. En Fortran 90, on peut continuer à ne faire aucune distinction (nous y reviendrons un peu plus loin). Mais, il est possible de préciser le genre[9] d'un argument ; certes, en soi, cela n'apporte pas de possibilités nouvelles mais le compilateur peut faire des vérifications supplémentaires et, partant, vous éviter certaines erreurs de programmation.

En Fortran 90, vous pouvez distinguer 3 genres d'arguments.

a) intent (in)

Cet attribut signifie que l'argument correspondant est un "argument d'entrée", c'est-à-dire que sa valeur ne doit pas être modifiée par la procédure correspondante. Par exemple, avec :

9. Le terme genre n'est pas universel ; on peut parler de type (mais il y a confusion avec le type d'une variable), de mode (mais on peut alors songer à un mode de transmission, ce qui, comme nous le verrons, ne recouvre pas exactement la même chose)... Les Anglais, quant à eux, conservent le terme intent.

```
subroutine bizare (n)
integer, intent (in) :: n        ! argument d'entrée
   .....
n = 5                            ! interdit
   .....
```

le compilateur signalera (en principe!) une erreur dans l'instruction $n = 5$.

b) intent (out)

Cet attribut signifie que l'argument correspondant est un "argument de sortie" ; la procédure ne doit pas "utiliser" sa valeur ; elle doit, en revanche, lui en attribuer une. Voici un exemple où le compilateur détectera une erreur :

```
subroutine etrange (p)
integer, intent (out) :: p     ! argument de sortie
   .....
q = p +s                       ! interdit
   .....
```

c) intent (inout)

Cet attribut signifie que l'argument correspondant est à la fois un argument d'entrée et un argument de sortie. La procédure peut utiliser sa valeur et elle doit lui en attribuer une nouvelle. Voici, par exemple, un sous-programme qui échange les valeurs de deux variables :

```
subroutine echange (a, b)
  integer, intent (inout) :: a, b      ! arguments d'entree et de sortie
  integer c                            ! pour faire l'echange
  c = a
  a = b
  b = c
end subroutine echange
```

Remarques :

1) Pour l'instant, nous avons vu l'incidence du choix du genre d'un argument dans la définition de la procédure correspondante. Nous verrons que cela a également une incidence sur la manière dont on pourra l'appeler. Toutefois, dans ce cas, pour que le compilateur puisse effectuer une quelconque vérification de l'appel, il faudra qu'il dispose de l'information correspondante (genre de l'argument) ; nous verrons que cela n'est possible (pour une procédure externe) que par le biais d'une "interface".

2) Dans les précédentes versions de Fortran, il n'était pas possible de déclarer le genre d'un argument. Dans ce cas, aucun contrôle n'était réalisable dans la définition de la procédure (vous pouviez, à volonté, utiliser ou modifier n'importe quel argument). Fortran 90 vous autorise à ne pas déclarer la nature d'un argument. D'une manière générale, cette possibilité n'offre guère d'intérêt, si ce n'est d'assurer la compatibilité de programmes existants.

3) Le genre d'un argument est une notion qui ne doit pas être confondue avec la manière dont l'information correspondante est réellement transmise (notamment par valeur ou par adresse...). Le compilateur reste libre de choisir le mode de transmission le plus approprié dans chaque cas.

4 - LES INTERFACES

4.1 Une première motivation pour l'utilisation d'interfaces : fiabiliser les appels de procédures

Lorsqu'on utilise une procédure interne, le compilateur dispose à la fois des instructions d'appel de la procédure et de de celles de la procédure elle-même. Il peut donc vérifier que les arguments effectifs de l'appel correspondent (en nombre et en type) aux arguments muets. En cas de différence[10], il signale une erreur.

Une telle vérification, en revanche, ne semble plus possible dans le cas de procédure externe puisque cette dernière est compilée séparément. Considérons, par exemple, le sous-programme *optimist* du paragraphe 1 :

```
subroutine optimist (n_fois)
integer, intent (in) :: n_fois
```

Si vous l'appelez avec une valeur réelle comme dans :

```
call optimist (5.25)
```

aucun diagnostic ne vous sera fourni lors de la compilation. Lors de l'exécution, le sous-programme recevra le "motif binaire" correspondant au codage de 5.25 dans le type réel et il l'interprétera comme un entier, ce qui reviendra à considérer une valeur franchement différente. Il n'y aura toutefois pas de détection d'erreur d'exécution à proprement parler.

10. Nous verrons plus précisément ce que doit être cette correspondance de type dans le paragraphe 11.

En Fortran 77, on ne pouvait qu'être vigilant lors de la réalisation du programme. En Fortran 90, la notion d'interface offre une solution particulièrement intéressante au problème ; en effet, elle vous permet de déclarer dans un programme[11] les types des arguments d'une ou plusieurs procédures qu'on y utilise.

4.2 Comment utiliser une interface

Dans un programme utilisant notre sous-programme *optimist*, nous pouvons introduire les déclarations suivantes :

```
interface
  subroutine optimist (n_fois)
    integer, intent (in) :: n_fois
  end subroutine optimist
end interface
```

Dans ces conditions, le compilateur refusera systématiquement toute tentative d'appel de *optimist* avec un argument non entier.

Notez bien que notre déclaration se présente sous la forme de ce qu'on nomme un "bloc d'interface" (il commence par *interface* et il se termine par *end interface*). A l'intérieur de ce bloc, on trouve une ou plusieurs (ici une seule) "déclarations d'interface" (on dira souvent "interfaces" tout court) ; chaque déclaration est formée de l'en-tête de la procédure concernée et des déclarations relatives aux arguments.

Ici, nous n'avions qu'une seule interface de procédure à l'intérieur de notre bloc d'interface ; nous pourrions en avoir plusieurs comme dans cet exemple :

```
interface
  subroutine sp1 (n, x)
    integer,  intent (in) :: n
    real, intent (out)    :: x
  end subroutine sp1
  subroutine sp2 (z)
    real, intent (in) :: z
  end subroutine sp2
end interface
```

Notez qu'il serait également possible d'écrire deux blocs d'interface différents, l'un pour *sp1*, l'autre pour *sp2*. En général, cela n'a guère d'intérêt.

11. Par souci de simplification, nous parlons de programme, sachant qu'en fait il peut s'agit aussi bien d'un programme principal (c'est la situation que nous avons rencontrée jusqu'ici) que d'une procédure.

4.3 D'une manière générale

Comme nous l'avons déjà dit, Fortran impose certaines contraintes à l'emplacement relatif des différentes instructions. Celles-ci sont récapitulées dans l'annexe G. Pour l'instant, si nous ne tenons compte que des instructions rencontrées jusqu'ici, il n'existe qu'une seule contrainte pesant sur la déclaratin d'un bloc d'interface : il doit apparaître après une éventuelle déclaration *implicit none*.

Lorsque le compilateur rencontre une interface, il ne connaît pas les noms utilisés effectivement pour les arguments muets correspondants (compte tenu de la compilation séparée). Dans ces conditions, on comprend qu'il soit autorisé (mais guère conseillé) d'utiliser, dans une interface, des noms d'arguments différents des noms des arguments muets de la procédure concernée.

Nous avons introduit l'interface comme outil de contrôle du type des arguments ; à ce titre, son usage était en quelque sorte "facultatif" (mais vivement conseillé!). Mais nous rencontrerons, dans la suite de ce chapitre, des situations où l'interface est indispensable : tableaux de taille quelconque transmis en argument, procédures transmises en argument, fonction fournissant un résultat non scalaire, arguments à mots clés ou optionnels... Par ailleurs, nous découvrirons par la suite que la notion d'interface revêt un aspect plus général : utlisations de "modules", surdéfinition de fonctions, fonctions génériques...

Remarque :

Pour l'instant, il semble qu'il faille répéter la déclaration d'une interface dans chaque programme utilisant une procédure donnée, ce qui peut paraître fastidieux et, de surcroît, sujet à l'erreur. En fait, nous verrons qu'il existe des solutions évitant cette "recopie d'information". La première consiste à faire appel à l'instruction *include* qui permet d'incorporer dans un programme (source) des instructions figurant dans un fichier[12] ; la seconde (et, de loin, la meilleure!) réside dans la notion de "module" que nous étudierons plus loin.

5 - LES FONCTIONS

La notion de fonction en Fortran vous est en fait déjà familière ; en effet, nous avons déjà utilisé des "fonctions intrinsèques", c'est-à-dire des fonctions fournies avec le langage lui-même[13]. Comme nous l'avons dit en introduction, vous pouvez définir vos propres

12. En fait, bien qu'introduite par Fortran 90 cette instruction est considérée comme désuète.

13. En toute rigueur, il existe des sous-programmes intrinsèques mais nous n'en avons pas encore rencontré.

fonctions d'une manière voisine de celle dont vous définissez des sous-programes. Notamment, une fonction pourra être interne ou externe, de sorte que nous nous contenterons d'en présenter l'emploi dans le cas de fonction externe. D'autre part, tout ce que nous avons dit concernant les variables locales, les variables globales et les arguments restera valable.

5.1 Exemple de définition d'une fonction

Définissons une fonction (externe) nommée *trinome* permettant de calculer la valeur de l'expression $ax^2 + bx + c$, les valeurs de a, b, c et x lui étant fournies en argument.

```
function trinome (a, b, c, x)
  implicit none
  real, intent (in) :: a, b, c, x     ! declaration des arguments
  real              :: trinome        ! declaration du resultat
  trinome = a * x * x  + b * x  + c
end function trinome
```

Exemple de définition d'une fonction

Comme vous le constatez, nous trouvons toujours un en-tête comportant le nom de la fonction et la liste des arguments muets ; la seule différence avec l'en-tête d'un sous-programme réside dans l'emploi du mot clé *function* à la place de *subroutine*.

Par ailleurs, le nom même de la fonction (ici *trinome*) sert, au sein de sa définition, à désigner le résultat qu'on souhaite qu'elle fournisse. C'est ce qui justifie :

- la déclaration de type d'une variable de même nom que la fonction ; elle permet donc de préciser le type de la valeur que fournira la fonction (on parle souvent plus brièvement du "type de la fonction"),

- l'affectation d'une valeur à cette variable.

Remarques :

1) Ici, nous avons utilisé le nom même de la fonction pour désigner le résultat qu'elle produit. Cette démarche, déjà utilisable en Fortran 77, nous semble la plus naturelle. En Fortran 90, il est cependant possible de donner au résultat un nom différent de celui

de la fonction ; pour ce faire, on le précise à l'aide du mot clé *result* ; nous y reviendrons dans le paragraphe consacré à la récursivité car, alors, son usage sera indispensable.

2) Tous les arguments de la fonction ont été déclarés comme des arguments d'entrée (*in*), ce qui paraît naturel pour une fonction. Malheureusement, Fortran 90 ne l'impose pas ; un argument pourrait être déclaré avec le genre *out* ou *inout*[14] et, de plus, voir effectivement sa valeur modifiée dans la fonction (imaginez la surprise de l'utilisateur de la fonction dans ce cas!).

3) Le type de la fonction peut être déclaré dans son en-tête comme dans :

```
real function trinome (a, b, c, x)
```

5.2 Exemple d'utilisation d'une fonction

Nous pouvons ensuite, au sein d'un programme quelconque, utiliser notre fonction *trinome* comme n'importe quelle fonction prédéfinie, par exemple ainsi :

```
y = trinome (a, b, c, x)
```

ou, même au sein d'une expression arithmétique :

```
z = 2 * ( trinome (a, b, c, x) + trinome (a+1., b, 2*c, x+0.5) )
```

Mais il est alors nécessaire que le compilateur **connaisse le type de la fonction** (c'est-à-dire le type du résultat qu'elle fournit). Pour ce faire, vous disposez de deux solutions :

- placer dans votre programme une déclaration précisant quel est le type de la fonction, à savoir ici :

```
real :: trinome
```

- utiliser une interface ; celle-ci fournira alors non seulement le type de la fonction, mais aussi le type de ses arguments, ce qui signifie qu'elle permettra en outre un contrôle de type des arguments :

```
function trinome (a, b, c, x)
  real, intent (in) :: a, b, c, x     ! arguments
  real              :: trinome        ! resultat
end function trinome
```

14. De plus, rappelons que, par souci de compatibilité avec Fortran 77, vous pouvez aussi ne pas préciser le genre d'un argument ; dans ce cas, le même risque existera (comme nous le verrons un peu plus loin).

A titre indicatif, voici un exemple complet de programme utilisant notre fonction *trinome*, dans lequel la déclaration de la fonction a été faite sous forme d'une interface :

```
program exemple_fonction
  implicit none
  real :: a = 1.,     b = 2.,     c = 5.
  real :: x = 1.5
  real :: y, z
  interface
    function trinome (a, b, c, x)
      real, intent (in) :: a, b, c, x     ! arguments
      real              :: trinome        ! resultat
    end function trinome
  end interface
  y = trinome (a, b, c, x)
  print *, 'y = ', y
  z = 2 * ( trinome (a, b, c, x) + trinome (a+1., b, 2*c, x+0.5) )
  print *, 'z = ', z
end program exemple_fonction
```

Exemple d'utilisation d'une fonction (déclarée ici avec une interface)

Remarque :

En Fortran 77 (qui ne disposait pas de la notion d'interface), seule la première méthode était envisageable ; encore fallait-il employer l'ancienne forme des déclarations, c'est-à-dire ici :

```
real trinome
```

5.3 La fonction comme cas particulier du sous-programme

La fonction en Fortran n'est qu'un cas particulier de sous-programme qui ne possède (du moins, si l'on est raisonnable) qu'un seul argument de sortie (*out*). A titre indicatif, voici comment nous aurions pu écrire notre précédente fonction *trinome* sous forme d'un sous-programme (externe)

```
subroutine trinome (a, b, c, x, res)
  implicit none
  real, intent (in)  :: a, b, c, x      ! arguments d'entree
  real, intent (out) :: res             ! argument de sortie
  res = a * x * x  + b * x  + c

end subroutine trinome
```

Son utilisation aurait alors été moins aisée que celle d'une fonction puisque nous n'aurions pas pu faire directement figurer son nom dans une expression. Certes, une affectation de la forme *y = trinome (a, b, c, x)* serait devenue simplement :

```
call trinome (a, b, c, x, y)
```

En revanche, une affectation telle que *z = 2 * (trinome (a, b, c, x) + trinome (a+1., b, 2*c, x+0.5))* aurait dû s'écrire :

```
call trinome (a, b, c, x, res1)
call trinome (a+1., b, 2*c, x+0.5, res2)
z = 2 * (res1 + res2)
```

6 - CAS DES TABLEAUX TRANSMIS EN ARGUMENT

Un tableau peut apparaître en argument d'une procédure. Mais, dans ce cas, on voit que se pose le problème de la façon dont on va pouvoir en connaître le profil au sein de la procédure. Il faut en fait envisager deux situations fort différentes :

a) Le profil du tableau en question est connu (il est donc "fixe") lorsque l'on écrit la procédure ; dans ce cas la déclaration du tableau (argument muet) ne posera aucun problème particulier.

b) Le profil du tableau en question n'est pas connu lorsque l'on écrit la procédure[15] ; dans ce cas (nous parlerons de "tableau ajustable"), il existe deux manières très différentes de traiter le problème :

- déclarer (en argument muet) un tableau de profil implicite (on dit aussi variable ou ajustable) : son profil sera automatiquement transmis lors de l'appel, sans qu'il ne soit nécessaire de s'en préoccuper,

15. On pourrait penser que ce cas se subdivise en deux : profil non connu mais fixe d'une part, profil susceptible de varier d'un appel à l'autre d'autre part ; en fait, comme nous le verrons, les deux cas se traitent de la même manière.

- transmettre en argument, non seulement le tableau, mais (tout ou partie de) ses étendues.

La première démarche est de loin la plus pratique et la plus fiable. Toutefois, Fortran 77 ne disposait que de la seconde ; il vous faut donc la connaître si vous devez utiliser ou adapter des programmes écrits avec cette version.

6.1 Tableau de profil connu

Cette situation peut quasiment être traitée avec ce que nous avons déjà vu sur les procédures. Voici par exemple une procédure affichant les valeurs d'un tableau d'entiers de profil (5,8) :

```
subroutine affiche (t)
  implicit none
  integer, intent (in), dimension (5, 8) :: t
  print '(1x, 8i5)', t
end subroutine affiche
```

On pourra l'appeler pour n'importe quel tableau ayant le profil (5,8) comme dans cet exemple de programme principal :

```
program affichage_tableau
  implicit none
  integer, dimension (1:6, 0:7 ) :: t1
  integer, dimension (5,  11:18) :: t2
  t1=1
  t2=2
  call affiche (t1)
  call affiche (t2)
end program affichage_tableau
```

Il est très important de noter que **la correspondance entre tableau effectif et tableau muet est uniquement basée sur le profil.** Les bornes exactes des indices n'ont aucune incidence sur le déroulement des opérations ; on retrouve là exactement le même phénomène que dans les expressions de type tableau.

Ainsi, dans *affiche*, si nous faisions appel à *t(1,1)*, il s'agirait de *t1(1,0)* pour le premier appel, alors qu'il s'agirait de *t2(5,11)* pour le second appel.

Notez également que, dans la déclaration de *t* dans *affiche*, nous aurions pu spécifier les bornes des indices (ici, on emploie 1 pour la borne inférieure). Néanmoins, il faut bien voir que ceci n'aurait d'incidence que sur la manière décrire les instructions de la procédure elle-même ; la corrrespondance entre tableau effectif et tableau muet resterait toujours basée uniquement sur le profil.

Remarque :

Que se produit-il si l'on appelle *affiche* en lui transmettant en argument un tableau de profil différent de celui attendu?

- si l'interface de *affiche* est disponible lors de la compilation de cet appel[16], on obtiendra un diagnostic de compilation,

- dans le cas contraire, aucun diagnostic de compilation ne pourra être espéré. Lors de l'exécution, la procédure travaillera avec des éléments du tableau non situés à l'emplacement voulu ; suivant les cas, on pourra n'utiliser qu'une partie des éléments du tableau ou, au contraire, utiliser des éléments situés à l'extérieur. Dans ce dernier cas, les conséquences seront nettement différentes suivant que l'on a affaire à un tableau transmis dans le mode *in* (le seul risque étant alors d'utiliser de mauvaises valeurs) ou dans l'un des modes *in* ou *out* (puisque alors on pourra écrire des valeurs "en dehors" du tableau effectif avec les "conséquences habituelles" inhérentes au débordement d'indice)...

On voit donc, une fois de plus, que l'emploi systématique d'interfaces améliore la fiabilité des programmes.

6.2 Tableau de profil ajustable

Il est donc possible que le profil d'un tableau transmis en argument varie d'un appel à un autre. Notez toutefois que, malgré tout, le **rang du tableau doit être fixé**. Comme nous l'avons déjà dit, dans ce cas, il existe deux manières très différentes de procéder. Nous allons tout d'abord décrire les nouvelles possibilités offertes par Fortran 90 ; nous vous donnerons ensuite quelques indications sur la manière dont on procédait en Fortran 77[17], laquelle reste natuellement utilisable en Fortran 90.

16. Ce qui revient à dire que soit affiche est une procédure interne, soit l'interface de affiche est "explicitée" par un bloc d'interface approprié.

17. Dans le but, essentiellement, de vous permettre de "lire" d'anciens programmes.

a) Première méthode : tableau de "profil implicite"

Reprenons l'exemple précédent (*affiche*) en supposant, cette fois, que le profil de notre tableau n'est pas connu. Nous pouvons le déclarer ainsi au sein de affiche :

```
integer, intent (in), dimension (:,:) :: t
```

L'indication *dimension (:,:)* précise simplement que t est de rang 2 et que son **profil est implicite**, c'est-à-dire qu'il sera effectivement fourni à *affiche* lors de l'appel. Notez bien que nous n'avons pas à nous préoccuper de la manière dont cette information concernant le profil sera effectivement transmise (contrairement, par exemple, à ce qu'il fallait faire en Fortran 77, comme nous le verrons ci-après).

En ce qui concerne les instructions à introduire dans notre procédure *affiche*, une petite difficulté "technique" apparaît ; en effet, il est maintenant possible que toutes les valeurs d'une ligne de notre tableau ne puissent plus être écrites sur une seule ligne ; dans ces conditions, le plus sage consiste à écire un nombre maximal de valeurs (par exemple, 16) par ligne en prévoyant de changer de ligne pour chaque nouvelle ligne du tableau. Dans ces conditions, on ne peut plus se contenter d'une écriture globale de t ; il faut répéter une instruction d'écriture de chaque ligne. Il faut donc connaître le nombre de lignes de t.

Or, précisément, il existe, en Fortran 90, une fonction nommée *size* qui fournit l'étendue d'un tableau suivant une dimension donnée. Ainsi :

size (t, 1) fournit l'étendue de t suivant la première dimension,

size (t, 2) fournit l'étendue de t suivant la seconde dimension.

Pour utiliser notre procédure *affiche* ainsi réalisée, il nous suffit d'écrire un appel tel que :

```
call affiche (t1)
```

Toutefois, pour que le compilateur puisse prévoir convenablement la transmission du profil de *t1* à *affiche*, il est nécessaire qu'il sache que cet argument est à profil implicite[18]. La seule possibilité pour cela est que l'interface de *affiche* soit connue.

Pour utiliser une procédure recevant en argment un tableau de profil implicite, son interface doit être connue.

A titre indicatif, voici un exemple de définition et d'utilisation de notre procédure *affiche* :

18. En l'absence d'une telle connaissance, rien ne distingue cet appel avec celui que nous avions rencontré dans le cas d'un tableau de profil fixe.

```
program affichage_tableau
  implicit none
  integer, dimension (1:4, 0:9 ) :: t1
  integer, dimension (9,  10:14) :: t2
  interface                                    ! interface obligatoire ici
    subroutine affiche (t)                     ! (sinon -> erreur execution)
     integer, intent (in), dimension (:, :) :: t
    end subroutine affiche
  end interface
  t1=1
  t2=2
  call affiche (t1)
  call affiche (t2)
end program affichage_tableau

subroutine affiche (t)
  implicit none
  integer, intent (in), dimension (:, :) :: t
  integer :: i
  do i = 1, size (t, 1)
    print '(1x,16i5)', t(i, :)  ! ecrit une ligne de t avec maxi de 16 valeurs par
ligne
  end do
end subroutine affiche
```

Exemple d'utilisation d'un tableau de profil implicite

Remarques :

1) Dans le cas de tableau de profil fixe, l'interface est simplement conseillée : son absence n'a d'incidence qu'en cas d'erreur ; ici, en revanche, son absence conduira à une erreur d'exécution (aucun diagnostic n'est possible en compilation). Là encore, si vous vous astreignez à l'emploi systématique d'inferfaces, les choses seront beaucoup plus agréables.

2) Ici encore, dans la déclaration de notre tableau implicite, nous aurions pu indiquer des limites inférieures des indices si cela avait pu faciliter la rédaction de notre procédure (ce qui n'était d'ailleurs pas le cas ici) ; ceci n'aurait eu aucune incidence sur son utilisation (puisque seul le profil est transmis!). Notez cependant qu'il serait

incorrect de préciser à la fois une borne inférieure et une borne supérieure (l'une des deux étant déduite automatiquement de l'autre et de la connaissance du profil). Signalons que les fonctions *lbound* et *ubound* permettent de connaître ces bornes.

b) Deuxième méthode : transmission explicite des étendues en argument

Cette seconde méthode (utilisable en Fortran 77, avec toutefois des déclarations appropriées) consiste tout simplement à transmettre en argument les étendues du tableau. Ainsi, notre procédure *affiche* aurait pu s'écrire :

```
subroutine affiche (t, n , p)
  implicit none
  integer, intent (in) :: n, p
  integer, intent (in), dimension (n, p) :: t
  integer :: i
  do i = 1, n
    print '(16i5)', t(i, :) ! une ligne de t a raison de 16 valeurs (maxi) par ligne
  end do
end subroutine affiche
```

Naturellement, les appels de *affiche* doivent être adaptés en conséquence :

```
call affiche (t1, size(t1,1), size(t1,2)) ! plus prudent que call affiche (t1,4,10)
call affiche (t2, size(t2,1), size(t2,2)) ! plus prudent que call affiche (t2,9,5)
```

Ici, l'interface de *affiche* redevient conseillée mais nullement indispensable.

Remarques :

1) On peut toujours prévoir en argument non seulement les étendues, mais également les bornes des indices ; généralement, cela aura peu d'intérêt.

2) Compte tenu de la manière dont les éléments d'un tableau sont arrangés en mémoire (revoyez éventuellement le paragraphe 4.3 du chapitre consacré aux tableaux), il n'est en fait pas utile de connaître la dernière étendue. Ce qui signifie que vous pouvez ne pas prévoir d'argument pour cette dernière en écrivant par exemple :

```
subroutine affiche (t, n)
  implicit none
  integer, intent (in) :: n
  integer, intent (in), dimension (n, *) :: t
```

Notez bien l'emploi de la notation * qui précise simplement que la dimension véritable n'a pas d'importance ; il serait possible, bien que déconseillé pour des raisons évidentes de manque de lisibilité, d'employer n'importe quelle valeur, par exemple :

```
integer, intent (in), dimension (n, 1) :: t
```

Naturellement, les appels correspondants ne comporteraient plus que deux arguments ; par exemple :

```
call affiche (t1, size(t1,1))
call affiche (t2, size(t2,1))
```

3) En Fortran 77, la fonction *size* n'existait pas.

6.3 Cas des sections de tableaux

Lorsqu'une fonction attend un tableau en argument, on peut toujours l'appeler en lui transmettant en argument effectif une section de tableau de rang approprié (et de profil approprié si ce dernier n'a pas été prévu implicite).

Toutefois, lorsque l'argument en question est du genre *out* ou *inout*, il faut que la section ne soit pas ambiguë, c'est-à-dire qu'il s'agisse d'une vraie variable (comme doit l'être tout argument du genre *out* ou *inout* - nous y reviendrons dans le paragraphe 11).

7 - LES VARIABLES LOCALES SONT GEREES DE MANIERE "AUTOMATIQUE"

Nous avons déjà vu ce qu'était une variable locale à une procédure. Nous allons toutefois apporter ici quelques précisions sur :

- la manière dont sont "gérés" les emplacements mémoire correspondants,

- la façon dont on peut initialiser une telle variable.

7.1 Notion de variable automatique ou statique

Lorsque vous définissez une variable scalaire dans un programme principal, le compilateur lui attribue un emplacement en mémoire. Cette remarque s'applique également aux tableaux, du moins tels que nous avons appris à les définir jusqu'ici [19] : leurs dimensions sont des expressions constantes, elles sont donc calculables par le compilateur qui peut ainsi réserver la taille exacte nécessaire au tableau.

De telles variables dont les emplacements sont parfaitement définis une fois pour toutes par le compilateur sont dites **statiques**.

En revanche, les variables locales à une procédure sont gérées différemment. En effet, compte tenu de ce qu'elle n'ont d'intérêt que pendant l'exécution de la procédure, Fortran 90 a prévu :

- de ne leur attribuer un emplacement qu'au moment où l'on commence à exécuter la procédure,
- de "libérer" l'emplacement correspondant lors de la fin de l'exécution de la procédure.

Le processus (allocation d'emplacement, libération) se déroule à chaque nouvel appel de la procédure ; mais, d'un appel au suivant, l'emplacement alloué à une même variable peut éventuellement être différent ! A titre indicatif, une telle gestion d'emplacements se fait à l'aide de ce que l'on appelle une "pile" (la pile grandit à chaque entrée dans une procédure, elle diminue à chaque sortie de procédure).

On traduit cela en disant que **les variables locales sont automatiques**.

La conséquence immédiate de la manière dont sont gérées les variables locales est que (par défaut) **leur valeur n'est pas conservée d'un appel à un autre**.

Néanmoins, il est possible d'imposer à une variable locale d'avoir un emplacement permanent et, ainsi, de conserver sa valeur d'un appel au suivant, en lui attribuant le qualificatif **save**, comme dans :

```
subroutine ...
      .....
   integer, save :: q  ! la var locale q a sa valeur conservee d'un appel au suivant
```

On peut dire que, dans ce cas, la variable locale devient statique[20] (et non plus automatique).

---

19. Elle ne s'appliquera plus aux tableaux dynamiques dont nous parlerons dans le chapitre consacré aux pointeurs.

20. On parle parfois dans ce cas de "variables rémanentes".

7.2 Initialisation de variables locales

Fortran 90 considère que, **si vous initialisez une variable locale, celle-ci devient d'office statique.** Ce qui signifie, du même coup, qu'on ne pourra l'initialiser qu'avec des "expressions d'initialisation" (cas particulier d'expressions constantes, c'est-à-dire calculables par le compilateur[21]).

Cela revient donc à dire que dès lors qu'on initialise une variable locale, tout se passe comme si on l'avait déclarée avec l'attribut *save* ; ce dernier devient donc facultatif dans ce cas.

Voici deux exemples d'utilisation de variables locales statiques.

Exemple 1 : procédure ayant un comportement particulier lors de son premier appel

Il est fréquent que l'on doive réaliser une procédure qui nécessite certaines opérations d'initialisation nécessaires à son bon fonctionnement ultérieur. On peut toujours prévoir un argument particulier, de type logique, pour commander cette initialisation, laquelle devient alors dépendante du bon vouloir de l'utilisateur de la procédure (qui peut alors tout bonnement oublier de procéder à cette initialisation). Dans ce cas, il est préférable de faire en sorte que la procédure s'auto-initialise lors de son premier appel. On peut, par exemple, utiliser ce canevas :

```
logical prem_fois =.true.      ! variable statique puisqu'initialisee
   .....
if (prem_fois) then
   .....                       ! traitement effectue au premier appel
    prem_fois = .false.
endif
   .....                       ! traitement usuel
```

Exemple 2 : procédure qui comptabilise le nombre de fois où elle a été appelée

Voici un exemple de sous-programme nommé *compte* qui se contente de comptabiliser le nombre d'appels et de l'écrire.

21. Il s'agit d'un choix relativement arbitraire ; on aurait, en effet, également pu admettre qu'une variable locale pouvait être initialisée avec une expression quelconque, éventuellement différente d'un appel au suivant (c'est ce qui se passe par exemple en C).

```
program compte_appels
  implicit none
  integer :: i
  do i = 1, 5
    call compte
  end do
end program compte_appels

subroutine compte
  implicit none
  integer :: n_appels = 0       ! n_appels sera statique car initialisee
                                ! l'attribut save n'est donc pas indispensable
  n_appels = n_appels + 1
  print *, 'Appel numero ', n_appels
end subroutine compte
```

```
 Appel numero  1
 Appel numero  2
 Appel numero  3
 Appel numero  4
 Appel numero  5
```

Exemple de sous-programme qui comptabilise ses appels

7.3 Cas des tableaux automatiques

Comme les autres variables automatiques (variables locales non initialisées), les tableaux automatiques voient leurs emplacements alloués à chaque appel. Fortran 90 tire parti de cette remarque, en acceptant que les profils de ces tableaux puissent varier d'un appel à l'autre.

Voici un exemple de sous-programme nommé *echange* permettant d'échanger les valeurs de deux tableaux d'entiers de rang un et de même profil, ce dernier étant implicite (revoyez éventuellement le paragraphe 6.2.a) :

```
subroutine echange (ta, tb)
  integer, dimension (:) :: ta, tb      ! arguments (tableaux de taille implicite)
  integer, dimension (size(ta)) :: temp ! tableau local de taille "variable"
  temp = ta
```

```
    ta = tb
    tb = temp
  end subroutine echange
```

Pour procéder à l'échange, notre sous-programme a besoin d'un tableau temporaire (nommé *temp*) de même profil que ceux des tableaux reçus en arguments. Pour cela, il nous suffit de lui déclarer une étendue de *size(ta)*.

L'utilisation du sous-programme est alors classique ; il est seulement **nécessaire** que son **interface** soit **explicite** (soit il s'agit d'un sous-programme interne, soit son interface est déclarée dans un bloc d'interface[22]), et ceci pour que le compilateur puisse prévoir de transmettre correctement les informations nécessaires. En voici un exemple :

```
program echange_tableau
  integer, parameter :: dim = 10
  integer, dimension (dim) :: t1, t2
  interface
    subroutine echange (ta, tb)              ! interface indispensable
      integer, dimension (:) :: ta, tb       ! sinon erreur d'exécution
    end subroutine echange
  end interface
    .....
  call echange (t1, t2)
    .....
end program echange_tableau
```

Notez qu'en l'absence d'interface aucun diagnostic de compilation n'est possible ; on aboutit à une erreur d'exécution.

Fortran 90 vous autorise donc à fournir les dimensions d'un tableau automatique sous forme d'expressions ; bien entendu, on peut utiliser ici autre chose que des expressions constantes (c'est ce qui fait tout l'intérêt de la chose!). Toutefois, n'importe quelle expression n'est pas pour autant légale ; par exemple, comme on peut s'en douter, il faut au moins que cette expression soit calculable au moment de l'entrée dans la procédure ; cela signifie :

- qu'elle peut faire intervenir des arguments de la procédure mais, en aucun cas, des variables locales,

22. Ou mieux (comme nous le verrons plus tard), le sous-programme appartient à un module.

- que les arguments qui y sont mentionnés doivent déjà avoir été déclarés auparavant ; ainsi, dans notre fonction *echange*, nous n'aurions pas pu inverser l'ordre des deux déclarations de type en écrivant :

```
integer, dimension (size(ta)) :: temp ! ***ERREUR*** ta n'est pas (encore) déclaré
integer, dimension (:) :: ta, tb
```

D'une manière générale, vous pourrez utiliser ce que l'on nomme des **expressions de spécification** ; la définition exacte de ce terme vous sera fournie dans l'annexe F.

8 - FONCTIONS FOURNISSANT UN TABLEAU EN RESULTAT

Dans beaucoup de langages, une fonction ne peut fournir qu'un résultat scalaire. Mais fortran 90 accepte qu'une fonction fournisse un résultat de type quelconque et, donc, en particulier, un tableau[23].

Voyons, par exemple, comment écrire une fonction qui fournit comme résultat une matrice carrée identité (diagonale principale à 1) ; elle recevra en unique argument un entier précisant la dimension de la matrice.

```
function ident (n)
  implicit none
  integer, intent (in) :: n
  real, dimension (n,n) :: ident  ! tableau resultat (ici de dimension ajustable)
  integer :: i
  ident = 0.0
  do i = 1, n
    ident (i, i) = 1.0
  end do
end function ident
```

Exemple de fonction fournissant un tableau en résultat

23. Nous rencontrerons d'autres types non scalaires, à savoir les structures.

Cette fonction *ident* peut alors être utilisée dans n'importe quelle expression de type tableau, à condition :

- de respecter les règles habituelles relatives aux expressions de type tableau,

- que son interface soit connue.

En voici un exemple :

```
program fonction_tableau
   implicit none
   integer, parameter :: dim = 4
   interface
      function ident (n)
         integer, intent (in) :: n
         real, dimension (n,n) :: ident
      end function ident
   end interface
      .....
   real, dimension (dim, dim) :: mat=1
   mat = mat + ident (dim)
      .....
end program fonction_tableau
```

Remarques :

1) Si nous n'avions pas voulu utiliser de fonction fournissant un résultat de type tableau, nous aurions dû faire de *ident* un sous-programme ; dans ces conditions, il aurait fallu prévoir, dans le programme appelant, la réservation d'un tableau destiné à accueillir la matrice identité. Ici, cela n'a pas été nécessaire : la matrice identité a été fabriquée temporairement par la fonction (son emplacement a été alloué lors de l'appel et libéré à la sortie). Dans certains cas, on peut aboutir à des économies substantielles de mémoire.

2) Ici, nous étions obligé de fournir la dimension de la matrice résultat en argument. Mais, dans beaucoup de circonstances, on pourra écrire une fonction qui fournit un tableau dont les étendues sont déduites de celles de ses arguments. Par exemple, si nous devions écrire une fonction fournissant en résultat une matrice égale au produit de deux matrices reçues en argument[24], nous pourrions procéder ainsi :

24. En toute rigueur, la fonction prédéfinie matmul fait déjà ce travail.

```
function produit (a, b)
  implicit none
  real, dimension (:, :) :: a              ! a est de profil implicite
  real, dimension (size(a,2), :) b         ! b est de premiere etendue ajusatable,
                                           !       de seconde etendue implicite
  real, dimension (size(a,1), size(b,2)) ! le resultat a un profil deduit
                                         !     de ceux des arguments
```

En revanche, cela n'aurait aucun sens d'envisager un tableau résultat de taille implicite ; en effet, cela signifierait que son profil devrait être déduit de celui... du résultat, lequel précisément n'existe pas encore !

Nous verrons cependant, dans le chapitre consacré aux pointeurs, que les possibilités de gestion dynamique de Fortran 90 permettent de créer un tableau au sein d'une fonction.

3) En toute rigueur, il aurait été possible de "remplir" notre matrice *ident*, sans programmer de boucle, en utilisant "astucieusement" la fonction *reshape*.

4) D'une manière générale, les dimensions d'un tableau fourni en résultat d'une fonction peuvent être n'importe quelle expression de spécification.

9 - LES ARGUMENTS A MOT CLE ET LES ARGUMENTS OPTIONNELS

Fortran 90 a introduit deux nouvelles possibilités permettant d'accroître la "convivialité" des appels de procédures :

- les arguments à mot clé évitent d'avoir à se souvenir de l'emplacement exact d'un paramère effectif,

- les arguments optionnels permettent de ne préciser qu'un certain nombre de paramètres lors de l'appel et de laisser la procédure fixer les valeurs des autres.

9.1 Les arguments à mot clé

Dans un appel de procédure, il devient possible de repérer les arguments, non seulement "classiquement" par leur position au sein de l'appel, mais aussi par le nom même de l'argument muet correspondant.

Par exemple, si vous déclarez l'interface suivante (comme à l'accoutumée, en cas de sous-programme interne, une telle déclaration n'est plus nécessaire) :

```
interface
   subroutine sp (valeur, resultat, qte)
      real, intent (in)     :: valeur
      real, intent (out)    :: resultat
      integer, intent (in) :: qte
   end subroutine sp
end interface
```

les appels suivants sont rigoureusement équivalents :

```
call sp (a+b, z, 5)                      ! appel "classique" par position
call sp (valeur=a+b, resultat=z, qte=5)  ! tous parametres par mot cle dans l'ordre
call sp (qte=5, valeur=a+b, resultat=z)  ! tous parametres par mot cle dans desordre
call sp (a+b, qte=5, resultat=z)         ! mixage parametre par position et a mot cle
```

Comme vous le constatez, à partir du moment où l'on "nomme" les paramètres, il n'est plus nécessaire d'en respecter l'ordre. Ceci peut éviter de fâcheuses erreurs d'étourderie! De plus, comme le montre le dernier exemple, vous pouvez mixer les deux possibilités (classique par position et par mot clé) ; bien entendu, dans ce cas, les paramètres sans mot clé, donc repérés par leur position, doivent obligatoirement être les premiers de l'appel.

Remarque :

En toute rigueur, il faudrait dire que les paramètres à mot clé sont repérés par le nom tel qu'il figure dans l'interface, et non par le nom de l'argument muet qui figure dans la définition de la procédure correspondante. Une telle remarque ne se justifie bien sûr que lorsque ces noms sont différents, situation que nous vous déconseillons vivement.

9.2 Les arguments optionnels

Il arrive parfois que, dans un souci de généralisation, on dote une procédure d'un grand nombre d'arguments alors que la plupart de ses appels se feront avec les mêmes valeurs de certains d'entre eux. Dans ces conditions, la procédure paraît fastidieuse à utiliser. Fortran 90 permet d'améliorer la situation avec la notion d'argument optionnel. Grâce à un mécanisme approprié, il est possible à la procédure de savoir si un tel argument lui a ou non été fourni lors de l'appel et de prendre les dispositions nécessaires.

Voyons tout d'abord un exemple d'école[25] d'une fonction qui calcule la somme des éléments de rang n à p d'un tableau d'entiers ; le tableau sera toujours fourni en argument (obligatoire) tandis que les valeurs de n et p pourront ou non être précisées ; on conviendra que, si n est absent, on commence au premier élément du tableau ; de même si p est absent, on va jusqu'à la fin du tableau.

```
function somme (t, deb, fin)
  implicit none
  integer, dimension (:), intent (in) :: t
  integer, intent (in), optional      :: deb, fin     ! arguments optionnels
  integer      :: somme
  integer      :: deb1, fin1   ! variables supplementaires indispensables
  if (present (deb)) then ; deb1 = deb ; else ; deb1 = 1        ; endif
  if (present (fin)) then ; fin1 = fin ; else ; fin1 = size (t) ; endif
  somme = sum (t(deb1:fin1))
end function somme
```

Exemple de procédure à arguments optionnels

Vous y notez tout d'abord que les arguments *deb* et *fin* ont été déclarés avec un nouvel attribut *optional* qui précise qu'ils pourront ne pas être fournis lors de l'appel. Par ailleurs, la fonction *present* appliquée à un argument permet de savoir s'il a été ou non fourni lors de l'appel. Ici, nous déterminons dans les variables locales *deb1* et *fin1* les éléments sur lesquels doit porter la somme. Par exemple, si l'argument *deb* est présent, la somme commence au rang *deb* ; s'il est absent, la somme commence à 1...

Notre fonction ainsi réalisée, il devient possible de l'appeler en ne fournissant que certains arguments. On peut également faire intervenir des arguments à mot clé. Voici un petit exemple :

```
program exemple_arguments_optionnels
  implicit none
  integer :: i
  integer, dimension (10) :: t1 = (/ (i, i=1, 10) /)
```

25. Ce calcul pourrait en fait être réalisé, sans fonction, à l'aide d'une section appropriée.

```
  interface                                                ! indispensable
    function somme (t, deb, fin)
      integer, dimension (:), intent (in) :: t
      integer, intent (in), optional      :: deb, fin      ! arguments optionnels
      integer                             :: somme
    end function somme
  end interface
  print *, 'de 2 a 5      : ', somme (t1, 2, 5)
  print *, 'de 3 a la fin : ', somme (t1, 3)
  print *, 'tout          : ', somme (t1)
  print *, 'du debut a 7  : ', somme (t1, fin=7)        ! mot cle indispensable ici
end program exemple_arguments_optionnels
```

Exemple d'utilisation d'une fonction à arguments optionnels

Naturellement, l'interface de notre fonction doit être connue, d'où la présence d'un bloc d'interface. Notez que, dans certains environnements, on peut obtenir des résultats corrects tant qu'on n'appelle pas la fonction avec certains arguments absents ; ceci n'est nullement garanti et il vaut mieux prévoir systématiquement une interface.

Remarques :

1) A priori, l'emploi des variables *deb1* et *fin1* semble superflu. On pourrait penser à écrire, par exemple :

```
if (.not.(present(deb)) deb = 1    ! incorrect car deb declare intent (in)
```

Ce n'est pas possible ici car *deb* et *fin* sont des arguments d'entrée.

2) Les arguments optionnels sont obligatoirement prévus lorsqu'on définit la procédure. Lors de l'utilisation, il faut alors se tenir à ce qui a été prévu. En revanche, n'importe quelle procédure peut toujours être appelée en repérant certains arguments par mot clé (à condition, naturellement, que son interface soit connue!).

3) Dans un appel, il n'est pas possible d'omettre un argument en cours de liste, comme dans :

```
somme (t1, , 4)     ! interdit
```

Notez qu'on peut toujours contourner la difficulté avec des arguments à mot clé :

```
somme (t1, fin=4)   ! correct
```

4) Dans notre exemple, les arguments optionnels recevaient des valeurs par défaut dans la procédure. C'est là l'utilisation la plus fréquente et, dans ce cas, il est fortement conseillé de prévoir que de tels arguments soient des arguments d'entrée (dans le cas contraire, cela n'aurait d'ailleurs guère de signification). En revanche, on peut éventuellement prévoir qu'une procédure, sans chercher à donner une valeur par défaut à des arguments optionnels, se contente d'utiliser ou de ne pas utiliser un argument, suivant qu'il a ou non été fourni lors de l'appel ; dans ce cas, on peut envisager que certains de ces arguments optionnels soient des arguments de sortie...

5) Une procédure à argument optionnel peut, à son tour, appeler une autre procédure en lui transmettant (en argument effectif, cette fois), le dit argument. Ce serait par exemple le cas si, dans notre fonction *somme* précédente, nous trouvions un appel de la forme :

```
call truc (deb)
```

Dans ces conditions, il est nécessaire que cette seconde procédure (ici *truc*) ait prévu également un argument optionnel à ce niveau (ici pour son seul argument). De plus, si l'argument en question était absent dans le premier appel, il sera également absent pour le second. Ainsi, si nous appelons *somme* sans préciser de valeur pour le second argument, tout se passera comme si *truc* avait été appelé sans argument. En revanche, si nous appelons *somme* avec la valeur 3 comme second argument, c'est effectivement cette valeur qui sera transmise à *truc*.

10 - TRANSMISSION D'UNE PROCEDURE EN ARGUMENT

Pour ceux d'entre vous qui ne sont pas familiarisés avec la notion "d'argument procédure", nous allons l'introduire sur un exemple simple. Nous verrons ensuite comment la programmer en Fortran 90 et nous fournirons un exemple classique de procédure d'intégration numérique d'une fonction quelconque.

10.1 Notion d'argument procédure

Supposons que l'on souhaite écrire un sous-programme *sbr* dont l'un des arguments représente une fonction :

```
subroutine sbr (x, y, proc)
   .....
   x = 3.0 + proc (y)
   .....
end subroutine sbr
```

Lors de la compilation de *sbr*, le symbole *proc* est (classiquement) un argument muet désignant une fonction quelconque, non connue pour l'instant. Jusqu'ici, aucun problème particulier ne se pose.

Nous pouvons alors chercher à utiliser *sbr* en lui transmettant en troisième argument une fonction donnée, par exemple *fc*. Nous écrirons quelque chose comme ceci :

```
call sbr (a, b, fc)
```

Or, si nous ne faisons rien de plus, il est clair que le compilateur ne saura pas que *fc* désigne une fonction. Si nous avons pris la précaution d'introduire une déclaration *implicit none*, nous obtiendrons probablement un diagnostic de compilation lié au fait que le symbole *fc* n'aura pas été déclaré. Dans le cas contraire, le compilateur attribuera simplement un emplacement pour une variable nommée *fc* (de type par défaut, ici *real*).

De toute façon, il est nécessaire de faire savoir au compilateur que *fc* est effectivement une procédure. Pour ce faire, il existe deux démarches :

- une démarche héritée de Fortran 77 qui consiste à introduire la déclaration : *external fc*

- une démarche propre à Fortran 90 et de loin préférable : déclarer simplement l'interface de *fc* ; naturellement, on précisera alors non seulement que *fct* est une fonction, mais, de surcroît, on précisera la nature de ses arguments (permettant les éventuels contrôles habituels).

10.2 Exemple : calcul numérique d'intégrale

Voici un exemple très classique : celui d'une procédure calculant "numériquement" l'intégrale d'une fonction quelconque (d'une variable) par la méthode des trapèzes. Ses arguments seront :

- les "bornes d'intégration" (*xd* et *xf*),

- le nombre d'intervalles *n*,

- la fonction à intégrer *fct*,

- le résultat *res*

```
subroutine integ (xd, xf, n, fct, res)
  implicit none
  real, intent (in)    :: xd, xf
  integer, intent (in) :: n
  real, intent (out)   :: res
  real                 :: pas
  integer              :: i
  interface                                  ! facultative
    function fct (x)                         !
      real, intent (in) :: x                 !    mais
      real              :: fct               !
    end function fct                         ! conseillee
  end interface                              !
  pas = (xf - xd)/n
  res = 0.5 * (fct(xd) + fct(xf)) + sum ( (/ (fct(xd+i*pas), i = 1, n-1) /) )
end subroutine integ
```

Exemple de sous-programme de calcul d'intégrale d'une fonction quelconque

Notez qu'ici nous avons déclaré l'interface de la fonction (muette) *fct*. Cela n'est pas plus obligatoire que ne l'était la déclaration d'une interface d'une procédure utilisée par un programme quelconque.

Voici un exemple de programme utilisant *integ* pour calculer deux intégrales de deux fonctions *f1* et *f2* (leur définition est fournie en même temps). Notez bien que nous y avons systématiquement déclaré les interfaces de toutes les procédures concernées alors que seules les interfaces de *f1* et *f2* l'étaient (encore pourraient-elles être remplacées par la déclaration : *external f1, f2*.

```
program procedure_en_argument
implicit none
real    :: res1, res2
interface                                 ! debut interface procedure integ
  subroutine integ (xd, xf, n, fct, res)      !
    real, intent (in)    :: xd, xf            !
    integer, intent (in) :: n                 !
    real, intent (out)   :: res               !
```

```
    interface                                       ! interface fct
      function fct (x)                              !
        real, intent (in) :: x                      !
        real              :: fct                    !
      end function fct                            !
    end interface                                 !
  end subroutine integ                            !
end interface                                   ! fin interface procedure integ
interface                                       ! debut interace fonctions a integrer
  function f1 (x)                                 !    interface f1
    real, intent (in) :: x
    real              :: f1
  end function f1
  function f2 (x)                                 !    interface f2
    real, intent (in) :: x
    real              :: f2
  end function f2
end interface                                   ! fin interface fonctions a integrer

call integ (0., 1., 10, f1, res1)
print *, 'premiere integrale : ', res1
call integ (1.5, 3., 20, f2, res2)
print *, 'seconde integrale  : ', res2
end program procedure_en_argument

function f1 (x)
  real, intent (in) :: x
  real              :: f1
  f1 = x * x + 1
end function f1

function f2 (x)
  real, intent (in) :: x
  real              :: f2
  f2 = sin (x) ** 2
end function f2
```

```
 premiere integrale :   13.3500004
 seconde integrale  :   11.3991556
```

Exemple d'utilisation du sous-programme *integ* (avec emploi systématique d'interfaces)

Notez bien la manière dont il faut "imbriquer" un bloc d'interface dans un autre lorsque l'on déclare l'interface d'une procédure (ici *integ*) comportant un argument procédure dont on souhaite également fournir l'interface.

11 - RESTRICTIONS CONCERNANT LES ARGUMENTS EFFECTIFS

11.1 Nature des arguments effectifs

Bien entendu, lorsqu'on écrit la définition d'une procédure, les arguments muets employés ne peuvent être que des identificateurs (de variable, de tableau...). Cela n'aurait alors aucun sens que d'utiliser une constante, un élément de tableau (indicé), une expression... pas plus que cela n'en aurait que de définir une fonction mathématique f par $f(a+b) = 5$ ou $f(12) = 25$!

En revanche, lors de l'appel d'une procédure, un argument effectif pourra certes toujours se présenter sous forme d'une variable ; mais, dans certains cas, on pourra y employer une constante ou une expression. Par exemple, si nous considérons le sous-programme *truc* ayant cette interface :

```
subroutine truc (n)
integer, intent (in) :: n
```

il est tout à fait possible de l'appeler de l'une de ces façons (*t* étant un tableau d'entiers, n une variable entière) :

```
call truc (5)          ! l'argument effectif est une constante
xall truc (2*n+4)      ! l'argument effectif est une expression entière
call truc (t(3))       ! l'argument effectif est un élément de tableau
```

En revanche, si l'argument *n* avait été de genre *out*, on comprend que le dernier appel ait toujours un sens puisque alors la procédure pourra modifier la valeur de *t(3)* ; en revanche, les deux premiers appels ne seraient plus corrects.

D'une manière générale, en ce qui concerne un argument effectif :

- s'il est argument d'entrée (*in*), il peut s'agir de n'importe quelle expression,

- s'il est argument de sortie (*out*) ou d'entrée-sortie (*inout*), il ne peut s'agir que d'une variable au sens large ; ainsi, pour un scalaire, on pourra trouver un identificateur quelconque, un élément de tableau, un champ d'une structure... ; pour un tableau, on pourra trouver un identificateur de tableau, une section non ambiguë...

11.2 Type des arguments effectifs

Nous avons déjà dit, sans trop entrer dans les détails, qu'il était nécessaire que le type d'un argument effectif corresponde à celui de l'argument muet correspondant. Précisons ce que doit être cette "correspondance".

Tout d'abord, dans le cas de variables d'un type de base (entier, réel, logique), il doit s'agir exactement du même type, en tenant compte d'éventuelles variantes (la valeur du paramètre *kind* doit être la même).

Dans le cas de tableaux :

- leurs éléments doivent être exactement de même type (variante comprise) et de même rang,
- en ce qui concerne leur profil, nous avons vu que :
  * aucune contrainte n'existe dans le cas des tableaux de profil implicite,
  * dans tous les autres cas, le profil de l'argument effectif doit correspondre à celui de l'argument muet avec, toutefois, une exception pour la dernière dimension.

Remarque importante :

En cas de mauvaise correspondance (genre ou type), le compilateur ne fournira un diagnostic que si l'interface de la procédure concernée est explicite. Dans le cas contraire, aucune erreur ne sera détectée, ni à la compilation ni à l'exécution mais les conséquences pourront être désastreuses...

12 - LES PROCEDURES RECURSIVES

Dans certaines circonstances, on peut avoir besoin de réaliser des procédures récursives. Ceci peut prendre deux aspects :

- récursivité directe : une procédure comporte, dans sa définition, au moins un appel à elle-même,

- récursivité croisée : une procédure appelle une autre procédure qui, à son tour, appelle la première (le "cycle" pouvant éventuellement faire intervenir plus de deux procédures).

Pour qu'une telle récursivité des appels soit possible, il est nécessaire qu'un mécanisme approprié soit mis en oeuvre ; sans entrer dans les détails, on peut dire, notamment, qu'il est nécessaire d'empiler convenablement les différents appels, en conservant pour chacun d'entre eux l'état des différentes variables locales.

En Fortran 90, on peut demander qu'une procédure puisse être utilisée de façon récursive (directe ou croisée) en faisant précéder son en-tête du mot clé **recursive**, comme dans ces deux exemples :

```
recursive subroutine spexple (a, b, n)

recursive function spexple (x, z, p)
```

Pour utiliser une telle procédure, il est alors nécessaire que son interface soit explicite.

Voici un exemple fort classique (au demeurant inefficace sur le plan du temps d'exécution) d'une fonction calculant une factorielle de manière récursive :

```
recursive function fac (n) result (res)  ! result obligatoire puisque f s'appelle
  integer, intent (in) :: n
  integer              :: res
  if (n<=1) then
      res = 1
    else
      res = fac (n-1) * n
  end if
end function fac
```

Fonction récursive de calcul de factorielle

Vous y notez une nouveauté : l'utilisation du mot clé *result* qui précise le nom sous lequel on souhaite désigner le résultat de la fonction dans sa définition. Il s'agit en fait d'une possibilité utilisable pour n'importe quelle fonction (pas forcément récursive) : jusqu'ici, nous nous étions contenté d'employer le nom même de la fonction pour désigner le résultat.

Dans le cas d'une fonction récursive directe telle que *fac*, l'écriture suivante :

```
fac = fac(n-1) * n                ! incorrect
```

serait ambiguë (et rejetée par le compilateur).

En résumé, lorsque l'on doit définir une fonction récursive directe, il est nécessaire de donner un nom à son résultat, à l'aide du mot clé *result*.

EXERCICES

N.B. Ces exercices sont corrigés en fin de volume.

1) Ecrire une fonction externe fournissant en résultat le volume d'une sphère dont le rayon (de type *real*) lui est fourni en argument. Ecrire un petit programme l'utilisant pour calculer 3 volumes correspondant à trois rayons fournis en donnée.

2) Même question que précédemment, en utilisant une fonction interne.

3) Même question qu'en 1, en utilisant un sous-programme au lieu d'une fonction.

4) Ecrire un sous-programme permettant de trier par ordre croissant les valeurs entières d'un tableau de rang un, d'étendue quelconque :

a) en prévoyant un tableau de profil ajustable (étendue transmise en argument),

b) en prévoyant un tableau de profil implicite.

Dans les deux cas, le tri se fera par réarrangement des valeurs au sein du tableau lui-même.

5) Transformer le sous-programme précédent en une fonction recevant en argument un tableau de rang 1 et de profil implicite et renvoyant en résultat un tableau de même profil (cette fois, on ne modifiera plus le tableau initial).

6) Ecrire une fonction recevant en argument deux tableaux de rang 1, de taille implicite et fournissant en résultat une matrice définie ainsi :

$$r_{ij} = a_i * b_j$$

(r désignant la matrice résultat, a et b les tableaux fournis en argument).

On voit que la première étendue de r sera celle de a et que sa seconde étendue sera celle de b.

7) Ecrire un sous-programe qui se contente de comptabiliser le nombre de fois où elle a été appelée en affichant seulement un message "de temps en temps", à savoir :

- au premier appel : *** appel 1 fois ***
- au dixième appel : *** appel 10 fois ***
- au centième appel : *** appel 100 fois ***
- et ainsi de suite pour le millième, le dix millième appel...

On supposera que le nombre maximal d'appels ne peut dépasser la capacité d'une variable de type *integer*.

8) Ecrire une fonction récursive calculant la valeur de la "fonction d'Ackermann" A définie pour m>0 et n>0 par :

A(m,n) = A(m-1,A(m,n-1)) pour m>0 et n>0

A(0,n) = n+1 pour n>0

A(m,0) = A(m-1,1) pour m>0.

VIII. LES CHAINES DE CARACTERES

Jusqu'ici, nous n'avons rencontré la notion de chaîne de caractères (suite de caractères) que dans le cas de chaînes constantes telles que 'bonjour' ou '(2i5, f8.2)'. Fortran, comme beaucoup de langages, permet de définir et de manipuler des variables destinées à contenir des chaînes de caractères. Ce sont ces possibilités que nous allons étudier ici.

Nous commencerons par un exemple d'introduction montrant les principales fonctionnalités du type chaîne : déclaration, affectation, comparaisons. Puis nous verrons comment lire ou écrire des chaînes avant de vous présenter l'importante notion de sous-chaîne.

Nous aborderons ensuite les différentes opérations qu'il est possible de réaliser sur des chaînes :

- concaténation de chaînes ; au passage, nous verrons qu'en Fortran la notion de chaîne souffre d'une limitation importante, à savoir qu'a priori une variable de type chaîne possède une taille bien définie (la longueur de la chaîne qui y est placée ne peut pas évoluer au cours de l'exécution comme c'est le cas, par exemple, en Basic!). Nous verrons toutefois qu'une fonction particulière (*len_trim*) fournit une solution partielle à ce problème

- localisation d'une sous-chaîne à l'intérieur d'une chaîne.

Un peu à l'image de ce que nous avons fait pour les tableaux, nous verrons la souplesse qu'offre Fortran 90 en matière de transmission d'une chaîne en argument d'une procédure puis nous aborderons le cas des chaînes automatiques et des fonctions fournissant une chaîne comme résultat.

Nous terminerons par un exemple de programme faisant intervenir un tableau ajustable de chaînes de taille ajustable.

1 - EXEMPLE D'INTRODUCTION

```
program exemple_utilisation_chaines
character (len = 20) :: mot1, mot2, mot
print *, 'donnez un premier mot'
read *, mot1
print *, 'donnez un second mot'
read *, mot2
if (mot1 > mot2) then
   mot = mot1
   mot1 = mot2
   mot2 = mot
end if
print *, 'voici vos deux mots ranges'
print *, mot1, ' ', mot2
end
```

```
 donnez un premier mot
pascal
 donnez un second mot
fortran
 voici vos deux mots ranges
 fortran              pascal
```

Exemple d'utilisation de variables de type chaîne de caractères

Ce programme lit deux mots[1] et les réaffiche suivant l'ordre alphabétique. Comme on peut s'y attendre, la déclaration :

```
character (len = 20) :: mot1, mot2, mot
```

réserve des emplacements pour trois variables nommées *mot1*, *mot2* et *mot*, destinées à contenir des chaînes de caractères. Notez qu'on en fixe précisément la longueur ; ici, ces variables comporteront toujours (exactement) 20 caractères.

1. En fait, ce terme de "mot" est un peu abusif, dans la mesure où, comme nous le verrons, ce programme pourra en fait lire n'importe quelle suite de caractères (mais des problèmes de délimiteurs se poseront alors!).

Vous constatez qu'une instruction *read* "classique" (avec format libre) nous permet de lire des informations de ce type. Ici, l'utilisateur a fourni une première réponse ne contenant que 6 caractères, ce qui pourrait laisser supposer que l'on a pu introduire une chaîne de longueur inférieure à 20 dans *mot1*. En fait, comme nous le verrons plus loin, il n'en est rien car l'information ainsi lue a tout bonnement été complétée par des espaces à concurrence de 20 caractères. La même remarque s'applique bien sûr à *mot2*.

Notez l'expression logique *mot1>mot2* qui montre qu'on peut comparer des chaînes. Elle conditionne l'échange éventuelle des contenus de nos deux variables *mot1* et *mot2*.

2 - DECLARATION ET UTILISATION DE CHAINES

2.1 Déclaration de variables de type chaîne

En Fortran, on précise la "longueur", c'est-à-dire le nombre de caractères que pourra accueillir la variable. Ceci peut se faire, soit en utilisant le mot clé *len* comme nous l'avons fait précédemment, soit en spécifiant simplement la longueur :

```
character (20) :: mot1, mot2, mot
```

Une longueur de 1[2] correspond à une variable ne contenant qu'un seul caractère :

```
character (1) :: c1, c2
```

Notez bien qu'alors *c1* et *c2* contiennent des chaînes de longueur 1 ; en Fortran, les caractères ne sont que des cas particuliers de chaînes (il s'agit simplement de chaînes de longueur 1), alors que, dans d'autres langages (Pascal, C), on distingue les variables contenant des caractères des variables contenant des chaînes.

Remarques :

1) Nous verrons plus loin qu'il est possible de définir des tableaux de chaînes. On prendra alors bien soin de distinguer une chaîne de longeur 20 :

```
character (len = 20) :: mot
```

d'un tableau de 20 chaînes de longueur 1 :

```
character (len = 1), dimension (20) :: mot
```

2. On ne peut toutefois pas l'omettre dans ce cas.

Certes, dans les deux cas, on disposera bien de 20 caractères, mais on n'y accédera pas de la même façon.

2) En Fortran 77, les variables de type chaîne devaient être déclarées suivant d'autres syntaxes (toujours acceptées du Fortran 90) ; la plus classique était :

```
character*20 : mot1, mot2, mot
```

Les autres vous sont exposées dans l'annexe F.

3) De même qu'il existe des variantes des types *integer* et *real*, il existe des variantes du type *character* ; celles-ci sont essentiellement destinées à manipuler, sur certaines machines, des jeux de caractères particuliers (alphabet grec, symboles mathématiques... et surtout code ASCII lorsqu'il ne s'agit pas du code par défaut). Voyez éventuellement l'annexe B.

4) En toute rigueur, la longueur d'une chaîne peut être omise ; dans ce cas elle est prise par défaut égale à 1.

2.2 Ecriture des constantes de type chaîne

Comme nous l'avons déjà noté, les chaînes constantes (qu'on nomme aussi "libellés") se notent entre apostrophes ou entre guillemets. Ces deux notations sont parfaitement équivalentes :

```
'bonjour'          "bonjour"
```

Comme on peut s'y attendre, la longueur d'une constante chaîne est le nombre de caractères qu'elle comporte. Par exemple, nos deux chaînes précédentes (ce sont les mêmes) sont de longueur 7.

On peut toujours introduire un guillemet dans une chaîne délimitée par des apostrophes. Par exemple, la notation *'il dit "vive Fortran 90"'* représent la chaîne *Il dit "vive Fortran 90"*. De la même manière, on peut toujours introduire une apostrophe dans une chaîne délimitée par des guillemets ; par exemple, la notation *"l'ordinateur"* représente la chaîne *l'ordinateur.*

De plus, dans une chaîne délimitée par des apostrophes, deux apostrophes consécutives sont interprétées comme une seule apostrophe (et non comme un délimiteur). La même remarque s'applique aux guillemets. Par exemple, la notation *'l''ordinateur'* représente la chaîne *l'ordinateur.*

Lorsqu'on souhaite écrire une constante chaîne sur plusieurs lignes, on procède comme pour les instructions. Toutefois, dans ce cas, les espaces sont "significatifs" ; ainsi, avec cette notation :

```
"Ceci est un exemple de longue chaine que l'on a ecrit &
   sur deux lignes"
```

On obtient quatre espaces (un venant de la première ligne et trois de la seconde) entre le mot *ecrit* et le mot *sur*. Souvent, on souhaitera conserver certaines indentations de présentation ; dans ces conditions, il est toujours possible de spécifier où commence effectivement la ligne de continuation à l'aide d'un (autre) caractère & comme dans :

```
"Ceci est un exemple de longue chaine que l'on a ecrit &
   &sur deux lignes"
```

Ici, il n'y a plus qu'un espace entre *ecrit* et *sur*.

2.3 Affectation entre chaînes

Les variables de type chaîne peuvent se voir affecter la valeur d'une expression de type chaîne. Pour l'instant, nous ne connaissons comme expression de type chaîne que les constantes et les variables mais nous rencontrerons d'autres possibilités par la suite.

Dans notre exemple d'introduction, nous affections à une variable chaîne le contenu d'une autre variable chaîne de même longueur. Ceci n'est toutefois pas nécessaire ; en effet :

- si la variable réceptrice a une longueur inférieure à la longueur de la chaîne qu'on cherche à lui affecter, celle-ci est simplement "tronquée" par la droite. Ainsi, avec :

```
character (len=10) :: mot
   .....
mot = 'alexandrine'
```

on obtiendra dans la variable *mot* la chaîne *alexandrin*.

- si la variable réceptrice a une longueur supérieure à la longueur de la chaîne qu'on cherche à lui affecter, celle-ci est complétée à droite par le nombre d'espaces nécessaires. Par exemple, avec :

```
character (len=10) :: mot
   .....
mot = 'alex'
```

on obtiendra dans la variable *mot* une chaîne de 10 caractères formée des 4 caractères *alex* complétés par 6 espaces.

2.4 Comparaisons entre chaînes

Dans notre exemple d'introduction, nous nous sommes contenté de constater que nous pouvions comparer deux chaînes suivant un ordre qui semblait être l'ordre alphabétique usuel. En fait, si l'on regarde de plus près, pour pouvoir comparer deux chaînes, il faut savoir :

- comment se placent les majuscules par rapport aux minuscules,
- comment se situent les chiffres par rapport aux lettres,
- comment se situe l'espace par rapport aux autres caractères,
- ...

Or les réponses à toutes ces questions dépendent de la machine sur laquelle vous travaillez. Plus précisément, elles dépendent du "code" que cette machine utilise pour représenter les différents caractères. Toutefois, dans tous les cas, on peut assurer que :

- les lettres minuscules sont toujours correctement ordonnées entre elles,
- les lettres majuscules sont toujours correctement ordonnées entre elles,
- l'espace arrive toujours avant tous les autres caractères.

En revanche, les majuscules peuvent aussi bien arriver avant ou après les minuscules, les chiffres avant ou après les minuscules, avant ou après les majuscules...

La comparaison de deux chaînes se fait en considérant successivement chacun de leurs caractères de même rang. Elle peut porter sur des chaînes de longueur différente, auquel cas tout se passe comme si la chaîne la plus courte était complétée par des espaces. Naturellement deux chaînes sont égales si elles comportent la même suite de caractères. Dans le cas contraire, c'est le premier caractère qui diffère qui permet de décider laquelle des deux chaînes arrive avant l'autre (exactement comme on classe les mots dans le dictionnaire, avec cette différence que, dans le dictionnaire, le nombre de caractères possibles est limité à 26[3]!)

3. Puisque, dans le dictionnaire, on ne distingue pas les majuscules des minuscules ni les caractères accentués des caractères sans accent (ni ç de c).

Voici quelques exemples :

```
character (len=10) :: ch1
character (len=8)  :: ch2
   ...
ch1 = "bon"     ; ch2 = "bon"      ! ch1 == ch2 (bien que de longueur differente
ch1 = "bon  "   ; ch2 = "bon"      ! ch1 == ch2
ch1 = "bon"     ; ch2 = "bonus"    ! ch1 < ch2
ch1 = "paris2"  ; ch2 = "paris12"  ! ch1 > ch2 (attention au piege!)
```

Remarques :

1) Les caractères utilisables dans les chaînes dépendent, eux aussi, de la machine utilisée. Dans certains cas, on pourra disposer des caractères nationaux (accentués et ç).

2) Les codes les plus répandus sont le code EBCDIC (Extended Binary Coded Decimal Interchange Code) et le code ASCII (American Standard Code for Information Interchange).

3) La norme prévoit que, si le code employé par défaut n'est pas le code ASCII, il soit possible (moyennant l'utilisation d'une "variante" appropriée du type *character*) d'y faire appel (voyez l'annexe B). De plus, les fonctions intrinsèques *iachar* et *achar* permettent de manipuler de tels caractères (voyez l'annexe consacrée aux fonctions intrinsèques).

2.5 Chaînes et initialisations

Comme toutes les variables en Fortran 90, une chaîne peut être initialisée lors de sa déclaration à l'aide d'une constante comme dans :

```
character (len=10) = "bonjour"
```

La longueur de la constante n'a pas besoin d'être identique à celle de la chaîne ; sa valeur sera simplement tronquée ou complétée par des espaces comme dans le cas d'une affectation.

Par ailleurs, il est possible de déclarer une constante symbolique de type chaîne à l'aide du mot clé *parameter* :

```
character (len=20), parameter :: message = "***erreur***"
```

Dans ce cas, la valeur de *message* ne pourra pas être modifiée.

De plus, dans ce dernier cas (constante symbolique de type chaîne), on peut laisser le compilateur déduire la longueur de la chaîne de celle de la constante qu'on lui fournit ; il suffit pour cela de mentionner le caractère * à la place de la longueur. Ainsi :

```
character (len=*), parameter :: message = "***erreur***"
```

réservera une chaîne nommée *message*, de longueur 12 (celle de la chaîne ****erreur****)[4].

3 - ENTREES-SORTIES DE CHAINES

Examinons successivement ce que sont ces possibilités, en format libre d'une part, avec un format d'autre part.

3.1 Entrées-sorties en format libre

En écriture, le format libre affiche tout naturellement la chaîne sur un nombre de caractères égale à sa longueur.

En lecture, en revanche, on dispose de plusieurs possibilités :

- encadrer les informations par des apostrophes ou des guillemets, comme on le fait pour les constantes de type chaîne (le caractère n'apparaissant pas dans ladite information, à moins d'être doublé) ; dans ce cas, il est possible d'y faire apparaître n'importe quel caractère, en particulier des séparateurs habituels tels que l'espace, la virgule ou le caractère/ ; ces derniers seront bien pris en compte.

- ne pas encadrer les informations ; dans ce cas, le premier caractère séparateur (espace, virgule ou /) déterminera la fin de l'information.

Par ailleurs, si l'information fournie comporte un nombre de caractères inférieur à la longueur de la variable chaîne, elle sera complétée (classiquement) par des espaces. Si, en revanche, l'information fournie comporte trop de caractères, seuls les caractères de droite (attention, on s'attend à l'inverse) seront considérés.

Par exemple, voici ce que nous obtiendrons avec ces instructions :

```
character (len=8) :: ch1, ch2
   ....
read *, ch1, ch2
```

suivant les réponses fournies :

4. Cette possibilité (laisser le compilateur compter à votre place!) ne pourra pas s'appliquer à des tableaux symboliques (parameter) de chaînes.

	ch1	ch2
^bonjour^^^^^^^monsieur	bonjour^	monsieur
hello, boy	hello^^^	boy^^^^^
'bonjour cher monsieur',dupont	bonjour^	dupont
"l'examen blanc", 'le "moi" et le "surmoi"'	l'examen	le "moi"

3.2 Entrées-sorties avec un format : les descripteur A et Aw

Avec le descripteur *A*, le gabarit utilisé est la longueur de la variable correspondante. Avec le descripteur *Aw*, le gabarit est *w*.

En écriture, on écrit dans le gabarit voulu ; dans le cas de *Aw*, si *w* est supérieur à la longueur de la chaîne, on fait précéder son écriture par des espaces à gauche (comme pour les nombres, ce qui ne correspond pas à l'usage : en général, on aligne bien les nombres à droite, mais les libellés le sont à gauche). Si *w* est inférieur à la longueur de la chaîne, seuls les *w* premiers caractères sont écrits.

Par exemple, avec ces instructions :

```
character (len=3) :: ch1 = 'abc', ch2 = 'def', ch3 = 'ghi'
   .....
print '(a, a5, a2)', ch1, ch2, ch3
```

on écrira (le symbole ^ désignant un espace) :

```
abc^^defgh
```

En lecture, on lit le nombre de caractères correspondant au gabarit voulu. Bien entendu, la notion de séparateur n'existe plus ici : tous les caractères peuvent donc être lus y compris l'espace, la virgule, /, les apostrophes ou les guillemets. Dans le cas de *Aw*, on retrouve les règles évoquées dans le cas du format libre : si *w* est supérieur à la longueur de la chaîne, seuls les *w* derniers caractères seront pris en compte ; si *w* est inférieur à la longueur de la chaîne, cette dernière sera complétée par des espaces.

Par exemple, avec ces instructions :

```
character (len=3) :: ch1, ch2, ch3

read '(a, a5, a2)', ch1, ch2, ch3
```

On obtiendra dans *ch1* la chaîne *abc*, dans *ch2* la chaîne *fgh* et dans *ch3* la chaîne *ij^*

4 - LES SOUS-CHAINES

4.1 Notion de sous-chaîne

Lorque l'on a défini une variable de type chaîne, il est possible d'en manipuler une "sous-chaîne", c'est-à-dire une partie formée de caractères consécutifs. On utilise pour cela une notation voisine de celle employée pour les sections de tableaux. Par exemple, avec la déclaration :

```
character (len=30) :: mot
```

mot (2:6) représente une chaîne de longueur 4 formée des caractères de *mot* de rang 2 à 6,

mot (3:3) représente une chaîne de longueur 1 formée du caractère de rang 3 de *mot*.

Une telle notation de sous-chaîne peut intervenir aussi bien dans une expression de type chaîne (à droite d'une affectation, dans une liste d'écriture) mais également à gauche d'une affectation ou dans une instruction de lecture. Une sous-chaîne est donc (comme l'était une section de tableau non ambiguë) une variable à part entière. Ainsi, ces instructions sont valides :

```
mot = "bonjour"
print *, mot (2:6)          ! affiche onjou
mot (2:2) = "a"
print *, mot (1:5)          ! affiche banjo
```

Notez qu'une notation telle que *mot (5:3)* n'a pas de sens mais elle est acceptée par Fortran. Plus précisément, si une telle notation apparaît dans une expression de type chaîne, elle correspond simplement à une chaîne vide ; par exemple (*ch* étant supposée de type chaîne) l'instruction *ch = mot (5:2)* est simplement équivalente à *ch* = "".

4.2 La sous-chaîne en général

a) Syntaxe

D'une manière générale, la notation d'une sous-chaîne se présente ainsi :

```
identificateur_chaine ( [debut] : [fin] )
```

Sous-chaîne

Avec :

debut et *fin* : expressions quelconques de type entier.

Si *debut* est absent, il est pris par défaut égal à 1 ; si *fin* est absent, il est pris par défaut égal à la longueur de la chaîne.

b) Cas de la sous-chaîne vide

A priori, la notation d'une sous-chaîne n'a aucun sens si *debut>fin*. En fait, une telle situation est acceptée par Fortran (n'oubliez pas que les limites de sous-chaîne peuvent être des variables!). Il faut alors distinguer les deux modes d'utilisation d'une telle sous-chaîne :

- au sein d'une expression, la sous-chaîne correspondante est simplement considérée comme une chaîne vide. Par exemple (*ch* et *mot* étant des variables de type chaîne) :

```
ch = mot(5:2)
```

est équivalent à :

```
ch = ""
```

- à gauche d'une affectation ou dans une instruction de lecture ; dans ce cas, il ne se passe... rien. Par exemple, l'instruction :

```
mot (5:2) = "xx"
```

est acceptée mais elle ne fait strictement rien!

Notez qu'on avait rencontré le même phénomène dans le cas des sections (vides) de tableau.

4.3 En cas de recoupement

Comme avec les sections de tableau, on risque avec les sous-chaînes de rencontrer des situations telles que :

```
character (len=9) :: mot
mot = "123456789"
mot (4:8) = mot (2:6)
print *, mot
```

Dans ce cas, Fortran applique la règle que nous avons déjà rencontrée, à savoir que **la valeur d'une expression est entièrement évaluée avant d'être affectée.**

Ainsi, ici, nos instructions afficheront : 123234569

4.4 Exemples

a) Ces instructions permettent de supprimer la première lettre d'un mot contenu dans la variable *mot* (de longueur *lmot*) :

```
mot (1:lmot-1) = mot (2:lmot)
mot (lmot:lmot) = " "
```

b) Ces instructions affichent, de façon consécutive, une lettre sur deux de la chaîne contenue dans *ch* :

```
integer, parameter :: lg = 20
integer :: i
character (len=lg) :: ch
   ...
print *, ( ch(i:i), i=1, lg, 2)
```

c) Celles-ci affichent toujours une lettre sur deux, mais verticalement :

```
do i = 1, l
  print *, ch(i:i)
end do
```

Notez bien qu'on affiche toujours 10 caractères, même si les derniers sont des espaces. On ne tient pas réellement compte du contenu effectif de *ch*. Nous verrons un peu plus loin comment la fonction *len_trim* permet d'améliorer la situation.

d) Pour obtenir le caractère correspondant à un chiffre, il suffit de déclarer :

```
character (len=10), parameter :: chiffres = '0123456789'
```

Alors, la notation *chiffres (i + 1:i + 1)* fournit une chaîne de longueur 1 contenant le caractère correspondant au chiffre *i* ; par exemple, *chiffres (3:3)* est la chaîne "2". Notez que l'on a un "décalage" d'une unité, puisque le premier chiffre est 0. Certes, on n'aurait plus ce problème avec *chiffres= '123456789'* mais, il ne serait alors plus possible d'obtenir le caractère 0.

5 - OPERATIONS REALISABLES AVEC DES CHAINES

5.1 La concaténation et la fonction trim

Il existe un opérateur, noté //, permettant de "concaténer" (mettre bout à bout) deux chaînes de longueur quelconque.

Par exemple, si *ch1* est une chaîne de 12 caractères et *ch2* une chaîne de 10 caractères, l'expression *ch1//ch2* représente une chaîne de 22 caractères obtenue en juxtaposant les caractères de *ch1* et ceux de *ch2*.

Par exemple, si *ch1* est de longueur 12 et *ch2* de longueur 10, avec :

```
ch1 = "bonjour"
ch2 = "monsieur"
```

l'expression *ch1//ch2* représente une chaîne de longeur 22 contenant (^ désigne ici un espace) :

```
bonjour^^^^^monsieur^^
```

Dans certains cas (lorsque l'on manipule du texte notamment), on souhaitera se débarrasser des espaces de fin de la première chaîne ; dans ce cas, on pourra faire appel à la fonction *trim*. Par exemple, *trim(ch1)* fournit ici une chaîne de longueur 7 contenant la chaîne *bonjour*.

Voici un programme illustrant ce que nous venons de dire

```
program concatenation
  implicit none
  character (len=12) :: ch1 = 'bonjour'
  character (len=10) :: ch2 = 'monsieur'
  character (len=18) :: ch
```

```
  ch = ch1 // ch2
  print *, 'A : ', ch              ! on aurait pu ecrire print *, ch1 // ch2
  ch = trim (ch1) // ch2
  print *, 'B : ', ch
  ch = trim (ch1) // ' ' // ch2
  print *, 'C : ', ch
end program concatenation
```

```
A : bonjour    monsie
B : bonjourmonsieur
C : bonjour monsieur
```

Exemple de concaténation de chaînes et d'utilisation de la fonction trim

5.2 Longueur d'une chaîne : les fonctions len et len_trim

La fonction *len* fournit la longueur d'une chaîne. Par exemple, avec :

```
character (len=10) :: mot = "bonjour"
```

len(mot) vaut 10 et ceci, quel que soit le contenu de *mot*.

Un tel exemple semble montrer que la fonction *len* est dénuée d'intérêt, dans la mesure où elle fournit une information déjà connue par ailleurs. En fait, nous verrons qu'elle se révélera précieuse dans le cas de chaînes transmises en argument ou dans le cas de chaînes automatiques.

Par ailleurs, la fonction *len_trim* permet de connaître le nombre de caractères d'une chaîne lorsque l'on ne tient pas compte des espaces de fin. Ainsi, *len_trim (mot)* est en fait équivalent à *len (trim(mot))*.

Voici, à titre d'exemple, un programme qui lit une chaîne et qui l'affiche verticalement, en évitant d'afficher des lignes blanches intempestives pour les éventuels espaces de fin (comme le faisait l'exemple c du paragraphe 4.3).

```
program mot_vertical
  implicit none
  integer, parameter :: lgmot = 20
  integer :: i
```

```
   character (len=lgmot) :: mot
   print *, 'donnez un mot de moins de ', lgmot, ' lettres'
   read *, mot
   do i = 1, len_trim (mot)       ! on ne considere pas les espaces de fin
     print *, 'lettre ', i, ' : ', mot (i:i)
   end do
 end program mot_vertical
```

```
 donnez un mot de moins de  20  lettres
'fortran 90'
 lettre  1  : f
 lettre  2  : o
 lettre  3  : r
 lettre  4  : t
 lettre  5  : r
 lettre  6  : a
 lettre  7  : n
 lettre  8  :
 lettre  9  : 9
 lettre  10  : 0
```

Exemple d'utilisation de la fonction len_trim

5.3 Recherche d'une sous-chaîne dans une chaîne : la fonction index

La fonction *index* permet de connaître l'endroit d'une chaîne où apparaît éventuellement pour la première fois) une autre chaîne. Par exemple :

index ("bonjour", "on") vaut 2 car la chaîne *on* apparaît à partir du caractère de rang 2 de la chaîne *bonjour*.

index ("bonjour", "ou") vaut 5,

index ("bonjour", "bof") vaut 0 car la chaîne *bof* n'apparaît pas dans la chaîne *bonjour*.

Voici un exemple de programme utilisant cette fonction :

```
program recherche_sous_chaine
  implicit none
  integer, parameter :: lg = 20
  integer pos
  character (len=*), parameter :: cherche = 'er'
  character (len=lg) :: mot
  print *, 'donnez un mot'
  read *, mot
  pos = index (mot, 'e')
  if (pos /= 0) print *, 'le premier e est en position : ', pos
  pos = index (mot, cherche)
  if (pos /= 0) print *, 'la chaine er apparait en position : ', pos
end program recherche_sous_chaine
```

```
 donnez un mot
recherc her
 le premier e est en position :  2
 la chaine er apparait en position :  5
```

Exemple d'utilisation de la fonction index

6 - TRANSMISSION DE CHAINES EN ARGUMENT

6.1 Argument muet de longueur fixe

Lorsqu'une procédure reçoit une chaîne en argument, il est bien sûr autorisé de prévoir explicitement une longueur (expression constante) pour l'argument muet, comme dans :

```
subroutine sp (ch)
   character (len=10), intent (...) :: ch
```

Dans ce cas, Fortran 90 prévoit que la procédure puisse être appelée :

- avec des arguments effectifs de même longueur (ce qui est la moindre des choses!),

- avec des arguments effectifs de **longueur supérieure** ; dans ce cas, en effet, la procédure travaillera avec une partie de la chaîne qu'on lui aura transmise.

La deuxième situation est en fait d'un intérêt limité car la procédure ne connaîtra pas la véritable longueur de la chaîne qu'on lui aura transmise ; ainsi, avec les précédentes déclarations, *len(ch)* vaut toujours 10 quel que soit l'appel de *sp*. D'autre part, un risque important existe d'appeler la procédure avec une chaîne trop courte ; dans ce cas, on aboutira au mieux à un message approprié accompagné d'un arrêt de l'exécution, au pire à des écrasements d'emplacements mémoire (dans le cas d'arguments de sortie)...

6.2 Argument muet de taille variable

En fait, Fortran 90 accepte qu'un argument de type chaîne possède une longueur indéterminée (on dit aussi variable) qu'on indique par le caractère *. Dans ce cas, la longueur effective de la chaîne sera déterminée lors de l'appel et elle correspondra à celle de l'argument effectif.

D'une manière générale, nous ne saurions trop vous recommander d'employer systématiquement cette technique qui a le mérite dêtre à la fois fiable (beaucoup plus que la précédente) et universelle.

Notez qu'ici, contrairement à ce qui se passait pour les tableaux, il n'est pas nécessaire au compilateur de connaître l'interface de la procédure pour en compiler l'appel. Elle n'en reste pas moins conseillée.

Voici un petit exemple illustrant cette possibilité :

```
program exemple_argument_chaine
  implicit none
  character (len=10) :: ch1 = "bonjour"
  character (len=15) :: ch2 = "cher monsieur"
  character (len=*), parameter :: message = "***erreur***"
           ! l'interface de affiche n'est pas indispensable (mais conseillee)
  call affiche (ch1) ; call affiche (ch2) ; call affiche (message)
end

subroutine affiche (ch)
  implicit none
  character (len=*), intent (in) :: ch      ! longueur variable
  print *, 'chaine de longueur ', len(ch), ' :', ch, ':'
end
```

```
chaine de longueur  10  :bonjour   :
chaine de longueur  15  :cher monsieur  :
chaine de longueur  12  :***erreur***:
```

Exemple d'argument de type chaîne de longueur variable

Remarque :

Il ne faut pas confondre les chaînes de caractères avec les tableaux à une dimension (éventuellement des tableaux de chaînes de longueur 1). En effet, **tout se passe en Fortran 90 comme si l'information de longueur d'une chaîne était transmise automatiquement en même temps que la chaîne elle-même.** Au contraire, l'étendue d'un tableau de rang 1 n'est transmise que si on l'a prévu explicitement (soit en argument supplémentaire, soit par un tableau implicite et, dans ce cas, naturellement, l'interface de la procédure était obligatoire).

7 - LES CHAINES AUTOMATIQUES

Nous avons déjà eu l'occasion de parler de l'aspect automatique des variables locales ; en particulier, nous avons vu que les tableaux locaux pouvaient voir leurs dimensions définies seulement au moment de l'appel par une expression de spécification. Cette remarque s'applique également à la longueur d'un argument de type chaîne. Sa longueur peut, elle aussi, être fournie sous forme de n'importe quelle expression de spécification ; cette dernière peut faire intervenir, notamment[5] :

- des arguments de la procédure,
- certaines fonctions élémentaires (*max* par exemple)
- des fonctions portant sur des chaînes, notamment *len* ou même *len_trim*[6]

Voici un exemple de procédure (*permute*) qui permute le contenu de deux chaînes (n'ayant pas nécessairement la même longueur) qu'on lui fournit en argument (de type *inout*) :

5. La définition précise d'une expression de spécification est fournie dans l'annexe F.

6. Ce qui signifie qu'on peut définir une chaîne automatique dont la longueur pourra dépendre (un peu) du contenu d'une chaîne transmise en argument. L'exercice 5 vous en fournit d'ailleurs un exemple.

```
program permute_chaines
  implicit none
  character (len=10) :: ch1 = "bonjour"
  character (len=15) :: ch2 = "cher monsieur"
  print *, 'avant : ', ':', ch1, ':', ch2, ':'
  call permute (ch1, ch2)
  print *, 'apres : ', ':', ch1, ':', ch2, ':'
end program permute_chaines

subroutine permute (cha, chb)
  character (len=*), intent (inout) :: cha, chb        ! arguments (chaines implicites)
  character (len = max (len(cha), len(chb)) ) :: ch  ! chaine auto de lgr variable
  ch = cha ; cha = chb ; chb = ch
end subroutine permute
```

```
 avant : bonjour                    monsieur
 apres : monsieur                   bonjour
```

Exemple d'utilisation de chaîne automatique

8 - FONCTION FOURNISSANT UNE CHAINE EN RESULTAT

Nous avons déjà vu (paragraphe 8 du chapitre 6) qu'une fonction pouvait fournir un résultat de type tableau. Dans ce cas, le profil du tableau pouvait être défini par des expressions de spécification. La même possibilité s'applique aux chaînes : une fonction peut fournir un résultat de type chaîne dont la longueur est définie par une expression de spécification.

Ici, l'interface est à nouveau obligatoire (pour que le compilateur puisse attribuer un type correct au résultat désigné par le nom de la fonction lors de son appel).

Voici un exemple d'une telle fonction nommée *compact* qui fournit en résultat une chaîne obtenue en débarrassant de tous les espaces (autres que ceux de fin!) une chaîne reçue en argument. Ici, nous avons prévu que la chaîne résultat aurait la même longueur que celle reçue en argument.

```
program fonction_a_valeur_chaine
  implicit none
  character (len=35) :: texte = 'je   me   figure ce          zouave'
  interface                                              ! indispensable
    function compact (ch)
      character (len=*), intent (in) :: ch
      character (len = len(ch)) :: compact
    end function compact
  end interface
  print *, 'avant :', texte, ':'
  print *, 'apres :', compact (texte), ':'
end program fonction_a_valeur_chaine

function compact (ch)
  character (len=*), intent (in) :: ch
  character (len = len(ch)) :: compact
  integer :: i, j
  j = 1
  do i = 1, len(ch)
    if (ch(i:i) /= ' ') then
      compact (j:j) = ch(i:i)
      j = j + 1
    end if
  end do
end function compact
```

```
avant :je   me   figure ce          zouave :
apres :jemefigurecezouave                  :
```

Fonction fournissant une chaîne en résultat

Remarque :

Il ne serait pas possible ici de fournir une chaîne débarrassée de tous les espaces, y compris de ceux de fin ; en effet, dans ce cas, la longueur de la chaîne résultat ne serait pas connue lors de l'entrée dans la fonction *compact*, ce qui est contraire à la notion d'expression de spécification (qui doit être calculable à l'entrée dans la procédure). Cette situation ne doit pas être confondue avec celle que vous rencontrerez par exemple dans l'exercice 5.

9 - TABLEAUX DE CHAINES

9.1 Notion de tableau de chaînes

Jusqu'ici, nous n'avons rencontré que des exemples de tableaux dont les éléments étaient de type simple. Mais il est tout à fait possible de définir des tableaux dont les éléments sont des chaînes de caractères. Par exemple :

```
character (len=20), dimension (10) :: tabch
```

déclare un tableau nommé *tabch* dont chacun des 10 éléments est une chaîne de longueur 20.

Notez bien que, de par la nature même d'une telle déclaration, toutes les chaînes d'un même tableau ont obligatoirement la même longueur.

La notation *tabch (i)* représente la chaîne de rang i de *tabch*. La notation *tabch (i) (2:5)* représente la sous-chaîne formée des caractères 2 à 5 de la chaîne de rang i de *tabch*. Quant à *tabch (i) (j:j)*, elle représente le caractère (en toute rigueur, chaîne de longueur 1) de rang j de la chaîne de rang i de *tabch*.

9.2 Construction et initialisation de tableaux de chaînes

De même qu'il existait des constructeurs de tableaux numériques, il existe des constructeurs de tableaux de chaînes. Par exemple :

```
(/ "ruse", "sure", "rose", "azur", "rase" /)
```

représente un tableau de 4 chaînes de longueur 4.

Notez que, de même que les éléments figurant dans un constructeur de tableau numérique devaient être de même type, **les expressions de type chaîne figurant dans un constructeur de tableau de chaînes doivent être de même longueur**. Ainsi, ce constructeur serait incorrect :

```
(/  "un", "deux", "trois", "quatre" /)          ! incorrect
```

Mais on pourrait toujours écrire :

```
(/ "un    ", "deux  ", "trois ", "quatre" /)
```

Un tel constructeur peut être utilisé soit dans une expression, auquel cas ses éléments peuvent être constitués de n'importe quelles expressions de type chaîne (de même longueur!). Il peut également intervenir dans une initialisation, auquel cas il ne peut faire intervenir que des expressions constantes (en général, on se contentera de simples constantes comme dans l'exemple ci-dessus[7]).

Enfin, commme pour les tableaux numériques, il est possible de définir un tableau symbolique de chaînes (*parameter*), à condition, là encore, de se limiter à des expressions constantes (de même longueur). Voici un exemple correct :

```
character (len=14 dimension (4) :: message =                                    &
      (/ "***erreur***  ", "---solution---", "OK            ", "anomalie      " /)
```

9.3 Tableaux ajustables et chaînes variables

Si l'on tient compte des possibilités de Fortran 90, à la fois en matière de tableaux de profil implicite et en matière de chaînes variables, on peut très bien concevoir une procédure possédant en argument un **tableau implicite de chaînes de longueur variable.** En voici un exemple d'école dans lequel un sous-programme nommé *ecriture* permet d'afficher un tel tableau.

```
program tableau_var_de_chaines_var
  implicit none
  integer, parameter :: lg = 20
  character (len=lg), dimension (4) :: tab =                          &
        (/ "fortran 90", "pascal    ", "basic     ", "langage c " /)
        ! attention, toutes les constantes doivent avoir la meme longueur
  interface
    subroutine ecriture (t)
      character (len=*), dimension (:), intent (in) :: t
    end subroutine ecriture
  end interface
  call ecriture (tab)
end
```

7. L'annexe D vous donne la définition exacte d'une expression constante.

```
subroutine ecriture (t)
  character (len=*), dimension (:), intent (in) :: t
  print *, 'tableau de ', size (t), 'chaines de longueur ', len (t(1))
  print '(1x, a)', t
end subroutine ecriture
```

```
 tableau de  4 chaines de longueur  20
 fortran 90
 pascal
 basic
 langage c
```

Exemple de tableau ajustable de chaînes variables

Remarques :

1) Lorsque nous disons que la longueur des chaînes est variable, elle peut effectivement être différente d'un appel à un autre ; en revanche, elle reste la même pour tous les éléments d'un même tableau.

2) Il ne serait pas possible de définir, au sein d'une procédure telle que *ecriture*, une chaîne automatique ayant une longueur égale à celle des chaînes du tableau *t* ; en effet, il faudrait utiliser comme longueur une expression telle que *len (t(1))*, laquelle n'est pas une expression de spécification[8]. Si un tel besoin apparaissait, la seule solution serait de prévoir de transmettre cette longueur en argument de la procédure.

EXERCICES

N.B. Ces exercices sont corrigés en fin de volume

1) Que fournira l'exécution de ce programme :

```
program essai
  implicit none
  character (len=10) :: ch1
```

8. Et ceci, bien que cette expression soit théoriquement calculable lors de l'entrée dans la procédure. En effet, comme l'indique l'annexe D, la norme a introduit certaines contraintes destinées à faciliter le travail du compilateur : l'une de ces contraintes précise que les fonctions élémentaires employées dans une expression de spécification doivent posséder des arguments entiers.

```
  character (len=5)  :: ch2
  ch1 = "bonjour monsieur"
  ch2 = ch1
  print *, ':', ch1, ':', ch2, ':'
end program essai
```

2) Quels résultats fournira l'exécution de ce programme :

```
program test
  implicit none
  character (len=6) :: ch1, ch2
  read '(a5, a8) ch1, ch2
  print '(2 ("-", a6)', ch1, ch2
end program test
```

quand on lui fournit les réponses suivantes :

```
a)   ^abcdefghijkl
b)   'hello',"boy"
c)   ^^^^^^^^^^^^/
```

3) Ecrire un programme qui comptabilise le nombre de lettres e présentes dans un mot lu en donnée.

4) Ecrire un programme qui supprime toutes les lettres e (minuscules) d'un texte d'au plus 80 caractères fourni en données. Le texte ainsi modifié sera créé (en mémoire) à la place de l'ancien.

5) Ecrire une fonction qui reçoit deux chaînes en argument et qui fournit en résultat une chaîne obtenue en concaténant la première chaîne débarrassée de ses espaces de fin avec la seconde, en prévoyant un espace supplémentaire entre les deux chaînes. La longueur de cette chaîne résultat devra être la plus faible possible.

6) Ecrire un sous-programme de tri par ordre croissant d'un tableau de chaînes (le tableau sera de rang 1 et de profil implicite, les chaînes de longueur variable). Le tri se fera par réarrangement du tableau à l'intérieur de lui-même.

IX. LES STRUCTURES (OU TYPES DERIVES)

Nous avons déjà vu comment le tableau permettait de désigner sous un seul nom un ensemble de valeurs de même type, chacune d'entre elles étant repérée par un indice.

La structure (ou "type dérivé"), quant à elle, va nous permettre de désigner sous un seul nom un ensemble de valeurs pouvant être de types différents. L'accès à chaque élément de la structure (nommé "*champ*") se fera, cette fois, non plus par une indication de position, mais par son nom au sein de la structure.

Nous allons tout d'abord apprendre à déclarer et utiliser des variables de type structure. Puis nous verrons comment, à l'image de ce que avons fait pour les tableaux, employer un constructeur de structure ; ce dernier pourra servir à initialiser des variables ou à définir des constantes symboliques (*parameter*). Nous examinerons ensuite les situations d'imbrication de structures ; nous terminerons par la transmission d'une structure en argument d'une procédure ou en valeur de retour d'une fonction.

Notez que le chapitre XI vous montrera l'intérêt que présentent les structures lorsque l'on cherche à créer des "types abstraits" ou des "objets" réalisant ce que l'on nomme l'encapsulation des données.

1 - DECLARATION D'UNE STRUCTURE

Jusqu'ici, nous nous sommes contenté d'utiliser des types prédéfinis (*integer*, *real*, *logical*, *character*), et ceci même dans le cas de tableaux. Le cas de la structure est relativement différent puisque nous allons devoir préciser le type de ses différents champs. Plus précisément, pour définir des variables de type structure, nous procéderons toujours en deux temps :

- dans un premier temps, nous définirons, à l'aide de déclarations appropriées, les types des différents champs constituant notre structure ; nous aurons ainsi défini un nouveau type de données. Voici un exemple de déclaration permettant de définir un nouveau type structure nommé *enreg*, formé de trois champs : *numero* de type *integer*, *quantite* de type *integer* et *prix* de type *real*.

```
type enreg
   integer :: numero
   integer :: quantite
   real ::    prix
end type enreg
```

- dans un deuxième temps, nous déclarerons (presque classiquement) une ou plusieurs variables du nouveau type ainsi créé, comme dans cet exemple :

```
type (enreg) :: art1, art2
```

Ici, *art1* et *art2* sont donc deux "variables[1]" (au sens large) du type structure nommé *enreg*. Chacune de ces deux variables disposera donc des trois champs *numero*, *quantite* et *prix*.

Remarque :

Depuis Fortran 95, les champs d'une structure peuvent être initialisés lors de leur déclaration, ce qui fournit une "valeur par défaut".

2 - UTILISATION DE STRUCTURES

Voyons maintenant l'usage que nous pouvons faire de telles variables.

En Fortran 90, il est possible d'utiliser une structure de deux manières :

- en travaillant individuellement sur chacun de ses champs,
- en travaillant de manière globale sur l'ensemble de la structure.

1. Il nous arrrivera souvent, lorsque aucune ambiguïté ne sera possible, de parler simplement de structures pour désigner des variables d'un type structure.

2.1 Utilisation des champs d'une structure

Chaque champ d'une structure peut être manipulé comme n'importe quelle variable du type correspondant. La désignation d'un champ se note en faisant suivre le nom de la variable (du type structure) du symbole % suivi du nom de champ tel qu'il a été défini dans la déclaration du type structure. Voici quelques exemples utilisant les variables *art1* et *art2* du type *enreg* défini précédemment.

art1%numero = 15

affecte la valeur 15 au champ *numero* de la variable *art1*,

print *, art1%prix

écrit sur l'unité standard la valeur du champ *prix* de la variable *art1*,

read *, art2%quantite

lit, sur l'unité standard, une valeur réelle et l'affecte au champ *quantite* de la variable *art2*,

art1%numero = art1%numero + 1

augmente de un la valeur du champ *numero* de la variable *art1*.

2.2 Utilisation globale d'une structure

Il est possible d'affecter à une variable de type structure, le contenu d'une autre variable de même type. Par exemple, avec :

art1 = art2

nous recopions les valeurs de tous les champs de *art2* dans les champs correspondants de *art1*.

De même, il est possible de mentionner le nom d'une variable de type structure dans une instruction d'entrée-sortie. Cela revient à mentionner successivement chacun de ses champs. Par exemple, avec :

read *, art1

on lira trois valeurs (deux de type entier, une de type réel) que l'on affectera respectivement aux champs *numero*, *quantite* et *prix* de la variable *art1*. Le même résultat pourrait s'obtenir avec :

```
read *, art1%numero, art1%quantite, art1%prix
```

Voici, à titre d'exemple, un programme complet reprenant les différentes possiblités que nous venons d'évoquer :

```
program exemple_structures
  implicit none
  type enreg
     integer :: numero
     integer :: quantite
     real ::    prix
  end type enreg
  type (enreg) :: art1, art2, art3
  art1%numero = 2 ; art1%quantite = 25 ; art1%prix = 5.25
  print *, 'donnez deux entiers et un réel'
  read *, art2
  art3 = art2
  print *, 'articles :'
  print '(1x,"numero : ", i3," quantite : ",i3," prix : ",f8.2)', art1, art2, art3
end
```

```
 donnez deux entiers et un reel
7 25 3.85
 articles :
 numero :   2 quantite :  25 prix :     5.25
 numero :   7 quantite :  25 prix :     3.85
 numero :   5 quantite :  12 prix :     2.25
```

Exemple d'utilisation (globale et par champ) de structures

3 - CONSTRUCTION ET INITIALISATION DE STRUCTURES

Nous avons déjà rencontré la notion de constructeur de tableau : il nous permettait de fabriquer un tableau à partir des valeurs de ses éléments. De façon comparable, il est possible d'employer un constructeur de structure. Par exemple, si nous supposons défini comme précédemment le type *enreg*, la notation :

```
enreg (3, 25, 5.25)
```

représente une structure de type *enreg*, dans laquelle le premier champ (ici *numero*) a la valeur 3, le second champ (ici *quantite*) a la valeur 25 et le troisième champ (ici *prix*) a la valeur 5.25.

Notez bien qu'un tel constructeur fait référence au type de la structure concernée, sans toutefois mentionner les noms de champ correspondants (c'est l'ordre d'apparition des informations qui permet de s'y retrouver).

Un tel constructeur peut faire intervenir des expressions quelconques, pour peu qu'elles soient d'un type compatible[2] avec celui figurant dans la définition du type structure. Par exemple (moyennant les déclarations appropriées), ces instructions sont correctes :

```
read *, qte, prix
do i = 1, ...
   art1 = enreg (i, qte, prix)
   .....
end do
```

Un constructeur de structure peut également apparaître pour initialiser une variable (de type structure) lors de sa déclaration, comme dans :

```
type (enreg) :: art = enreg (2, 25, 5.25)
```

Dans ce cas, comme dans le cas des tableaux, les différentes expressions figurant dans le constructeur doivent être des expressions constantes.

Enfin, comme pour les tableaux et les chaînes, il est possible de définir des constantes symboliques de type structure. Par exemple :

```
type (enreg), parameter :: art = enreg (2, 25, 5.25)
```

Remarque

Nous verrons plus tard que Fortran 90 vous permet de définir des opérateurs portant sur un type structure, ce qui vous amènera à écrire des "expressions de type structure", comme vous écrivez des expressions de type tableau. Pour l'instant, nous pouvons toutefois mentionner que le constructeur de structure est un cas particulier d'expression de type structure. Le cas des fonctions fournissant un résultat de type structure (que nous aborderons un peu plus loin dans ce chapitre) en constituent un autre cas particulier.

2. Ce qui revient à dire qu'il doit être d'un type qui serait accepté par une affectation à une variable du type du champ correspondant. En pratique, cela signifie notamment qu'on peut utiliser n'importe quels types numériques (complexes compris), moyennant la mise en place automatique de conversions.

4 - IMBRICATION DE STRUCTURES

Dans nos exemples d'introduction, nous nous sommes limité à une structure simple ne comportant que trois champs d'un type de base. Mais, chacun des champs d'une structure peut être d'un type absolument quelconque : pointeur[3], tableau, chaîne de caractères, structure... De même, un tableau peut être constitué d'éléments qui sont eux-mêmes des structures. Voyons ici quelques situations classiques.

4.1 Structure comportant des tableaux ou des chaînes de caractères

Soient ces déclarations :

```
type pers
  character (len=8) :: nom
  integer, dimension (3) :: qtes
end type pers
type (pers) :: employe, courant
```

Elles définissent deux variables *employe* et *courant*, du type structure nommé *pers*, formé d'une chaîne de caractères (de longueur 8) et d'un tableau de trois entiers.

Dans ces conditions, la notation :

employe%nom (1:3)

désigne la sous-chaîne formée des trois premiers caractères du champ *nom* de la variable *employe*.

De même :

employe%qtes (2)

représente le second élément du tableau *qtes* de la variable *employe*.

Quant à la notation :

employe%qtes

elle désigne le tableau de trois entiers *qtes* de la variable *employe*.

3. Nous en reparlerons dans le chapitre consacré à la "gestion dynamique"

Voici quelques instructions correctes

```
employe%qtes = courant%qtes
employe%qtes(2) = 5
employe%nom = "durand"
print *, courant
```

La dernière est équivalente à :

```
print *, courant%nom, courant%qtes
```

ou encore à :

```
print *, courant%nom, courant%qtes(1), courant%qtes(2), courant%qtes(3)
```

A titre indicatif, voici un exemple d'initialisation d'une structure de type *pers* :

```
type (pers) :: emp = pers ( "Durand", (/ 2, 5, 3 /) )
```

4.2 Tableaux de structures

Voyez ces déclarations :

```
type point
   character (len=1) :: nom
   integer :: x, y
end type point
type (point), dimension(50) :: courbe
```

La structure *point* pourrait, par exemple, servir à représenter un point d'un plan, point qui serait défini par son nom (chaîne de caractères de longeur 1) et ses deux coordonnées.

La structure *courbe*, quant à elle, pourrait servir à représenter un ensemble de 50 points du type ainsi défini.

Notez bien que *point* est un nom de type structure, tandis que *courbe* représente effectivement une variable de type "tableau de 50 éléments du type *point*[4]".

4. En pratique, on aura intérêt à distinguer les noms de type des noms de variables , par exemple en "préfixant" les premiers par des caractères conventionnels comme dans t_point ou t_enreg.

Si i est un entier, la notation :

courbe(i)%nom

représente le nom du point de rang i du tableau *courbe*.

Notez bien que la notation :

courbe%nom(i)

n'aurait pas de sens.

De même, la notation :

courbe(i)%x

désigne la valeur du champ x de l'élément de rang i du tableau *courbe*.

Par ailleurs :

courbe(4)

représente la variable de type *point* correspondant au quatrième élément du tableau *courbe*.

L'instruction :

```
print *, courbe
```

est équivalent à :

```
print *, courbe (1), courbe(2), ..... courbe (50)
```

elle-même équivalente à :

```
print *, courbe(1)%nom,  courbe(1)%x,  courbe(1)%y,          &
         courbe(2)%nom,  courbe(2)%x,  courbe(2)%y           &
            ...............
         courbe(50)%nom, courbe(50)%x, courbe(50)%y
```

Là encore, voici, à titre indicatif, un exemple d'initialisation (partielle) de notre variable *courbe*, lors de sa déclaration :

```
type (point), dimension (50) :: courbe =                                &
              (/ point ('A', 10, 25), point ('M', 12, 28), point ('P', 18, 2) /)
```

5 -STRUCTURES ET PROCEDURES

Comme on peut s'y attendre, il est possible :

- qu'une procédure possède un argument de type structure,
- qu'une fonction fournisse un résultat de type structure,

Qui plus est, on peut très bien envisager des arguments qui soient des tableaux de structures, voire des tableaux de profil implicite.

La principale difficulté que vous rencontrerez dans ce cas réside dans la déclaration de ladite structure ; en effet, compte tenu de la compilation séparée, on voit qu'elle doit être connue du compilateur dans le programme appelant et dans la procédure appelée[5]. Certes, on peut penser que, dans ces conditions, il suffit de prévoir de "dupliquer" cette déclaration.

C'est effectivement possible mais :

- d'une part, cela comporte des risques d'erreurs,
- d'autre part, Fortran 90 impose, dans ce cas (et assez curieusement!) l'emploi du mot clé *sequence*.

En fait, nous verrons qu'il existe une solution fiable et agréable à ce problème ; elle réside dans l'emploi de "modules[6]" que nous aborderons ultérieurement (d'ailleurs, d'une manière similaire, l'emploi de modules permettra d'éviter la duplication de déclarations au niveau des "interfaces"). Ici, donc, nos exemples seront présentés avec une "duplication" des déclarations.

5.1 Transmission d'une structure en argument

Voici un exemple exploitant le type *enreg* que nous avions défini dans le premier paragraphe :

5. Naturellement, cette remarque ne s'applique pas aux procédures internes puisque, dans ce cas, les types définis dans la procédure "hôte" sont connus des procédures internes.

6. Comme nous le verrons, les modules ont un rôle beaucoup plus général que celui qui consiste à rendre unique la déclaration d'une structure.

```
program argument_structure
  implicit none
  type enreg
     sequence                     ! theoriqument indispensable
     integer numero
     integer quantite
     real prix
  end type enreg
  interface
     subroutine affiche (a)
        type (enreg), intent (in) :: a
     end subroutine affiche
  end interface
  type (enreg) :: art1 = enreg (5, 12, 2.25),                     &
                  art2 = enreg (3, 25, 5.30)
  call affiche (art1) ; call affiche (art2)
end

subroutine affiche (a)
  implicit none
  type enreg
     sequence
     integer numero
     integer qantite
     real prix
  end type enreg
  type (enreg), intent (in) :: a
  print '( "il y a ", i3, " articles de numero ", i3, " valant ", f8.2, "F")',   &
         a%qantite, a%numero, a%prix
end subroutine affiche
```

```
il y a  12 articles de numero   5 valant      2.25F
il y a  25 articles de numero   3 valant      5.30F
```

Exemple de structure transmise en argument

A partir du moment où un même type structure doit être employé dans deux unités de programme différentes, la norme prévoit qu'il est nécessaire que ses deux déclarations comportent le mot clé *sequence*. Ce dernier s'emploie comme une instruction et il doit apparaître après le mot *enreg* et avant la première déclaration de type[7]. Notez que nous aurions pu écrire :

```
type enreg ; sequence
   integer numero
       ......
```

ou encore :

```
type enreg ; sequence ; integer numero
```

5.2 Transmission en argument d'un tableau de structures

Il est bien sûr possible de transmettre en argument un tableau de structures. Comme pour n'importe quel tableau, son profil peut être fixe, variable (étendues transmises elles aussi en argument) ou, mieux, implicite (ce dernier cas ayant le mérite d'être le plus général). En voici un exemple

```
program tableau_structure_argument
   implicit none
   type enreg ; sequence
     character (len=8) :: nom
     integer, dimension (3) :: qtes
   end type enreg
   interface
     subroutine sp (t)
        type (enreg), dimension (:) :: t
     end subroutine sp
   end interface
   type (enreg), dimension (4) :: tab =                             &
       (/ enreg ("dubois",   (/ 2, 5, 3 /)),                        &
          enreg ("dunoyer", (/ 6, 9, 0 /)),                         &
          enreg ("duchene", (/ 3, 0, 0 /)),                         &
          enreg ("dutronc", (/ 0, 7, 2 /))                          &
       /)
   call sp (tab)
end program
```

7. Dans le cas de structures privées (que nous étudierons dans le chapitre XI), sequence peut apparaître avant ou après private.

```
subroutine sp (t)
   type enreg ; sequence
     character (len=8) :: nom
     integer, dimension (3) :: qtes
   end type enreg
   integer :: i
   type (enreg), dimension (:) :: t
   print *, 'tableau de ', size(t), 'structures'
   do i = 1, size (t)
     print *, t(i)
   end do
end subroutine sp
```

```
 tableau de  4 structures
 dubois   2 5 3
 dunoyer  6 9 0
 duchene  3 0 0
 dutronc  0 7 2
```

Exemple de transmission en argument d'un tableau implicite de structures

Remarque :

Il n'est pas possible de transmettre en argument une structure dont un champ serait un tableau de profil implicite ou même variable.

5.3 Fonction fournissant un résultat de type structure

Soit la structure *point* définie (comme dans le paragraphe 4) par :

```
type point
   character (len=1) :: nom
   integer :: x, y
end type point
```

Voici un exemple de fonction nommée *symetrique* qui fournit un point de coordonnées opposées à celles du point reçu en premier argument et dont le nom est défini par le second argument :

```
function symetrique (p, nom)
  implicit none
  type point ; sequence
     character (len=1) :: nom
     integer :: x, y
  end type point
  type (point), intent (in) :: p
  character (len=1), intent (in) :: nom
  type (point) :: symetrique
  symetrique = point ( nom, -p%x, -p%y)
end
```

Exemple de fonction fournissant une structure en résultat

Remarques :

1) Dans tout programme utilisant la fonction *symetrique*, il est nécessaire d'en connaître l'interface.

2) Il n'y a pas de "conflit" entre le symbole *nom* correspondant à un champ de la structure *point* et l'argument muet *nom* de notre sous-programme. En effet, le premier ne peut jamais être employé seul (il doit être précédé d'un nom de structure), tandis que le second peut l'être. Il n'y a donc aucune ambiguïté.

EXERCICES

N.B. Ces exercices sont corrigés en fin de volume.

1) Ecrire un programme qui :

a) lit en données des informations dans un tableau (de rang 1) de structures du type *point* défini ainsi :

```
type point
  character (len=1) :: nom
  real :: x, y
end type point
```

b) écrit l'ensemble des informations précédentes.

2) Réaliser la même chose que dans l'exercice précédent, mais en prévoyant, cette fois, un sous-programme pour la lecture des informations et un sous-programme pour leur écriture.

3) Ecrire une fonction permettant de calculer la somme de deux vecteurs définis comme étant des structures du type :

```
type vecteur
   real :: x
   real :: y
   real :: z
end type vecteur
```

Ecrire un petit programme d'essai de cette fonction.

X. LA GESTION DYNAMIQUE ET LES POINTEURS

Nous avons déjà eu l'occcasion de distinguer les variables statiques des variables automatiques. Les premières (variables du programme principal ou variables locales aux procédures ayant reçu l'attribut *save*) voient leurs emplacements définis, une fois pour toutes, lors de la compilation. Les deuxièmes (variables locales aux procédures n'ayant pas reçu l'attribut *save*), en revanche, se voient attribuer un emplacement (sur la "pile") à chaque appel de procédure ; cet emplacement est libéré lors de la sortie de la procédure.

Les variables automatiques permettent déjà une certaine forme de la "gestion dynamique" de la mémoire, dans la mesure où une même partie de la mémoire (ici de la pile) peut être utilisée à des instants différents par des variables différentes. Toutefois, cette gestion se déroule "automatiquement[1]", c'est-à-dire sans intervention aucune du programmeur.

En Fortran 90, il est possible également d'**allouer** ou de **libérer** de la mémoire pour des variables de votre choix, et ceci "à la demande", à l'aide d'instructions appropriées. En général, ceci se fera par le biais de "pointeurs", c'est-à-dire en première approche, par des variables précisant l'emplacement effectif d'autres variables en mémoire. Toutefois :

- d'une part, les pointeurs peuvent intervenir en Fortran 90, indépendamment de toute gestion dynamique ; en effet, comme nous le verrons, un pointeur pourra être associé, non seulement à une variable dynamique, mais également à une variable statique ou automatique ;

1. D'où le nom de variables "automatiques".

- d'autre part, il est possible de gérer dynamiquement des tableaux (et uniquement des tableaux), sans utiliser explicitement de pointeur ; on parle souvent, dans ce cas, de tableaux dynamiques[2].

Compte tenu de ce que certains utilisateurs scientifiques de Fortran 90 risquent, au moins dans un premier temps, de s'intéresser essentiellement aux tableaux dynamiques, en laissant de côté tout ce qui touche aux pointeurs, nous commencerons par traiter ce point dans le premier paragraphe. Néanmoins, si vous étudiez le reste du chapitre, vous y découvrirez que cette manière de gérer dynamiquement des tableaux n'est en fait qu'un cas particulier de la gestion dynamique à l'aide de pointeurs. Quoi qu'il en soit, sachez que l'étude du reste du chapitre peut, le cas échéant, être différée, sans que cela ne nuise en aucune façon à l'étude des chapitres suivants.

A partir du second paragraphe, nous aborderons donc véritablement la notion de pointeur. Compte tenu soit de sa nouveauté pour certains d'entre vous, soit de sa différence avec la notion de pointeur telle qu'on la rencontre dans d'autres langages (Pascal, C...), nous commencerons par étudier cette notion en elle-même, c'est-à-dire indépendamment de la gestion dynamique (bien que ce soit dans ce contexte qu'elle prend tout son intérêt). Ce n'est qu'ensuite que nous apprendrons à allouer et à libérer dynamiquement de la mémoire par le biais des pointeurs.

Ensuite, et comme nous l'avons fait pour chaque nouveau type rencontré au fil de l'ouvrage, nous verrons comment les pointeurs peuvent intervenir en argument d'une procédure.

Nous terminerons par un exemple classique d'utilisation de pointeurs : la constitution d'une "liste chaînée".

1 - LES TABLEAUX DYNAMIQUES

1.1 Introduction

Il arrive fréquemment que l'on ait à manipuler des tableaux dont les étendues ne sont pas connues lors de l'écriture du programme. On peut également avoir besoin de tableaux dont les étendues varient d'une exécution à une autre. Qui plus est, il arrive fréquemment qu'un tableau ne soit utile que pendant une partie de l'exécution d'un programme. Avec les

---

2. En toute rigueur, les tableaux dont l'emplacement est alloué par le biais d'un pointeur sont tout aussi dynamiques.

précédentes versions de Fortran, il était nécessaire de "surdimensionner" les tableaux en question, voire de "jongler" avec la douteuse instruction *equivalence*[3].

Avec Fortran 90, nous avons déjà vu qu'il était possible de faire appel à des tableaux automatiques ; ces derniers permetttent déjà de régler une partie des problèmes évoqués. Mais, il est également possible d'utiliser des "tableaux dynamiques", c'est-à-dire des tableaux dont l'emplacement est alloué à la demande explicite du programme, au cours de son exécution.

Les tableaux dynamiques vont vous permettre de mieux gérer la mémoire, en n'utilisant que ce dont vous avez besoin à un moment donné. Notamment, rien ne vous empêchera de "récupérer" un emplacement devenu inutile "en "libérant l'emplacement correspondant".

1.2 Exemple d'utilisation d'un tableau dynamique

Voyez cet exemple d'école :

```
program tableau_dynamique
  implicit none
  integer, dimension (:,:), allocatable :: mat  ! declaration tab dynamique de rang 2
  integer :: nl, nc, i, j

  print *, "nombre de lignes et nombre de colonnes"
  read *, nl, nc
  allocate (mat (nl, nc) )   ! allocation d'un emplacement de profil nl, nc pour mat
  do i = 1, nl
    do j = 1, nc
      mat (i, j ) = i * j
    end do
  end do

  print *, 'matrice :'
  do i = 1, nl
    print '(1x,16i5)', mat(i, :)
  end do
end
```

3. Devenue "désuète" en Fortran 90.

```
 nombre de lignes et nombre de colonnes
3 5
 matrice :
     1    2    3    4    5
     2    4    6    8   10
     3    6    9   12   15
```

Exemple d'utilisation d'un tableau dynamique

La déclaration :

```
integer, dimension (:,:), allocatable :: mat
```

précise que le tableau *mat* est de rang 2 (notez qu'on ne fournit aucun profil à ce niveau) ; le qualificatif *allocatable* indique qu'il s'agit d'un tableau dynamique (dont l'emplacement peut être "alloué").

C'est précisément l'instruction :

```
allocate (mat (nl, nc) )
```

qui demande d'allouer un emplacement au tableau *mat*, en précisant quelles sont les étendues souhaitées. Le tableau *mat* peut alors être utilisé d'une manière tout à fait classique

1.3 D'une manière générale

a) Déclaration d'un tableau dynamique

L'attribut de dimension ne doit jamais mentionner les étendues du tableau mais seulement son rang ; il est donc obligatoirement de la forme :

```
DIMENSION ( :  [,:]...)
```

L'attribut de dimension d'un tableau dynamique

b) Allocation d'un emplacement pour un tableau dynamique

Dans l'instruction *allocate*, on peut préciser chaque étendue comme on le ferait dans une déclaration classique, c'est-à-dire sous la forme :

[debut :] fin

Ici, toutefois, *debut* et *fin* peuvent être n'importe quelle expression entière[4]. Lorsque *debut* est omis (comme dans notre précédent exemple), il est pris par défaut égal à 1.

On peut allouer plusieurs des emplacements pour différents tableaux dans une seule instruction *allocate* comme dans :

```
allocate ( t1 (n,p), t2 (2*n), t3 (p*p) )
```

c) Gestion des erreurs d'allocation mémoire : le paramètre stat

A partir du moment où l'on effectue une gestion dynamique d'une partie de la mémoire, on court obligatoirement le risque qu'à un moment donné le système ne soit pas en mesure de nous attribuer la mémoire demandée[5]. A priori, si un tel événement se produit, il y a arrêt de l'exécution du programme (avec un message d'erreur approprié). Il est cependant possible d'éviter ce comportement quelque peu brutal, en demandant à l'instruction *allocate* de nous préciser si l'allocation a réussi ou échoué. Pour ce faire, il suffit, à l'aide du paramètre *stat*, de mentionner le nom d'une variable entière comme dans :

```
integer :: ok
   .....
allocate (mat (nl, nc), stat = ok)
```

Dans ce cas, la variable *ok* prendra la valeur 0 lorsque l'allocation aura pu se dérouler correctement et une valeur positive dans le cas contraire. Dans ce dernier cas, il n'y aura plus d'arrêt de l'exécution du programme qui pourra éventuellement prendre une décision appropriée.

---

4. Alors que, pour un tableau statique, il s'agissait d'une expression constante et pour un tableau automatique ou argument, d'une expression de spécification.

5. Notez qu'un tel phénomène ne peut pas apparaître dans le cas des variables statiques puisque leurs emplacements sont définis avant même qu'on ne commence à exécuter le programme. En revanche, il pouvait déjà se manifester dans le cas des variables automatiques, dès lors que l'emplacement attribué initialement à la pile était "saturé".

d) Libération d'un emplacement : instruction deallocate

Lorsqu'un tableau dynamique est devenu inutile, on peut "libérer" l'emplacement correspondant à l'aide d'une instruction *deallocate* dont la syntaxe est calquée sur celle de *allocate* (y compris la présence du paramètre *stat* : celui-ci pourra prendre une valeur non nulle lorqu'on cherchera à libérer un emplacement qui n'a pas encore été alloué ou qui a déjà été libéré).

Voici un petit exemple de programme qui alloue des emplacements de plus en plus grands, en les libérant à chaque fois, jusqu'à ce que cela ne soit plus possible. On obtient ainsi une estimation de la taille disponible pour la gestion dynamique :

```
program taille_du_tas
  implicit none
  integer, allocatable, dimension (:) :: t     ! tableau dynamique de rang 1
  integer :: allocok
  integer :: n = 50                            ! pour commencer
  do
     allocate ( t(n**3), stat = allocok)
     if (allocok >= 0) exit
     deallocate (t)
     n = n + 1
  end do
  print *, 'allocation impossible pour ', n**3, ' entiers'
  print *, '      mais possible pour    ', (n-1)**3, ' entiers'
end
```

```
 allocation impossible pour  125000  entiers
       mais possible pour    117649  entiers
```

Exemple d'utilisation de allocate, deallocate et du paramètre stat

e) La fonction allocated

Elle permet de savoir si un tableau dynamique dont on fournit le nom en argument s'est vu ou non allouer un emplacement mémoire. Nous en verrons ci-dessous un exemple d'utilisation.

f) Tableaux dynamiques en argument

Un tableau dynamique ne peut pas apparaître en argument muet d'une procédure (du moins jusqu'en Fortran 2003 comme nous le verrons dans l'annexe I).

Cela signifie que les tableaux dynamiques devront obligatoirement être alloués et libérés dans la même unité de programme. En revanche, il reste possible de transmettre un tableau dynamique à une procédure. Il suffit simplement de prévoir, au niveau de l'argument muet correspondant, un tableau de profil implicite (l'interface de la procédure doit être connue).

En voici un exemple d'école dans lequel nous avons également introduit des appels (ici relativement artificiels) de la fonction *allocated* :

```
program tableau_dynamique
  implicit none
  integer :: nl, nc, i, j
  integer, dimension (:,:), allocatable :: mat                    ! tableau dynamique
  interface
    subroutine affichage (t)
      integer, dimension (:,:), intent (in) :: t
    end subroutine affichage
  end interface
  if (.not.allocated (mat)) print *, 'avant creation, matrice non encore allouee'
  print *, 'nombre de lignes et nombre de colonnes'
  read *, nl, nc
  allocate (mat (nl, nc))
  if (allocated (mat))      print *, 'apres creation, matrice allouee'
  do i = 1, nl
    do j = 1, nc
      mat (i, j) = i * j
    end do
  end do
  call affichage (mat)
  deallocate (mat)
  if (.not.allocated (mat)) print *, 'apres destruction, matrice non allouee'
end
```

```
subroutine affichage (t)
  implicit none
  integer, dimension (:,:), intent (in) :: t         ! tableau de profil implicite
  integer :: i
  print *, 'matrice :'
  do i = 1, size (t, 1)
    print '(1x, 16i5)', t(i, :)
  end do
end subroutine affichage
```

```
 avant creation, matrice non encore allouee
 nombre de lignes et nombre de colonnes
3 5
 apres creation, matrice allouee
 matrice :
     1    2    3    4    5
     2    4    6    8   10
     3    6    9   12   15
 apres destruction, matrice non allouee
```

Exemple de transmission en argument d'un tableau dynamique

1.4 Tableaux automatiques et tableaux dynamiques

Les tableaux automatiques et les tableaux dynamiques possèdent comme point commun d'avoir une taille calculée uniquement pendant l'exécution du programme.

Toutefois :

- les tableaux automatiques voient leurs emplacements alloués lors de l'entrée dans une procédure et libérés lors de sa sortie ; dans le cas des tableaux dynamiques, c'est le programme lui-même qui décide en quelque sorte du moment de l'allocation et de la libération éventuelle,
- les étendues des tableaux automatiques sont limitées à des expressions de spécification; bien que calculées lors de l'exécution, leur caractère "variable" provient uniquement des valeurs des arguments de la procédure ; dans le cas des tableaux dynamiques, ces étendues sont absolument quelconques et peuvent être calculées pendant l'exécution de la procédure.

Enfin, depuis Fortran 95, les tableaux locaux seront automatiquement libérés à la sortie de la procédure (sauf, bien sûr, s'ils possèdent l'attribut *save*).

2 - PRESENTATION DE LA NOTION DE POINTEUR DANS LE CAS DE VARIABLES SIMPLES

Comme nous l'avons dit en introduction, nous allons commencer par vous présenter la notion de pointeur, de manière indépendante de la gestion dynamique à laquelle elle est souvent associée. Ce paragraphe commence par le cas des pointeurs sur des variables d'un type simple ; les paragraphes suivants aborderont les pointeurs sur des chaînes, des structures et des tableaux.

2.1 Premier exemple

Voyez tout d'abord ce petit programme :

```
program exemple_pointeurs
  implicit none
  integer, pointer :: adint    ! adint est un pointeur vers un entier
  integer, target :: n, p      ! n et p sont des entiers susceptibles d'etre pointes

  n = 10 ; p = 20
  adint => n                   ! adint pointe sur n
  print *, 'n : ', n, 'adint : ', adint
  adint => p                   ! maintenant adint pointe sur p
  print *, 'p : ', p, 'adint : ', adint
  adint = 25                   ! l'entier pointe par adint (donc p) prend la valeur 25
  print *, 'p : ', p, 'adint : ', adint
  adint = adint + 1            ! on incremente de 1 l'entier pointe par adint
  print *, 'p : ', p, 'adint : ', adint
end
```

```
 n :  10 adint :  10
 p :  20 adint :  20
 p :  25 adint :  25
 p :  26 adint :  26
```

Exemples d'utilisation de pointeurs

La déclaration :

```
integer, pointer :: adint
```

précise que *adint* est un pointeur sur un entier. Cela signifie qu'il pourra être associé (nous verrons comment) à un entier. Notez bien que *adint* **n'est pas un entier.** D'autre part, **la réservation de *adint* n'entraîne pas de réservation pour un quelconque entier...**

Dans la déclaration :

```
integer, target :: n, p
```

nous précisons que les variables *n* et *p* sont de type entier et que, de plus, elles sont "cibles", c'est-à-dire susceptibles d'être associées à un pointeur, sans préciser lequel.

L'instruction exécutable :

```
adint => n
```

associe le pointeur *adint* à la variable entière *n*. Cela signifie que, dorénavant, lorsque, dans une instruction, nous parlerons de *adint*, tout se passera comme si nous parlions de *n*. C'est ce que montre effectivement le résultat de l'instruction *print *, 'n : ', n, 'adint : ', adint.*

Avec l'instruction :

```
adint => p
```

le pointeur devient maintenant associé à la variable entière *p* ; ainsi, la même instruction *print* affiche maintenant la valeur de *p*.

L'instruction :

```
adint = 25
```

signifie que l'entier associé au pointeur *adint* (ici *p*) reçoit la valeur 25. Notez bien qu'il ne s'agit pas, comme on pourrait le croire a priori, d'une affectation à la variable pointeur *adint* (d'ailleurs de telles affectations se font à l'aide de l'instruction = >) ; comme dans n'importe autre instruction (telle que, par exemple, les précédentes instruction *print*), lorsqu'on parle de *adint*, tout se passe comme si on parlait de l'entier associé. Autrement dit, cette instruction a le même effet ici que :

```
p = 25
```

Malgré tout, on ne peut pas dire que ces deux instructions sont équivalentes puisque l'effet de la première dépend de la variable effectivement associée à *adint*.

Pour les mêmes raisons, l'instruction :

```
adint = adint + 1
```

joue le même rôle ici que :

```
p = p + 1
```

2.2 Deuxième exemple

```
program exemple_pointeurs_2
  implicit none
  integer, pointer :: adint1, adint2
  integer, target :: n=10, p=20
  adint1 => n ; adint2 => p             ! adint1 pointe sur n et adint2 sur p
  print *, 'n : ', n, ' adint1 : ', adint1
  adint1 = adint2                       ! equivalent a n = p
  print *, 'n : ', n, ' p : ', p
  n = 10 ; p = 20                       ! pour retrouver les valeurs initiales
  adint1 => adint2                      ! adint1 pointe maintenant sur p
  print *, 'n : ', n, ' p : ', p, ' adint1 : ', adint1, ' adint2 : ', adint2
end
```

```
 n :  10  adint1 :  10
 n :  20  p :  20
 n :  10  p :  20  adint1 :  20  adint2 :  20
```

Cette fois, nous avons déclaré deux variables *adint1* et *adint2*, de type "pointeur sur des entiers". L'instruction :

```
adint1 = adint2
```

s'interprète comme nous avons déjà appris à le faire précédemment : l'entier associé à *adint1* reçoit la valeur de l'entier associé à *adint2*. Quant à l'instruction :

```
adint1 => adint2
```

nous ne l'avons pas encore employée sous cette forme (dans l'exemple précédent, on voyait apparaître à droite de = > un nom de variable). Ici, elle signifie que le pointeur *adint1* devient associé à la variable associée au pointeur *adint2.*

En définitive, l'instruction = > permet de modifier la variable associée au pointeur mentionné à sa gauche. A sa droite, on trouve soit une variable de même type, soit un pointeur sur une variable de même type (variante comprise). Dans les autres cas, le nom d'un pointeur désigne toujours la variable qui lui est associée[6].

Par la suite, nous dirons souvent que cette instruction réalise l'affectation d'une "valeur" à un pointeur (le terme de "valeur" étant pour l'instant quelque peu flou - il se précisera progressivement dans la suite de ce chapitre).

Remarques :

1) On peut être surpris que Fortran impose une correspondance stricte des types des cibles en cas d'affectation d'une valeur à un pointeur. En fait, l'explication réside dans le fait que le compilateur doit obligatoirement connaître le type exact d'un objet cible pour prévoir les instructions appropriées (ne serait-ce, par exemple, qu'une simple addition) ; vouloir que ce type puisse évoluer au cours de l'exécution poserait les mêmes problèmes que vouloir que le type d'une variable puisse changer pendant l'exécution[7].

2) On ne confondera pas cette situation d'affectation à un pointeur qui nécessite une identité absolue des types avec la simple utilisation d'un pointeur pour désigner une cible ; dans ce dernier cas, on retrouve les possibilités habituelles d'expressions mixtes.

Par exemple, avec ces déclarations :

```
integer, pointer :: adi
real, pointer :: adr
integer target ::  n
real, target ::  x
```

vous n'avez bien sûr pas le droit d'écrire :

```
adr => n            ! incorrect
```

6. Sauf dans le cas de procédures dans lesquelles un argument muet a été déclaré comme pointeur. Nous en reparlerons un peu plus loin.

7. Toutefois, dans certains langages de "programmation orientée objet", il est possible de définir des pointeurs susceptibles d'être associés, au cours de l'exécution, à des "objets" de types différents ; on parle alors dans ce cas de "typage dynamique" ; les langages "classiques", quant à eux, se contentant d'un "typage statique".

mais, par contre, cette affectation restera tout à fait correcte :

```
adr = n
```

3 - POINTEURS SUR DES CHAINES

3.1 Premier exemple

Le principe reste le même que pour les pointeurs sur des variables de type simple. Voici un exemple de programme illustrant la plupart des situations possibles.

```
program pointeurs_chaines
  implicit none
  integer, parameter :: lg1 = 20, lg2=5
  character (len=lg1), target :: ch1 = "bonjour", ch2 = "monsieur"
  character (len=lg2), target :: ch3 = "hello"
  character (len=lg1), pointer :: adch1, adch2      ! pointeurs sur chaines de long 20
  character (len=lg2), pointer :: adch3             ! pointeur sur chaine de long 5

  adch1 => ch1 ; adch2 => ch2
                              print *, adch1         ! affiche bonjour
  adch1 = "hello" ;           print *, ch1           ! affiche hello
  adch1 = adch2 ;             print *, ch1           ! affiche monsieur
  adch1(2:4) = "xxx" ;        print *, ch1           ! affiche mxxxieur
                              print *, adch1 (2:7)   ! affiche xxxieu

  adch3 => ch3 ;              print *, adch3         ! affiche hello
  adch3 => ch2 (4:8)          print *, adch3         ! affiche sieur
! adch3 => ch1    serait illegal a cause des differences de longueur
end
```

Exemples d'utilisation de pointeurs sur des chaînes et sur des sous-chaînes

La déclaration :

```
character (len=lg1), pointer :: adch1, adch2
```

précise que *adch1* et *adch2* sont des pointeurs qui pourront être associés à des chaînes de longueur 20. Elle montre qu'un pointeur sur une chaîne est caractérisé par la longueur de la chaîne qui pourra lui être associée. **On ne pourra donc associer à un pointeur sur une chaîne qu'une cible de même longueur.** C'est effectivement ce qui se passe dans les affectations telles que *adch1 = > ch1*, *adch2 = > ch2* ou *adch3 = > ch3.*

En revanche, rien n'empêche d'affecter à une cible la valeur d'une chaîne de longueur différente (comme nous pouvions affecter directement à une variable de type chaîne une chaîne de longueur différente[8]). C'est précisément ce qui se passe dans l'affectation *adch1 = adch2* qui recopie le contenu de la chaîne associée à *adch2* dans la chaîne associée à *adch1.*

De plus, l'instruction *adch3 = > ch2 (4:8)* montre qu'on peut associer à un pointeur une sous-chaîne à condition qu'il s'agisse d'une sous-chaîne d'une chaîne déclarée comme cible (*target*) et qu'elle possède la bonne longueur[9]. Nous verrons que cette notion d'association d'un pointeur à une "variable au sens large" se généralise au cas des champs des structures ou des sections de tableaux[10].

3.2 Application : tri de chaînes

Voici un exemple de programme qui montre comment ordonner deux chaînes, sans déplacer tout leur contenu, en se contentant simplement de "jouer" sur des valeurs de pointeurs. Tel quel, cet exemple n'a guère d'intérêt en soi ; il pourra toutefois être généralisé au tri d'un tableau[11] (éventuellement de taille quelconque) de chaînes ; le gain en temps d'exécution pourra alors devenir important.

```
program ordonner_deux_chaines_bis
implicit none
character (len=30), target :: ch1, ch2
character (len=30), pointer :: ad1, ad2, ad
print *, 'donnez deux chaines de moins de 30 caracteres'
read *, ch1, ch2
ad1 => ch1 ; ad2 => ch2
```

8. Revoyez éventuellement le chapitre consacré aux chaînes de caractères.

9. Toutefois, certains compilateurs actuels n'acceptent pas cette possibilité.

10. La syntaxe complète de l'instruction d'affectation d'une valeur à un pointeur est présentée au paragraphe 6.

11. Il vous faudra toutefois utiliser un "artifice" pour "simuler" des tableaux de pointeurs (notion qui n'existe pas en Fortran 90), à savoir employer un tableau de structures, chaque structure comportant en fait un seul champ de type pointeur.

```
if (ad1 > ad2) then
    ad => ad1
    ad1 => ad2
    ad2 => ad
end if
print *, 'voici vos deux chaines ordonnees : '
print *, ad1, ad2
end
```

```
 donnez deux chaines de moins de 30 caracteres
'Fortran 90' 'Fortran 77'
 voici vos deux chaines ordonnees :
 Fortran 77                    Fortran 90
```

Mise en ordre de deux chaînes par pointeurs

4 - POINTEURS SUR DES STRUCTURES

Voyez cet exemple qui montre comment les principes précédents s'appliquent aux structures.

```
program pointeurs_structures
  implicit none
  type point ; character (len=1) :: nom ; integer x, y ; end type point
  type (point), target :: p1 = point ("A", 3, 5), p2 = point ("C", 0, 2)
  type (point), pointer :: adp1, adp2
  integer, pointer :: adint
  adp1 => p1 ; adp2 => p2
                           print *, adp1         ! affiche A 3 5
  adp1%x = 8 ;             print *, p1           ! affiche A 8 5
  adp1 = adp2 ;            print *, p1           ! affiche C 0 2
  adp1 = point ("X", 9, 9) ;  print *, p1        ! affiche X 9 9
  adint => p1%x       ! correct car p1%x est un champ d'une structure cible
                           print *, adint        ! affiche 3
end
```

Exemple d'utilisation de pointeurs sur des structures et des champs de structures

Seule l'instruction *adint => p1%x* a un caractère nouveau : elle montre qu'on peut affecter à un pointeur (de type approprié - ici entier) un champ d'une structure, pour peu que cette dernière ait été déclarée comme cible. Il s'agit en fait de la généralisation aux structures de ce que nous avions vu pour les chaînes. D'une manière générale, nous verrons en fait que Fortran 90 accepte qu'on associe à un pointeur tout "sous-objet[12]" (sous-chaîne, champ, section de tableau non ambiguë) de type approprié d'un objet déclaré cible.

5 - POINTEURS SUR DES TABLEAUX

Jusqu'ici, la notion de pointeur pouvait quasiment se confondre avec la notion d'adresse. En effet, le type de l'objet associé était défini à la compilation par la déclaration du pointeur qui pouvait n'être associé qu'à des objets de ce type.

Dans le cas des tableaux, les choses vont devenir un peu plus élaborées dans la mesure où **un même pointeur pourra être associé à des tableaux de profil différent**, pour peu qu'ils soient de **même rang**. Dans ce cas, au pointeur correspondra, non seulement l'adresse du tableau en question, mais également un certain nombre d'informations permettant d'en localiser les différents éléments.

5.1 Exemple

Voyez ce programme :

```
program pointeurs_tableaux
  implicit none
  integer, dimension (2, 3), target :: t1 = 1
  integer, dimension (3, 5), target :: t2 = 2
  integer, dimension (:,:), pointer :: ad1, ad2 ! pointeurs sur tab entiers de rang 2

  ad1 => t1 ; ad2 => t2
  print *, ad1                    ! affiche les 6 elements de t1
  print *, ad1(2,:)               ! affiche la deuxieme ligne de t1
```

12. Ici, on ne peut plus se contenter de dire qu'on peut associer un pointeur à n'importe quelle variable déclarée cible. En revanche, on pourrait parler de "sous-variable" d'une variable déclarée cible (mais ce terme n'est guère répandu).

```
    ad1(1:2,2:3) = ad2 (2:3,4:5)    ! equivalent a t1(1:2,2:3) = t2 (2:3,4:5)
    print *, ad1
    ad1 => t1(:,2:2) ; print *, ad1
end
```

```
1 1 1 1 1 1
1 1 1
1 1 2 2 2 2
2 2
```

Exemple d'utilisation de pointeurs sur des tableaux

La déclaration :

```
integer, dimension (:,:), pointer :: ad1, ad2
```

précise que *ad1* et *ad2* sont des pointeurs qui pourront être associés à des tableaux d'entiers de rang 2. Notez bien qu'ici aucune étendue n'est précisée.

Les affectations de pointeurs *ad1=>t1* et *ad2=>t2* permettent d'associer respectivement à *ad1* et *ad2* les tableaux *t1* et *t2*. A partir de là, et comme à l'accoutumée, les symboles *ad1* et *ad2* représentent alors les tableaux qui leur sont associés ; c'est ce que montrent les deux instructions d'écriture qui suivent ; ainsi *print *, ad1* joue le même rôle que *print *, t1* et *print *, ad1(2,:)* joue le même rôle que *print *, t1 (2,:)*.

Enfin, l'affectation :

```
ad1 => t1(:,2:2)
```

montre qu'on peut associer à un pointeur sur un tableau une section de tableau, pour peu que celle-ci soit du rang voulu et qu'il s'agisse d'une section (non ambiguë) d'un tableau déclaré comme cible (*target*). Ici, on voit clairement que l'information contenu dans *ad1* va bien plus loin qu'une simple adresse puisqu'elle doit permettre de repérer, au sein du tableau cible qu'est *t1*, les éléments appartenant à la section de tableau en question.

5.2 D'une manière générale

a) Bien distinguer affectation à un tableau et affectation à un pointeur sur un tableau

Notez bien que, dans le précédent programme, une affectation telle que :

```
ad1 => ad2
```

serait parfaitement légale ; elle modifierait simplement le tableau associé à *ad1* (son adresse et ses dimensions!). En revanche, une affectation telle que :

```
ad1 = ad2          ! generalement incorrrecte
```

serait incorrecte puisqu'elle reviendrait à affecter au tableau associé par *ad1* les valeurs du tableau associé à *ad2*, lequel, dans le cas présent, est de profil différent[13].

De même, et de façon similaire à ce que nous avons dit dans le cas de pointeurs sur des variables simples, avec ces déclarations :

```
integer, dimension (:), pointer :: adi ; real, dimension (:), pointer :: adr
integer, dimension (10), target :: ti ;  real, dimension (10), target :: tr
```

vous n'aurez pas le droit d'écrire :

```
adr => ti       ! incorrect
```

En revanche, ces affectations seront correctes (elles feront intervenir des conversions numériques!) :

```
adr = adi             ! même rôle que tr = ti
adr = adi + 3.5       ! même rôle que tr = ti + 3.5
```

b) Lorsqu'on associe une section de tableau à un pointeur, il peut s'agir d'une section dont les bornes sont des expressions comme dans (*i* et *j* étant supposées entières) :

```
ad1 => t1(i:,j:j)
```

dans ce cas, il faut bien voir que si les valeurs de *i* et *j* évoluent après cette affectation, cela ne modifiera en rien la section associée à *ad1*. Pour qu'il en soit ainsi, il faudra, après modification de *i* et *j*, exécuter à nouveau l'affectation précédente.

c) Restrictions concernant les sections de tableau associées à un pointeur

Il n'est pas possible d'associer un pointeur sur un tableau à une section de tableau obtenue par un vecteur d'indice. On peut raisonnablement penser que la norme a introduit

13. Nous avons toutefois rencontré un compilateur qui acceptait une telle affectation (sans toutefois écraser des emplacements situés en dehors du tableau concerné...).

une telle restriction, afin de ne pas rendre trop complexe l'information contenue dans un pointeur.

6 - RECAPITULATIF : AFFECTATION D'UNE VALEUR A UN POINTEUR

Nous avons vu de nombreux exemples d'affectation d'une "valeur" à un pointeur avec l'instruction = >. Voici la récapitulation des deux syntaxes possibles :

```
ptr1 => ptr2                ptr => var
```

Affectation d'une valeur à un pointeur

Avec :

ptr1 et *ptr2* : pointeurs de même type

var : variable (au sens large), autre qu'une section par vecteur d'indice ; s'il s'agit d'un "sous-objet" (sous-chaîne, champ de structure, section de tableau), l'objet correspondant doit avoir reçu l'attribut *target*

ptr : pointeur d'un "même type" que *var* c'est-à-dire :

- même type de base ou même variante d'un type de base,
- chaînes de même longueur,
- tableaux de même rang et d'éléments de même type.

7 - POINTEURS ET GESTION DYNAMIQUE

Comme nous l'avons dit en introduction, il est possible en Fortran 90 d'allouer ou de libérer dynamiquement de la mémoire pour des variables de son choix. Cette gestion dynamique est mise en oeuvre par le biais de pointeurs.

Dans ses grandes lignes, elle se déroule de la façon suivante :

1) on déclare (comme on a appris à le faire précédemment) un ou plusieurs pointeurs sur des variables du type souhaité (que ce soient des variables simples, des chaînes, des structures ou des tableaux)...

2) on alloue un emplacement pour une telle variable, en faisant appel à l'instruction *allocate* ; en fait, il s'agit de la même instruction que celle que nous avons rencontrée dans le cas des tableaux dynamiques, à cette différence près qu'elle fera intervenir un nom de pointeur à la place d'un nom de tableau dynamique,

3) on libère un emplacement devenu inutile à l'aide de l'instruction *deallocate*.

7.1 Premier exemple

Voici un premier programme qui illustre les points 1 et 2 :

```
program ptr_gestion_dyn
  implicit none
  real, pointer :: adi                     ! pointeur sur un reel
  character (len=100), pointer :: adc      ! pointeur sur une chaine
  integer, dimension (:), pointer :: adt   ! pointeur sur un tab d'entiers de rang 1
  integer :: i, n

  allocate (adi)                           ! alloue un emplacement pour un reel et
                                           ! l'associe a adi
  adi = 2.5                                ! place la valeur 2.5 dans cet emplacement

  allocate (adc)                       ! alloue memoire pour chaine de 100 caracteres
  read *, adc                          ! y range une chaine lue en donnees

  print *, 'combien ?' ; read *, n
  allocate (adt (n))                   ! alloue memoire pour un tableau de n entiers
  adt = (/ (i, i = 1, n, 2) /)         ! y range les n premiers entiers impairs
end
```

Exemples de gestion dynamique de réels, de chaînes et de tableaux

Une instruction telle que *allocate (adi)* :

- commence par allouer un emplacement mémoire pour un entier (ce type est déduit de la déclaration de *adi*),

- puis associe cet emplacement au pointeur *adi*.

D'autre part, lorsqu'on alloue un emplacement pour un tableau, on précise les étendues désirées, exactement comme on l'a fait dans le cas des tableaux dynamiques (déclarés avec l'attribut *allocatable*). La seule différence entre les deux cas est qu'on a affaire ici à un **pointeur sur un tableau** à la place d'un **nom de tableau**.

Notez bien qu'à partir du moment où l'on alloue dynamiquement un emplacement pour un "objet", on ne peut y "accéder" que par l'intermédiaire d'un pointeur (celui qu'on a précisé à *allocate*) ; il n'en allait pas de même dans les précédents paragraphes (objet statique ou automatique associé à un pointeur) car, alors, l'objet lui-même possédait un nom : on pouvait donc y accéder indifféremment par son nom ou par un pointeur[14].

7.2 Pour permuter deux chaînes

Supposez qu'au sein d'un programme, on dispose de deux chaînes déclarées ainsi :

```
character (len=80) :: ch1, ch2
```

Supposez qu'on souhaite permuter éventuellement les deux chaînes contenues dans *ch1* et *ch2*, de manière à ce qu'elles soient ordonnées suivant l'ordre "alphabétique". Voici comment nous pourrions procéder :

```
character (len=80), pointer :: adch

if (ch1 > ch2) then
    allocate (adch)
    adch = ch1 ; ch1 = ch2 ; ch2 = adch
    deallocate (adch)
end if
```

Nous ajoutons une déclaration supplémentaire pour un pointeur *adch* sur des chaînes de 80 caractères. S'il est nécessaire de procéder à l'échange du contenu des deux chaînes (et uniquement dans ce cas), nous allouons dynamiquement un emplacement pour une telle chaîne, lequel nous sert à effectuer la permutation voulue ; ensuite de quoi, nous libérons l'emplacement correspondant, devenu inutile, en faisant appel à l'instruction *deallocate* (elle s'emploie exactement comme pour les tableaux dynamique).

14. C'est précisément pour cette raison que les pointeurs sont peu utilisés pour des objets statiques ou automatiques.

7.3 Syntaxe générale des instructions allocate et deallocate

Voici la syntaxe complète des instructions *allocate* et *deallocate*, **applicables aussi bien aux tableaux dynamiques qu'aux pointeurs** :

```
ALLOCATE (objeta [ , objeta]... [ , stat = res] )
```

L'instruction allocate

```
ALLOCATE (objetd, [ , objetd]... [ , stat = res] )
```

L'instruction deallocate

Avec :

objeta : l'une des deux possibilités suivantes :

- nom de pointeur d'un type simple, chaîne ou structure,
- *ptr [(liste_d_étendues)]* avec :
  - *ptr :* nom de pointeur sur un tableau ou un nom de tableau dynamique (attribut *allocatable*),
  - *liste_d_étendues* : liste d'éléments de la forme : *[debut :] fin*

    debut et *fin* étant des expression entières quelconques définissant les étendues,

objetd : nom de pointeur ou de tableau dynamique,

res : variable de type entier.

7.4 L'instruction nullify et la fonction associated

Lorsqu'on est amené à gérer dynamiquement différents emplacements mémoire, on peut avoir besoin de savoir si, à un moment donné, un pointeur est effectivement associé à une cible ou non. Précisément Fortran nous offre des outils dans ce sens.

Mais, pour les utiliser à bon escient, il faut voir que, comme n'importe quelle autre variable, un pointeur qui n'a pas encore reçu de valeur en possède quand même une mais qu'elle est imprévisible : on dit que le pointeur en question est dans un état indéfini. Si on cherche à l'utiliser dans cet état, les résultats sont imprévisibles : on peut utiliser une mauvaise valeur, écraser un emplacement mémoire quelconque ou, au mieux, obtenir une erreur d'exécution (liée au fait que l'adresse trouvée n'est pas acceptable).

a) Pour éviter les pointeurs indéfinis : l'instruction nullify

On pourrait penser que, pour éviter ce genre de situation, il suffit d'intialiser systématiquement ses pointeurs ; mais cela voudrait dire qu'on les associe systématiquement à "quelque chose", ce qui n'est pas toujours possible. En fait, Fortran vous permet de donner une valeur particulière (sorte de "pointeur nul[15]") que vous pourrez "tester" d'une certaine manière ; vous utiliserez pour cela l'instruction *nullify* ; par exemple, si vous avez déclaré :

```
real, pointer :: adr
```

vous pourrez initialiser "proprement" *adr* en écrivant :

```
nullify (adr)
```

Notez toutefois que, si vous tentez ensuite d'utiliser *adr* sans prendre de précaution particulière (comme nous le verrons ci-dessous), vous courrez toujours les mêmes risques que ceux évoqués précédemment.

b) La première forme de la fonction associated

Il est possible de savoir si un pointeur a été associé à une cible en utilisant l'une des formes de la forme de la fonction *associated.* Plus précisément, avec la déclaration précédente de *adr*, l'expression **associated (adr)** aura la valeur vrai si une cible a été associée à *adr* (que cette association ait eu lieu par affectation de la forme => ou par l'instruction *allocate*) et la valeur faux dans le cas contraire.

Toutefois, si le pointeur *adr* n'a été associé à aucune cible, c'est-à-dire s'il est dans un état indéfini, le résultat de *associated* est, lui-aussi, imprévisible (soit vrai, soit faux!). En revanche, si le pointeur a reçu une "valeur nulle" (par *nullify*), il sera bien considéré comme non associé.

Le même risque existe après qu'on a libéré un emplacement par *deallocate* : la norme n'impose pas que cette instruction mette à zéro le pointeur correspondant (mais on peut toujours le faire avec *nullify*).

15. Analogue au pointeur nul du C ou à la valeur nil du Pascal.

On voit donc que, pour être sûr des résultats fournis par la fonction *associated*, il faut absolument éviter d'avoir des pointeurs dans un état indéfini (donc soit les initialiser explicitement, soit leur donner une "valeur nulle" par *nullify*).

Voici un petit programme d'illustration :

```
program test_assoc
  implicit none
  integer, pointer :: ptr
  print *, associated (ptr)                     ! affiche T ou F (indefini)
  nullify (ptr) ; print *, associated (ptr)     ! affiche F (faux)
  allocate (ptr) ; print *, associated (ptr)    ! affiche T (vrai)
  deallocate (ptr) ; print *, associated (ptr)  ! affiche T ou F (indefini)
  nullify (ptr) ; print *, associated (ptr)     ! affiche F (faux)
end
```

c) La deuxième forme de la fonction associated

Il est également possible de savoir si un pointeur est associé à une cible donnée ou si deux pointeurs sont associés à la même cible. Par exemple, avec ces déclarations :

```
integer, pointer :: ad1, ad2
integer, target :: n
```

L'expression *associated (ad1, n)* a la valeur vrai si le pointeur *ad1* est associé à la cible *n* et la valeur faux dans le cas contraire (y compris si *ad1* a une valeur nulle). De même l'expression *associated (ad1, ad2)* prend la valeur vrai si *ad1* et *ad2* sont associés à la même cible et la valeur faux dans le cas contraire (y compris si l'un au moins des deux pointeurs a une valeur nulle). Là encore, la valeur fournie par la fonction *associated* est indéterminée dès lors qu'un des pointeurs transmis en argument possède une valeur indéfinie.

8 - POINTEURS ET PROCEDURES

Il est bien sûr possible d'appeler une procédure en lui fournissant un pointeur en argument effectif. Mais il faut distinguer deux situations totalement différentes suivant que, dans la définition de la procédure, l'argument muet correspondant est ou n'est pas un pointeur.

a) Procédures n'ayant pas de pointeurs en argument muet

Si l'argument muet n'est pas un pointeur, on a affaire à une situation relativement habituelle. Considérons par exemple ce sous-programme (il recopie dans le second argment la valeur du premier) :

```
subroutine copie (n, p)
  implicit none
  integer, intent (in) :: n
  integer, intent (out) :: p
  p = n
end subroutine copie
```

Soient ces instructions :

```
integer, target :: a=5, b
integer, pointer :: ad1, ad2
ad1 => a ; ad2 => b
```

Alors les quatre instructions suivantes sont parfaitement équivalentes :

```
call copie (a,b)
call copie (ad1, ad2)
call copie (ad1, b)
call copie (a, ad2)
```

En effet, un pointeur apparaissant en argument effectif est (par défaut) traité comme s'il s'agissait de l'objet associé. Notez d'ailleurs que c'est bien ce comportement que nous avons rencontré jusqu'ici (excepté lorsqu'un nom de pointeur apparaissait à gauche de l'instruction = >).

En ce qui concerne l'interface de la procédure *copie*, elle n'est pas ici indispensable. D'une manière générale, le fait d'avoir un pointeur en argument effectif ne change rien au besoin qu'a le compilateur de connaître ou non son interface.

b) Procédures ayant un pointeur en argument muet

Dans ce cas, la situation est totalement différente. En effet, Fortran considère que l'information correspondant à cet argument est effectivement l'information contenue dans le pointeur lui-même (adresse, dimensions...) et non l'information associée à ce pointeur. Généralement, on utilisera cette facilité lorsque la procédure devra être en mesure de modifier le pointeur lui-même.

En voici un exemple dans lequel la procédure *ordre* permet d'échanger éventuellement les valeurs de deux pointeurs, afin que les chaînes associées soient effectivement convenablement ordonnées. Notez qu'alors les contenus des chaînes en question ne sont nullement modifiés.

```
program ordre_chaines
  implicit none
  interface              ! indispensable ici
     subroutine ordre (p1, p2) ; character (len=80), pointer :: p1, p2
     end subroutine ordre
  end interface
  character (len=80), target  :: ch1="pascal", ch2="fortran"
  character (len=80), pointer :: ad1, ad2
  ad1 => ch1 ; ad2 => ch2
  call ordre (ad1, ad2) ! sans interface, trans. des chaines et non des pointeurs
  print *, "chaines initiales " ; print *, ch1, ch2
  print *, "chaines ordonnees " ; print *, ad1, ad2
end

subroutine ordre (p1, p2)
  implicit none
  character (len=80), pointer :: p1, p2, p    ! intent interdit ici
  if (p1>p2) then
     p => p1 ; p1 => p2 ; p2 => p          ! permutation valeurs des pointeurs
  end if
end subroutine ordre
```

D'une manière générale, on voit que, **si une procédure a prévu un pointeur en argument muet, l'appel devra comporter obligatoirement un pointeur en argument effectif** (du même type !). Bien entendu, le compilateur ne pourra s'en assurer que s'il dispose de l'interface de la procédure ; dans le cas contraire, il se contentera de transmettre en argument effectif, l'objet associé au pointeur (puisque c'est là le comportement par défaut !) et les conséquences apparaîtront (plus ou moins clairement) au moment de l'exécution !

Par ailleurs, jusqu'à Fortran 2003, il n'était pas possible de préciser, avec *intent*, le genre d'un pointeur reçu en argument muet ; la principale justification résidait dans l'ambiguïté de ce qualificatif : devait-il porter sur le pointeur lui-même ou sur l'objet pointé ? **A partir de Fortran 2003, il a été convenu que ce qualificatif porterait sur le pointeur lui-même.**

9 - EXEMPLE D'APPLICATION DE LA GESTION DYNAMIQUE : LA LISTE CHAINEE

L'utilisateur du langage Fortran est généralement peu habitué à utiliser des "listes chaînées", dans la mesure où leur programmation était, jusqu'au Fortran 77, relativement délicate.

Toutefois, les listes chaînées peuvent s'avérer pratiques dans certains types de problèmes que l'on a souvent trop tendance à résoudre par l'utilisation d'un tableau (éventuellement d'un tableau de structures). Bien entendu, le choix doit se faire, à partir des diverses opérations que l'on doit appliquer aux différents éléments concernés. En particulier, s'il est nécessaire de conserver une liste ordonnée (suivant un critère quelconque) d'éléments et qu'il faut fréquemment introduire un nouvel élément à sa place dans la liste, alors la liste chaînée est manifestement plus appropriée que le tableau. De même, la liste chaînée permet de n'utiliser à un instant donné que la place nécessaire, tandis que le tableau nécessite de connaître le nombre d'éléments (ou une borne supérieure).

Ici, nous vous présentons un exemple simple (pour ne pas dire simpliste) de liste chaînée dont le principal objectif est de vous montrer les techniques à employer en Fortran.

Supposons donc que nous ayons à conserver en mémoire des éléments du type *point* défini ainsi :

```
type point
   integer :: num             ! numero identifiant un point
   float x, y                 ! coordonnees
end type point
```

Pour pouvoir établir une liste chaînée d'éléments de ce type, il est nécessaire que chaque élément comporte un pointeur sur l'élément suivant. Il faut donc adapter en conséquence la structure précédente, ce qui nous conduit à quelque chose de ce genre (nous avons gardé le même nom de type) :

```
type point
   integer :: num                        ! numero identifiant un point
   float x, y                            ! coordonnees
   type (point), pointer :: suivant      ! pointeur sur element suivant
end type point
```

Notez qu'il est nécessaire, dans la définition même du type *point*, de déclarer un champ de type "pointeur sur un élément de type *point*" ; il y a là une sorte de récursivité des déclarations qui est autorisée en Fortran.

Ici, nous allons supposer que nous constituons notre liste chaînée, à partir d'informations fournies en données dans le "bon ordre". Deux possibilités s'offrent alors à nous :

- ajouter chaque nouvel élément à la fin de la liste. Le parcours ultérieur de la liste se fera alors dans le même ordre que celui dans lequel les données ont été introduites.
- ajouter chaque nouvel élément au début de la liste. Le parcours ultérieur de la liste se fera alors dans l'ordre inverse de celui dans lequel les données ont été introduites.

Nous avons choisi ici de programmer la première méthode, laquelle se révèle légèrement plus simple que la première.

Notez que le dernier élément de la liste (donc, dans notre cas, le premier lu) ne pointera sur rien. Or, lorsque nous chercherons ensuite à utiliser notre liste, il nous faudra être en mesure de *savoir où elle s'arrête*. Certes, nous pourrions, à cet effet, conserver l'adresse de son dernier élément. Mais il est plus simple d'attribuer au champ *suivant* de ce dernier une valeur dont on sait qu'elle ne peut apparaître nulle part ailleurs ; la valeur "nulle" (fournie par la fonction *nullify*) fait très bien l'affaire.

Ici, nous avons décidé de faire effectuer la création de la liste par un sous-programme. Le programme principal se contente de réserver l'emplacement d'un pointeur destiné à désigner le premier élément de la liste. Sa valeur effective sera fournie par le sous-programme *creation*.

```
program liste_chainee
  implicit none
  type point ; sequence     ! sequence sera inutile si on emploie un "module"
    integer :: num
    real :: x, y
    type (point), pointer :: suivant
  end type point
  interface          ! indispensable car pointeur en argument muet de creation
    subroutine creation (deb) ; type (point), pointer :: deb
    end subroutine creation
    subroutine liste (deb) ; type (point), pointer :: deb ; end subroutine liste
  end interface
  type (point), pointer :: debut        ! pointeur sur debut de liste
  call creation (debut)
  call liste (debut)
end
```

```
subroutine creation (deb)
  type point ; sequence     ! dans la pratique, la declaration du type point
    integer :: num          ! figurera dans un "module"
    real :: x, y
    type (point), pointer :: suivant
  end type point
  type (point), pointer :: deb
  type (point), pointer :: courant
  integer :: num            ! pas de conflit avec le nom de champ de point
  real :: x, y              !             idem
  nullify (deb)
  do
    print *, 'numero, x, y : ' ; read *, num, x, y
    if (num == 0) exit               ! convention de fin de donnees
    allocate (courant)               ! allocation nouvel element
    courant%num = num ; courant%x = x ; courant%y = y
    courant%suivant => deb           ! attention a bien utiliser => et non =
    deb => courant                   ! meme remarque
  end do
end subroutine creation

subroutine liste (deb)
  type point ; sequence
    integer :: num
    real :: x, y
    type (point), pointer :: suivant
  end type point
  type (point), pointer :: deb
  print *, 'liste de structures'
  do
    if (.not.associated(deb) ) exit
    print *, deb%num, deb%x, deb%y
    deb => deb%suivant
  end do
end subroutine liste
```

Création d'une liste chaînée

Bien entendu, la constitution d'une telle liste n'est souvent que le préalable à un traitement plus sophistiqué. En particulier, dans un cas réel, on pourrait être amené à réaliser des opérations telles que :

- insertion d'un nouvel élément (au bon endroit) dans la liste,
- suppression d'un élément de la liste.

EXERCICES

N.B. Ces exercices sont corrigés en fin de volume

1) Ecrire un programme qui :

- lit un nombre n,
- alloue un emplacement pour une matrice carrée n x n, en s'assurant que l'opération s'est bien déroulée,
- appelle un sous-programme qui attribue des valeurs (de votre choix) à cette matrice,
- appelle un sous-programme qui affiche les valeurs de la matrice,
- libère l'emplacement correspondant.

2) Quels résultats fournit le programme suivant :

```
program essai
  implicit none
  real, pointer :: p1, p2
  real          :: x = 2.5, y = 1.0
  p1 => x ;  print *, 'A : ', 2*p1
  p2 => y ;  print *, 'B : ', p1 + x + 2*p2
  p1 => p2 ; print *, 'C : ', p1, p2
  p1 = x ;   print *, 'D : ', p1, p2, x, y

  p1 => x ; p2 = > y
  p1 = p2 + y ;  print *, 'D : ', x
end
```

3) Ecrire un programme qui :

- initialise à la valeur nulle un pointeur *adr* sur une chaîne de caractères,

- appelle un sous-programme pour allouer dynamiquement un emplacement pour une chaîne, associé à *adr*,

- appelle un sous-programme de lecture d'une chaîne dans l'emplacement en question,

- appelle un sous-programm d'écriture de cette chaîne.

On écrira les différents sous-programmes, en s'arrangeant pour n'utiliser des pointeurs en argument muet que lorsque cela est nécessaire.

XI. LES MODULES ET LA GENERICITE

Au cours des précédents chapitres, il nous est arrivé de dire que les modules permettraient d'améliorer la fiabilité des programmes en évitant la duplication de déclarations identiques, en particulier au niveau des interfaces de procédures externes et des types structure (ou types dérivés) utilisés par plusieurs unités de programme.

Comme nous allons le voir dans ce chapitre, la notion de module va bien au-delà de ces quelques caractéristiques. En effet, d'une manière générale, un module peut être considéré comme une unité de compilation autonome comportant à la fois des déclarations de variables, de types, des interfaces de procédures ainsi que des définitions de procédures ; cette unité peut être utilisée au sein de n'importe quelle autre, comme si l'on avait explicité son contenu.

Par ailleurs, Fortran 90 offre des possibilités traditionnellement réservées aux langages orientés objet, à savoir :

- procédures génériques : il s'agit d'un ensemble de procédures ayant des rôles différents, mais connues de l'utilisateur sous un nom unique : suivant le "contexte", le compilateur met en place l'appel de la "bonne procédure",

- surdéfinition des opérateurs : on peut donner une signification à l'addition de deux structures, d'un entier et d'une structure... On peut également définir des nouveaux opérateurs (de la forme .op.).

- définition de l'affectation dans des cas où elle n'est pas définie (par exemple, affectation d'un entier à une structure...)

En fait, nous verrons que les deux dernières possibilités sont, syntaxiquement parlant, un cas particulier de la première.

A priori, ces "extensions objet" sont indépendantes de la notion de module et il serait tout à fait envisageable de les étudier en elles-mêmes (nous le ferons succinctement d'ailleurs pour la généricité). Néanmoins, elles sont d'un emploi beaucoup plus aisé lorsqu'elles sont associées à la notion de module ; c'est ce qui justifie leur place dans ce chapitre.

1 - NOTION DE MODULE

1.1 Premier exemple de module : définition d'un type

Pour vous familiariser avec la création et l'utilisation d'un module, nous allons commencer par un exemple très simple de module contenant une seule déclaration de type, à savoir le type *point* déjà rencontré :

```
type point
   integer num
   real x, y
end type point
```

Pour ce faire, nous créons cette unité de compilation nommée "module"

```
module essai
  implicit none
  type point
     integer num
     real x, y
  end type point
end module essai
```

Définition d'un module

On note l'emploi du mot clé *module* à la place du mot clé *program* ; d'autre part, vous constatez que, contrairement à un programme ou une procédure, un module peut ne contenir aucune instruction exécutable.

Pour utiliser ce module, au sein d'une autre unité de compilation (programme principal ou procédure), il nous suffit de mentionner son nom dans une instruction **use** (ici : *use essai*). En voici un exemple, au sein d'un programme principal :

```
program exemple_module
  use essai
  implicit none
  type (point) :: a = point (3, 2.0, 3.5)
  print *, a
end
```

```
 3   2.0000000   3.5000000
```

Utilisation d'un module : l'instruction use

Tout se passe alors comme si les instructions contenues dans *essai* avaient été introduites dans le programme *exemple_module*. Nous pouvons ainsi déclarer une variable *a* de type *point*, sans avoir à redéfinir ce dernier.

Remarques :

1) Dans la pratique, on peut :

- soit incorporer la définition du module dans le même fichier que l'unité de compilation qui l'utilise ; dans ce cas, le module doit apparaître avant.
- soit compiler séparément le module et, lors de l'édition de liens de l'unité de compilation utilisatrice, incorporer le module objet correspondant.

On retrouve les mêmes possibilités que pour une procédure externe. Toutefois, il arrivera fréquemment que le module ait un intérêt suffisamment général pour être utilisé par diverses unités de compilation ; dans ce cas, on compilera séparemment le module (ou, éventuellement un ensemble de modules).

2) L'instruction *use* doit obligatoirement apparaître en tête des déclarations, et en particulier avant l'instruction *implicit none*.

1.2 Deuxième exemple de module : définition d'une procédure

Voyez cet exemple (nous y avons regroupé la définition du module et son utilisation ; ceci ne préjuge en rien de la manière dont le tout pourra être compilé!) :

```
module essai
  implicit none
  type point ; integer num ; real x, y ; end type point
  contains
    function symetrique (p, n)
      type (point), intent (in) :: p
      type (point) :: symetrique
      integer, intent (in) :: n
      symetrique = point (n, -p%x, -p%y)
    end function symetrique
end module essai

program exemple_module
  implicit none
  use essai
  type (point) :: a = point (3, 2.0, 3.5), b
  b = symetrique (a, 10)
  print *, a, b
end
```

```
 3   2.0000000   3.5000000 10  -2.0000000  -3.5000000
```

Définition et utilisation d'un module contenant une procédure

Nous y trouvons cette fois, outre la définition de type précédente, une fonction ; celle-ci est définie exactement de la même manière que le serait une fonction interne à une unité de compilation : mot clé *contains*, accès, dans la fonction, aux "objets" définis globalement (ici, le type *point* qu'il n'est donc pas besoin de redéfinir).

L'utilisation de ce nouveau module se fait exactement comme précédemment. Cette fois, outre l'utilisation du type *point*, nous pouvons faire appel à la fonction *symetrique*, sans avoir à en fournir l'interface (comme s'il s'agissait d'une fonction interne). Notez que cette interface serait indispensable dans le cas d'une fonction externe puisque l'argument de la fonction et son résultat sont de type non standard.

1.3 Troisième exemple de module : partage de données

```
module essai
  implicit none
  integer, parameter :: nbre_param = 10
  integer, dimension (nbre_param), save :: coeff
end module essai

program exemple_module
  implicit none
  use essai
  integer :: i
  coeff = (/ (i, i=1, nbre_param) /)
  call sp
end

subroutine sp
  implicit none
  use essai
  print *, coeff
end subroutine sp
```

```
 1 2 3 4 5 6 7 8 9 10
```

Utilisation d'un module pour partager des données

Ici, notre module comporte simplement la déclaration d'un tableau nommé *coeff*. Certes, nous pouvons ainsi faire appel à un tel tableau, sans avoir à le déclarer, dans toute unité de programme utilisant le module, mais cela n'est pas d'un grand intérêt. En revanche, il devient possible à plusieurs unités de programmes de "partager" ce tableau. Plus précisément, le programme principal y place ici des valeurs qui sont reprises par une procédure externe nommée *sp*.

Pour que ce partage soit possible, il est bien sûr nécessaire que les unités concernées fassent appel au module en question mais, de surcroît, il faut que les variables concernées aient été déclarées avec l'attribut *save* (c'était bien le cas de *coeff*). Si l'on omet cet attribut, aucune erreur de compilation n'apparaîtra mais rien ne vous assurera que les tableaux *coeff* du programme principal et de la procédure *sp* seront les mêmes ; on retrouve un peu le même phénomène que pour les variables locales à une procédure : avec l'attribut *static*, leur emplacement est défini une fois pour toutes.

1.4 Dépendances entre modules

Un module, comme n'importe quelle autre unité de programme, peut très bien faire appel à son tour à un autre module. A titre d'exemple, nous avons repris le programme du paragraphe 2.1, en faisant de la fonction *symetrique* une fonction externe indépendante et en prévoyant deux module distincts : l'un pour les déclarations de types (ici le seul type *point*), l'autre pour les interfaces (ici de *symetrique*) :

```
module projet1_types
   implicit none
   type point
     integer num
     real x, y
   end type point
end module projet1_types

module projet1_interfaces
  implicit none
  use projet1_types
  interface
    function symetrique (p, n)
      type (point), intent (in) :: p
      type (point) :: symetrique
      integer, intent (in) :: n
    end function symetrique
  end interface
end module projet1_interfaces

function symetrique (p, n)
  use projet1_types
  type (point), intent (in) :: p
  type (point) :: symetrique
  integer, intent (in) :: n
  symetrique = point (n, -p%x, -p%y)
end function symetrique
```

```
program exemple_module
  implicit none
  use projet1_types
  use projet1_interfaces
  type (point) :: a = point (3, 2.0, 3.5), b
  b = symetrique (a, 10)
  print *, a, b
end
```

Exemple de dépendance entre modules

Ici, le module *projet1_interfaces* fait appel (par *use*) au module *projet1_types*.

D'une manière générale, le seul type de dépendance qui soit interdit est celui où un module s'appelle lui-même (soit directement, soit indirectement : A utiliserait B, qui utiliserait C... qui lui-même utiliserait A).

Nous avons vu que les procédures définies dans un module ont accès aux "objets" définis globalement. De la même manière, la "portée" de la déclaration *implicit none* placée en début du module s'étend aux procédures définies dans ce module de sorte qu'il n'est pas nécessaire d'y répéter cette déclaration (le faire ne constituerait toutefois pas une erreur).

1.5 Procédures internes aux procédures de module

Un module peut donc comporter, à la suite de ligne *contains*, plusieurs procédures dites "procédures de module". Bien que nous n'en ayons pas vu d'exemple jusqu'ici, chaque procédure de module peut définir et utiliser des procédures internes (introduites par *contains*), comme le ferait n'importe quelle procédure externe.

Bien entendu, dans ce cas, les différentes entités de la procédure hôte sont accessibles à ses procédures internes ; celles-ci, en revanche, ne sont pas accessibles à d'autres procédures de modules autres que leur hôte ni, a fortiori, à une unité utilisatrice du module.

1.6 Contrôle de l'accès aux ressources du module

a) Renommer certaines ressources

Lorsqu'on utilise un module, on peut se trouver gêné par les noms des différentes ressources (types, variables, procédures...) qu'il nous propose. Cela peut par exemple arriver dans un contexte de projet important dans lequel sont impliquées plusieurs personnes ; nous pouvons également avoir à utiliser deux modules différents qui comportent des noms communs ; nous pouvons aussi souhaiter disposer, dans notre unité de compilation de noms qui nous paraissent plus appropriés à notre problème...

Dans ce cas, il est possible, dans l'instruction *use*, de "renommer" tout ou partie des ressources du module. Par exemple, en appelant ainsi notre module *essai* du paragraphe 1.2 :

```
use essai, point => couple, symetrique => sym
```

Le type *point* sera dorénavant connu sous le nom *couple* (le nom *point* ne sera plus utilisable) et la fonction *symetrique* sous le nom *sym*.

On peut bien sûr ne renommer qu'une partie des ressources, les autres gardant leur nom d'origine.

Remarques :

1) Lorsqu'on utilise deux modules ayant des noms de ressources en commun, aucun problème ne se pose tant que l'on ne cherche pas à utiliser l'une des ressources en question. Dans le cas contraire, il apparaît une ambiguïté qui ne peut se résoudre qu'en les renommant.

2) Un nom défini dans une unité de compilation cache automatiquement une ressource de même nom dans un module. Pour accéder à cette ressource, il est nécessaire de la renommer.

b) S'interdire l'accès à certaines ressources

Dans le cas de modules conséquents, il arrive fréquemment que l'on ait pas besoin de toutes les ressources y figurant. Dans ce cas, pour d'évidentes raisons de sécurité, on peut avoir intérêt à limiter volontairement l'accès aux ressources qui nous intéressent. On emploie alors le mot clé *only* pour mentionner les ressources en question. Par exemple, si un module *truc* se présente ainsi :

```
module truc
   type t1 ........ ; end type t1
   type t2 ........ ; end type t2
   integer, dimension (10) :: param
 contains
   subroutine sp ..... ; end subroutine sp
   function fc  ...... ; end function fc
end module truc
```

Voici quelques utilisations possibles avec leur signification en commentaire :

```
use truc, only : t1, sp         ! seuls t1 et sp sont accessibles
use truc, only : t1=>point, fc ! ne sont accessibles : que t1 sous le nom point et fc
```

1.7 La syntaxe générale de l'instruction use

L'instruction *use* peut finalement apparaître sous l'une des trois formes suivantes :

```
USE nom_module
USE nom_module, liste_de_modifications_de_noms
USE nom_module, ONLY : [ liste_de_spécifications ]
```

L'instruction use

Avec :

liste_de_modifications_de_noms : liste d'indications de la forme *ancien_nom* => *nouveau_nom*,

liste_de_spécifications : liste d'indications de l'une des formes *nom* ou *ancien_nom* => *nouveau_nom*.

1.8 Privatisation de certaines ressources d'un module

Dans le paragraphe 1.6, nous avons vu comment contrôler les ressources d'un module, au moment de son utilisation. Mais il est également possible au concepteur d'un module de prévoir que certaines de ses ressources ne seront pas accessibles à un quelconque utilisateur. Ceci peut se justifier notamment lorsque certaines ressources du module ne sont nécessaires qu'à l'intérieur des procédures qu'il contient (c'est par exemple le cas lorsque différentes procédures du module se partagent une zone commune de données) ;

dans ces conditions, pour d'évidentes raisons de sécurité, on a tout intérêt à ne pas laisser l'utilisateur risquer de modifier (accidentellement) ces données. Nous verrons plus loin d'autres situations où la privatisation de ressources s'impose (pour assurer l'encapsulation des données dans un type abstrait).

Les ressources accessibles à tout utilisateur d'un module sont dites "publiques" ; les autres sont dites "privées". Par défaut, toutes les ressources d'un module sont publiques. On peut rendre privé un type ou une variable (cette démarche ne s'applique pas aux procédures) en ajoutant l'attribut *private* dans sa déclaration, comme dans[1] :

```
type, private :: couple
  .....
end type couple
```

On peut également utiliser une instruction *private* dans laquelle on énumère les différents noms de ressources (type, variable ou procédure) qu'on souhaite privatiser comme dans cet exemple :

```
module truc
   type point ..... ; end type point
   integer :: n, p
   real, dimension (10) :: t1, t2
   private :: point, n, t2
   .....
end module truc
```

Ici, les variables n et t2, ainsi que le type *point* sont privés.

Il est également possible d'utiliser les instructions *private* ou *public* pour imposer "un état par défaut" ; voyez cet exemple :

```
module truc
   integer :: n            ! n est public par defaut
   private                 ! prive devient l'etat par defaut
   real :: x, y            ! x et y sont donc prives
   integer, public :: q    ! q est public
   integer :: r            ! r est prive
   .....
end module truc
```

1. Attention, ici, les deux points deviennent obligatoires, alors qu'ils étaitent facultatifs dans les autres cas.

De plus, les types structure peuvent être "semi-publics", c'est-à-dire que l'on peut laisser public le type lui-même, tout en privatisant ses différents champs. Dans ce cas, il suffit de faire précéder la déclaration de ces champs d'une instruction *private* comme dans :

```
type (point)
   private
   integer :: x, y
end type point
```

Seules les différentes procédures du module où le type *point* a été défini pourront accéder aux composantes *x* et *y* d'un point. En revanche, les utilisateurs du module pourront déclarer des variables de type *point* mais ils ne pourront pas accéder directement à leurs composantes. Nous reviendrons sur l'intérêt de cette possibilité dans le paragraphe 5.2

2 - LES PROCEDURES GENERIQUES

2.1 Le principe

Si l'on considère une fonction prédéfinie telle que *abs*, on constate qu'elle peut recevoir (entre autres) indifféremment un argument de type *integer* ou un argument de type *real* (le résultat fourni ayant le type de l'argument). Or, avec ce que nous connaissons des procédures, il ne semble pas possible d'écrire nous-mêmes une procédure dans laquelle le type d'un ou plusieurs arguments ne soit pas rigoureusement imposé.

En réalité, une fonction telle que *abs* est dite "générique", en ce sens que, à un nom unique correspondent en fait plusieurs fonctions (une pour le type *integer*, une pour le type *real*...), chacune portant un nom et une interface spécifiques. Là où nous écrivons *abs*, le compilateur va en fait appeler une fonction précise dont le nom sera déduit du type de l'argument d'appel.

Cette possibilité de regrouper sous un seul nom toute une famille de procédures (en laissant le compilateur décider de la bonne procédure à appeler en fonction du type des arguments) peut également s'appliquer à des procédures que nous définissons nous-mêmes. Il nous suffit pour cela d'employer la technique que nous allons décrire maintenant :

- définir (classiquement) les différentes procédures de la "famille"

- écrire un bloc d'interface particulier qui spécifie le nom générique et les interfaces des différentes procédures de la famille.

Fréquemment cette technique sera mise en oeuvre par l'intermédiaire d'un module ; ce n'est toutefois pas une obligation et nous commencerons par vous la présenter en tant que telle, sans utiliser de module.

2.2 Exemple de mise en oeuvre, sans utiliser un module

Nous nous proposons d'écrire une famille de sous-procédures dont le nom générique sera *affiche*, destinées à écrire les valeurs de leurs arguments ; nous nous limiterons ici à trois procédures correspondant aux types : entier, réel et tableau de rang 1 (de profil implicite).

Nous définissons classiquement trois sous-programmes (ici *affint*, *affr* et *afftint1*) correspondant au traitement que nous souhaitons effectuer dans chacun des trois cas. Notez bien qu'à ce niveau il y a totale indépendance entre ces trois sous-programmes ; d'ailleurs, ceux-ci pourraient très bien être utilisés tels quels.

Pour en faire une procédure générique, il nous faut alors créer un "bloc d'interface" approprié :

```
interface affiche  ! les procedures qu'on appelera sous le nom generique affiche
  subroutine affint   (n) ; integer :: n ;                   end subroutine affint
  subroutine affr     (r) ; real    :: r ;                   end subroutine affr
  subroutine afftint1 (t) ; integer, dimension (:) :: t ; end subroutine afftint1
end interface
```

Voici ce à quoi on aboutit en plaçant ce bloc d'interface directement dans le programme utilisant notre procédure générique :

```
subroutine affint (n) ; integer :: n
  print '(1x,"-- entier --", i12)', n
end subroutine affint
subroutine affr (r) ; real :: r
  print '(1x, "--- reel ---", e12.4)', r
end subroutine affr
subroutine afftint1 (t) ; integer, dimension (:) :: t
  print *, "--- tableau d'entiers de profil (", size(t), ") ---"
  print '(1x, 12i6)', t
end subroutine afftint1
```

```
program exple_proc_generiques
implicit none

interface affiche  ! les procedures qu'on appelera sous le nom generique affiche
  subroutine affint   (n) ; integer :: n ;                    end subroutine affint
  subroutine affr     (r) ; real    :: r ;                    end subroutine affr
  subroutine afftint1 (t) ; integer, dimension (:) :: t ; end subroutine afftint1
end interface

integer :: n = 25
real ::    x = 5.25
integer, dimension (5) ::  tab1 = (/ 3, 5, 2, 9, 12 /)
integer :: i
integer, dimension (15) :: tab2 = (/ (25*i, i=1, 15) /)
call affiche (n) ; call affiche (x) ; call affiche (tab1) ; call affiche (tab2)
end
```

```
 -- entier --          25
 --- reel ---  0.5250E+01
 --- tableau d'entiers de profil ( 5 ) ---
     3     5     2     9    12
 --- tableau d'entiers de profil ( 15 ) ---
    25    50    75   100   125   150   175   200   225   250   275   300
   325   350   375
```

Exemple de mise en oeuvre d'une procédure générique (sans module)

A la rencontre d'un appel tel que *call affiche(...)*, le compilateur se sert du bloc d'interface correspondant à la procédure générique *affiche* pour déterminer quel est le sous-programme (*affint*, *affr* ou *afftint1*) à appeler effectivement.

2.3 Exemple de mise en oeuvre avec un module

Généralement, l'emploi d'un module facilite l'utilisation des procédures génériques, notamment en déchargeant l'utilisateur d'avoir à fournir un bloc d'interface approprié. Dans notre précédent exemple, nous pourrions :

- créer un module contenant simplement le bloc d'interface de *affiche* (tel qu'il a été indtroduit dans le programme principal), en gardant des sous-programmes externes pour *affint*, *affr* et *affint1* ; cela ne présente donc ici aucune difficulté puisqu'il suffirait de créer ce petit module :

```
module inter_affiche
  interface affiche  ! les procedures qu'on appelera sous le nom generique affiche
    subroutine affint  (n) ; integer :: n ;                    end subroutine affint
    subroutine affr    (r) ; real    :: r ;                    end subroutine affr
    subroutine afftintl (t) ; integer, dimension (:) :: t ; end subroutine afftintl
  end interface
end module inter_affiche
```

- créer un module contenant les définitions des sous-programmes *affint*, *affr* et *affint1* ; dans ce cas, une petite nouveauté apparaît : en effet, ces sous-programmes vont figurer dans le module en question, en compagnie du bloc d'interface relatif à *affiche* ; il n'est alors plus nécessaire d'y fournir la description complète des sous-programmes (nom et types des arguments) : seul leur nom suffit ; ceci conduit à une nouvelle instruction de déclaration : *module procedure*, suivie du nom des procédures en question (elle précise les procédures faisant partie de la "famille", tout en mentionnant que leur définition figure dans le module lui-même). Voici ce à quoi nous aboutissons en programmant ainsi notre précédent exemple :

```
module gene
  interface affiche  ! les procedures qu'on appelera sous le nom generique affiche
    module procedure affint, affr, afftintl
  end interface
contains
  subroutine affint (n) ; integer :: n
    print '(1x,"-- entier --", i12)', n
  end subroutine affint
  subroutine affr (r) ; real :: r
    print '(1x, "--- reel ---", e12.4)', r
  end subroutine affr
  subroutine afftintl (t) ; integer, dimension (:) :: t
    print *, ' --- tableau d''entiers de profil (', size(t), ') ---'
    print '(1x, 12i6)', t
  end subroutine afftintl
end module gene
```

```
program essai
  use gene
  implicit none
  integer :: n = 25, i
  real ::    x = 5.25
  integer, dimension (5) ::  tab1 = (/ 3, 5, 2, 9, 12 /)
  integer, dimension (15) :: tab2 = (/ (25*i, i=1, 15) /)
  call affiche (n) ; call affiche (x) ; call affiche (tab1) ; call affiche (tab2)
end
```

Exemple de mise en oeuvre d'une procédure générique (avec module)

2.4 D'une manière générale

Toutes les procédures associées à une procédure générique doivent être, soit des sous-programmes, soit des fonctions. Il s'agit là d'une règle de simple bon sens.

Par ailleurs, comme on peut s'y attendre, il est nécessaire que lors d'un appel d'une procédure générique, le compilateur soit en mesure de choisir sans ambiguïté la bonne procédure (s'il n'en trouve aucune, on obtiendra simplement un diagnostic de compilation). Ceci conduit logiquement à la règle suivante : si l'on considère deux quelconques de ces procédures, **au moins l'une d'entre elle possède un argument non optionnel qui correspond à la fois en position et par nom à un argument ne figurant pas dans l'autre ou y figurant avec un type[2] différent.**

Voici un exemple ne respectant pas cette règle :

```
interface f                 ! ambiguite
  function f1 (n, x)                  ! entier, reel
    integer :: n
    real :: x
    real :: f1
  end function f1
  function f2 (x, n)                  ! reel, entier
    real :: x
    integer :: n
    real :: f2
  end function f2
end interface
```

2. N'oubliez pas que les variantes des types numériques correspondent à des types différents les uns des autres et que des tableaux de rang différents correspondent également à des types différents.

Le mal vient de ce que l'on a employé les mêmes noms d'arguments pour les deux fonctions, de sorte qu'il n'est plus possible au compilateur de trancher dans le cas d'un appel par mot clé tel que :

```
call f (n=..., x=...)
```

3 - SURDEFINITION D'OPERATEURS

3.1 Le principe

Dans une expression arithmétique telle que $a+b$, le même symbole opératoire + peut désigner, suivant le type de a et b des opérations différentes : addition de deux entiers, addition de deux réels...

En Fortran 90, il devient possible de :

- donner une signification à tout symbole opératoire existant (+, -, *, /, <, >, ..and., etc.) lorsqu'il porte sur des types différents de ceux pour lesquels il est déjà défini (on ne pourra pas modifier la signification de l'addition de deux entiers!),

- créer de nouveaux opérateurs (de la forme .op. où op désigne une suite quelconque de caractères).

Dans les deux cas, on utilise le même mécanisme, à savoir qu'on définit une fonction générique de nom *operator (op)*, *op* désignant l'opérateur concerné (+, *, .and., .plus., .appartient.,...) comportant :

- deux arguments (de genre *intent(in)*), s'il s'agit d'un opérateur à deux opérandes,

- un argument (de genre *intent(in)*) s'il s'agit d'un opérateur à un opérande (tel que - dans -a ou .not.)

3.2 Exemples

Généralement, cette technique est utilisée pour doter d'opérateurs simples des types dérivés (structures), afin d'en simplifier la manipulation. Voici, par exemple, comment nous pouvons définir (ici, au sein d'un module) l'opérateur + pour qu'il ait une signification lorsqu'il est appliqué à deux valeurs de type *point* : ici, il fournit un point dont les coordonnées sont obtenues en faisant la somme des coordonnées des deux opérandes.

```
module type_point
  implicit none
  type point
    integer :: x, y
  end type point
  interface operator (+)
    module procedure point_plus_point
  end interface
contains
  function point_plus_point (p1, p2)
    type (point), intent (in) :: p1, p2
    type (point) :: point_plus_point
    point_plus_point = point (p1%x + p2%x, p1%y + p2%y)
  end function point_plus_point
end module type_point


program essai
  use type_point
  implicit none
  type (point) :: a = point (3, 2), b = point (5, 2), c
  c = a + b
  print *, c                    ! affiche 8 4
end program essai
```

Exemple de surdéfinition de l'opérateur + (1)

Ici, bien que nous ayons procédé comme pour définir une fonction générique nommée *operator (+)*, il ne correspondait qu'une seule fonction effective (*point_plus_point)* à ce nom générique. Voici, cependant un autre exemple, basé sur le même type *point* dans lequel nous définissons trois opérateurs +, le précédent (pour additionner deux points), l'addition d'un point et d'un entier (on considère alors que le résultat est le point d'origine dont l'abscisse a été augmentée de l'entier en question) et l'addition d'un entier et d'un point (même chose).

```
module type_point
  type point ; integer :: x, y ; end type point
  interface operator (+)
    module procedure point_plus_point, point_plus_entier, entier_plus_point
  end interface
contains
  function point_plus_point (p1, p2)
    type (point), intent (in) :: p1, p2
    type (point) :: point_plus_point
    point_plus_point = point (p1%x +p2%x, p1%y + p2%y)
  end function point_plus_point
  function point_plus_entier (p, n)
    type (point), intent (in) :: p
    integer, intent (in) :: n
    type (point) :: point_plus_entier
    point_plus_entier = point (p%x + n, p%y)
  end function point_plus_entier
  function entier_plus_point (n, p)
    type (point), intent (in) :: p
    integer, intent (in) :: n
    type (point) :: entier_plus_point
    entier_plus_point = point (n + p%x, p%y)
  end function entier_plus_point
end module type_point

program essai
  use type_point
  implicit none
  type (point) :: a = point (3, 2), b = point (5, 2), c
  c = a + b ; print *, 'a+b', c
  c = a + 3 ; print *, 'a+3', c
  c = 5 + a ; print *, '5+a', c
end program essai
```

```
 a+b 8 4
 a+3 6 2
 5+a 8 2
```

Exemple de surdéfinition de l'opérateur + (2)

Remarque :

En l'abscence de surdéfinition d'opérateur, les opérations précédentes resteraient certes réalisables, mais il faudrait obligatoirement passer par l'appel de fonctions ; par exemple, au lieu d'écrire $c = a + b$, il faudrait écrire : $c = somme\ (a, b)$.

3.3 Priorités des opérateurs surdéfinis

Dans nos précédents exemples, nos expressions ne comportaient qu'un seul opérateur de sorte qu'aucun problème de priorité ne se posait.

Lorsque plusieurs opérateurs (prédéfinis ou surdéfinis) apparaissent dans une expression, leurs priorités sont simplement régies de la façon suivante :

- les symboles opératoires existants (+, -, .and., etc) gardent leurs priorités relatives habituelles,

- les nouveaux opérateurs binaires (de la forme *.op.*) ont une priorité inférieure à tous les autres,

- les nouveaux opérateurs unaires (de la forme *.op.*) ont une priorité supérieure à tous les autres.

Rappelons que l'annexe E récapitule les priorités de tous les opérateurs de Fortran 90.

4 - SURDEFINITION DE L'AFFECTATION

Lorque l'on est amené à définir de nouveaux types dérivés (structures), on est limité dans le fait que l'affectation n'a de sens qu'entre deux éléments du même type. Par exemple, avec le type *point* précédent, on ne peut qu'affecter un point à un point, alors qu'on pourrait vouloir affecter un entier à un point (en convenant qu'alors on affecte cet entier à l'abscisse du point et la valeur 0 à son ordonnée). Ceci est possible en surdéfinissant l'opérateur d'affectation dans ce cas.

La démarche est, là encore, la même que pour la réalisation d'une fonction générique nommée (cette fois) *assignment (=)*. Voici un exemple dans lequel nous avons défini l'affectation d'un entier à un point ainsi que l'affectation d'un point à un entier (dans ce cas, on obtient l'abscisse du point).

```
module type_point
  type point ; integer :: x, y ; end type point
  interface assignment (=)
    module procedure point_egal_entier, entier_egal_point
  end interface
contains
  subroutine point_egal_entier (p, n)
    type (point), intent (out) :: p
    integer, intent (in) :: n
    p = point (n, 0)
  end subroutine point_egal_entier
  subroutine entier_egal_point (n, p)
    integer, intent (out) :: n
    type (point), intent (in) :: p
    n = p%x
  end subroutine entier_egal_point
end module type_point

program essai
  use type_point
  implicit none
  type (point) :: a
  integer :: n=12
  a = n ; print *, a                      ! affiche 12 0
  a = point (5, 2) ; n = a ; print *, n   ! affiche 5
end program essai
```

Exemple de surdéfinition de l'affectation

Remarque :

Les procédures correspondant à *assignment (=)* doivent obligatoirement être des sous-programmes possédant deux arguments non optionnels, le premier avec le genre *intent(out)* ou *intent (inout)* et le second avec le genre *intent(in)*. Naturellement, le premier argument correspond à celui qui apparaît à gauche du signe =.

5 - EXEMPLES D'UTILISATION DE MODULES

La notion de module ouvre en fait de nombreuses perspectives :

- définition de types structure communs à plusieurs unités de programme,
- partage de données entre plusieurs unités de programme,
- bibliothèques de procédures,
- création de types abstraits de données.

Les deux premières ont déjà été examinées dans ce chapitre. Rappelons simplement que l'utilisation d'un module pour partager des données remplace avantageusement les instructions COMMON et BLOCK DATA (devenues désuètes en Fortran 90[3]).

5.1 Bibliothèques de procédures

Comme nous l'avons vu, dès lors qu'une procédure figure dans un module, son interface est automatiquement connue de toute unité faisant appel au module. On voit donc tout l'intérêt qu'il y a à créer des modules contenant différentes procédures (on parle alors de "bibliothèques").

Bien entendu, un minimum d'organisation est alors nécessaire lorsque l'on doit gérer ainsi un grand nombre de procédures ; notamment, il faut choisir convenablement le contenu des différents modules en s'assurant qu'aucun module ne sera amené à s'appeler lui-même (même indirectement).

Souvent, en constituant de telles bibliothèques, on aura à résoudre le problème des types structure utilisés éventuellement par plusieurs procédures. Là encore, un minimum de réflexion sera nécessaire pour que ces définitions ne soient localisées que dans un seul module (on peut éventuellement créer un module pour les types et un module pour les procédures).

Enfin, on pourra également être amené à utiliser des procédures existantes, c'est-à-dire écrites de manière indépendante (par exemple, en Fortran 77). Si l'on ne souhaite pas modifier le code de ces procédures, il est néanmoins possible d'en "fiabiliser" l'utilisation en créant un module contenant simplement les différentes interfaces : ces dernières n'auront donc besoin d'être écrites qu'une seule fois. Notez bien que, pour l'utilisateur, un tel module s'utilisera de façon similaire à un module "bibliothèque" (il devra simplement penser à introduire d'une manière ou d'une autre les différents modules objet au moment

3. Elles sont décrites dans l'annexe H.

de l'édition de liens alors que, dans l'autre cas, cette incorporation découle généralement de l'appel du module).

5.2 Création d'un type abstrait de données

Le terme type abstrait possède plusieurs significations. Ici, il s'agira de créer un type comportant ses propres "opérateurs". Nous en avons d'ailleurs rencontré un exemple (simpliste) dans le type *point* du paragraphe 3.

D'une manière générale, en Fortran 90, on réalisera un tel type à l'aide d'une structure. On le dotera d'opérateurs appropriés en utilisant les possibilités de surdéfinition d'opérateurs telles que nous les avons étudiées précédemment.

Généralement, on aura intérêt à "cacher" à l'utilisateur le détail de la structure correspondante, ce qui, éventuellement, permettra de modifier la structure du type (on dit son "implémentation"), sans que cela intervienne sur la façon de l'utiliser. Pour ce faire, on fera appel à la possibilité de rendre privés les champs d'une structure (en utilisant un type semi-privé). Par exemple, au sein d'un module[1], vous pourrez définir ainsi un type *point* :

```
type point
   private
      int x, y
end type point
```

```
type point ; private
    int x, y
end type point
```

Les deux déclarations sont équivalentes. Notez que *private* doit obligatoirement être placé avant la déclaration du premier champ de la structure (si *sequence* apparaît également, il peut se situer indifféremment avant ou après *private*).

Il n'est possible d'accéder aux champs *x* et *y* d'une variable de type *point* que dans l'unité de compilation (donc dans notre cas le module) qui contient la déclaration du type *point*. En revanche, dans toute unité de compilation utilisant ce module, on pourra certes déclarer des variables de type *point* (puisque ce type est bien public), mais on ne pourra pas accéder directement aux champs *x* et *y*.

4. Ceci n'a d'intérêt qu'au sein d'un module puisque *private* n'interdit pas l'accès aux champs de la structure, depuis l'unité de programme dans laquelle la structure est déclarée.

5.3 Exemple de type abstrait : nombres rationnels

Mathématiquement parlant, un nombre rationnel correspond au quotient de deux nombres entiers. Certes, il peut toujours être approché par une valeur de type réel mais, dans ce cas, il n'est pas possible de faire des calculs exacts. Pour que ce soit possible, il est nécessaire de représenter un rationnel, non plus par un réel, mais par un couple de nombres entiers. Encore faut-il pouvoir effectuer sur ces couples d'entiers les opérations usuelles (+, -, *, /, comparaisons...).

Le type abstrait est tout indiqué pour ce genre de choses. Une structure comportant deux champs entiers permettra de représenter un rationnel. On surdéfinira les opérateurs indiqués pour qu'ils aient une signification lorsqu'ils sont appliqués à deux rationnels, voire à un rationnel et un entier.

Par souci de brièveté, nous vous fournirons ici un exemple partiel d'un module permettant de mettre en œuvre ce type abstrait. Nous nous sommes limité à l'opération d'addition ; il faudrait donc le compléter avec les autres opérations, ainsi qu'avec les comparaisons, en prévoyant, à chaque fois que l'un des opérandes puisse également être de type entier. En toute rigueur, il faudrait également prévoir de surdéfinir l'opérateur "unaire" – lorsqu'il porte sur un rationnel (il fournit l'opposé).

On notera qu'il est généralement préférable de "normaliser" un rationnel, en le conservant sous la forme "simplifiée" (laquelle est alors unique). Cette opération de simplification se fait par appel d'un sous-programme nommé *simplifie* (déclaré ici privé, c'est-à-dire d'accès limité aux procédures du module) que nous vous laissons le soin d'écrire.

```
module rationnels
  type rationnel
      integer :: num, den
  end type rationnel
  interface operator (+)
     module procedure rat_plus_rat, rat_plus_ent, ent_plus_rat
  end interface
!
! prevoir ici, de la meme maniere, les interfaces pour les operateurs :
!                         -, *, /, >, >=, <, <=, ==, /=
!
  private :: simplifie  ! procedure privee
```

```
contains
  function rat_plus_rat (r1, r2)
    type (rationnel), intent (in) :: r1, r2
    type (rationnel) :: rat_plus_rat, res
    res = rationnel (r1%num * r2%den + r1%den * r2%num, r1%den * r2%den)
    call simplifie (res)
    rat_plus_rat = res
  end function rat_plus_rat

  function rat_plus_ent (r, n)
    type (rationnel), intent (in) :: r
    integer, intent (in) :: n
    type (rationnel) :: rat_plus_ent
    rat_plus_ent = rat_plus_rat (r, rationnel (n, 1))
  end function rat_plus_ent

  function ent_plus_rat (n, r)
    type (rationnel), intent (in) :: r
    integer, intent (in) :: n
    type (rationnel) :: ent_plus_rat
    ent_plus_rat = rat_plus_rat (r, rationnel (n, 1))
  end function ent_plus_rat

! prevoir ici les autres fonctions relatives aux operateurs -, * et /

  subroutine affiche (r)
    type (rationnel), intent (in) :: r
    print *, r%num, '/', r%den
  end subroutine affiche

  subroutine simplifie (r)
    type (rationnel), intent (inout) :: r
!       contenu a definir : simplifie le rationnel r, de maniere a ce que
!                           num et den soient premiers entre eux
  end subroutine simplifie
end module rationnels

program test_rationnels
  use rationnels
  type (rationnel) :: f1 = rationnel (3, 5), f2 = rationnel (2, 7), f
  call affiche (f1) ; call affiche (f2)
  f = f1 + f2 ; call affiche (f)
```

```
    f = f1 + 3 ; call affiche (f)
    call affiche (4 + f1)
    call affiche (3 + f1 + 2)
  end program test_rationnels
```

Exemple (partiel) d'utilisation d'un module pour créer un "type abstrait", ici le type rationnel

Notez bien que le détail de la structure *rationnel* n'a pas été rendu privé ici car il n'aurait pas été possible de "construire" un rationnel en fournissant les deux valeurs entières correspondantes (c'est ce qui se passe dans l'initialisation de *f1* et *f2*)[5]. Il serait donc possible, par exemple, au sein du programme principal, d'accéder aux champs *f1%num*.

Si la procédure *simplifie* n'était utilisée que par une seule procédure, on pourrait en faire une procédure interne à cette procédure (il ne serait plus nécessaire de la déclarer privée puisque alors elle serait inaccessible à l'extérieur du module).

Remarque :

Lorsque nous étudierons les possibilités orientées objet de Fortran 2003, nous verrons que la notion d'objet (implémentée par une généralisation du type structure) est beaucoup plus générale que celle de type abstrait présentée ici. Notamment, les objets disposeront, non seulement d'opérateurs, mais également de méthodes (procédures). La gestion de l'encapsulation sera plus fine. De plus, on disposera de l'héritage et du polymorphisme. Par ailleurs, nous verrons que le terme type abstrait correspondra à un autre concept que celui que nous avons examiné.

5. A partir de Fortran 2003, ce « constructeur » ne sera plus utilisable directement. Nous verrons comment procéer dans l'annexe H consacrée à la « programmation orientée objet ».

XII. LES FICHIERS

Jusqu'ici, nous avons appris à travailler avec les "entrées-sorties standards" qui correspondent à ce que l'on nomme souvent les "périphériques de communication" (ils vous servent à échanger de l'information avec la machine). Mais, bien entendu, Fortran permet également de stocker et de consulter de l'information sur des "périphériques de stockage" (disques, disquettes et, plus rarement, bandes), par l'intermédiaire de ce que l'on nomme des fichiers.

Ce chapitre se propose d'étudier précisément comment exploiter de tels fichiers. Nous y découvrirons que, comme dans bon nombre d'autres langages, les entrées-sorties standards apparaissent comme un cas particulier des fichiers ; notamment, les nouvelles instructions de lecture et d'écriture, destinées a priori aux fichiers pourront (dans certains cas) s'appliquer aux entrées-sorties standards ; en particulier, nous serons amené à les utiliser pour éviter certains changements de ligne ou pour gérer convenablement les situations d'erreur.

I - GENERALITES

Avant de voir précisément comment utiliser des fichiers en Fortran, il est bon d'introduire un certain nombre de notions, à savoir :

- la notion d'enregistrement,
- la distinction entre accès séquentiel et accès direct,
- les deux possibilités qui vous sont offertes de stocker l'information : sous forme "formatée" ou sous forme "non formatée".

1.1 Notion d'enregistrement

Un fichier est une suite de blocs d'informations nommés "enregistrements" (parfois articles). Leur taille n'est pas nécessairement constante (bien qu'une telle contrainte soit imposée dans certains cas comme nous le verrons plus loin).

En Fortran, ce découpage d'un fichier en enregistrements est **intrinsèque**[1], c'est-à-dire qu'il fait partie du fichier lui-même. D'ailleurs, nous verrons que (par défaut) une instruction de lecture dans un fichier accède toujours à un nouvel enregistrement (ce phénomène se rencontrait déjà dans le cas d'une lecture sur l'unité standard ; dans ce cas on parlait alors de ligne plutôt que d'enregistrement).

1.2 Accès séquentiel et accès direct

Traditionnellement, on distingue deux façons d'accéder à un fichier :

- **l'accès séquentiel** consiste à traiter les enregistrements "séquentiellement", c'est-à-dire dans l'ordre où ils apparaissent (ou apparaîtront) dans le fichier,
- **l'accès direct** consiste à se placer immédiatement sur l'enregistrement voulu, sans avoir à parcourir ceux qui le précèdent.

Ces deux possibilités existent en Fortran. Toutefois, l'accès direct imposera obligatoirement que les enregistrements du fichier soient tous de même taille (en fait, cette contrainte va de soi puisqu'elle permet précisément au "système de l'ordinateur" de "calculer" l'emplacement d'un enregistrement à partir de la connaissance de son rang). Par

1. Ce n'est pas le cas en langage C où la notion d'enregistrement n'existe pratiquement pas.

ailleurs, le mode d'accès (séquentiel ou direct) est généralement[2], lui aussi, intrinsèque au fichier, ce qui signifie qu'il ne sera pas possible de relire en accès direct un fichier créé séquentiellement[3].

1.3 Entrées-sorties formatées ou non formatées

En Fortran, comme dans la plupart des langages, il existe deux façons de "représenter" les informations à l'intérieur d'un enregistrement :

- sous forme **non formatée** : les informations sont représentées exactement sous la même forme (binaire) qu'en mémoire centrale. Le transfert d'information entre mémoire et fichier est direct, c'est-à-dire qu'il se fait sans aucune modification de l'information.

- sous forme **formatée** : chaque information est représentée par une suite de caractères, chaque caractère étant "codé" sur un même nombre de bits (généralement huit). Cette fois, le transfert d'information entre mémoire et fichier implique obligatoirement une transformation : codage de binaire en base 10 et attribution du caractère correspondant à chaque chiffre pour un transfert mémoire -> fichier et opérations inverses pour un transfert fichier -> mémoire.

Par exemple, en supposant que l'on travaille sur les machine où les entiers sont codés sur 16 bits, une variable n contenant la valeur 301 se présentera ainsi :

```
0000000100101101
```

Si l'on écrit n sous forme non formatée, on se contentera de reproduire telle quelle cette information qui occupera donc 2 octets (16 bits) dans le fichier. Si, en revanche, on l'écrit avec le format *i5* (donc sous forme formatée), on occupera 5 caractères (soit généralement 5 octets) contenant respectivement les codes des 5 caractères suivants :

espace espace 3 0 1

Les fichiers non formatées sont parfois qualifiés de "binaires[4]", tandis que les fichiers formatés sont parfois nommés "fichiers texte" ou "fichiers de type texte" ou encore, par abus de langage "fichiers ASCII" (on cite alors dans ce cas le code utilisé pour y représenter les caractères).

---

2. En toute rigueur, il existe des exceptions dans certains environnements.

3. Là encore, il en va différemment en C où il est possible de créer séquentiellement un fichier et de le relire plus tard en accès direct.

4. Alors qu'en toute rigueur tout fichier formaté ou non formaté, contient une information binaire.

Dès lors qu'elles portent sur des informations numériques, les entrées-sorties non formatées sont beaucoup plus rapides que les entrées-sorties formatées : les premières n'impliquent qu'un échange brut d'informations, tandis que les secondes nécessitent des opérations de codage. Dans le cas d'informations de type chaîne, la différence de vitesse est peu sensible.

Un fichier non formaté contenant des informations numériques, créé sur une machine d'un type donné, n'est pas accessible à une machine d'un autre type, dans la mesure où le codage de l'information numérique (en mémoire) est généralement différent[5]. En revanche, un fichier formaté créé sur une machine donnée pourra être relu sur n'importe quelle machine qui utilise le même code pour représenter les caractères (actuellement, le code ASCII tend à s'imposer).

Par ailleurs, un fichier formaté peut facilement être "consulté" à l'aide de certains "programmes utilitaires" : éditeurs, traitement de texte... Il n'en va bien entendu pas de même pour les fichiers non formatés (même lorsqu'on pourra les consulter, leur contenu n'apparaîtra plus "en clair", excepté pour les variables de type *character*).

On notera que les entrées-sorties standards sont toujours formatées. Aux conversions dont nous avons parlé s'ajoute une opération telle que :

- affichage du graphisme du caractère codé dans un octet dans le cas de l'écran ou de l'imprimante,

- transmission d'un octet contenant le code du caractère correspondant à la touche frappé dans le cas de lecture au clavier[6].

1.4 Numéro d'unité associé à un fichier

Comme dans la plupart des langages, un fichier se manipule en Fortran, non pas directement par son nom (tel qu'il est connu du système), mais par ce que l'on nomme un numéro d'unité (ou numéro d'unité logique). Plus précisément, on établit tout d'abord une connexion entre un numéro (de son choix) et un nom de fichier ; par la suite, on se

5. Ce qui n'exclut pas totalement des possibilités d'échange d'informations non formatées dans certains cas particuliers : par exemple, échange de nombres entiers entre deux machines différentes codant toutes les deux les nombres entiers sur 32 bits suivant la technique du complément à deux. Encore faudra-t-il être en mesure de prendre en compte la manière dont les deux environnements concernés gèrent le découpage du fichier en enregistrements.

6. Lorsque l'on travaille en mode "différé", c'est-à-dire lorsque les données ont été préalablement enregistrées dans un fichier ou que les résultats sont stockés temporairement dans un fichier, il n'existe plus aucune distinction entre entrée-sortie standard et entrée-sortie formatée dans un "vrai" fichier.

contente de préciser aux instructions concernées (lecture et écriture notamment) le numéro d'unité concerné.

Cette façon de procéder peut paraître contraignante. Elle a toutefois le mérite de permettre d'établir la connexion numéro d'unité- >fichier :

- soit par l'environnement, préalablement à l'exécution du programme lui-même par des commandes appropriées (propres à l'environnement concerné) ; ainsi, **un même programme**, prévu pour lire sur l'unité numéro 12, pourra s'appliquer à n'importe quel fichier préalablement connecté à ce numéro ; cette facilité s'avère très précieuse dans le cas de programmes exécutés en "mode différé" (car, alors, aucune intervention de l'utilisateur n'est possible durant l'exécution).

- soit par une instruction (*open*) Fortran.

Les entrées-sorties standards portent un numéro d'unité prédéfini (il peut toutefois varier d'un environnement à un autre). A priori, il n'est pas nécessaire de prévoir une connexion à un périphérique (celle-ci est établie automatiquement) ; en revanche, rien ne vous interdit si vous le souhaitez, de connecter ce numéro à un fichier de votre choix (ce qui vous permet en quelque sorte de "rediriger" les entrées-sorties standards).

2 - LES ENTREES-SORTIES SEQUENTIELLES NON FORMATEES

Comme nous l'avons dit, l'utilisation des fichiers passe par l'utilisation de nouvelles instructions d'entrées-sorties. Nous verrons que ce sont les mêmes instructions qui permettent à la fois de gérer l'accès séquentiel et l'accès direct et de travailler sous forme formatée ou non formatée ; simplement, elles seront assorties de "paramètres" différents dans chaque cas.

Pour conserver une certaine progressivité à notre exposé, nous commençons dans ce paragraphe par introduire ces instructions dans le cas d'entrées-sorties séquentielles formatées. Les paragraphes suivants examineront les autres possibilités et ce n'est qu'ensuite que nous vous fournirons un récapitulatif complet de la syntaxe de ces instructions.

2.1 Exemple de création d'un fichier séquentiel non formaté

Voici un programme qui crée un fichier séquentiel non formaté dans lequel chaque enregistrement contient :

- le nom d'un individu (chaîne de 20 caractères),
- son prénom (chaîne de 20 caractères),
- son age (de type *integer*).

```
program cr_fich_seq_non_form
  implicit none
  integer, parameter :: numfich=1
  character (len=12) :: nomfich
  character (len=20) :: nom, prenom
  integer :: annee
  print *, "-- nom du fichier a creer"
  read *, nomfich
  open (unit=numfich, file=nomfich, form='unformatted', status='new')
  print *, 'nom, prenom, annee naissance (nom vide pour finir)'
  do
    read *, nom, prenom, annee
    if (nom == '') exit
    write (numfich) nom, prenom, annee
  end do
  print *, '-- fin creation fichier'
  close (numfich)
end
```

```
 -- nom du fichier a creer
repert
 nom, prenom, annee naissance (nom vide pour finir)
dubois jules 46
dutronc andre 39
duchene gerard 48
dunoyer michel 56
durand joelle 59
'' '' 0
 -- fin creation fichier
```

Exemple de création d'un fichier séquentiel non formaté

Nous avons supposé ici que notre programme s'exécutait de façon "conversationnelle", les informations nécessaires étant lues au clavier.

Nous avons déclaré une chaîne de 12 caractères nommée *nomfich* destinée à contenir le nom du fichier à créer ; ce dernier (ici *repert*) est fourni par l'utilisateur[7].

L'instruction :

```
open (unit=numfich, file=nomfich, form='unformatted', status='new')
```

est ce que l'on nomme une instruction d'"ouverture" de fichier. Elle sert notamment à établir une connexion entre un numéro d'unité et un nom de fichier. Ici, elle comporte 4 paramètres repérés par un mot clé (comme les arguments de procédures).

Le second de ces paramètres *file=nomfich* précise le nom du fichier concerné. Notez que nous aurions pu indiquer directement le nom du fichier en écrivant par exemple *file* = "*repert*" mais ceci aurait moins souple puisque notre programme aurait été condamné à créer toujours le même fichier[8].

Le premier paramètre *unit* = *numfich* (ce qui revient en fait à *unit* = *1*, compte tenu de la déclaration de *numfich* en constante symbolique - *parameter*) précise le numéro d'unité (ici 1) que l'on a choisi d'utiliser pour repérer le fichier en question.

Le troisième paramètre *form* = *'unformatted'* précise que le fichier en question sera non formaté.

Enfin, le quatrième paramètre *status* = *'new'* précise que le fichier en question est "nouveau". Autrement dit, cette instruction va créer un fichier de ce nom (pour l'instant vide). Notez qu'aucun fichier de ce nom ne doit exister : si tel était le cas, il s'agirait d'une erreur, laquelle conduirait, ici, à un arrêt de l'exécution (nous verrons qu'il est toutefois possible d'éviter cela en gérant soi-même la situation d'erreur, à l'aide de l'un des paramètres *iostat* ou *err* de l'instruction *open*).

Le remplissage du fichier est réalisé ici par la répétition de l'instruction (notez le nouveau mot clé *write* et non *print*) :

```
write (numfich) nom, prenom, annee
```

Nous aurions pu écrire également (ce qui aurait été plus homogène avec l'instruction d'ouverture)[9] :

---

7. Généralement, vous pourrez fournir, non seulement un nom de fichier mais, également, une extension et un "chemin", sous une forme dépendant toutefois de l'environnement.

8. En mode différé, en revanche, le problème serait moins crucial dans la mesure où l'on pourrait ne pas prévoir d'instruction open en faisant établir la connexion voulue, préalablement à l'exécution, à l'aide de commandes appropriées de l'environnement.

9. La syntaxe complète d'open est fournie dans le paragraphe 8 et celle de write dans le paragraphe 7.

```
write (unit = numfich) nom, prenom, annee
```

Chaque exécution de cette instruction provoque l'écriture d'un enregistrement dans le fichier.

Enfin, l'instruction :

```
close (numfich)
```

provoque ce que l'on nomme la "fermeture" du fichier. Celle-ci :

- force l'écriture dans le fichier du "tampon" associé au fichier. En effet, généralement, une instruction telle que *write* ne transfère pas systématiquement dans le fichier l'information relative à un enregistrement ; elle accumule cette information dans un "tampon" (en anglais "buffer") de taille généralement assez importante ; ce n'est que lorsqu'un tel tampon est rempli qu'il est recopié dans le fichier. Bien entendu, après la dernière instruction *write*, il est peu probable que le tampon en question soit plein ; l'instruction *close* force la machine à recopier ce tampon partiel dans le fichier.

- supprime la connexion qu'avait établi *open* entre un numéro d'unité et un fichier. Le numéro d'unité en question redevient disponible (on pourrait par exemple, ici, ouvrir un autre fichier et l'associer au numéro 1).

- dans certains environnements, force l'écriture d'une marque particulière dite marque de fin de fichier (certains parlent d'enregistrement de fin de fichier).

D'une manière générale, l'instruction *close* est facultative dans la mesure où tout fichier encore ouvert est automatiquement fermé à la fin de l'exécution d'un programme (ce n'est toutefois pas nécessairement le cas en cas de fin anormale d'un programme[10]).

Remarques :

1) L'instruction *write* comporte beaucoup d'autres paramètres dont certains sont utilisables pour les fichiers séquentiels formatés. Nous y reviendrons dans le paragraphe 7.

2) Comme nous l'avons déjà dit, certains numéros d'unités sont réservés pour les unités standards. Ils dépendent de l'environnement mais, souvent, 5 correspond à l'entrée standard et 6 à la sortie standard. De même, les numéros réellement disponibles dépendent de l'environnement mais, en général, on peut compter sur les nombres de 1 à 99.

10. Toutefois, même avec une instruction close, le risque existe de voir le programme se "planter" avant que cette dernière ne soit exécutée.

3) Notre programme peut poser un problème lors de sa mise au point. En effet, dès lors que le fichier concerné a été créé, même s'il ne contient aucune information, il n'est plus possible d'exécuter à nouveau le programme tel quel puisqu'il va alors chercher à créer à nouveau le même fichier (du moins si l'utilisateur fournit le même nom de fichier que la fois précédente) ; dans ces conditions, une erreur se produira lors de l'exécution de l'instruction *open*. Nous verrons plus loin qu'il existe plusieurs remèdes à cette situation :

- utiliser une autre valeur du paramètre *status* dans l'instruction *open*,

- prévoir de gérer soi-même les "erreurs d'ouverture", en utilisant un paramètre supplémentaire (*iostat* ou *err*) dans l'instruction *open*,

- faire appel à l'instruction *inquire* pour savoir si le fichier concerné existe déjà et, dans ce cas, l'ouvrir comme un fichier existant et non plus comme un fichier à créer.

2.2 Exemple de lecture d'un fichier séquentiel non formaté

Voici maintenant un programme qui permet de lister le contenu d'un quelconque fichier créé par le programme précédent.

```
program list_fich_seq_non_form
     implicit none
     integer, parameter :: numfich=1  ! on peut utiliser n'importe quel autre numero
     character (len=12) :: nomfich
     character (len=20) :: nom, prenom
     integer :: annee
     print *, "-- nom du fichier a lister"
     read *, nomfich
     open (unit=numfich, file=nomfich, form='unformatted', status='old')
     print *, 'NOM                    PRENOM          NAISSANCE'
     do
       read (unit=numfich, end=999) nom, prenom, annee
       print '(1x,2a20, i4)', nom, prenom, annee
     end do
999  continue
     print *, '-- fin fichier'
     close (numfich)
end
```

```
-- nom du fichier a lister
repert
 NOM                 PRENOM           NAISSANCE
 dubois              jules                   46
 dutronc             andre                   39
 duchene             gerard                  48
 dunoyer             michel                  56
 durand              joelle                  59
 -- fin fichier
```

Liste d'un fichier séquentiel non formaté

Là encore, nous supposons que nous avons affaire à une exécution conversationnelle. Le nom de fichier, fourni par l'utilisateur, est conservé dans la variable *nomfich*.

L'instruction d'ouverture de fichier est voisine de celle du programme de création :

```
open (unit=numfich, file=nomfich, form='unformatted', status='old')
```

Seule la valeur du paramètre *status* est différente. Ici *old* signifie que le fichier doit déjà exister. Si tel n'était pas le cas, nous obtiendrions un message d'erreur assorti d'un arrêt de l'exécution. Là encore, nous verrons qu'il est possible d'éviter cela en gérant soi-même la situation d'erreur (à l'aide de l'un des paramètres *iostat* ou *err* de l'instruction *open*).

La lecture de chacun des enregistrements du fichier se fait par l'instruction :

```
read (unit=numfich, end=999) nom, prenom, annee
```

Comme l'instruction d'écriture, elle précise le numéro d'unité associé au fichier (nous aurions pu aussi omettre le mot clé *unit* et écrire *read (numfich, end=999)...*) et la liste des variables concernées. Toutefois, une nouveauté apparaît dans le paramètre :

```
end = 999
```

Sa présence se justifie par le fait que nous avons supposé que nous ne connaissions pas le nombre d'enregistrements du fichier (c'est généralement la démarche la plus raisonnable). Dans ces conditions, il faut cesser de traiter les enregistrements du fichier lorsque la fin de fichier a été atteinte.

Plus précisément, notre instruction *read* telle qu'elle est ici écrite, examine si la fin du fichier a été ou non atteinte. Si ce n'est pas le cas, elle lit (normalement) un enregistrement et place les informations correspondantes dans les variables indiquées par la liste. En revanche, si la fin de fichier a été atteinte, elle provoque un "branchement" à l'instruction portant l'étiquette indiquée (ici 999).

Nous verrons qu'il existe une autre manière de gérer la fin de fichier, en faisant appel à un paramètre supplémentaire (*iostat*) dans l'instruction de lecture ; moins portable que l'emploi du paramètre *end*, elle présentera toutefois l'avantage de ne plus faire appel à une étiquette et, partant, de permettre d'écrire des programmes mieux structurés.

Remarques :

1) Chaque instruction de lecture lit un nouvel enregistrement. Si ce dernier ne comporte pas suffisamment d'informations par rapport à la liste, on aboutit à une erreur d'exécution entraînant l'arrêt du programme (là encore, on verra comment la gérer soi-même à l'aide de l'un des paramètres *iostat* ou *err* de l'instruction *read*). En revanche, notez qu'il est possible de ne pas exploiter toutes les informations d'un enregistrement ; aucune erreur ne se produira dans ce cas ; simplement, la lecture suivante accédera au bloc suivant et l'information non exploitée sera perdue.

2) Ici, nous avons crée ce que l'on nomme parfois un "fichier homogène", c'est-à-dire un fichier dans lequel tous les enregistrements ont la même taille (ici, ils sont de plus créés par la même instruction d'écriture). Mais il ne s'agit pas la d'une obligation même si, comme nous le verrons dans le paragraphe suivant, cela facilite l'exploitation du fichier correspondant. A titre indicatif, voici deux circonstances dans lesquelles on peut être amené à créer un "fichier hétérogène" :

- un premier enregistrement nommé "en-tête" fournit des informations relatives à l'ensemble du fichier lui-même ; dans ce cas, le fichier privé de son en-tête est un fichier homogène,

- chaque enregistrement contient un nombre variable de valeurs, ce nombre figurant comme première information de l'enregistrement. Cela signifie que chaque enregistrement pourra être écrit par une instruction de la forme :

```
write (numfich) n, ( t(i), i= 1, n )
```

et relu par une instruction de la forme :

```
read (numfich, end = 999)  n, ( t(i), i=1, n )
```

3 - LES ENTREES-SORTIES SEQUENTIELLES FORMATEES

Ce que nous venons de voir à propos des entrées-sorties séquentielles non formatées se généralise assez facilement aux entrées-sorties séquentielles avec format : en gros, il suffit d'ajouter un format aux instructions d'écriture et de lecture. Mais, de surcroît, il est possible dans ce cas d'éviter le changement systématique d'enregistrement à chaque exécution d'une nouvelle instruction d'entrée-sortie.

3.1 Les entrées-sorties séquentielles formatées usuelles

Commençons par le cas où chaque nouvelle instruction d'entrée-sortie accède toujours à un nouvel enregistrement. Dans ces conditions, ce que nous avons vu dans le paragraphe 2 se généralise facilement moyennant :

- le remplacement de *form = 'unformatted'* par *form = 'formatted'* dans l'instruction *open* ; en toute rigueur, d'ailleurs, le paramètre *form* devient même facultatif dans ce cas puisque sa valeur par défaut est *formatted*,

- l'introduction d'un format approprié dans l'instruction *write* ou *read*.

Voici, par exemple, comment pourrait être adapté le programme de création du paragraphe 2.1

```
program cr_fich_seq_form
  implicit none
  integer, parameter :: numfich=1
  character (len=12) :: nomfich
  character (len=20) :: nom, prenom
  integer :: annee
  print *, "-- nom du fichier a creer"
  read *, nomfich
  open (unit=numfich, file=nomfich, form='formatted', status='new')
  print *, 'nom, prenom, annee naissance (nom vide pour finir)'
  do
    read *, nom, prenom, annee
    if (nom == '') exit
    write (numfich, '(2a20,i4)') nom, prenom, annee
  end do
```

```
  print *, '-- fin creation fichier'
end
```

Création d'un fichier séquentiel formaté

Comme vous le constatez, l'instruction d'écriture dans le fichier :

```
write (numfich, '(2a20,i4)') nom, prenom, annee
```

comporte maintenant un paramètre supplémentaire précisant le format utilisé, ici :

```
'(2a20,i4)'
```

Comme on peut s'en douter, il serait facile d'adapter de façon semblable le programme de lecture du paragraphe 2.2 pour qu'il puisse lire un tel fichier ; il suffirait de remplacer l'instruction *open* par :

```
open (unit=numfich, file=nomfich, form='formatted', status='old')
```

et l'instruction de lecture dans le fichier par :

```
read (numfich, '(2a20,i4)') nom, prenom, annee
```

Remarques :

1) Comme dans les entrées-sorties standards que nous connaissons, le format figurant dans une instruction d'entrée-sortie séquentielle formatée peut être fourni indifféremment sous l'une des formes suivantes :

- chaîne constante de caractères (c'était le cas ici),

- nom d'une variable de type *character* contenant un format (dans ce cas, ne pas oublier les parenthèses),

- étiquette d'une instruction *format* (nous en avons parlé dans le paragraphe 3 du chapitre consacré aux entrées-sorties standards ; rappelons qu'une instruction *format* peut être placée n'importe où parmi les instructions exécutables et qu'il s'agit d'une possibilité considérée comme périmée).

2) Avec des fichiers non formatés, il suffit de connaître le type des informations figurant dans un enregistrement. Avec des fichiers formatés, il faut, en plus, connaître le format avec lequel elles ont été écrites.

3) Tout ce qui a été dit pour les entrées-sorties s'applique ici, à condition simplement de remplacer le terme de "ligne" par celui d'enregistrement. Notamment :

* Le descripteur / permet de changer d'enregistrement ; en lecture, on peut ainsi ignorer la fin d'un enregistrement, voire sauter un ou plusieurs enregistrements, moyennant l'emploi de plusieurs descripteurs /.

* Il est tout à fait possible d'utiliser un format libre ; en pratique, on le fait rarement, notamment en écriture, dans la mesure où la taille des enregistrements dépend alors des valeurs des informations qu'on y introduit (par exemple, un entier *n* écrit en format libre occupera 3 caractères s'il contient la valeur 25 mais il en occupera 6 s'il contient la valeur -1234 (dans les deux cas, on a un espace qui précède la valeur).

4) Contrairement à ce qui se passe avec les lectures non formatées, le cas où un enregistrement ne contient pas suffisamment d'informations pour satisfaire la liste ne conduit plus à une erreur d'exécution ; tout se passe, en effet, dans ce cas, comme si des espaces supplémentaires avaient été ajoutés à l'enregistrement en question. Ce comportement n'est pas toujours acceptable ; nous verrons qu'on peut le modifier en agissant sur le paramètre *pad* lors de l'ouverture du fichier et retrouver le comportement des entrées non formatées (notamment possibilité de gestion de cette situation à l'aide de l'un des paramètres *iostat* ou *err*).

5) Les remarques faites à propos des erreurs d'ouverture restent valables ici.

6) Qu'il s'agisse d'entrées-sorties formatées ou non, nous avons présenté d'une part un programme de création de fichier, d'autre part un programme de lecture de ce même fichier. A priori, rien ne vous interdit théoriquement de mélanger au sein d'un même programme des opérations de lecture et d'écriture et, partant, réaliser une certaine mise à jour d'un fichier. Toutefois, on notera alors que :

- la modification d'un enregistrement existant présente le risque d'écrire un nouvel enregistrement de taille différente de l'ancien ; ce risque est particulièrement évident dans le cas de fichier hétérogène. De plus, cette opération peut s'avérer dangereuse, voire impossible, dans le cas de fichiers sur bande magnétique.

- on ne peut jamais supprimer un enregistrement ; tout au plus peut-on en modifier le contenu (avec les risques évoqués précédemment).

Dans la pratique, on limite les possibilités de mise à jour d'un fichier séquentiel à l'extension, c'est-à-dire à l'introduction de nouveaux enregistrements en fin de fichier (on utilise dans ce cas le paramètre *position = 'append'* de l'instruction *open*). Si l'on doit absolument réaliser une mise à jour générale, on procède par lecture de l'ancien fichier et création d'un nouveau fichier. D'une manière générale, l'accès direct s'avère bien mieux adapté et beaucoup plus rapide, dès lors que ces mises à jour sont fréquentes.

3.2 Les entrées-sorties standards

Comme nous l'avons déjà évoqué, l'entrée standard et la sortie standard possèdent chacune un numéro d'unité ; la connexion est réalisée automatiquement par l'environnement et aucune instruction d'ouverture n'est requise dans ce cas.

Lorsque l'on emploie pour les entrées-sorties standards la forme simplifiée que nous avons utilisée jusqu'ici, ce numéro n'apparaît pas explicitement. Mais la nouvelle syntaxe des instructions d'entrées-sorties destinées aux fichiers que nous avons commencé à étudier dans ce chapitre peut s'appliquer aux entrées-sorties standards.

Dans ce cas, on y précise le numéro d'unité correspondant. Ce dernier dépend de l'environnement (il n'est donc pas parfaitement portable) mais il existe une notation (à savoir * comme pour le format libre) qui permet de désigner ce numéro. Par exemple, dans un environnement dans lequel l'entrée standard porte le numéro 5, ces instructions sont équivalentes (on suppose que *in* contient 5) :

```
read '(i3, i4)', n, p            ! forme utilisee jusqu'ici
read (in, '(i3, i4)') n, p       ! forme moyennement portable (il faut modifier in)
read (*, '(i3, i4)') n, p        ! forme portable
```

De même, si la sortie standard porte le numéro 6, ces instructions sont équivalentes (on suppose que *out* contient 6) :

```
print '(i3, i4)', n, p           ! forme utilisee jusqu'ici
write (out, '(i3, i4)') n, p     ! forme moyennement portable (il faut modifier out)
write (*, '(i3, i4)') n, p       ! forme portable
```

Certes, jusqu'ici, l'emploi de la nouvelle syntaxe pour les entrées-sorties standards apparaît comme une complication inutile. En fait, la nouvelle syntaxe a le mérite d'autoriser de nombreux paramètes supplémentaires dont certains (*iostat*, *err*, *advance*...) présentent un intérêt, non seulement pour les fichiers, mais également pour les entrées-sorties standards (c'est notamment le cas du paramètre *advance* dont nous parlons ci-après).

3.3 Pour n'accéder qu'à une partie d'enregistrement : le paramètre advance

a) Le principe

Par défaut, une instruction d'entrée-sortie accède toujours à un nouvel enregistrement. Fortran 90 vous permet d'outrepasser cette règle **dans le cas des entrées-sorties séquentielles formatées** en introduisant un paramètre supplémentaire dans une instruction *read* ou *write*, à savoir :

advance = 'no'

Dans ce cas :

- en lecture : à la fin de l'instruction, le pointeur de tampon reste positionné sur le premier caractère non encore utilisé ; l'information correspondante sera exploitée lors d'une prochaine lecture concernant le même fichier ;

- en écriture : contrairement à ce qui passe d'habitude, l'enregistrement n'est pas encore considéré comme terminé ; il viendra s'y ajouter l'éventuelle information écrite par une prochaine instruction d'écriture concernant le même fichier.

On notera bien que l'effet de ce paramètre ne concerne que l'instruction dans laquelle il figure. Il est tout à fait possible de l'employer par exemple pour certaines lectures et pas pour d'autres.

Voici, tout d'abord, deux exemples d'"école" (le paragraphe ci-après fournit un exemple plus réaliste). Avec :

```
integer :: n=12, p=345, q=67
write (out, '(i3)', advance='no') n
write (out, '(i5)') p
write (out, '(i3)') q
```

on obtiendra, sur le fichier connecté à l'unité de numéro *out*, deux enregistrements ; le premier contenant ls valeurs de n et p, le second celle de q, ce qu'on peut schématiser ainsi :

```
@12@@345
@67
```

De même, si deux enregistrements d'un fichier contiennent ces informations :

```
123456789
123
```

En les lisant ainsi :

```
read (in, '(i4)', advance='no'), n
read (in, '(i2)') p
read (in, '(i3)') q
```

on obtiendra 1234 pour n, 56 pour p et 123 pour q.

b) Exemple d'application

En pratique, ce paramètre *advance='no'* sera indispensable dans au moins deux situations :

- lorsqu'on travaille en mode conversationnel et qu'on souhaite que la réponse à une question figure sur la même ligne ; dans ce cas, on appliquera simplement la méthode précédente à la sortie standard, en prenant soin d'utiliser la syntaxe générale (instruction *write* et non *print*)

- lorsqu'on souhaite exploiter un fichier séquentiel formaté (avec enregistrements de taille variable) comme une simple succession de lignes, formées elles-mêmes d'une suite de caractères[11]. Dans ce cas, on se contente d'en lire successivement les différents caractères ; un paramètre supplémentaire (*eor*) permet de reconnaître les fins d'enregistrement.

Voici un programme qui "liste" sur la sortie standard le contenu d'un tel fichier. Il illustre les deux situations que nous venons d'évoquer.

```
program liste_fichier_seq_form
      implicit none
      integer, parameter :: numfich = 1
      character (len=12) :: nomfich
      character (len=1) :: c
      write ( *, '("nom du fichier texte a lister : ")', advance = 'no')
      read *, nomfich
      open (unit=numfich, file=nomfich, form='formatted', status='old')
```

11. C'est toujours le cas pour un fichier séquentiel formaté, mais on ne l'exploite pas toujours comme une suite de caractères.

```
      do
        read (numfich, '(a1)', advance='no', eor=888, end=999) c
        write (*, '(a1)', advance='no') c
        cycle
888     write (*, *)                        ! pour forcer le changement de ligne
        cycle
999     exit
      end do
      write (*, '(//" -- fin fichier")' )
end
```

Liste d'un fichier séquentiel formaté à enregistrements de taille variable

Avec :

```
write ( *, '("nom du fichier texte a lister : ")', advance = 'no')
```

il n'y aura pas de changement de ligne après l'affichage de la question, de sorte que le nom de fichier fourni par l'utilisateur apparaîtra bien à la suite. Dans :

```
read (numfich, '(a1)', advance='no', eor=888, end=999) c
```

on lit un seul caractère (c), sans changer d'enregistrement. Le paramètre *eor=888* (*eor* est l'abréviation de "end of record") permet un branchement à l'étiquette 888 lorsque la lecture n'a pas pu être satisfaite dans l'enregistrement courant.

Notez que nous affichons chaque caractère en évitant de changer de ligne. Ce n'est que lorsqu'une fin d'enregistrement a été détectée que nous changeons de ligne (par une instruction n'écrivant rien!).

Remarques :

1) Il n'est pas possible d'utiliser le format libre (*) dans une instruction d'entrée-sortie dans laquelle on a spécifié *advance='no'*.

2) Rappelons que l'emploi de *iostat* offrira une solution plus structurée que l'usage de *end* et *eor*.

3) Le cas où un enregistrement ne contient pas suffisamment d'information est traité de la même façon que le paramètre *advance* soit présent ou non (revoyez éventuellement la remarque 4 du paragraphe 3.1). La seule nouveauté (avec *advancd='no'*) est qu'on peut "tester" la fin d'enregistrement avec *eor* (ou *iostat*).

4 - L'ACCES DIRECT

Nous venons de voir comment créer et exploiter un fichier séquentiel sous forme formatée ou non formatée. Des possibilités comparables existent pour les fichiers en accès direct. Elles imposent toutefois une contrainte importante, à savoir que **tous leurs enregistrements doivent être de même taille** (c'est ce qui permet au "système" de localiser un enregistrement de numéro donné).

4.1 Création d'un fichier non formaté à accès direct

Voici un programme qui crée un fichier non formaté dont les enregistrements contiennent les mêmes informations que précédemment, à savoir : nom, prénom et année de naissance. Ici, les enregistrements sont créés dans un ordre quelconque, l'utilisateur du programme précisant le numéro d'enregitrement correspondant.

```
program cr_fich_acc_dir_non_form
  implicit none
  integer, parameter :: numfich=1, &
                        lge=44        ! dependant de l'environnement (voir remarque)
  character (len=12) :: nomfich
  character (len=20) :: nom, prenom
  integer :: num, annee

  print *, "-- nom du fichier a creer"
  read *, nomfich
  open (unit=numfich, file=nomfich, access='direct', recl=lge,   &
        form='unformatted', status='new')
  print *, 'numero enreg, nom, prenom, annee naissance (numero nul pour finir)'
  do
    read *, num, nom, prenom, annee
    if (num == 0) exit
    write (unit=numfich, rec=num) nom, prenom, annee
  end do
  print *, '-- fin creation fichier'
end
```

Création d'un fichier non formaté en accès direct

L'instruction d'ouverture :

```
open (unit=numfich, file=nomfich, access='direct', recl=lge,    &
      form='unformatted', status='new')
```

comporte essentiellement deux nouveautés :

- le paramètre *access = 'direct'* qui sert à préciser qu'il s'agit d'un fichier à accès direct,

- le paramètre *recl=lge* (ce qui correspond ici à *recl=44)* ; il précise la "taille" de chacun des enregistrements. Notez que :

 * cette information est nécessaire puisqu'elle sert au système à déterminer l'emplacement (dans le fichier) où il devra écrire un enregistrement,

 * elle s'exprime soit en nombre de caratères dans le cas des fichiers formatés, soit dans une unité qui dépend de l'environnement dans le cas des fichiers non formatés : dans notre cas, cette unité était l'octet (un enregistrement nécessitant ici 20 octets pour le nom, 20 pour le prénom et 4 pour l'année de naissance). Nous verrons toutefois qu'il existe une manière portable de définir cette taille en faisant appel à une forme particulière de l'instruction *inquire* (ici : *inquire (iolength=lge) nom, prenom, annee*).

Notez que si nous avions défini une taille d'enregistrement trop grande, les conséquences se seraient limitées à un fichier occupant plus de place que nécessaire. En revanche, avec une taille trop petite, l'instruction d'écriture dans le fichier aurait conduit à une erreur (qu'on peut gérer avec *err* ou *iostat*).

En ce qui concerne l'écriture dans le fichier, elle est réalisée par l'instruction :

```
write (unit=numfich, rec=num) nom, prenom, annee
```

dans laquelle le paramètre *rec=num* précise le numéro de l'enregistrement à écrire.

Remarques :

1) Dans la pratique, il est rare que l'on se contente d'un tel programme pour créer un fichier à accès direct. En effet, rien ne nous assure que l'utilisateur fournira effectivement (dans un ordre quelconque) tous les enregistrements du fichier. Que fait alors le système pour les enregistrements n'ayant pas été écrits ? Certains systèmes, dès que vous écrivez le énième enregistrement d'un fichier, réservent automatiquement (si ce n'est pas déjà fait) les emplacements pour tous les enregistrements précédents, avec un contenu aléatoire. D'autres peuvent se contenter de n'en réserver qu'une partie.

Dans tous les cas, une incertitude existe ; elle est d'autant plus gênante qu'à **la relecture, rien ne vous permettra de distinguer les enregistrements réellement écrits de ceux ayant une valeur aléatoire.** Dans ces conditions, il faudra prévoir que le programme soit en mesure de repérer ces "trous" ; plusieurs techniques existent à cet effet ; citons-en deux :

* avant toute chose, "initialiser" tous les enregistrements du fichier à une valeur spéciale, dont on sait qu'elle ne pourra pas apparaître comme valeur effective,

* gérer une "table" des enregistrements inexistants ; cette table étant, de préférence, conservée dans le fichier lui-même.

Naturellement, aucun problème de cette sorte ne se posera si vous vous contentez de créer le fichier en écrivant ces enregistrements suivant leur ordre naturel. Notez bien que, dans ce cas, on devra quand même créer un fichier à accès direct (le paramètre *rec* prenant alors successivement les valeurs 1, 2...) si l'on souhaite pouvoir ensuite l'exploiter comme tel[12].

2) Il est permis d'écrire des enregistrements de taille inférieure à celle déclarée lors de l'ouverture du fichier. Simplement, dans ce cas, le reste de l'enregistrement contiendra :

* des informations indéfinies s'il s'agit d'un fichier non formaté,

* des caractères espace s'il s'agit d'un fichier formaté.

En revanche, toute tentative d'écriture d'un enregistrement trop grand conduira à une erreur d'exécution (qu'on peut gérer avec le paramètre *err* ou *iostat*).

3) Il est très facile d'adapter ce qui vient d'être dit à un fichier formaté il suffit d'adapter en conséquence le paramètre *frm* de l'instruction *open* et d'ajouter un format (chaîne constante ou variable ou étiquette) à la suite du numéro d'unité dans l'instruction *write*.

4) Dans le cas d'entrées-sorties formatées, le rôle du descripteur / reste le même : forcer le changement d'enregistrement. Cela signifie qu'une instruction telle que :

```
write (unit=numfich, rec=num, frm='.....') .....
```

peut très bien écrire plusieurs enregistrements consécutifs, à partir de celui de rang *num*. En pratique, cette facilité sera peu utilisée, ne serait-ce que pour son manque de lisibilité.

12. Certains environnement vous permettent d'exploiter en accès direct un fichier créé en séquentiel.

4.2 Utilisation d'un fichier non formaté à accès direct

Voici un programme qui permet de retrouver directement le contenu de n'importe quel enregistrement d'un fichier tel que celui créé par le programme précédent.

```
program consult_fich_acc_dir_non_form
     implicit none
     integer, parameter :: numfich = 1, &
                           lge = 44        ! depend de l'environnement
     character (len=12) :: nomfich
     character (len=20) :: nom, prenom
     integer :: annee, num
     print *, "-- nom du fichier a consulter"
     read *, nomfich
     open (unit=numfich, file=nomfich, access='direct', recl=lge,    &
          frm='unformatted', status='old')
     do
       write (*, "('numero de l''enregistrement cherche (0 pour finir)')",   &
              advance='no')
       read *, num
       if (num==0) exit
       read (unit=numfich, rec=num) nom, prenom, annee
       print '(1x,2a20, i4)', nom, prenom, annee
     end do
     print *, '-- fin traitement'
end
```

Consultation d'un fichier non formaté en accès direct

L'instruction *open* est comparable à celle du précédent programme (simplement maintenant le fichier est supposé exister, d'où le paramètre *status = 'old'*).

Quant à l'instruction de lecture :

```
read (unit=numfich, rec=num) nom, prenom, annee
```

elle permet de lire l'enregistrement dont l'utilisateur a fourni le numéro.

Remarques :

1) Hormis les erreurs habituelles (fichier inexistant, enregistrement de taille insuffisante), un nouveau type d'erreur apparaît ici : la tentative de lire un enregistrement situé en dehors du fichier. Elles pourront toutes être gérées avec les paramètres *iostat* ou *err*.

2) Ici, nous nous sommes limité à un programme de création d'une part et un programme de consultation d'autre part. Mais rien ne vous interdit de mêler les lectures et les écritures dans un même fichier au sein d'un même programme. Ici, contrairement à ce que nous avions dit pour les fichiers séquentiels, aucun problème particulier ne se pose (compte tenu, notamment, de ce que les fichiers à accès direct résident toujours sur disque et que leurs enregistrements ont une taille bien définie). Il est donc tout à fait permis, par exemple, de lire le cinquième enregistrement d'un fichier, de le modifier, de lire le neuvième, de réécrire le douzième, d'ajouter un nouvel enregistrement... D'une manière générale, toute forme de "mise à jour" est envisageable avec un fichier à accès direct (moyennant naturellement les quelques précautions dont nous avons parlé concernant le repérage des "trous").

5 - GESTION DES ERREURS DANS LES INSTRUCTIONS D'ENTREES-SORTIES

D'une manière générale, Fortran 90 vous offre deux possibilités (redondantes) de gérer les erreur, à savoir :

- le paramètre *iostat*,
- les paramètres *err*, *eor* et *end*.

Nous avons d'ailleurs déjà parlé partiellement des secondes.

5.1 Le paramètre iostat

Il permet de spécifier (dans *open* ou dans les entrées-sorties) le nom d'une variable entière qui recevra une valeur dépendant de la manière dont s'est déroulée l'opération :

- 0 si tout s'est passé,
- pour *open* :
    - une valeur positive si une erreur s'est produite,
- pour les entrées-sorties :
    - une valeur négative si l'on a atteint la fin de fichier (ce qui correspondrait à *end*=),
    - une valeur négative (différente de la précédente) si la fin d'enregistrement a été atteinte avant que la liste n'ait pu être satisfaite (ceci correspondrait à *eor*= et ne s'applique qu'au cas des entrées-sorties séquentielles formatées utilisant le paramètre *advance='no'*),
    - une valeur positive pour toute autre erreur (enregistrement insuffisant, erreur de parité, fichier devenu inaccessible...).

Une difficulté apparaît : la norme ne prévoit que le signe (ou la nullité) de la valeur fournie mais, en aucun cas, la valeur exacte qui dépend donc de l'environnement. Malgré cette lacune, on peut préférer l'emploi de *iostat* aux autres paramètres (*end*, *err* et *eor*) pour la raison qu'il permet de conserver des programme structurés. Par exemple, voici un "canevas" de traitement d'un fichier séquentiel :

```
integer, parameter :: fin_fich=-1      ! depend de l'environnement
integer :: err
   ...
do
   read (nomfich, ....., iostat=err) ....
   if (err == fin_fich) exit
      ....                        ! traitement d'un enregistrement
end do
```

5.2 Les paramètres end, err et eor

Comme nous l'avons déjà vu, ces paramètres permettent de préciser une étiquette à laquelle on se branche lorsque l'événement correspondant se produit. Leur emploi conduit à des programmes portables mais moins structurés que ceux obtenus en utilisant *iostat*.

Paramètre	Instructions concernées	Evénement
end	read pour un fichier quelconque (y compris l'entrée standard et les fichiers internes).	fin de fichier
err	open, read ou write pour un fichier quelconque (y compris les entrées-sorties standards et les fichiers internes)	erreur (autre que fin de fichier ou fin d'enregistrement)
eor	read pour un fichier séquentiel formaté quelconque (y compris les entrées-sorties standards) utilisant le paramètre advance = 'no'	fin d'enregistrement

5.3 Exemples de gestion de fichier avec prise en compte des erreurs

A titre indicatif, nous avons repris le programme de liste d'un fichier séquentiel non formaté du paragraphe 2.2 et le programme de consultation d'un fichier non formaté en accès direct du paragraphe 4.2 en gérant les erreurs d'ouverture et de lecture (et en utilisant *iostat* pour détecter la fin de fichier).

a) Liste d'un fichier séquentiel non formaté

```
program list_fich_seq_non_form
     implicit none
     integer, parameter :: numfich=1
     integer, parameter :: fin_fich=-1   ! attention depend de l'environnement
     character (len=12) :: nomfich
     character (len=20) :: nom, prenom
     integer :: annee, err
```

```
    do
      print *, "-- nom du fichier a lister"
      read *, nomfich
      open (unit=numfich, file=nomfich, form='unformatted', &
            status='old', iostat=err)
      if (err == 0) exit
      print *, "-- fichier non trouve"
    end do

    print *, 'NOM                    PRENOM          NAISSANCE'
    do
      read (unit=numfich, iostat=err) nom, prenom, annee
      if (err == fin_fich) exit
      if (err == 0) then
         print '(1x,2a20, i4)', nom, prenom, annee
      else
         print *, '-- erreur numero ', err
      endif
    end do
    print *, '-- fin fichier'
end
```

Liste d'un fichier séquentiel non formaté avec prise en compte des erreurs

Remarque :

Rappelons que les enregistrements de taille insuffisante pour satisfaire la liste conduisent ici à une erreur. En revanche, il n'en irait plus de même dans le cas de fichiers formatés (l'enregistrement étant alors simplement complété par des espaces en nombre suffisant pour satisfaire la liste) et aucune erreur n'apparaîtrait. En introduisant le paramètre *pad = 'no'* dans l'instruction *open* (nous y reviendrons dans le paragraphe 8), on pourra retrouver pour les lectures formatées le même comportement que pour les lectures non formatées.

b) Consultation d'un fichier non formaté à accès direct

```
program consult_fich_acc_dir_non_form
     implicit none
     integer, parameter :: numfich=1,  &
                           lge = 44    ! depend de l'environnement
     character (len=12) :: nomfich
     character (len=20) :: nom, prenom
     integer :: annee, num, err

     do
       print *, "-- nom du fichier a consulter"
       read *, nomfich
       open (unit=numfich, file=nomfich, access='direct', recl=lge,  &
             form='unformatted', status='old', iostat=err)
       if (err == 0) exit
       print *, '-- fichier non trouve'
     end do

     do
       write (*, "('numero de l''enregistrement cherche (0 pour finir)')",  &
                   advance='no')
       read *, num
       if (num==0) exit
       read (unit=numfich, rec=num, iostat=err) nom, prenom, annee
       if (err == 0) then
            print '(1x,2a20, i4)', nom, prenom, annee
       else
            print *, '-- erreur numero ', err
       end if
     end do
     print *, '-- fin traitement'
end
```

Consultation d'un fichier non formaté en accès direct avec prise en compte des erreurs

5.4 Exemple de lecture conversationnelle avec gestion des erreurs

Lorsqu'un programme lit une information au clavier et que l'utilisateur fournit une réponse incorrecte, le programme s'interrompt de façon généralement peu satisfaisante. Avec la nouvelle syntaxe de l'instruction de lecture, appliquée à la lecture au clavier, il est possible de détecter l'anomalie et de demander à l'utilisateur de fournir une autre réponse. Voici une adaptation dans ce sens du programme de calcul de racines carrées présenté dans le chapitre 1.

```
program racines_carrees
  implicit none
  integer err
  real    valeur, racine

  print *, '****** Calcul de racines carrees *****'
  do
    write (*, '("Donnez un nombre (0 pour finir) : ")', advance='no')
    do
      read (*,*,iostat=err) valeur
      if (err == 0) exit
      write (*, '("-- reponse incorrecte - redonnez la : ")', advance='no')
    end do
    if (valeur == 0) exit
    if (valeur >= 0) then
      racine = sqrt (valeur)
      print *, 'le nombre ', valeur, ' a pour racine : ', racine
    else
      print *, 'le nombre ', valeur, 'ne possede pas de racine'
    end if
  end do
  print *, '***** Fin de traitement *****'
end
```

```
 ****** Calcul de racines carrees *****
Donnez un nombre (0 pour finir) : (5
-- reponse incorrecte - redonnez la : 3.5
le nombre    3.5000000  a pour racine :    1.8708287
```

```
Donnez un nombre (0 pour finir) : -4
le nombre   -4.0000000 ne possede pas de racine
Donnez un nombre (0 pour finir) : fini
-- reponse incorrecte - redonnez la : 0
 ***** Fin de traitement *****
```

Lecture au clavier avec gestion des erreurs

6 - LES FICHIERS INTERNES

6.1 Notion de fichier interne

Dans les entrées-sorties formatées, apparaissent toujours deux opérations distinctes :

- codage ou décodage de l'information suivant un format ; ceci fait intervenir un emplacement mémoire (nommé souvent "tampon d'enregistrement[13]") dans lequel on trouve l'information relative à un enregistrement,

- échange de l'information entre la mémoire et le fichier[14].

Ces deux opérations se déroulent dans l'odre indiqué pour une écriture et dans l'orde inverse pour une écriture.

La notion de format interne correspond en fait à la possibilité qu'offre Fortran 90 de se limiter à la première de ces opérations, une variable de type *character* jouant alors le rôle du tampon d'enregistrement. Le terme de fichier est d'ailleurs quelque peu abusif dans ce cas puisque aucune mémoire de masse n'intervient alors (on se contente simplement d'un codage d'information) : il est simplement justifié par le fait que la syntaxe des instructions reste la même que celles destinées aux entrées-sorties avec des fichiers.

13. Ne pas confondre ce tampon contenant un seul enregistrement avec le tampon (dont nous avons parlé à propos de l'instruction close) qui sert aux échanges avec le fichier ; ce dernier contient généralement plusieurs enregistrements. En toute rigueur, d'ailleurs, le tampon d'enregistrement n'est souvent rien d'autre qu'une partie du tampon de fichier.

14. En toute rigueur, il s'agit d'un échange entre tampon d'enregistrement et tampon de fichier (dans certains cas, cet échange peut se réduire à.. rien - voyez la remarque précédente) ; le tampon de fichier étant recopié dans le fichier ou alimenté à partir du fichier que lorsque cela est nécessaire.

6.2 Exemples

Par exemple, avec :

```
character (len=80) :: texte = '123456789'
integer :: n
real :: x
    .....
read (ligne, '(i3, f6.2)') n, x
```

on va prélever les 3 premiers caractères de *texte* (ici 123) et les convertir en un nombre entier qu'on rangera dans *n* (qui prendra donc ici la valeur 123). De même, on va utiliser les 6 caractères suivants (456789) et les convertir en un réel qu'on rangera dans *x* (qui prendra donc ici la valeur approchée 4567.89).

De même, avec :

```
character (len=80) :: tab
integer :: n=12
real :: x=3.54
    .....
write (tab, '("quantite : ", i3, "  valeur : ", f8.3)') n, x
```

on obtiendra dans le tableau *tab* :

```
quantite :  12  valeur :    3.540
```

6.3 D'une manière générale

Cette technique dite des fichiers internes ne peut s'employer qu'avec des **entrées-sorties séquentielles formatées** (si elle était autorisée avec des entrées-sorties non formatées, elle n'aurait aucun intérêt puisqu'elle reviendrait à une simple recopie d'information). Le paramètre *advance* n'est pas autorisé (mais il n'aurait aucun intérêt).

La zone mémoire concernée (qui joue le rôle du fichier - *texte* ou *tab* dans nos exemples) doit être obligatoirement de type *character* (sans variante).

Il est possible d'utiliser une zone mémoire qui soit un tableau de chaînes ; dans ce cas, chaque élément du tableau est considéré comme un "enregistrement" (du fichier interne). Des descripteurs / peuvent alors être utilisés pour "changer d'enregistrement".

Chaque instruction d'entrée-sortie utilise toujours la zone mémoire depuis son début, même si plusieurs instructions successives concernent la même zone et même si cette zone est un tableau.

Les paramètres *iostat*, *end* et *err* sont utilisables.

Les fichiers internes présentent un intérêt dans diverses situations :

- lorsqu'il est nécessaire de décrire une même information suivant plusieurs formats différents,
- lorsqu'il est nécessaire de lire une information suivant un format qui ne peut être défini que lors de l'exécution, en fonction d'informations figurant dans le même enregistrement (ou la même ligne),
- pour effectuer des conversions numérique -> chaîne ou chaîne -> numérique.

7 - SYNTAXE GENERALE DES INSTRUCTIONS D'ENTREES-SORTIES

Nous récapitulons ici la syntaxe des instructions d'entrées-sorties en distinguant les différents situations possibles, ce qui vous permet de connaître rapidement les différents paramètres autorisés dans ce cas.

```
READ  ( [UNIT=] numéro_unité [, IOSTAT=indic]         &
        [, ERR = étiquette] [, END = etiquette]       &
      ) liste

WRITE ( [UNIT =] numéro_unité [, IOSTAT = indic]      &
        [, ERR = étiquette]                           &
      ) liste
```

Les entrées-sorties séquentielles non formatées

```
READ  ( [UNIT=] numéro_unité, [,FMT=] format [, IOSTAT=indic]        &
        [, ERR = étiquette] [, END = étiquette]                      &
        [, ADVANCE = 'no'] [, SIZE = taille ] [, EOR = étiquette] ]  &
      ) liste

WRITE ( [UNIT =] numéro_unité, [,FMT=] format [, IOSTAT = indic]     &
        [, ERR = étiquette]                                          &
        [, ADVANCE = 'no']
      ) liste
```

Les entrées-sorties séquentielles formatées (applicables aux entrées-sorties standard)

```
READ  ( [UNIT=] numéro_unité [, REC=numéro] [, IOSTAT=indic]       &
        [, ERR = etiquette] [, END = étiquette]                    &
      ) liste

WRITE ( [UNIT =] numéro_unité, [,FMT=] format [IOSTAT = indic]     &
        [, ERR = étiquette]                                        &
        [, ADVANCE = 'no']
      ) liste
```

Les entrées-sorties non formatées en accès direct

```
READ  ( [UNIT=] numéro_unité, [,FMT=] format [,REC=numéro] [, IOSTAT=indic] &
        [, ERR = étiquette] [, END = étiquette]                             &
      ) liste

WRITE ( [UNIT =] numéro_unité, [FMT=] format [,REC=numéro] [,IOSTAT = indic] &
        [, ERR = étiquette]                                                  &
      ) liste
```

Les entrées-sorties formatées en accès direct

```
READ  ( [UNIT=] numéro_unité, [,FMT=] format [, IOSTAT=indic]        &
        [, ERR = étiquette] [, END = étiquette]                      &
      ) liste

WRITE ( [UNIT =] numéro_unité, [,FMT=] format [IOSTAT = indic]       &
        [, ERR = étiquette]                                          &
      ) liste
```

Les entrées-sorties dans le cas de fichiers internes

Avec :

numéro, *numéro_unité*, *taille* : expressions entières,

indic : nom d'une variable de type *integer* (sans variante),

format : chaîne de caractères (constante ou variable sans variantes) ou étiquette d'une instruction *format*,

liste : telle que définie dans le chapitre relatif aux entrées-sorties standards.

Remarques :

1) En toute rigueur, le paramètre *advance* est de la forme *advance = chaîne* où *chaîne* désigne une chaîne (constante ou variable de type *character* sans variante) pouvant prendre l'une des valeurs 'yes' ou 'no'.

2) Il est possible d'utiliser pour les entrées-sorties séquentielles formatées une forme particulière qui fournit, à l'aide du paramètre *nml* (abréviation de "namelist"), la "référence" à la liste des variables concernées. Pour plus de détails, voyez l'annexe H qui décrit les instructions désuètes.

8 - LES INSTRUCTIONS OPEN ET CLOSE

8.1 L'instruction open

Voici la récapitulation de la syntaxe de l'instruction *open*. Elle comporte certains éléments peu usités dont nous avons encore peu ou pas parlé (*blank*, *position*, *action*, *delim* et *pad*).

De plus, bien que ce soit d'un usage peu fréquent, Fortran 90 vous autorise à exécuter à nouveau une instruction *open* pour un fichier déjà connecté à un numéro d'unité[15], ceci dans le seul but de modifier les valeurs de certains paramètres, à savoir :

blank, *delim*, *pad* : si seulement certains d'entre eux sont modifiés, on continuera, pour les autres, à utiliser leurs anciennes valeurs,

err et *iostat* : si certains d'entre eux ne sont pas spécifiés, on considérera qu'on souhaite revenir au comportement standard (on utilisera les valeurs par défaut et non plus les anciennes valeurs).

Notez que, dans ce cas, le nom de fichier ne doit pas être spécifié (on se limite au numéro d'unité).

Les valeurs soulignées correspondent aux valeurs par défaut. Rappelons que ces valeurs peuvent toujours être fournies sous forme d'une expression de type *character* (sans variante).

```
OPEN ( [UNIT=] numéro_unité
       [, FILE=nom_fichier]                                        &
       [, STATUS='old'/'new'/'unknown'/'replace'/'scratch']        &
       [, ACCESS='sequential'/'direct']                            &
       [, IOSTAT=resul]                                            &
       [, ERR=étiquette]                                           &
       [, FORM='formatted'/'unformatted']                          &
       [, RECL=longueur_enreg]                                     &
       [, BLANK='null'/'zero']                                     &
       [, POSITION='asis'/'rewind'/'append']                       &
       [, ACTION='read'/'write'/'readwrite']                       &
       [, DELIM='apostrophe'/'quote'/'none']                       &
       [, PAD='yes'/'no'] )
```

L'instruction open

Avec :

numéro_unité, *longueur_enreg* : expressions entières,

resul : nom d'une variable de type *integer* (sans variante)

15. En toute rigueur, on peut regretter que Fortran n'ait pas prévu une instruction différente dans ce cas (par exemple, reopen).

Voici la liste et la signification de tous les paramètres qui peuvent intervenir dans cette instruction.

iostat : la variable indiquée recevra une valeur positive en cas d'erreur et nulle sinon.

status :

old : fichier existant,
new : fichier qui ne doit pas exister et qui sera créé,
unknown : fichier dont l'état dépend de l'implémentation,
replace : comme *old* si le fichier n'existe pas ; si le fichier existe, il sera supprimé et un nouveau sera créé (son statut deviendra *old*)
scratch : fichier temporaire qui sera détruit à l'exécution de *close* ou à la fin de l'exécution.

recl : longueur d'un enregistrement pour l'accès direct et longueur maximale d'un enregistrement pour l'accès séquentiel. Son unité de mesure est le caractère pour les fichiers formatés ; elle dépend de l'implémentation pour les fichiers non formatés.

blank (utilisable seulement pour les fichier formatés ; dans ce cas, ne concerne que les lectures de valeurs numériques) :

null : les espaces (bien que comptés dans le gabarit) ne sont pas pris en compte ; par exemple 6@5@3 (@ représentant un espace) lu avec le descripteur *i5* conduit à la valeur 653 ; un champ totalement blanc reste toutefois interprété comme la valeur numérique 0.
zero : les espaces sont interprétés comme un zéro ; par exemple 6@5@3 lu avec le descripteur *i5* conduit à la valeur 60503.

position (utilisable seulement pour les fichiers séquentiels) ; il est surtout utile :

- lorsqu'on souhaite "étendre" un fichier existant en ajoutant des enregistrements en fin de fichier,

- lorsqu'on souhaite modifier les valeurs de certains paramètres concernant un fichier déjà ouvert et que, pour ce faire, on exécute une nouvelle instruction *open*).

Notez que dans cas d'un fichier nouveau, on se "positionne" toujours au début (on ne pourrait d'ailleurs rien faire d'autre!)

asis : si le fichier est déjà connecté (ce qui signifie qu'on a déjà exécuté un *open*), on ne modifie pas la position dans le fichier ; en revanche, si le fichier n'est pas encore connecté (il s'agit du premier *open*) la position est inderminée.
rewind : on se replace en début de fichier,
append : on se place en fin de fichier.

action : précise les opérations qui seront autorisées sur le fichier :

read : seule la consultation est autorisée ; les instructions *write* et *endfile*[16] sont interdites,
write : seule l'écriture est autorisée ; l'instruction *read* est interdite ; dans certains environnements, l'instruction *backspace*[17], ainsi que le paramètre *position* = *'append'* peuvent être interdits,
readwrite : aucune restriction.

delim : (utilisable seulement pour les fichiers formatés ; n'intervient que dans les écritures de chaînes en format libre (dirigées par liste) ou avec le paramètre *nml*, associé à l'instruction *namelist*[18] :

apostrophe : les chaînes sont délimitées par des apostrophes (une apostrophe apparaissant dans une chaîne est doublée),
quote : les chaînes sont délimitées par des guillemets (un guillement apparaissant dans une chaîne est doublé),
none : les chaînes sont écrites "telles quelles".

pad : (utilisable seulement pour les fichiers formatés ; n'intervient que dans les lectures) ; sert à préciser le comportement voulu en cas d'enregistrement de taille insuffisante par rapport à la liste :

yes : l'enregistrement est complété par des espaces en nombre suffisant (attention, ceci ne concerne que le type *character* standard ; dans le cas des variantes, il y a toujours remplissage mais le caractère utilisé dépend de l'implémentation),
no : l'enregistrement n'est pas complété ; on aboutit alors à une erreur (qui peut être éventuellement gérée classiquement par *iostat*, *err* ou, le cas échéant, *eor*).

8.2 L'instruction close

L'instruction *close* permet, elle-aussi de gérer les éventuelles erreurs à l'aide des paramètres *iostat* et *err*. De plus, un paramètre *status* permet de préciser ce que deviendra le fichier après fermeture :

- *keep* précise qu'on le conserve (c'est le cas le plus fréquent ; cette valeur ne peut naturellement pas être attribuée à un fichier ouvert avec le statut *'scratch'*),

16. Cette instruction sera présentée dans le paragraphe 10.
17. Cette instruction sera présentée dans le paragraphe 10.
18. namelist et nml sont présentés dans l'annexe H.

delete précise qu'il ne sera pas conservé ; cette possibilité peut s'avérer utile dans le cas où le programme ne s'est pas déroulé comme prévu pour éviter de conserver un fichier sans intérêt.

```
CLOSE ( [UNIT=] numéro_unité [,IOSTAT=resul] [,ERR=étiquette]        &
        [,STATUS='keep'/'delete']
```

L'instruction close

9 - L'INSTRUCTION INQUIRE

Comme nous l'avons déjà dit, la connexion d'un fichier peut être établie soit pendant l'exécution d'un programme (avec l'instruction *open*), soit avant l'exécution à l'aide de commandes propres à l'environnement, lesquelles précisent les différentes valeurs des paramètres nécessaires (formaté ou non, séquentiel ou direct, opérations autorisées...). Dans ce cas, il peut arriver que le bon déroulement du programme nécessite la connaissance de certaines de ces valeurs (fixées de façon indépendante des instructions du programme). L'instruction *inquire* offre une réponse à ce besoin.

L'instruction *inquire* peut être appliquée :

- soit à un numéro d'unité ; on parle d'interrogation par numéro d'unité,
- soit à un nom de fichier ; on parle d'interrogation par nom de fichier.

Elle possède des paramètres ayant des noms voisins ou identiques à ceux de l'instruction *open*, avec cette différence qu'elle en fournit la valeur, ce qui signifie que ces paramètres préciseront le nom d'une variable destinée à recevoir la-dite valeur (dans la syntaxe de cette instruction, nous vous indiquons le type requis pour cette variable)

Bien entendu, suivant la manière dont on utilise cette instruction, les informations qu'il est possible d'obtenir ne sont pas identiques.

Notez que dans les commentaires précisant le rôle de chaque paramètre, il faudra interpréter la mention "*fichier connecté*" de deux façons différentes :

- si l'on applique *inquire* à un numéro d'unité (le paramètre *UNIT=* sera alors présent, mais pas *FILE=*), elle signifiera : "un (quelconque) fichier a été connecté à cette unité",

- si l'on applique *inquire* à un nom de fichier (le paramètre *FILE=* sera alors présent, mais pas *UNIT=*), elle signifiera : " le fichier en question est connecté à une (quelconque) unité".

```
INQUIRE                        &
 ( [ [UNIT=]numéro_unité ] &      ! paramètre interdit si FILE est présent
   [ FILE=nom_fichier]     &      ! paramètre interdit si UNIT est présent
   [, IOSTAT=integer]      &
   [, ERR=étiquette]       &
   [, EXIST=logical]       &      ! vrai si fichier connecté
   [, OPENED=logical]      &      ! vrai si fichier connecté et ouvert
   [, NUMBER=integer]      &      ! numéro de l'unité si connecté, -1 sinon*
   [, NAMED=logical]       &      ! vrai si fichier connecté et s'il a un nom**
   [, NAME=character]      &      ! nom du fichier si connecté, indéfini sinon
   [, ACCESS=character]    &      ! 'sequential'/'direct' si fichier connecté
                                  ! 'undefined' si fichier non connecté
   [, DIRECT=character]    &      ! 'yes'/'no' si fichier connecté
                                  ! ou 'unknown' si fichier non connecté
   [, FORM=character]      &      ! 'formatted'/'unformatted' si fich connecté
                                  ! 'undefined' si fichier non connecté
   [, RECL=integer]        &      ! si fich connecté : taille*** enreg si accès
                                  ! direct, taille max*** si accès sequentiel
                                  ! si fich non connecté : indéfini
   [, NEXTREC=integer]     &      ! si fich connecté : numéro du prochain enregis-
                                  ! trement à lire ou écrire ; indéfini sinon
   [, BLANK=character]     &      ! 'null'/'zero' si fichier connecté et formaté,
                                  ! 'undefined' sinon
   [, POSITION=character]  &      ! 'rewind'/'append'/'asis' si fich connecté
                                  ! en séquentiel, 'undefined' sinon
   [, ACTION=character]    &      ! 'read'/'write'/'readwrite' si fich connecté
                                  ! 'undefined' sinon
   [, READ=character]      &      ! 'yes'/'no' si fich connecté, 'undefined' sinon
   [, WRITE=character]     &      ! 'yes'/'no' si fich connecté, 'undefined' sinon
   [, READWRITE=character] &      ! 'yes'/'no' si fich connecté, 'undefined' sinon
   [, DELIM= character]    &      ! 'apostrophe'/'quote'/'none' si fichier connecté
                                  ! en formaté ; 'undefined' sinon
   [, PAD=character]       &      ! 'yes'/'no' si fich connecté, 'undefined' sinon
 )
```

L'instruction inquire

* Ce paramètre n'a pas d'intérêt dans une interrogation par numéro d'unité.

** Le fichier peut ne pas avoir de nom lorsqu'il s'agit d'un fichier temporaire. Ce paramètre n'a pas d'intérêt dans une interrogation par nom.

*** L'unité de mesure est le caractère pour les fichiers formatés ; elle dépend de l'environnement pour les fichiers non formatés.

Remarque :

Il existe une troisième forme de l'instruction *inquire*, dite interrogation par liste. Elle permet d'obtenir la longueur de l'enregistrement que fournirait (en non formaté) une liste donnée. En voici un exemple :

```
inquire (iolength=long) x, (t(i), i=1,5), p
```

On obtiendra dans la variable entière *long* la taille occupée par l'information correspondant à la liste.

Rappelons que cette longueur s'exprime (comme dans *open*) dans une unité qui dépend de l'environnement. C'est précisément pour cette raison que cette instruction s'avère pratique pour déterminer (avant son ouverture) la taille des enregistrements d'un fichier en accès direct ; elle évite d'avoir à faire figurer dans le programme une constante dont la valeur devrait être modifiée en cas d'exécution sur une autre machine.

10 - LES INSTRUCTIONS DE POSITIONNEMENT A L'INTERIEUR D'UN FICHIER

A priori, un fichier séquentiel est créé ou lu suivant l'ordre naturel de ses enregistrements. Il est cependant possible d'agir sur ce point en utilisant les instructions :

- *backspace* qui "recule" d'un enregistrement,

- *rewind* qui permet de se replacer en début de fichier.

Par ailleurs, d'un usage assez limité, l'instruction *endfile* permet d'écrire une marque de fin de fichier après le dernier enregistrement écrit ou consulté. Elle permet :

- de "tronquer" un fichier existant, dans le cas d'un fichier disque ;

- d'écrire plusieurs fichiers consécutifs sur une même bande magnétique ;

Voici la syntaxe de ces trois instructions (chacune d'entre elles dispose de deux syntaxes différentes) :

```
BACKSPACE numéro_unité

BACKSPACE ( [UNIT=]numéro_unité [, IOSTAT=resul] [, ERR=étiquette]
```

L'instruction backspace

```
REWIND numéro_unité

REWIND ( [UNIT=]numéro_unité [, IOSTAT=resul] [, ERR=étiquette]
```

L'instruction rewind

```
ENDFILE numéro_unité

ENDFILE ( [UNIT=]numéro_unité [, IOSTAT=resul] [, ERR=étiquette]
```

L'instruction endfile

ANNEXE A :
LES PROCEDURES INTRINSEQUES DE FORTRAN 90

Traditionnellement, les procédures intrinsèques de Fortran 90 se classent en quatre catégories :

- les **procédures élémentaires** : elles sont définies à la fois pour des arguments scalaires (numériques y compris complexes, chaînes) mais elles s'appliquent également à des tableaux. Dans ce cas, elles fournissent le même résultat que si elles avaient été appliquées individuellement à chacun des éléments du tableau,

- les **fonctions d'interrogation** : elles fournissent un résultat qui ne dépend que du type de leurs arguments, et en aucun cas de leurs valeurs (les arguments correspondant pouvant d'ailleurs ne pas être définis),

- les **fonctions de transformation** : ce sont les fonctions que ne rentrent dans aucune des deux catégories précédentes,

- les **sous-programmes non élémentaires** : il s'agit des sous-programmes qui ne rentrent pas dans la première catégorie.

Tous les arguments de ces procédures peuvent, le cas échéant, être spécifiés par mot clé (c'est celui que nous précisons systématiquement dans l'en-tête corrrespondant). Par ailleurs, certaines procédures comportent des arguments optionnels : nous les ***mentionnons en italiques gras dans l'en-tête***.

1 -LES FONCTIONS D'INTERROGATION UTILISABLES POUR TOUS LES TYPES

ASSOCIATED **associated (pointer, *target*)**

Quand *target* est présent : fournit la valeur *vrai* lorsque le pointeur *pointer* est associé à la cible *target*. Quand *target* est absent, fournit la valeur *vrai* lorsque le pointeur *pointer* est associé à une cible quelconque.

PRESENT **present (a)**

Fournit la valeur *vrai* si l'argument (muet) facultatif de nom *a* est présent dans l'appel de la procédure actuelle. Si un argument muet facultatif est utilisé à son tour dans l'appel d'une autre procédure, il conservera le même "statut" (absent ou présent) dans cette nouvelle procédure.

KIND **kind (x)**

Fournit un résultat de type *integer*, dont la valeur correspond au numéro de variante du type de *x*

2 - LES FONCTIONS NUMERIQUES

2.1 Les fonctions numériques élémentaires

a) Les fonctions numériques élémentaires qui peuvent effectuer des conversions

ABS **abs(a)**

Fournit la valeur absolue de *a*, de type numérique quelconque (complexe compris). Le résultat est du type et de la variante de *a*, excepté quand *a* est complexe, auquel cas le résultat est de type *real*, avec la variante de *a*.

AIMAG **aimag (z)**

Fournit la partie imaginaire de *z*, de type complexe. Le résultat est de type *real*, avec la variante de *z*.

AINT **aint (a, *kind*)**

Fournit, dans le type *real* de variante *kind* (ou celle de *a* si *kind* est absent), la "troncature" de *a* (partie entière E(a) pour a>0 et -E(-a) pour a<0).

ANINT **anint (a, *kind*)**

Fournit, dans le type *real* de variante *kind* (ou celle de *a* si *kind* est absent), l'arrondi de *a* à l'entier le plus proche.

CEILING **ceiling (a)**

Fournit l'entier (type *integer* standard) immédiatement supérieur à la valeur du réel *a*.

CMPLX **cmplx (x, *y*, *kind*)**

Si *y* est absent : fournit le résultat de la conversion de la valeur *x* (de type numérique quelconque, complexe compris) en un complexe de variante *kind* (ou un complexe standard si *kind* n'est pas spécifié) ;

Si *y* est présent : fournit le résultat de la conversion du complexe (x,y) (x et y doivent être de type entier ou réel) dans le type complexe de variante *kind* (ou complexe standard si *kind* n'est pas spécifié).

FLOOR **floor (a)**

Fournit l'entier (type *integer* standard) immédiatement inférieur à la valeur du réel *a*.

INT **int (a, *kind*)**

Fournit le résultat de la conversion en entier (de variante *kind* ou entier standard si *kind* n'est pas précisé) de la valeur de *a* qui peut être entière (le résultat est alors égal à a), réelle (le résultat est alors égal à la "troncature" de a, c'est-à-dire *aint (a)*) ou complexe (le résultat est alors égal à la troncature de la partie entière de a).

NINT **nint (a , *kind*)**

Fournit l'entier de variante *kind* (ou l'entier standard si *kind* n'est pas précisé) le plus proche du réel a.

REAL **real (a , *kind*)**

Fournit le réel correspondant à *a* qui peut être de type numérique quelconque (s'il est complexe, on en obtient la partie réelle). Le résultat a la variante *kind* si ce paramètre est spécifié ; dans le cas contraire, le résultat a la variante de *a* si *a* est réel ou complexe et il est du type *real* standard si *a* est entier.

b) Les fonctions numériques élémentaires qui ne convertissent pas

Note générale : toutes ces fonctions fournissent un résultat ayant le même type et la même variante que leur premier argument. Lorsque plusieurs arguments sont prévus, ils doivent tous être du même type (variante comprise). Lorsque des points de suspension (...) apparaissent après des paramètres facultatifs, cela signifie que d'autres arguments peuvent être spécifiés.

CONJG **conjg (z)**

Fournit le complexe conjugué du complexe *z*.

DIM **dim (x, y)**

Fournit *max (x-y, 0)* ; x et y doivent être tous deux entiers ou tous deux réels.

MAX **max (a1, a2 , *a3* ...)**

Fournit la valeur maximale des valeurs reçues en arguments (qui doivent être toutes de type entier ou toutes de type réel).

MIN **min (a1, a2 , *a3*...)**

Fournit la valeur minimale des valeurs reçues en arguments (qui doivent être toutes de type entier ou toutes de type réel).

MOD **mod (a, p)**

Fournit la valeur de *a-int(a/p)*p* ; *a* et *p* doivent être tous deux entiers ou tous deux réels. Si *p* est nul, le résultat dépend de la machine.

MODULO **modulo (a, p)**

Fournit la valeur de *a modulo p*, c'est-à-dire *a-floor(a/p)*p* quand *a* et *p* sont réels et *a-floor(a:p)*p* (: représentant la division euclidienne classique) quand *a* et *p* sont entiers. Si *p* est nul, le résultat dépend de la machine.

SIGN **sign (a, b)**

Fournit *abs(a)* si *b* est positif ou nul et *-abs(a)* si *b* est négatif.

c) Les fonctions élémentaires mathématiques

Note générale : toutes ces fonctions fournissent un résultat ayant le même type et la même variante que leur premier argument.

ACOS **acos (x)**

Fournit la détermination principale (en radians, dans l'intervalle [0-pi]) de *arc cos (x)*, *x* étant réel tel que -1 < = x < = 1.

ASIN **asin (x)**

Fournit la détermination principale (en radians, dans l'intervalle [-pi/2, pi/2]) de *arc sin(x)*, *x* étant réel tel que -1 < = x < = 1.

ATAN **atan (x)**

Fournit la valeur de *arc tg (x)*, *x* étant réel, exprimé en radians, dans l'intervalle [-pi/2, pi/2].

ATAN2 **atan2 (y, x)**

Fournit la valeur principale de l'argument du nombre complex (x, y), exprimée en radians dans l'intervalle [-pi,pi], *x* et *y* étant du même type réel (mêmes variantes éventuelles). Les valeurs de *x* et *y* ne doivent pas être toutes deux nulles.

COS **cos (x)**

Fournit le cosinus de x, réel ou complexe, exprimé en radians.

COSH **cosh (x)**

Fournit la valeur de *ch(x)*, x étant réel exprimé en radians.

EXP **exp (x)**

Fournit la valeur de l'exponentielle de *x*, réel ou complexe.

LOG **log (x)**

Fournit la valeur du logarithme népérien (naturel) de *x*, réel positif ou complexe non nul (dans ce cas, le résultat possède une partie imaginaire situé dans l'intervalle [-pi, pi].

LOG10 **log10 (x)**

Fournit la valeur du logarithme à base 10 du réel positif *x*.

SIN **sin (x)**

Fournit le sinus de *x*, réel ou complexe, exprimé en radians

SINH **sinh (x)**

Fournit la valeur de *sh(x)*, x étant réel exprimé en radians.

SQRT **sqrt (x)**

Fournit la valeur de la racine carrée de *x*, réel positif ou nul ou complexe (dans ce cas, le résultat possède une partie réelle non négative ; s'il s'agit de 0, la partie imaginaire du résultat n'est pas négative).

TAN **tan (x)**

Fournit la tangente de *x*, réel exprimé en radians.

TANH **tanh (x)**

Fournit la valeur de *th (x)* pour *x* réel, exprimé en radians.

d) Les fonctions numériques élémentaires de manipulation de réels

Notes générales :

1) le premier argument (x) de toutes ces fonctions est d'un type réel quelconque.

2) Rappelons qu'un nombre réel est représenté de façon approchée à l'aide d'une "mantisse" M et d'un "exposant" E. Si B est la base de numération utilisée sur la machine concernée, la quantité :

$m\,B^{E}$

représente une valeur approchée du réel en question.

EXPONENT **exponent (x)**

Fournit la valeur (entier standard) de l'exposant dans la représentation interne de la valeur de *x* (de type réel quelconque). Si *x* est nul, le résultat est 0.

FRACTION fraction (x)

Fournit la mantisse (partie fractionaire) dans la représentation interne de la valeur de x. Le résultat est du même type (variante comprise) que x (réel).

NEAREST nearest (x, s)

Fournit le nombre (réel de même variante que x) exactement représentable dans le type de x qui soit le plus proche de x dans la "direction" indiquée par s (plus proche inférieur si $s < 0$, plus proche supérieur si $s > 0$).

RRSPACING rrspacing (x)

Fournit le nombre (réel de même variante que x) représentant ce que l'on nomme la "réciproque" de l'espacement relatif des réels au voisinage de x, c'est-à-dire la quantitié $|xB^{-E}|B^{p}$, p représentant le nombre de bits utiles (bit signe non compris) de la mantisse.

SCALE scale (x, i)

Fournit la valeur (réel de même variante que x) de la quantité xB^{i}.

SET_EXPONENT set_exponent (x, i)

Fournit la valeur (réel de même variante que x) ayant la même mantisse que x, mais l'exposant i, c'est-à-dire la quantité $x B^{i-E}$.

SPACING spacing (x)

Fournit ce que l'on nomme l'espacement absolu des réels représentables (dans le type de x) au voisinage de x, c'est-à-dire l'écart entre les deux réels représentables les plus proches de x. Le résultat est du même type que x (variante comprise).

2.2 Les fonctions numériques d'interrogation

Toutes ces fonctions peuvent recevoir en argument un scalaire (numérique) ou un tableau[1] (d'éléments numériques).

DIGITS **digits (x)**

Fournit le nombre (entier standard) de chiffres significatifs du type de x (réel ou entier).

EPSILON **epsilon (x)**

Fournit ce que l'on appelle l'"epsilon machine" (plus grand nombre e tel que 1+e soit égal à e) du type correspondant au réel x. Le résultat possède la même variante que x.

HUGE **huge (x)**

Fournit la plus grande valeur représentable dans le type de x. Le résultat est du même type (variante comprise) que x qui peut être entier ou réel.

MAXEXPONENT **maxexponent (x)**

Fournit la plus grande valeur (entier standard) possible pour un exposant dans le type (réel) de x.

MINEXPONENT **minexponent (x)**

Fournit la plus petite valeur (entier standard) possible pour un exposant dans le type (réel) de x.

PRECISION **precision (x)**

Fournit le nombre (entier standard) minimal de chiffres significatifs dans le type (réel ou complexe) de x.

---

1. Attention, elles ne sont pas pour autant élémentaires car, dans tous les cas, elles fournissent un résultat scalaire.

RADIX **radix (x)**

Fournit la base (entier standard) utilisée pour représenter les valeurs du type de *x* (entier ou réel). En général, il s'agit de 2 ou de 16.

RANGE **range (x)**

Fournit la valeur maximale e (entier standard) d'un exposant (en puissance de 10) dans le type de *x* (entier, réel ou complexe) telle que les nombres 10e et 10^{-e} soient représentables dans le type en question.

TINY **tiny (x)**

Fournit la plus petite valeur représentable dans le type de *x*. Le résultat est du même type (variante comprise) que *x* qui peut être entier ou réel.

2.3 Les fonctions numériques de transformation

SELECTED_INT_KIND **selected_int_kind_ (r)**

Fournit l'entier (standard) correspondant au numéro de variante du type *integer* susceptible de représenter les nombres entiers s'étendant de 10^{-r} à 10^{+r} ; si plusieurs numéros de variante conviennent, on obtient celui qui correspond au domaine le moins étendu (s'il y en a encore plusieurs, on obtient le plus petit numéro de variante) ; s'il n'en existe aucun, on obtient la valeur -1.

SELECTED_REAL_KIND **selected_real_kind (*p*, *r*)**

Fournit l'entier (standard) correspondant au numéro de variante du type *real* susceptible de représenter des nombres réels avec une précision (au sens que lui donne la fonction *precision*) au moins égale à *p* et une étendue (au sens que lui donne la fonction *range*) au moins égale à *r*. L'un au moins des deux arguments entiers *p* ou *r* doit être présent. Si plusieurs numéros de variantes conviennent, on obtient celui qui correspond à la précision la moins grande (s'il y en a encore plusieurs, on obtient le plus petit numéro de variante). S'il n'en existe aucune, on obtient : -1 si la précision demandée n'est pas disponible, -2 si l'étendue demandée n'est pas disponible et -3 si ni la précision ni l'étendue ne sont disponibles.

3 - LES FONCTIONS RELATIVES AUX CHAINES

3.1 Les fonctions élémentaires relatives aux chaînes

a) Les fonctions élémentaires de conversions caractère -> entier et entier -> caractère

ACHAR **achar (i)**

Fournit une chaîne de caractères de longueur 1 correspondant au caractère de code ASCII *i* (entier). Quand *i* est en dehors de l'intervalle [0-127], le résultat dépend de la machine.

CHAR **char (i, *kind*)**

Fournit une chaîne de caractères de longueur 1, correspondant au caractère de code *i* (entier) dans le jeu de caractère spécifié par *kind* (expression constante entière) ou dans le jeu de caractère standard (si *kind* est abssent).

IACHAR **iachar (c)**

Fournit l'entier (type *integer* standard) correspondant au code ASCII du caractère *c* (chaîne de longueur 1).

ICHAR **ichar c)**

Fournit l'entier (type *integer* standard) correspondant au code du caractère *c* (chaîne de longueur 1) dans la variante correspondant à celle du type de *c*.

b) Les fonctions élémentaires de comparaison de chaînes

Ces fonctions permettent d'effectuer des comparaisons de chaînes, basées sur le code ASCII, et ceci quelles que soient les variantes du type de leurs arguments.

LGE **lge (string_a, string_b)**

Fournit la valeur *vrai* si la chaîne *string_a* apparaît après *string_b* ou lui est égale.

LGT **lgt (string_a, string_b)**

Fournit la valeur *vrai* si la chaîne *string_a* apparaît après *string_b*.

LLE **lle (string_a, string_b)**

Fournit la valeur *vrai* si la chaîne *string_a* apparaît avant *string_b* ou lui est égale.

LLT **llt (string_a, string_b)**

Fournit la valeur *vrai* si la chaîne *string_a* apparaît avant *string_b*.

c) Les fonctions élémentaires de manipulation de chaînes

Note générale : lorsque plusieurs arguments sont présents, ils doivent tous être de la même variante du type *character*. Le résultat, de type chaîne, a toujours la longueur et la variante du premier argument (*string*).

ADJUSTL **adjustl (string)**

Fournit en résultat la chaîne *string* "cadrée à gauche", c'est-à-dire débarrassée de tous ses espaces de début (et donc complétée à droite par autant d'espaces supplémentaires).

ADJUSTR **adjustr (string)**

Fournit en résultat la chaîne *string* "cadrée à droite", c'est-à-dire débarrassée de tous ses espaces de fin (et donc complétée à gauche par autant d'espaces supplémentaires).

INDEX **index (string, substring, *back*)**

Fournit un entier (de type *integer* standard) correspondant au premier caractère de la chaîne *string* où apparaît la sous-chaîne *substring* (ou la valeur 0 si cette sous-chaîne n'apparaît pas). Si *back* (de type *logical*) n'est pas précisé ou s'il a la valeur *faux*, l'exploration se fait depuis le début de la chaîne ; si *back* a la valeur *vrai*, cette recherche se fait depuis la fin de la chaîne (on a donc, en fait, la dernière "occurrence" de la sous-chaîne).

LEN_TRIM **len_trim (string)**

Longueur (*integer* standard) de la chaîne *string*, débarrassée de ses espaces de fin.

SCAN **scan (string, set ,** ***back*****)**

Fournit un entier (de type *integer* standard) correspondant au premier caractère de la chaîne *string* où apparaît l'un des caractères de la chaîne *set* (ou la valeur 0 si cette chaîne n'apparaît pas). Si *back* (de type *logical*) n'est pas précisé ou s'il a la valeur *faux*, l'exploration se fait depuis le début de la chaîne ; si *back* a la valeur *vrai*, cette recherche se fait depuis la fin de la chîne (on a donc, en fait, la dernière "occurrence" de l'un des caractères mentionnés).

VERIFY **verify (string, set ,** ***back*****)**

Fournit un entier (de type *integer* standard) valant 0 si tous les caractères de la chaîne *string* figurent dans la chaîne *set* ou la position du premier caractère de *string* qui ne figure pas dans *set* dans le cas contraire. Si *back* (de type *logical*) n'est pas précisé ou s'il a la valeur *faux*, l'exploration se fait depuis le début de la chaîne ; si *back* a la valeur *vrai*, cette recherche se fait depuis la fin de la chaîne.

3.2 Les fonctions d'interrogation relatives aux chaînes

LEN **len (string)**

Entier (*integer* standard) correspondant à la longueur de la chaîne *string*. Si *string* est un tableau de chaînes, on obtient la longueur d'un élément d'un tel tableau.

3.3 Les fonctions de transformation relatives aux chaînes

REPEAT **repeat (string, ncopies)**

Fournit en résultat une chaîne obtenue en concaténant *ncopies* fois la chaîne *string*.

TRIM **trim (string)**

Fournit une chaîne obtenue en débarassant la chaîne *string* de tous ses espaces de fin.

4 - LA FONCTION LOGIQUE ELEMENTAIRE : LOGICAL

LOGICAL **logical (l, *kind*)**

Fournit une valeur de type *logical*, de variante *kind* (expression constante entière) ou de type standard si *kind* n'est pas précisé égale à la valeur *l* de type *logical* (de variante quelconque).

5 - LES FONCTIONS DE MANIPULATION DE BITS

Note générale : dans tous les cas, les bits sont numérotés "à partir de la droite", c'est-à-dire plus précisément en partant des bits de poids faibles ; le bit le plus à droite portant le numéro 0.

5.1 La fonction d'interrogation : bit_size

BIT_SIZE **bit_size (i)**

Fournit le nombre (entier de même variante que *i*) de bits utilisés dans la représentation des nombres entiers dans le type de *i*.

5.2 Les fonctions élémentaires de manipulation de bits

Note générale : tous les arguments de ces fonctions sont de type entier (quelconque).

BTEST **btest (i, pos)**

Fournit la valeur *vrai* si le bit de rang *pos* (entier quelconque) de la valeur de *i* (entier quelconque) est à un et la valeur *faux* dans le cas contraire.

IAND **iand (i, j)**

Fournit l'entier obtenu en effectuant une opération "et" sur chacun des bits de même rang de *i* et *j* (1 et 1 donne 1 et toutes les autres combinaisons donnent 0). Le résultat est un entier de même variante que *i* et *j* qui doivent être, tous deux, de même variante.

IBCLR **ibclr (i, pos)**

Fournit l'entier obtenu en plaçant à 0 le bit de rang *pos* dans la valeur *i*. Le résultat (de type entier) à la même variante que *i*

IBITS **ibits (i, pos, len)**

Fournit l'entier obtenu en prélevant dans *i* un nombre de bits égal à *len* (entier quelconque), à partir de celui de rang *pos* (entier quelconque). Le résultat (de type entier) à la même variante que *i*.

IBSET **ibset (i, pos)**

Fournit l'entier obtenu en plaçant à 1 le bit de rang *pos* (entier quelconque) dans la valeur *i*. Le résultat (de type entier) a la même variante que *i*.

IEOR **ieor (i,j)**

Fournit l'entier obtenu en effectuant une opération "ou exclusif" sur chacun des bits de même rang de *i* et *j* (1 et 1 donne 0, 1 et 0 ou 0 et 1 donnent 1, 0 et 0 donne 0). Le résultat est un entier de même variante que *i* et *j* qui doivent être, tous deux, de même variante.

IOR **ior (i,j)**

Fournit l'entier obtenu en effectuant une opération "ou inclusif" sur chacun des bits de même rang de *i* et *j* (0 et 0 donne 0, toutes les autres combinaisons donnent 1). Le résultat est un entier de même variante que *i* et *j* qui doivent être, tous deux, de même variante.

ISHIFT **ishift (i, shift)**

Fournit l'entier obtenu en décalant de *shift* (entier quelconque) bits vers la gauche (ou de *-shift* bits vers la droite si *shift* est négatif) le motif binaire correspondant à la valeur de *i*. Les *ishift* bits de gauche (ou les *-ishift* bits de droite si *ishift* est négatif) sont perdus. Les nouveaux bits sont à 0. Le résultat (de type entier) a la même variante que *i*.

ISHIFTC **ishiftc (i, shift, *size*)**

Fournit l'entier obtenu en décalant "circulairement" de *shift* (entier quelconque) bits vers la gauche (ou de *-ishift* bits vers la droite si *shift* est négatif) les *size* (entier quelconque) bits les plus à droite (ou tous les bits si le paramètre *size* est omis) du motif binaire de *i*. Le résultat (de type entier) a la même variante que *i*.

NOT **not (i)**

Fournit l'entier obtenu en "complémentant" à un (1 devient 0 et 0 devient 1) chacun des bits du motif binaire de *i*. Le résultat (de type entier) a la même variante que *i*.

5.3 Le sous-programme élémentaire : mvbits

MVBITS **call mvbits (from, frompos, len, to, topos)**

Copie *len* bits de *from*, à partir de celui de rang *frompos* dans *to*, à partir du bit de rang *topos* (sans modifier la valeur des autres bits). Les arguments *frompos*, *len* et *topos* sont des entiers quelconques. Les arguments *from* et *to* sont des entiers de même variante ; *to*, étant un argument de genre "out", doit obligatoirement être une "variable". Il est possible que *from* et *to* soient identiques.

6 - LES FONCTIONS RELATIVES AUX TABLEAUX

6.1 Les fonctions de multiplication de vecteurs et de matrices

DOT_PRODUCT **dot_product (vector_a, vector_b)**

Typiquement, cette fonction correspond au produit scalaire de deux vecteurs, avec cette particularité qu'elle peut également porter sur des tableaux de type logique.

Les arguments *vector_a* et *vector_b* doivent être des tableaux de rang 1 de même taille, ayant soit tous les deux un type numérique (mais pas obligatoirement le même), soit tous les deux un type logique.

Si *vector_a* est de type entier ou réel, on obtient la valeur de l'expression : *sum (vector_a * vector_b)*, avec le type correspondant (à cette expression).

Si *vector_a* est de type complexe, on obtient la valeur de l'expression : *sum (conjg (vector_a) * vector_b)*, avec le type correspondant (à cette expression).

Si *vector_a* et *vector_b* sont tous deux de type logique, on obtient la valeur de l'expression : *any (vector_a .and. vector_b)* avec le type correspondant à cette expression.

MATMUL **matmul (matrix_a, matrix_b)**

Typiquement, cette fonction correspond au produit de deux matrices, au produit d'un vecteur (ligne) par une matrice ou au produit d'une matrice par un vecteur (colonne). Les dimensions des tableaux sont soumises aux contraintes mathématiques habituelles. De plus, comme *dot_product*, la fonction *matmul* peut porter sur des tableaux de type logique.

Les arguments sont donc des tableaux de rang un ou deux qui doivent être soit tous deux de type numérique (mais pas nécessairement le même), soit tous deux de type logique.

a) Cas d'arguments de type numérique

Si les deux arguments sont de rang 2, le premier étant de profil (n, p), le second doit avoir un profil de la forme (p, q) ; le résultat est de rang 2 et de profil (n, q) et il correspond au produit des deux matrices, c'est-à-dire qu'un élément de rang i, j a pour valeur : *sum (matrix_a (i, :) * matrix_b (:, j))* ;

Si le premier argument est de rang 1, de profil (p), le second doit avoir un profil de la forme (p, q) et le résultat est de rang 1, de profil (q) ; il correspond au produit d'un vecteur ligne par une matrice, c'est-à-dire que l'élément de rang i est défini par : *sum (matrix_a * matrix _b (:, j))* ;

Si le second argument est de rang 1, le premier doit être de rang 2 ; si son profil est (n, p), celui du second argument doit obligatoirement être (n) et le résultat est de rang 1 et de profil (p) ; il correspond au produit d'une matrice par un vecteur colonne, c'est-à-dire qu'un élément de rang i, j a pour valeur : *sum (matrix_a(i, :) * matrix_b)*.

b) Cas d'arguments de type logique

On retrouve exactement les trois situations précédentes à propos des profils ; seule la formule définissant un élément du résultat est différente : elle se déduit des précédentes en remplaçant la fonction *sum* par la fonction *any* et l'opérateur * par l'opérateur *.and.*.

6.2 Les fonctions de transformation qui réduisent les tableaux

Note générales

Toutes ces fonctions s'appliquent à des tableaux de rang quelconque et fournissent un résultat scalaire du même type que les éléments du tableau.

D'autre part, elles peuvent toutes comporter un argument optionnel nommé *dim* et, de plus, certaines d'entre elles peuvent recevoir un argument optionnel servant de "masque".

Ici, nous décrivons d'abord le rôle de toutes ces fonctions, dans le cas usuel où elles ne possèdent qu'un seul argument. Il sera alors plus facile d'en expliquer le rôle dans les cas plus généraux.

ALL **all (mask)**

Fournit la valeur *vrai* si tous les éléments du tableau logique *mask* ont la valeur *vrai* (ou si *mask* est de taille zéro).

ANY **any (mask)**

Fournit la valeur *vrai* si l'un au moins des éléments du tableau logique *mask* a la valeur *vrai* et la valeur *faux* dans le cas contraire (aucun élément n'a la valeur *vrai* ou tableau de taille nulle).

COUNT **count (mask)**

Fournit le nombre (entier standard) d'éléments du tableau logique *mask* ayant la valeur *vrai*.

MAXVAL **maxval (array)**

Fournit la plus grande valeur du tableau *array*. Le résultat est du même type que les éléments de *array* qui peuvent être de type entier ou réel. Si le tableau *arary* est de taille nulle, le résultat est égal à la valeur la plus petite représentable dans le type concerné.

MINVAL **minval (array)**

Fournit la plus petite valeur du tableau *array*. Le résultat est du même type que les éléments de *array* qui peuvent être de type entier ou réel. Si le tableau *arary* est de taille nulle, le résultat est égal à la plus grande valeur représentable dans le type concerné.

PRODUCT **product (array)**

Fournit le produit des valeurs des éléments du tableau *array*. Le résultat est du même type que les éléments de *array* qui peuvent être de type entier, réel ou complexe. Si le tableau *array* est de taille nulle, le résultat vaut 1.

SUM **sum (array)**

Fournit la somme des valeurs des éléments du tableau *array*. Le résultat est du même type que les éléments de *array* qui peuvent être de type entier, réel ou complexe. Si le tableau *array* est de taille nulle, le résultat vaut 0.

Argument optionnel dim

Toutes les fonctions précédentes peuvent recevoir un deuxième argument, de type entier, nommé *dim*. Dans ce cas, l'opération correspondante est appliquée à toutes les sections du tableau *array* que l'on peut obtenir en fixant tous les indices, hormis celui relatif à la dimension spécifiée par *dim*. L'ensemble de ces résultats forme un tableau de rang inférieur d'une unité à celui de *array*. Par exemple, avec :

```
integer, dimension (3, 5, 9 ,4) :: tab
```

l'expression *sum (tab, dim=2)* est un tableau de rang 3, de profil (3, 9, 4) (il se déduit de celui de *tab*, en supprimant la deuxième étendue) ; un élément de rang i, j, k ayant pour valeur : *sum (tab (i, :, j, k))*.

Argument optionnel mask

Les quatre fonctions *maxval*, *minval*, *product* et *sum* disposent d'un troisième argument optionnel nommé *mask*, correspondant à un tableau de type logique ayant le même rang et le même profil que *array*. Dans ce cas l'opération correspondante n'est appliquée qu'aux éléments du tableau *array* pour lesquels l'élément correspondant de *mask* a la valeur *vrai*.

6.3 Les fonctions d'interrogation relatives aux tableaux

ALLOCATED allocated (array)

Fournit la valeur vrai si le tableau *array* (déclaré avec l'attribut *allocate*) est alloué et la valeur faux dans le cas contraire.

LBOUND lbound (array, *dim*)

Si *dim* (entier) est présent, fournit la borne inférieure (entier standard) du tableau *array*, suivant sa dimension *dim*. Si *dim* est absent, fournit un tableau d'entiers (standards) ayant le rang de *array*, contenant les bornes inférieures de *array*, suivant toutes ses dimensions. Notez qu'il n'est pas possible d'appeler *lbound* au sein d'une procédure en lui fournissant un deuxième argument effectif qui soit lui-même un argument muet optionnel.

SHAPE **shape (source)**

Fournit un tableau d'entiers (standards) de rang 1 correspondant au profil de *source*. Si *source* est un scalaire, on obtient un tableau de taille 0.

SIZE **size (array, *dim*)**

Si *dim* est présent, fournit l'étendue (entier standard) de *array* suivant sa dimension *dim*. Si *dim* est absent, fournit la taille de *array*.

UBOUND **ubound (array, *dim*)**

Si *dim* (entier) est présent, fournit la borne supérieure (entier standard) du tableau *array*, suivant sa dimension *dim*. Si *dim* est absent, fournit un tableau d'entiers (standards) ayant le rang de *array*, contenant les bornes supérieures de *array*, suivant toutes ses dimensions. Notez qu'il n'est pas possible d'appeler *ubound* au sein d'une procédure en lui fournissant un deuxième argument effectif qui soit lui-même un argument muet optionnel.

6.4 Les fonctions de construction et de manipulation de tableaux

a) La fonction élémentaire : merge

MERGE **merge (tsource, fsource, mask)**

Typiquement, cette fonction sert à fabriquer, à partir de deux tableaux (*tsource* et *fsource*) , un nouveau tableau à partir de valeurs prélevées dans le premier tableau ou le second tableau, suivant la valeur de la condition exprimée dans *mask*. Elle est toutefois "élémentaire", de sorte qu'elle peut s'appliquer à des scalaires.

Les arguments *tsource* et *fsource* peuvent être d'un type quelconque, pourvu qu'il s'agisse du même (variante comprise). L'argument *mask* doit être de type *logical*. Les trois arguments doivent être soit tous les trois des scalaires, soit des tableaux de même profil.

Chaque élément du résultat a pour valeur soit celle de l'élément correspondant de *tsource* si l'élément correspondant de *mask* a la valeur vrai, soit l'élément correspondant de *fsource* dans le cas contraire.

b) Les fonctions de transformation

PACK **pack (array, mask, *vector*)**

Typiquement, cette fonction permet d'extraire certaines valeurs d'un tableau de rang quelconque. Le résultat est fournit sous forme d'un tableau de rang 1.

L'argument *array* peut être d'un type quelconque ; *mask* doit être un tableau de type *logical*, de même profil que *array*.

Si *vector* est absent, cette fonction fournit un tableau de rang 1 contenant les éléments de *array* pour lesquels l'élément correspondant de *mask* a la valeur vrai ; lorsque *array* est de rang supérieur à 1, ses éléments sont considérés suivant l'ordre dans lequel ils sont rangés en mémoire (le premier indice variant donc le plus rapidement).

Si *vector* est présent, il doit s'agir d'un tableau de rang 1, de même type (variante comprise) que *array*. Dans ce cas, le résultat a la taille de *vector* (qui doit donc comporter au moins autant d'éléments qu'il y a de valeurs vrai dans *mask*) : il comporte les mêmes valeurs que lorsque *vector* est absent, complétées par les dernières valeurs (de même indice) de *vector*.

UNPACK **unpack (vector, mask, field)**

Typiquement, cette fonction joue un rôle relativement symétrique de *pack* en permettant de constituer un tableau de rang supérieur à 1, en incorporant à certains emplacements des valeurs provenant d'un tableau de rang 1.

L'argument *vector* est un tableau de rang 1, de type quelconque. Le tableau *mask* est de rang quelconque et de type *logical*. L'argument *field* doit être du même type que *vector* ; il peut s'agir soit d'un scalaire, soit d'un tableau de même profil que *mask*.

Le résultat fournit est un tableau de même profil que *mask* et de même type (variante comprise) que *vector*. Ses éléments sont remplis suivant l'ordre naturel en considérant l'élément correspondant de *mask* ; s'il est vrai, il s'agit d'une valeur provenant de *vector* (attention, ici, il n'y a plus de correspondance d'indice ; on se contente de prélever la valeur suivante à chaque fois qu'on en a besoin) ; s'il est faux, il s'agit de la valeur correspondante de *field* lorsque cet argument est un tableau ou tout simplement de la valeur *field* lorsque cet argument est un scalaire.

RESHAPE **reshape (source, shape,** ***pad, order*****)**

Typiquement, cette fonction sert à fabriquer un tableau à plusieurs dimensions, son profil étant défini par *shape*, à partir de valeurs figurant dans un tableau de rang 1 (*source*).

Le tableau *source* est de rang quelconque et de type quelconque. Le tableau *shape* est un tableau d'entiers non négatifs (standards) de rang 1, dont la taille doit être constante.

Si *pad* est présent, il doit s'agir d'un tableau de même type (variante comprise) que *source*. Ses valeurs sont utilisées (dans leur ordre naturel) et, si nécessaire, plusieurs fois, pour compléter le résultat, si sa taille (définie par *shape*) dépasse celle de *source*.

Si *order* est présent, il doit s'agir d'un tableau d'entiers de rang 1, de même taille que *shape* ; dans ce cas, les éléments du résultat, pris dans l'ordre indiqué par les indices figurant dans *order* sont ceux de *source* pris dans l'ordre usuel des indices ; là encore, si *pad* est présent, ses valeurs seront utilisées éventuellement plusieurs fois) pour compléter le résultat si sa taille dépasse celle de *source*.

SPREAD **spread (source, dim, ncopies)**

Typiquement, cette fonction sert à créer un nouveau tableau en dupliquant *ncopies* fois les valeurs d'un tableau donné (*source*) suivant une nouvelle dimension (de numéro *dim*).

L'argument *source* est un scalaire de type quelconque ou un tableau de rang et de type quelconque. Le résultat fournit est un tableau de rang égal à celui de *source* augmenté de 1 (ou un tableau de rang 1 si *source* est scalaire) et de même type que *source* ; son profil se déduit de celui de *source* en lui ajoutant l'étendue *ncopies* pour la dimension de rang *dim*.

CSHIFT **cshift (array, shift,** ***dim*****)**

Typiquement, cette fonction sert à effectuer une permutation circulaire des éléments d'un tableau de rang 1. Mais, elle se généralise à des permutations circulaires de sections de tableaux de rang supérieur à 1.

L'argument *array* est un tableau de type quelconque et de rang quelconque. Le résultat est un tableau de même type et de même profil que *array*. L'argument *shift* doit être de type entier ; il doit s'agir d'un scalaire si *array* est de rang 1. L'argument *dim* est un entier ; s'il est absent, tout se passe comme si sa valeur était 1.

Lorsque *shift* est un scalaire, le résultat fournit par cette fonction est le tableau obtenu en décalant circulairement *shift* fois chaque section de rang 1 s'étendant suivant la dimension indiquée par *dim* (le décalage se fait dans le sens des indices croissants si *shift* est positif, dans le sens des indices décroissants si *shift* est négatif).

Lorsque *shift* est un tableau, il doit être de même profil que *array* privé de sa dimension *dim* ; il fournit les décalages à appliquer à chacune des sections de rang 1 définies précédemment.

EOSHIFT **eoshift (array, shift, *boundary, dim*)**

Cette fonction travaille de manière analogue à *cshift*, avec cette différence que le décalage n'est plus circulaire ; les valeurs manquantes sont remplacées :

- soit par des zéros si *boundary* n'est pas spécifié,

- soit par celles précisées par *boundary* qui doit alors être de même type (variante comprise) que les éléments de *array* ; s'il s'agit d'un scalaire, sa valeur est attribuée à toutes les valeurs manquantes ; s'il s'agit d'un tableau, il doit avoir le même profil que *shift* (c'est-à-dire celui de *array* privé de sa dimension *dim*) et il fournit les valeurs remplaçantes pour chaque décalage.

TRANSPOSE **transpose (matrix)**

L'argument *matrix* doit être un tableau de rang 2, de type quelconque. Il fournit un tableau de même rang et dont les étendues sont celles de *matrix* inversées et dont l'élément d'indices i, j est *matrix (j,i)* (comme dans la transposée d'une matrice).

MAXLOC **maxloc (array, *mask*)**

Fournit un tableau de rang 1 d'entiers (standards) dont la taille est égale au rang de *array*.

Si *mask* n'est pas précisé, on obtient les indices relatifs à la plus grande valeur de *maxloc* (si elle apparaît plusieurs fois, c'est la position du premier, au sens de l'arrangement en mémoire, qui est fournie).

Si *mask* est précisé, il doit s'agir d'un tableau de type *logical* de même profil que *array* et qui est appliqué comme filtre à la recherche (seuls les éléments de *array* pour lesquels l'élément correspondant de *mask* est vrai sont considérés).

MINLOC **minloc (array, *mask*)**

Fournit un tableau de rang 1 d'entiers (standards) dont la taille est égale au rang de *array*.

Si *mask* n'est pas précisé, on obtient les indices relatifs à la plus petite valeur de *maxloc* (si elle apparaît plusieurs fois, c'est la position du premier, au sens de l'arrangement en mémoire, qui est fournie).

Si *mask* est précisé, il doit s'agir d'un tableau de type *logical* de même profil que *array* et qui est appliqué comme filtre à la recherche (seuls les éléments de *array* pour lesquels l'élément correspondant de *mask* est vrai sont considérés).

7 - PROCEDURES DIVERSES

7.1 La fonction transfer

TRANSFER **transfer (source, mold, *size*)**

Typiquement, cette fonction sert à effectuer des transferts d'information, sans tenir compte des types des objets concernés.

Elle fournit un résultat formé du "motif binaire" contenu dans *source* mais ayant le type indiqué par *mold* (dont la valeur n'intervient pas). Le résultat est soit un scalaire (du type de *mold*) si le paramètre *size* est absent et que *mold* est scalaire, soit un tableau de rang 1 (de taille *size* si ce paramètre est spécifié ou de la taille de source si *size* n'est pas spécifié) d'éléments du type de *mold*. S'il n'y a pas suffisamment de valeurs dans *source* pour remplir le résultat, les valeurs absentes sont indéterminées ; s'il y en a trop, en revanche, seules les premières valeurs de *source* sont utilisées.

7.2 Les sous-programmes non élémentaires

a) Gestion de l'heure et de la date

DATE_AND_TIME **call date_and_time (*date, time, zone, values*)**

Fournit dans les différents arguments (de sortie) dont le type est précisé ci-dessous les valeurs suivantes (lorsqu'elles ne sont pas disponibles, on obtient un espace pour les arguments de type *character* et la valeur *-huge(0)*,c'est-à-dire le plus petit entier négatif, pour les arguments de type numérique).

date (*character*) : date sous la forme aaaammjj (4 caractères pour l'année, 2 pour le numéro de mois, 2 pour le numéro de jour),

time (*character*) : heure sour la forme hhmmss.sss (2 caractères pour l'heure, 2 pour les minutes, 2 pour les secondes, un point et 2 caractères pour les millièmes de secondes),

zone (*character*) : écart entre l'heure locale et le temps universel sous la forme shhmm (1 caractère pour le signe + ou -, 2 caractères pour les heures et 2 caractères pour les minutes).

values (tableau de rang 1 de 8 entiers) : il fournit, sous forme numérique les différentes informations précédentes ; ses éléments correspondent dans l'ordre à : année, numéro de mois, numéro de jour, différence en minutes avec le temps universel, heure, minutes, secondes et millièmes de seconde.

SYSTEM_CLOCK **call system_clock (*count, count_rate, count_max*)**

Fournit dans les trois arguments de sortie, de type *integer*, les informations suivantes :

count : valeur de l'horloge interne (*-huge(0)* si elle n'est pas accessible),

count_rate : fréquence de l'horloge interne (0 si elle n'est pas accessible),

count_max : valeur maximale de l'horloge interne (nombre de coups qu'elle peut compter avant de repasser à zéro) (0 si elle n'est pas accessible).

b) Nombres aléatoires

RANDOM_NUMBER call random_number (harvest)

Fournit, dans *harvest* (*real*) un nombre pseudo-aléatoire appartenant à l'intervalle [0, 1[; L'argument *harvest* peut être un tableau de réels ; dans ce cas, on obtient une série de nombres aléatoires.

RANDOM_SEED call random_seed (*size, put, get*)

Permet d'initialiser ou d'interroger le générateur de nombre aléatoires utilisé par la routine *random_number* .

Un seul des trois arguments doit être spécifié.

size (*integer* de genre *out*) : taille du tableau d'entiers utilisé comme "graines" pour la génération des nombres aléatoires,

put (*integer* de genre *in*) : tableau d'entiers de rang 1 (de taille au moins égale à la valeur fournie dans *size*) qui correspond aux valeurs qui seront utilisées comme graines pour la génération des nombres aléatoires,

get (*integer* de genre *out*) : tableau d'entiers de rang 1 (de taille égale à la valeur fournie dans *size*) qui correspond aux valeurs utilisées pour la génération des nombres aléatoires.

Si aucun argument n'est précisé, le générateur de nombres aléatoires est initialisé d'une manière dépendant de la machine.

ANNEXE B :
LES VARIANTES DES TYPES DE BASE

1. Généralités

Les types de base *integer*, *real*, *logical*, *complex* et *character* possèdent des caractéristiques (encombrement mémoire, domaine couvert, précision, codage) qui dépendent de la machine utilisée.

Fortran 90 vous permet d'imposer des caractéristiques précises à un type. Cela se fait en choisissant ce qu'il nomme un **numéro de variante** (nombre entier positif) à l'aide d'un paramètre supplémentaire (*kind=*). Cette possibilité présente toutefois quelques difficultés :

- le numéro correspondant à des caractéristiques données dépend de la machine,
- on ne peut avoir l'assurance que des caractéristiques données existent sur une machine donnée.

Comme ce numéro de variante dépend de la machine, on a souvent besoin de connaître le numéro correspondant à des caractéristiques données. Pour cela, il existe deux solutions :

- consulter la documentation Fortran 90 de la machine ; si l'on souhaite pouvoir adapter son programme à une autre machine, on introduira de préférence le nombre voulu sous forme d'une constante symbolique (*parameter*),

- utiliser certaines fonctions intrinsèques qui fournissent le numéro de variante (s'il existe) correspondant à des caractéristiques données sur la machine utilisée.

On notera qu'il n'est pas possible de prévoir un programme entièrement portable puisqu'on n'a pas l'assurance que des caractéristiques données pourront se retrouver sur toutes les machines. En revanche, il reste toujours possible de prévoir un programme pouvant fonctionner sur plusieurs machines connues à l'avance et dont on sait qu'elles possèdent toutes les possibilités voulues.

Par ailleurs, la fonction d'interrogation *kind* permet de connaître le numéro de variante du type d'une variable ou d'une expression qu'on lui transmet en argument.

2. Déclaration des variables

Pour déclarer qu'une variable est d'un des types que nous venons d'évoquer, on procède comme pour le type de base en précisant le numéro de variante voulu, par exemple :

```
integer (kind=3) :: n, p    ! n et p sont des entiers de variante numéro 3
real (kind=4)    :: x, y    ! x et y sont des réels de variante numéro 4
```

Comme nous l'avons dit, il sera généralement plus judicieux d'utiliser des constantes symboliques pour les numéros de variante.

3. Notation des constantes

Il est possible d'imposer un numéro de variante à une constante : on la fait suivre du caractère souligné et du numéro de variante (constante ou constante symbolique de type *integer*). En voici des exemples :

```
45         constante de type integer
45_6       constante de type integer (kind=6)
-483_var   constante de type integer (kind=var)  var étant déclaré parameter
```

Les constantes de type *character* font exception à cette règle : le numéro de variante précède la constante.

4 Les variantes du type integer

Elles permettent d'agir sur le domaine des valeurs représentables. La fonction *selected_int_kind* permet d'obtenir le numéro de variante correspondant à un domaine donné ; plus précisément :

selected_int_kind_ (r)

fournit l'entier (standard) correspondant au numéro de variante du type *integer* susceptible de représenter les nombres entiers s'étendant de 10^{-r} à 10^{+r} ; s'il en existe plusieurs, on obtient celui qui correspond au domaine le moins étendu (s'il y en a encore plusieurs, on obtient le plus petit numéro de variante) ; s'il n'en existe aucun, on obtient la valeur -1.

Exemple :

```
integer, parameter :: k10 = selected_int_kind (10)
   ...
integer (kind = k10) :: grand_nombre1, grand_nombre2

grand_nombre1 = 9876543210_k10       ! constante a 10 chiffres rarement représentable
                                     ! dans le type integer standard
```

5. Les variantes du type real

Elles permettent d'agir à la fois sur le domaine représentable et sur la précision. La fonction *selected_real_kind* permet d'obtenir le numéro de variante possédant des caractéristiques données (domaine et précision). Plus précisément :

selected_real_kind (p , r)

fournit l'entier (standard) correspondant au numéro de variante du type *real* susceptible de représenter des nombres réels avec une précision (au sens que lui donne la fonction *precision*) au moins égale à *p* et une étendue (au sens que lui donne la fonction *range*) au moins égale à *r*. L'un au moins des deux arguments entiers *p* ou *r* doit être présent. Si plusieurs numéros de variantes conviennent, on obtient celui qui correspond à la précision la moins grande (s'il y en a encore plusieurs, on obtient le plus petit numéro de variante). S'il n'en existe aucune, on obtient : -1 si la précision demandée n'est pas disponible, -2 si l'étendue demandée n'est pas disponible et -3 si ni la précision ni l'étendue ne sont disponibles.

La norme impose qu'il existe au moins deux variantes distinctes du type *real* sur une machine donnée. Le type *double precision* correspond d'ailleurs toujours à une variante différente du type *real*. Si l'on souhaite connaître le numéro de variante correspondant au type *double precision*, on peut toujours utiliser *kind (1.d0)*.

6. Les variables du type complex

Une variable de type *complex* n'est rien d'autre qu'un couple de deux réels (voyez éventuellement l'annexe C). On peut lui attribuer un numéro de variante qui sera alors interprété comme la variante du type *real* utilisé pour chacun de ces deux réels

```
complex (kind=4) :: c1    ! c1 est formé de deux réels de type real (kind=4)
```

Dans une constante complexe, en revanche, vous pouvez introduire deux constantes de variante différente comme dans :

```
( 3.5_4, 4.55_6)
```

Le compilateur utilisera en fait la variante du type *complex* permettant de représenter les deux valeurs.

7. Les variantes du type logical

Lorsqu'elles existent, les variantes du type *logical* peuvent servir à maîtriser l'emplacement utilisé par la machine pour représenter une valeur de ce type. Ceci n'a généralement d'intérêt que pour des tableaux de telles valeurs ; notez toutefois qu'un gain en place (valeur logique sur 1 bit au lieu d'un octet par exemple) entraîne généralement une perte en temps d'exécution.

8. Les variantes du type character

Lorsqu'elles existent, elles servent essentiellement à manipuler des jeux de caractères particuliers (alphabet grec, symboles mathématiques et code ASCII quand il ne s'agit pas du code par défaut).

ANNEXE C :
LE TYPE COMPLEX

Mathématiquement, un nombre complexe est un couple de deux nombres réels. Il en ira exactement de même pour une variable de type *complex*. Ainsi, a priori, ce type n'est plus un vrai type "scalaire". Toutefois, comme en mathématiques, il est d'usage en Fortran de considérer des complexes comme des scalaires ; naturellement, cela n'excluera nullement d'accéder, le cas échéant, à la partie réelle ou à la partie imaginaire d'un tel nombre.

Comme on peut s'y attendre, une variable de type *complex* est représentée en mémoire sous la forme de deux nombres de type *real*, avec les limitations inhérentes à ce type.

1. Constantes de type complex

Les constantes de type *complex* s'écrivent sous la forme de deux nombres (entiers ou réels en notation décimale ou exponentielle) séparés par une virgule et placés entre parenthèses. En voici des exemples :

```
(2.5, 3e2)      correspond à 2,5 + 300i
(2, 5)          correspond à 2 + 5i
(0, 3.25)       correspond à 3.25i
(0, 1)          correspond à i
```

2. Entrées-sorties de complexes

Dans une écriture en format libre, un complexe apparaît sous la forme de deux nombres réels séparés par une virgule et placés entre parenthèses (comme une constante complexe à l'intérieur d'un programme). Lorsqu'on utilise un format, un complexe utilise deux descripteurs d'édition, éventuellement non identiques (chacun correspondant à un réel) ; ces deux descripteurs peuvent être séparés par un descripteur passif (c'est ce qui permet d'écrire un complexe sous la forme a + ib dans l'exemple du paragraphe 8).

La lecture d'un complexe en format libre nécessite une présentation analogue à celle des constantes dans un programme. Lorsqu'on utilise un format, un complexe utilise deux descripteurs d'édition, éventuellement non identiques (chacun correspondant à un réel) ; là encore, ils peuvent être séparés par un descripteur passif.

3. Les opérateurs

Les cinq opérateurs arithmétiques usuels (- unaire, +, -, *, / binaires sont utilisables.

L'opérateur ** est également utilisable. Dans ce cas, $z1^{**z2}$ fournit la "valeur principale" de $z1^{z2}$, c'est-à-dire :

exp (z2 (log |z1| + i arg z1))   (avec -pi < arg z1 < = pi)

Parmi les opérateurs de comparaison, seuls = = et /= permettent de comparer deux valeurs complexes.

4. Les expressions mixtes

Tous les opérateurs numériques (+, -, *, / et **) acceptent des opérandes de types numériques différents, l'un d'entre eux étant de type *complex*. Dans ce cas, il y a simplement conversion d'un des deux opérandes de type entier ou réel en complexe ; on obtient le complexe ayant une partie imaginaire nulle et le nombre considéré comme partie réelle. Le résultat de l'opération est de type *complex*.

5. Conversions forcées par affectation

Lorsqu'on affecte une valeur de type *complex* à une variable de type réel, on en obtient simplement la partie réelle. Lorsqu'on affecte une valeur de type *complex* à une variable de type *integer*, on obtient le résultat de la conversion en entier de sa partie réelle.

6. Les fonctions usuelles relatives aux complexes

CMPLX permet d'obtenir le complexe dont on fournit en arguments la partie réelle et la partie imaginaire.

REAL permet de convertir un complexe en un réel.

CNJG fournit le complexe conjugué du complexe fournit en argument.

(Pour plus d'informations sur ces fonctions, voyez l'annexe A)

7. Les variantes du type complex

Voyez l'annexe B

8. Exemple récapitulatif

Voici un exemple de programme illustrant les possibilités les plus classiques offertes par Fortran 90.

```
program exemples_complexes
  implicit none
  complex :: z1 = (1, 2), z2 = (1.5, 5.25), z
  real :: r, x, y
  integer :: n

        ! exemples d'operations usuelles
  print *, 'z1 = ', z1
  print *, 'z1 + z2 = ', z1 + z2
  print *, 'z1 * z2 = ', z1 * z2
  print *, 'z1 ** 3 = ', z1 ** 3
  print *, 'z1 ** z2 = ', z1 ** z2
  print *, 'donnez un nombre complexe'
  read *, z
  print *, 'partie relle : ', real (z), 'partie imaginaire : ', aimag (z)
```

```
        ! exemples d'entrees-sorties formatees
  print '("z = ", 2f5.2)', z
  print '("z = ", f5.2, " + ", f6.3, "i")', z

        ! exemples de conversions "forcees" par affectation
  r = z ; n = z
  print *, 'valeur de r : ', r
  print *, 'valeur de n : ', n

        ! "construction" d'un complexe a partir de deux reels
  print *, 'donnez deux valeurs reelles'
  read *, x, y
  z = cmplx (x, y)    ! notez qu'il n'y a pas de "constructeur" de complexes
  print *, 'complexe correspondant : ', z

end
```

```
 z1 =  (  1.0000000,  2.0000000)
 z1 + z2 =  (  2.5000000,  7.2500000)
 z1 * z2 =  ( -9.0000000,  8.2500000)
 z1 ** 3 =  (-11.0000000, -2.0000000)
 z1 ** z2 =  (  9.2169866E-03, -3.8717822E-03)
 donnez un nombre complexe
(2.5, 3.75)
 partie relle :    2.5000000 partie imaginaire :    3.7500000
z =  2.50 3.75
z =  2.50 +  3.750i
 valeur de r :    2.5000000
 valeur de n :  2
 donnez deux valeurs reelles
7.5 9
 complexe correspondant :  (  7.5000000,  9.0000000)
```

ANNEXE D : LES DESCRIPTEURS DE FORMAT

Cette annexe récapitule l'ensemble des descripteurs de format, en insistant plus particulièrement sur ceux d'entre eux qui n'ont pas été étudiés dans les chapitres précédents.

Rappelons qu'il existe deux sortes de descripteurs de format :

- les descripteurs actifs (dits également descripteurs d'édition) : ils sont obligatoirement associés à un élément de la liste ; ils peuvent être précédés d'un "facteur de répétition" ;
- les descripteurs passifs (dits également descripteurs de contrôle) : il ne sont associés à aucun élément de la liste ; ils ne peuvent jamais être précédés d'un "facteur de répétition".

Nous utiliserons toujours les notations suivantes :

w : gabarit de l'information,

d : nombre de décimales après le point décimal,

m : nombre minimal de chifres à écrire (n'intervient pas dans une lecture),

e : nombre de chiffres d'un exposant.

Ces quantités sont toujours des constantes entières "littérales" sans signe (telles que 14, 8...), c'est-à-dire qu'il ne peut pas s'agir d'expressions constantes, ni même de constantes symboliques (telles que *nmax*). De plus, *w* et *e* ne peuvent pas être nulles.

1. LES DESCRIPTEURS NUMERIQUES

1.1 Règles générales concernant la lecture

Les espaces sont purement et simplement ignorés. Ce comportement peut toutefois être modifié en utilisant le paramètre *blank* lors de l'ouverture d'un fichier ou en utilisant les descripteurs *bn* et *bz* (voyez le paragraphe 1.5).

Lorsque cela est permis, si un point décimal est présent dans la donnée, on ne tient pas compte de la valeur du paramètre *d* du descripteur.

1.2 Les descripteurs actifs relatifs aux entiers

Iw [.m]	Entier écrit en décimal
Bw [.m]	Entier écrit en binaire
Ow [.m	Entier écrit en octal
Zw [.m]	Entier écrit en hexadécimal
Gw	Même rôle que *Iw*

w représente toujours le gabarit de l'information, tandis que *m* représente, en sortie, le nombre minimal de chiffres à écrire (par défaut, sa valeur est 1 ; avec $m = 0$, le nombre 0 sera affiché sous forme d'espaces...). La valeur de *m* n'est pas utilisée en lecture.

1.3 Les descripteurs actifs relatifs aux réels

Fw.d	Réel en notation flottante
Ew.d [Ee]	Réel en notation exponentielle (lettre E pour l'exposant)
ENw.d [Ee]	Réel en notation "ingénieur" (exposant multiple de 3)
ESw.d [Ee]	Réel en notation "scientifique" (mantisse entre 1 et 10)
Dw.d	Réel en notation exponentielle (lettre D pour l'exposant)
Gw.d [Ee]	Réel avec une notation flottante ou exponentielle suivant sa valeur.

En lecture, tous ces descripteurs sont équivalents : l'information peut être présentée sous n'importe quelle des formes : entier signé (la valeur de *d* sert alors à préciser la position du point), réel en notation flottante ou exponentielle (avec un exposant repéré par E, e, D ou d).

La valeur de *e* (lorsqu'elle est présente) n'est utilisée qu'en écriture ; elle précise le nombre de chiffres qu'occupera l'exposant. En absence de *e*, on utilise deux chiffres pour l'exposant ; pour des exposants compris entre 100 et 999, Fortran "récupère" l'emplacement de la lettre E ou D qui disparaît alors. La présence de *e* est indispensable pour des exposants supérieurs à 999.

En écriture, la notation "ingénieur" utilise une mantisse normalisée entre 1 et 1000 et un exposant qui est toujours multiple de 3.

En écriture, la notation "scientifique" utilise une mantisse normalisée entre 1 et 10 (alors que la notation exponentielle utilise une mantisse normalisée entre 0,1 et 1).

1.4 Les descripteurs passifs d'édition de signe

S	présence du signe plus dépend de la machine
SP	le signe plus est toujours présent
SS	le signe plus n'est jamais présent

Ils ne sont **utilisables qu'en écriture**. Ils régissent la présence ou l'absence d'un signe plus lors de l'écriture de nombres positifs. Un tel descripteur s'applique uniquement à l'instruction concernée, et uniquement à partir du moment où il a été rencontré dans la liste des descripteurs. Son effet peut éventuellement être annulé par la présence d'un autre descripteur de ce type.

Exemples :

```
integer n = 4, p = 25, q = 5
  ...
print '(i2, sp, i3, i4)', n, p, q
```

affichera 4 ou +4 pour *n* (suivant l'ordinateur utilisé) et toujours +25 pour *p* et +5 pour *q*.

Avec les mêmes déclarations, l'instruction :

```
print '(sp, i2, ss, i3, sp, i4)', n, p, q
```

affichera toujours +4, 25 et +5

1.5 Les descripteurs passifs de facteur d'échelle

kP applique un facteur d'échelle 10^p

Ce descripteur ne s'applique qu'aux données réelles dont il permet de modifier la **valeur en lecture** et la **présentation en écriture**. Plus précisément :

- en lecture, la valeur obtenue est celle de la donnée, divisée par 10^p.
- en écriture, lorsqu'un exposant est présent, la mantisse est multipliée par 10^p, tandis que l'exposant est diminué de p.

Un tel descripteur s'applique uniquement à l'instruction concernée et uniquement à partir du moment où il a été rencontré. Le facteur d'échelle peut être modifié par l'application d'un nouveau facteur d'échelle ou annulé par la spécification 0P.

Exemple :

```
program facteur_d_echelle
  implicit none
  real :: x, y
  integer :: n
  read '(4p, i5, 2f10.0)', n, x, y
  print '(" sans p   : n = ",      i4, "  x = ", e16.8, "  y = ", e16.8)', n, x, y
  print '(" avec 2p  : n = ",  2p, i4, "  x = ", e16.8, "  y = ", e16.8)', n, x, y
  print '(" avec -3p : n = ", -3p, i4, "  x = ", e16.8, "  y = ", e16.8)', n, x, y
end
```

```
123    123.45     123.45e1
 sans p   : n =  123  x =   0.12345000E-01  y =   0.12345000E+04
 avec 2p  : n =  123  x =   12.3450002E-03  y =   12.3450000E+02
 avec -3p : n =  123  x =   0.00012345E+02  y =   0.00012345E+07
```

1.6 Les descripteurs passifs relatifs aux espaces en lecture

Bn espaces ignorés en lecture
Bz espaces en lecture interprétés comme des zéros.

Par défaut, les espaces sont ignorés dans une donnée lue. Ce comportement peut toutefois être modifié :

- en utilisant le paramètre *blank* lors de l'ouverture d'un fichier ; pour toutes les opérations de lecture relatives au fichier en question, les espaces sont alors (par défaut) soit ignorés (*blank = 'null'*), soit interprétés comme des zéros (*blank = 'zero'*). Notez que cette possibilité ne peut pas s'appliquer à l'entrée standard (on ne peut lui appliquer d'instruction d'ouverture!).

- en utilisant les descripteurs *bn* et *bz*, lesquels modifient le comportement de la seule instruction de lecture à laquelle ils sont associés. Notez qu'il est possible, avec ces descripteurs, d'outrepasser un comportement "général" défini lors de l'ouverture du fichier.

Exemple :

```
read '(bn, i3, bz, i5, bn, i3)', n, p, q
```

Avec ces données :

```
1@23@4@56@7
```

on obtient 12 pour n, 30405 pour p et 67 pour q

2 - LES DESCRIPTEURS LOGIQUES

Lw logique
Gw idem Lw

En lecture, on peut trouver, dans le gabarit spécifié un nombre quelconque d'espaces suivis éventuellement d'un point, de l'une des lettres T, t, F ou f puis de... n'importe quoi.

En écriture, on obtient l'une des deux lettres T ou F, cadrée à droite dans le gabarit indiqué.

3 - LES DESCRIPTEURS POUR LES CHAINES DE CARACTERES

A [w] chaîne de caractères
G [w] idem A [w]

Avec le descripteur *A*, le gabarit utilisé est la longueur de la variable correspondante. Avec le descripteur *Aw*, le gabarit est *w*.

En écriture, on écrit dans le gabarit voulu ; dans le cas de *Aw*, si *w* est supérieur à la longueur de la chaîne, on fait précéder l'affichage par des espaces à gauche (comme pour les nombres, ce qui ne correspond pas à l'usage). Si *w* est inférieur à la longueur de la chaîne, seuls les *w* premiers caractères sont écrits.

En lecture, on lit le nombre de caractères correspondant au gabarit voulu Dans le cas de *Aw*, si *w* est supérieur à la longueur de la chaîne, seuls les *w* derniers caractères seront pris en compte ; si *w* est inférieur à la longueur de la chaîne, cette dernière sera complétée par des espaces.

4 - LES AUTRES DESCRIPTEURS PASSIFS

4.1 Les descripteurs agissant sur le pointeur du tampon

Tp	place le pointeur sur le caractère de rang p
TLp	déplace le pointeur de p caractères vers la gauche
TRp	déplace le pointeur de p caractères vers la droite
pX	même rôle que Tp

4.2 Le descripteur de changement d'enregistrement :/

/	passe à l'enregistrement suivant

Ce descripteur est utilisable aussi bien pour les fichiers séquentiels (y compris les entrées-sorties standards) que pour les fichiers à accès direct.

4.3 Le descripteur de fin d'exploitation d'un format ":"

:	arrêt de l'exploitation des descripteurs actifs de fin

A priori, lorsque la liste d'une entrée-sortie est épuisée, les descripteurs passifs suivants sont exploités. La présence d'un descripteur ":" interrompt, dans un tel cas, l'exploitation du format.

Exemple :

```
implicit none
integer :: i
integer, dimension (8) :: t = (/ (i, i=1, 8) /)
```

```
print *, 'sans :' ; print '( 8(i3, " -- ") )',    t
print *, 'avec :' ; print '( 8(i3, :, " -- ") )', t
end
```

```
 sans :
  1 --  2 --  3 --  4 --  5 --  6 --  7 --  8 --
 avec :
  1 --  2 --  3 --  4 --  5 --  6 --  7 --  8
```

TABLEAU RECAPITULATIF

Iw [.m]	Entier écrit en décimal
Bw [.m]	Entier écrit en binaire
Ow [.m	Entier écrit en octal
Zw [.m]	Entier écrit en hexadécimal
Gw	Même rôle que *Iw*
Fw.d	Réel en notation flottante
Ew.d [Ee]	Réel en notation exponentielle (lettre E pour l'exposant)
ENw.d [Ee]	Réel en notation "ingénieur" (exposant multiple de 3)
ESw.d [Ee]	Réel en notation "scientifique" (mantisse entre 1 et 10)
Dw.d	Réel en notation exponentielle (lettre D pour l'exposant)
Gw.d [Ee]	Réel avec une notation flottante ou exponentielle suivant sa valeur
S	présence du signe plus dépend de la machine
SP	le signe plus est toujours présent
SS	le signe plus n'est jamais présent
Bn	espaces ignorés en lecture
Bz	espaces en lecture interprétés comme des zéros
A [w]	chaîne de caractères
G [w]	idem A [w]
Tp	place le pointeur sur le caractère de rang p
TLp	déplace le pointeur de p caractères vers la gauche
TRp	déplace le pointeur de p caractères vers la droite
pX	même rôle que Tp
/	passe à l'enregistrement suivant
:	arrêt de l'exploitation des descripteurs actifs de fin

ANNEXE E :
LES PRIORITES DES OPERATEURS

Voici la liste de tous les opérateurs du Fortran 90, classés par ordre de priorité décroissante. Les opérateurs figurant sur une même ligne ont même priorité.

Opérateur unaire défini par l'utilisateur

**

* /

+ (unaire) - (unaire)

+ (binaire) - (binaire)

//

.EQ. .NE. .LT. .LE. .GT. .GE. == /= < <= > >=

.NOT.

.AND.

.OR.

.EQV. .NEQV.

Opérateur binaire défini par l'utilisateur

ANNEXE F : LES INSTRUCTIONS DE DECLARATION

Une déclaration de variable permet de préciser différents éléments :

- son type,
- des "attributs" tels que *parameter*, *pointer*, *target*, *allocatable*, *save*, *private*, *public*...
- des bornes d'indices dans le cas de tableaux,
- une valeur éventuelle.

Comme nous l'avons vu, en Fortran 90, ces différents éléments peuvent être regroupés au sein d'une seule instruction de déclaration dans laquelle le premier mot (mot clé) est alors le nom du type de la variable.

En Fortran 77, on ne disposait pas de cette possibilité et il fallait alors souvent faire appel à plusieurs instructions de déclaration, par exemple, une pour préciser un type, une autre pour préciser que l'on a affaire à une constante symbolique (*parameter*). Par ailleurs, il existait d'autres manières de déclarer des tableaux ou des chaînes de caractères.

D'une manière générale, quand vous écrivez un nouveau programme en Fortran, il est vivement conseillé d'utiliser systématiquement la nouvelle forme des déclarations dont nous allons fournir ici un récapitulatif complet. Toutefois, pour vous permettre de comprendre ou d'adapter des programmes écrits dans des versions antérieures de Fortran, nous vous fournirons ensuite des indications sur les différentes formes de déclaration que vous risquez de rencontrer.

I - LA FORME FORTRAN 90 DE LA DECLARATION DES VARIABLES

```
type [ [, attribut]...[1] ::[2] ] liste_var
```

Avec :

liste_var : liste d'éléments de la forme :

```
idenfificateur[3] [ = valeur]
```

type : une des possibilités suivantes :

```
INTEGER [ ( [KIND=] variante ) ]
REAL [ ( [KIND=] variante ) ]
COMPLEX [ ( [KIND=] variante ) ]
LOGICAL [ ( [KIND=] variante ) ]
TYPE (identificateur_de_type)
DOUBLE PRECISION[4]
CHARACTER [ ( paramètres_longueur_et_variante)]
```

paramètres_longueur_et_variante : une ou deux (séparées par une virgule) des spécifications suivantes (on peut inverser l'ordre à condition de spécifier les mots clés correspondants) :

```
[ LEN= ] longueur
[ KIND= ] variante
```

longueur : expression entière ou *

variante : expression entière

1. Rappelons que la notation [ ]... signifie que le contenu des crochets peut apparaître 0, 1 ou plusieurs fois.

2. Notez que lorsque aucun attribut n'est précisé, les :: sont facultatifs ; on retrouve la forme Fortran 77 des déclarations de type.

3. En général, il s'agit d'un identificateur de variable mais, en théorie, il peut s'agir d'un identificateur de fonction ; en Fortran 90, il est toutefois conseillé d'utiliser une interface dans ce cas.

4. Attention, pas de variante possible ici.

attribut : l'une des possibilités suivantes :

```
PARAMETER
PUBLIC
PRIVATE
POINTER
TARGET
ALLOCATABLE
OPTIONAL
SAVE
EXTERNAL
INTRINSIC
INTENT (genre)
DIMENSION (liste_d_étendues)
```

genre : IN/OUT/INOUT

liste_d_étendues : liste de spécifications de l'une des deux formes suivantes :

a) `[début : ] fin`

Avec *début* et *fin* : expressions constantes pour des tableaux statiques, expressions de spécification pour des arguments muets ou des tableaux atomatiques,

b) `: [:]`

pour les tableaux allouables ou pour les pointeurs sur des tableaux

Rappels

Une **expression constante** doit être "théoriquement constante" (c'est-à-dire définie par le texte du programme et non lors de l'exécution) et, de plus, satisfaire à certaines contraintes (imposées pour ne pas trop compliquer la tâche du compilateur) :

- l'opérateur ** ne doit faire intervenir que des puissances entières,

- les fonctions élémentaires doivent avoir des arguments et des résultats de type entier ou chaîne,

- dans la catégorie des fonctions de transformation, seules sont autorisées *repeat*, *trim*, *transfer* et *reshape*.

Les **expressions de spécification** ne sont pas nécessairement constantes mais doivent seulement être calculables à l'exécution lors de l'entrée dans la procédure concernée. Elles doivent, elles aussi, respecter certaines contraintes :

- les fonctions élémentaires doivent avoir des arguments et des résultats de type entier,
- En dehors des fonctions élémentaires, il faut se limiter à :
    * *repeat*, *trim*, *transfer* et *reshape* avec des arguments de type entier ou chaîne,
    * *selected_int_kind* et *selected_real_kind*,
    * des fonctions d'interrogation différentes de *present*, *associated* ou *allocated*.

II - LES AUTRES FORMES DE DECLARATIONS

2.1 Déclaration par attribut

On peut toujours écrire une déclaration de la forme générale présentée dans le paragraphe I et la "compléter" par des déclarations spécifiques à un ou plusieurs attributs particuliers (qui n'auront alors pas été précisés dans la première déclaration). En voici des exemples :

```
integer :: n, p               ! ou    integer n, p
real :: x, y, t1, t2          ! ou    real x, y, t1, t2
   .....
save :: n, x                  ! ou    save n, x
dimension :: t1 (50)          ! ou    dimension t1 (50)
pointer :: y                  ! y sera donc un pointeur sur des réels
target :: n, x, t2
allocatable :: t2 (:,:)
parameter :: p = 20
```

Bien entendu, il est préférable de procéder ainsi :

```
integer, parameter :: p=20
integer, save :: n
real, save :: x
real :: y
real, dimension (50) :: t1
real, pointer :: y
real, dimension (:,:), allocatable, target :: t2
```

2.2 Cas des dimensions de tableaux

Les dimensions des tableaux peuvent figurer sans l'attribut dimension dans une déclaration de type telle que :

```
real a (5, 20), t (30)
```

Notez bien qu'alors les "::" ne peuvent plus apparaître (il ne s'agit ici que d'assurer la compatibilité de Fortran 90 avec Fortran 77).

2.3 Cas des chaînes

Une déclaration telle que :

```
character (len=10) :: mot       ! ou character (len=10) mot
```

peut également s'écrire en omettant le mot clé *len* :

```
character (10) :: mot           ! ou character (10) mot
```

mais aussi sous l'une des formes (les "::" sont facultatifs ; en les supprimant, on retrouve les formes connues du Fortran 77) :

```
character :: mot*10
character :: mot *(10)
character * 10 :: mot
character *(10) :: mot
```

Ces possibilités peuvent se combiner avec celles concernant les déclarations de dimension, ce qui peut conduire à une multitude de formulations équivalentes. Par exemple, voici différentes façons de déclarer un tableau de 100 chaînes de longueur 10 (là encore, les "::" sont facultatifs) :

```
character (len=10), dimension (100) :: tab     ! forme conseillée
character (10), dimension (100) :: tab
character (10) :: tab (100)
character * 10 :: tab (100)
character :: tab (100) * 10                    ! pratiquement illisible !!!
character, dimension (100) :: tab * 10
```

III - TYPAGE IMPLICITE

Comme nous l'avons déjà signalé, en l'absence de spécification de type (et si l'on n'a pas prévu d'instruction *implicit none*) une variable se voit attribuer un type basé sur la première lettre de son nom, à savoir :

- *integer* s'il s'agit de l'une des lettres I, J, K, L, M ou N,
- *real* dans les autres cas.

Mais vous pouvez également (comme en Fortran 77) imposer votre propre mécanisme de typage implicite comme dans cet exemple :

```
implicit integer (i - r)          ! tout ce qui commence par i, j,... r sera integer
implicit real (a - c)             ! tout ce qui commence par a, b ou c sera real
implicit real (kind=8) (s - u)    ! tout ce qui commence par s, t ou u sera
                                  !   du type real (kind=8)
implicit type (vecteur) (v - w)   ! tout ce qui commence par v ou w sera
                                  !   du type vecteur (défini préalablement5)
```

Ici, les noms commençant par l'une des lettres d, e, f, g, h, x, y ou z restent soumis aux règles "habituelles", c'est-à-dire que :

- si aucune déclaration *implicit none* n'a été prévue, ils correspondront au type *real*,
- si une déclaration *implicit none* a été prévue (elle devra alors apparaître avant toutes les déclarations précédentes), ils conduiront à une erreur de compilation.

Voici la syntaxe générale de l'instruction *implicit* :

```
IMPLICIT type (domaine) [, type (domaine) ]
```

Typage implicite

Avec :

domaine : `lettre_début [ - lettre_fin ]`

5. Compte tenu de la place imposée aux instructions implicit, la définition du type vecteur ne pourra se faire que dans un module qu'on utilisera par use.

Remarque

En cas de procédures internes, la "portée" d'une déclaration de typage implicite (y compris l'absence de typage implicite *implicit none*) s'étend aux procédures internes. Mais elle peut être modifiée par une autre déclaration au sein d'une des ces procédures internes. Toutefois, bien entendu, le type d'une variable globale (c'est-à-dire défini dans une procédure hôte) reste celui qu'il a reçu dans la procédure hôte et il n'est pas remis en question par une éventuelle déclaration de typage implicite au sein d'une procédure interne (ce qui ne facilite toutefois pas la lisibilité des programmes). Voyez cet exemple :

```
program bizare
implicit complex (c)
   .....
   c1 = ...
   c2 = ...
   .....
contains
   subroutine sp
     implicit integer (a - c)
     integer :: c1
        .....
     c1 = s               ! il s'agit de c1 locale à sp, donc de type integer
     c2 = (2.0, 33.0)     ! il s'agit de c2 défini dans bizare, donc de type complex
        .....
   end subroutine sp
end program bizare
```

ANNEXE G : ORDRE DES INSTRUCTIONS

<table>
<tr><td colspan="3">PROGRAM, FUNCTION, SUBROUTINE ou MODULE</td></tr>
<tr><td colspan="3">USE</td></tr>
<tr><td rowspan="4">FORMAT</td><td colspan="2">IMPLICIT NONE</td></tr>
<tr><td>PARAMETER</td><td>IMPLICIT</td></tr>
<tr><td>PARAMETER, DATA</td><td>Définitions de types structure
Blocs d'interface
Déclarations de type
et autres déclarations</td></tr>
<tr><td colspan="2">Instruction exécutables</td></tr>
<tr><td colspan="3">CONTAINS</td></tr>
<tr><td colspan="3">Procédures internes et procédures de module</td></tr>
<tr><td colspan="3">END</td></tr>
</table>

ANNEXE H :
LA PROGRAMMATION ORIENTEE OBJET AVEC FORTRAN 2003

Depuis Fortran 2003, il est possible de mettre en œuvre la plupart des concepts proposés par ce que l'on nomme la « programmation orientée objet », ou POO. Celle-ci possède de nombreuses vertus universellement reconnues. Sans renier la programmation structurée (elle se fonde sur elle), elle contribue à la fiabilité des logiciels et elle facilite la réutilisation de code existant. Elle introduit de nouveaux concepts dont les principaux sont ceux d'objet, d'encapsulation, de classe, d'héritage et de polymorphisme. Nous vous proposons dans ce chapitre d'étudier comment ces concepts s'expriment en Fortran 2003.

1 – LE CONCEPT D'OBJET : ASSOCIATION DE PROCEDURES A UN TYPE

1.1 Introduction

Le concept d'objet consiste à regrouper dans une même entité des données qu'on nomme des attributs (ou des champs) et des procédures qu'on nomme souvent des méthodes. Lorsque l'on réalise ce que l'on nomme l'encapsulation des données, seules les méthodes sont habilitées à manipuler ces données, qu'il s'agisse de les modifier ou simplement d'en utiliser la valeur. Par ailleurs, la notion de classe généralise la notion de type aux objets : un objet n'est rien d'autre qu'une description (unique) pouvant donner naissance à différents objets disposant de la même structure de données et des mêmes méthodes.

En Fortran 90, on dispose déjà de la notion de type dérivé (ou structure) qui va fournir le support à la notion de classe. Depuis Fortran 2003, un type dérivé peut se voir « attacher[1] » une ou plusieurs procédures jouant le rôle de méthodes.

[1] *Bind* en anglais

1.2 Présentation du mécanisme sur un exemple

Nous allons définir une classe[2] nommée *point*, destinée à manipuler les points d'un plan, représentés par deux coordonnées de type entier, disposant de trois méthodes : *initialise* pour attribuer des valeurs aux coordonnées d'un point, *deplace* pour les modifier et *affiche* pour les afficher.

La déclaration de notre type pourrait se présenter ainsi :

```
type point
  integer, private :: x, y                    ! composantes privees
contains
  procedure :: initialise, affiche, deplace   ! procedures attachees
end type point
```

La déclaration des champs correspond à celle des champs d'une structure, à ceci près qu'ici, nous avons ajouté la mention *private*[3] qui permet l'encapsulation : les champs correspondants ne seront accessibles qu'aux méthodes de la classe. Les procédures attachées au type point (ici *initialise*, *affiche* et *deplace*) font l'objet d'une déclaration de type *procedure*, placée à la suite d'une instruction *contains*.

Pour écrire les procédures correspondantes, il faut tenir compte de ce que lorsqu'une méthode est appelée, elle l'est pour un objet précis dont elle reçoit automatiquement l'adresse. Dans de nombreux langages, ce mécanisme est géré de façon implicite. En Fortran, il en ira de même pour l'appel de la méthode (comme nous le verrons plus loin) mais, dans sa définition, il faudra mentionner cet objet comme premier argument. Par exemple, la procédure *initialise* s'écrira ainsi (*p* désignant l'objet l'ayant appelé) :

```
subroutine initialise (p, x, y)
   class (point), intent (out) :: p
   integer, intent (in) :: x, y
   p%x = x ; p%y = y              ! notation usuelle des champs x et y de p
end subroutine initialise
```

On notera que Fortran impose la règle suivante : **un argument muet correspondant à un objet doit être déclaré avec le mot-clé *class*** et non avec *type*. Nous reviendrons sur ce point lorsque nous parlerons du polymorphisme. Pour l'instant, disons qu'un tel argument est susceptible de désigner, non seulement un *point*, mais n'importe quel objet d'une classe descendante de *point*. Le mot-clé *class* correspond à un type susceptible de varier, tandis que *type* correspond à un type figé[4].

---

[2] Nous parlerons de classe pour désigner un type dérivé muni de procédures attachées.

[3] Ne pas confondre avec la privatisation des ressources d'un module (paragraphe 1.8 du chapitre XI).

[4] Même lorsque l'on ne fait pas appel à des classes descendantes, Fortran n'autorise pas l'emploi de *type* au lieu de *class*.

Voici en définitive la définition de notre type *point*, placée ici dans un module.

```
module point_simple
  type point
    integer, private :: x, y        ! composantes privees
  contains
    procedure :: initialise, affiche, deplace
  end type point
contains
  subroutine initialise (p, x, y)
    class (point), intent (inout) :: p
    integer, intent (in) :: x, y
    p%x = x ; p%y = y
  end subroutine initialise
  subroutine affiche (p)
    class (point), intent (in) :: p
    print *, "Je suis un point de coordonnees : ", p%x, " ", p%y
  end subroutine affiche
  subroutine deplace (p, dx, dy)
    class (point), intent (inout) :: p
    integer, intent (in) :: dx, dy
    p%x = p%x + dx ; p%y = p%y + dy
  end subroutine deplace
end module point_simple
```

Définition d'une classe *point*

Pour utiliser ce type dans un programme, on effectuera classiquement des déclarations de variables de ce type (objets), comme :

```
type(point) :: p
```

On appellera une méthode d'un objet en la nommant de la même manière qu'un champ d'une structure, c'est-à-dire de cette manière :

```
call p%initialise (2, 5)
```

Cet appel est en fait équivalent à :

```
call initialise (p, 2, 5)
```

Voici enfin un exemple de programme utilisant ce type *point* :

```
program testPoint
  use point_simple
  type(point) :: p
  call p%initialise (2, 5)
  call p%affiche( )
  call p%deplace (6, -1)
  call p%affiche( )
end program testPoint
```

```
 Je suis un point de coordonnees :          2             5
 Je suis un point de coordonnees :          8             4
```

Exemple d'utilisation de la classe *point*

Remarques :

1) Dans la déclaration des champs, on peut prévoir des valeurs par défaut :

```
integer, private :: x = 0, y = 0          ! composantes privees
```

Ainsi, même en l'absence d'appel de *initialise*, les coordonnées d'un point posséderont une valeur (ici, 0).

2) Par défaut, les champs sont publics. On peut modifier ce mode d'accès en fournissant l'attribut *private* aux champs concernés, en laissant les autres publics. On peut également imposer l'attribut *private* par défaut à tous les champs de la structure, en utilisant l'instruction *private* avant la déclaration des champs (on peut rétablir l'attribut *public* pour certains champs) :

```
type T
    private              ! les champs seront prives par defaut
    integer ::      x    ! donc x est prive
    real, public :: z    ! mais z sera public
    integer ::      y    ! et y sera prive
 end type T
```

3) Les méthodes (procédures attachées) peuvent également recevoir l'attribut *private*. Dans ce cas, elles ne sont accessibles que depuis les méthodes de la classe elle-même. Ceci peut permettre de réaliser des « méthodes de service » utiles à certaines méthodes de la classe mais qu'on souhaite « cacher » à l'utilisateur de la classe.

4) Ici, les procédures attachées étaient des sous-programmes, mais il pourrait s'agir de fonctions, d'opérateurs ou de procédures génériques comme nous le verrons plus loin.

5) On peut définir classiquement des procédures sans les attacher au type, en leur prévoyant éventuellement un ou plusieurs arguments de type classe. Mais, contrairement aux procédures attachées au type, elles n'auront plus accès aux membres privés du type. Naturellement, on ne pourra plus utiliser d'appels du type (*sp* désignant un tel sous-programme) :

```
call point%sp    ! incorrect si sp est un sous-programme indépendant
```

1.3 Constructeur de classe

Nous avons vu, dans le chapitre relatif aux structures, qu'il existe une notation particulière pour un constructeur de structure utilisable comme initialiseur dans une déclaration. Cette possibilité se généralise aux classes mais le constructeur n'est utilisable que si les arguments fournis correspondent à des champs publics. Ainsi, avec notre classe *point* précédente, cette déclaration serait incorrecte :

```
type(point) :: p = point (3, 5)      ! erreur : x et y privés
```

En revanche, si les champs *x* et *y* disposent d'une valeur par défaut, on pourra utiliser :

```
type(point) :: p = point ()      ! OK si x et y ont une valeur par défaut
```

En toute rigueur, il est possible de définir une fonction portant le même nom que le type qu'on poura utiliser pour initialiser un objet, sans toutefois pouvoir l'employer comme initialiseur. Il suffit de créer une fonction générique portant le nom du type et de l'associer à une ou plusieurs fonctions effectuant l'initialisation. Cette démarche comporte l'avantage de pouvoir fournir plusieurs fonctions de construction de même nom, avec des arguments de types différents, à l'instar de ce qui se produit pour une procédure générique (voir chapitre XI). Voici comment nous pourrions adapter dans ce sens notre classe *point* en la dotant de deux constructeurs : un classique à deux arguments, un à un seul argument représentant l'abscisse d'un point (dont l'ordonnée sera alors 0). Notez qu'on dispose implicitement d'un constructeur sans argument, compte tenu de ce que nous avons initialisé (ici à 0), les champs de *point*. Nous n'avons pas reproduit intégralement les méthodes *affiche* et *deplace* qui sont celles du paragraphe 1.2.

```
module point_simple_const
  type point
    integer, private :: x=0, y=0
  contains
    procedure :: affiche, deplace
  end type point
  interface point
    module procedure init1, init2
  end interface
```

```
contains
  function init1 (x)
    type (point) :: init1
    integer, intent (in) :: x
    init1%x = x ; init1%y = 0
  end function init1
  function init2 (x, y)
    type (point) :: init2
    integer, intent (in) :: x, y
    init2%x = x ; init2%y = y
  end function init2
      !!!! subroutines affiche et deplace du module point_simple du paragraphe 1.2
end module point_simple_const
program testPoint
  use point_simple_const
  type(point) :: p       ! On ne peut pas faire type(point) :: p =  point(2, 5)
  p = point (2, 5)
  call p%affiche( )
  p = point (3)          ! meme role que p = point (3, 0)
  call p%affiche( )
  p = point ()
  call p%affiche( )
end program testPoint
```

```
 Je suis un point de coordonnees :           2              5
 Je suis un point de coordonnees :           3              0
 Je suis un point de coordonnees :           0              0
```

Utilisation de fonctions indépendantes jouant le rôle de constructeurs

Remarques :

1) Ici, il serait possible d'employer la déclaration :

```
type((point) p = point()
```

car les champs *x* et *y* disposent de valeur par défaut.

2) Dans bon nombre de langages objet (Java, C++...), le constructeur correspond à une méthode obligatoirement appelée lors de la création de l'objet et il existe une syntaxe spécifique permettant de lui transmettre des arguments (en effet, un constructeur n'est pas une méthode ordinaire, dans la mesure où on ne peut pas l'appliquer à un objet qui n'existe pas encore). Il n'en va pas de même en Fortran où l'appel du constructeur doit être explicitement programmé (et sur un objet déjà existant). De surcroît, les fonctons *init1* et *init2* de notre exemple ne sont plus des méthodes attachées au type *point*. Il s'agit de fonctions appartenant au module *point_simple_const*, mais indépendante du type *point*.

3) Dans les fonctions *init1* et *init2*, on ne pourait pas déclarer le type de la valeur de retour avec *class* au lieu de *type* :

```
class (point) :: init1        ! erreur
```

En effet, ces méthodes fournissent toujours en retour un objet de type *point*. Elles ne sont nullement concernées par d'éventuelles classes descendantes de *point*.

1.4 Objets transmis en argument d'une méthode

Dans nos précédents exemples, une méthode ne possédait qu'un seul argument de type classe, à savoir l'objet qui l'avait appelé. D'une manière générale, une méthode peut recevoir plusieurs arguments de type classe. Supposez que nous voulions, au sein d'une classe *point*, introduire une méthode *coincide* chargée de détecter la coïncidence de deux points. Si nous en faisons une fonction, son utilisation se présentera ainsi (*p* et *q* étant de type *point*) :

```
p%coincide(q)
```

La fonction doit donc recevoir le second point en argument (en plus du premier transmis implicitement). Elle pourrait se présenter ainsi :

```
logical function coincide (p, q)
    class (point), intent (in) :: p, q
    coincide = (p%x .eq. q%x) .and. (p%y .eq. q%y)
end function coincide
```

On voit que cette méthode *coincide*, appelée pour un objet *p*, est autorisée à accéder aux champs privés d'un autre objet *q* de la même classe. On traduit cela en disant que, en Fortran, comme dans la plupart des langages objet, **l'unité d'encapsulation est la classe** (et non l'objet). Nous avons déjà dit que seules les méthodes d'une classe pouvaient accéder aux champs privés de cette classe. Nous voyons plus précisément ici que cette autorisation concerne bien tous les objets de la classe et non l'objet courant seulement.

Voici un exemple complet utilisant cette fonction *coincide* avec une classe *point* réduite au strict minimum :

```
module point_simple
  type point
    integer, private :: x=0, y=0
  contains
    procedure :: initialise, coincide
  end type point
```

```
contains
  subroutine initialise (p, x, y)
    class (point), intent (inout) :: p
    integer, intent (in) :: x, y
    p%x = x ; p%y = y
  end subroutine initialise
  logical function coincide (p, q)
    class (point), intent (in) :: p, q
    coincide = (p%x .eq. q%x) .and. (p%y .eq. q%y)
   end function coincide
end module point_simple
program tstcoincide
    use point_simple
    implicit none
    type (point) :: a, b, c
    call a%initialise (1, 3)
    call b%initialise (2, 5)
    call c%initialise (1, 3)
    print *, a%coincide(b), b%coincide(a), c%coincide(a)
end program tstcoincide
```

```
 F F T
```

Utilisation d'une méthode de test de coïncidence de deux points

1.5 Action sur l'argument implicite fourni à une méthode : pass

Nous avons vu que lorsque l'on appelle la méthode *sub* d'un objet *obj* par :

```
call obj%sub (args)
```

celle-ci reçoit implicitement en premier argument l'adresse de l'objet l'ayant appelée. L'appel précédent était en fait équivalent à :

```
call sub (obj, args)
```

Il est possible de modifier cela en précisant, **dans la déclaration d'association de la procédure** au type, l'argument qu'on souhaite voir transmis implicitement :

```
type T
   .....
contains
   procedure, pass (p) :: sub      ! p sera l'argument transmis implicitement
end type T                         ! pour représenter l'objet appelant la procédure
subroutine sub (a, b, p, c)
```

Dans ce cas, l'appel :

```
call obj%sub (x, y, z)
```

sera équivalent à :

```
call sub (x, y, obj, z)
```

On notera bien que le choix est exprimé lors de l'association de la procédure au type et non dans la procédure elle-même. En outre, le mécanisme utilisé fait appel au nom même de l'argument et non à sa position.

Il est également possible de demander qu'aucun argument implicite ne soit transmis, en employant *nopass* au lieu de *pass* :

```
procedure, nopass :: sub     ! aucun argument ne sera transmis implicitement a sub
```

1.6 Les différentes façons d'attacher une méthode à un type

Nous avons vu comment doter une classe de méthodes en associant un sous-programme ou une fonction à un type, suivant ce schéma :

```
type T
   .....
contains
  procedure :: sp, fct      ! sous-programmes ou fonctions
end type T
```

Cette association peut également porter sur des méthodes génériques, en utilisant ce schéma :

```
type T
   .....
contains
   procedure :: sp1, sp2         ! on pourrait declarer sp1 et sp2 prives
   generic :: sp => sp1, sp2     ! en conservant seulement sp public
end type T                       ! pour eviter un appel direct de sp1 ou sp2
```

Ici, l'appel de la méthode *sp* sera converti en un appel de l'une des méthodes *sp1* ou *sp2*, suivant l'interface de la méthode appelante.

Enfin, cette association peut également porter sur des définitions ou surdéfinitions d'opérateurs, suivant ce schéma :

```
type T
   .....
contains
  procedure :: TplusI, TplusT, IplusT              ! pour T+integer, T+T, integer+T
  generic :: operator(+) =>  TplusI, TplusT, IplusT   ! qui pourraient etre prives
end type T                                         ! en gardant operator(+) public
```

Voici un exemple dans lequel nous dotons un type *point* d'un opérateur + utilisable pour :
- ajouter deux points (le résultat est le point obtenu en ajoutant leurs coordonnées) ;
- un point et un entier (le résultat est obtenu par ajout de l'entier à l'abscisse) ;
- un entier et un point (même chose).

```
module point_simple
  type point
    integer, private :: x=0, y=0
  contains
    procedure :: initialise, affiche, TplusI, TplusT
    procedure, pass (p) :: IplusT              ! noter pass ici
    generic :: operator(+) =>  TplusI, TplusT, IplusT
  end type point
contains
  subroutine initialise (p, x, y)
    class (point), intent (inout) :: p
    integer, intent (in) :: x, y
    p%x = x ; p%y = y
  end subroutine initialise
  subroutine affiche (p)
    class (point), intent (in) :: p
    print *, "Je suis un point de coordonnees : ", p%x, " ", p%y
  end subroutine affiche
  function TplusI (p, i)
    class (point), intent(in) :: p
    type (point) :: TplusI               ! attention, type ici et non class
    integer, intent(in) :: i
    TplusI%x = p%x + i ; TplusI%y = p%y
  end function TplusI
  function TplusT (p, q)
    class (point), intent(in) ::  p, q
    type (point) TplusT                  ! attention, type ici et non class
    TplusT%x = p%x + q%x ; TplusT%y = p%y + q%y
  end function TplusT
  function IplusT (i, p)
    type (point) :: IplusT               ! attention, type ici et non class
    class (point), intent(in) :: p
    integer, intent(in) :: i
    IplusT%x = p%x + i ; IplusT%y = p%y
  end function IplusT
end module point_simple
```

```
program tstPlus
  use point_simple
  implicit none
  type (point) :: p, q, s
  call p%initialise (3, 5) ; call q%initialise (2, 8)
  s = p+q ; call s%affiche()
  s = p+3 ; call s%affiche()
  s = 3+p ; call s%affiche()
end program tstPlus
```

```
 Je suis un point de coordonnees :           5            13
 Je suis un point de coordonnees :           6             5
 Je suis un point de coordonnees :           6             5
```

Une classe *point* dotée d'un opérateur (+)

Remarques :

1) Nous avons dû utiliser le paramètre *pass* pour la fonction d'ajout d'un entier à un point puisque le point concerné n'est plus le premier argument de l'appel correspondant.

2) Les résultats des trois fonctions *TplusI*, *TplusT* et *IplusT* doivent être déclarés avec type et non avec class car aucun mécanisme ne permettrait de faire en sorte qu'il s'agisse d'un type étendu de *point*. En particulier, nous verrons que la notion d'héritage (et celle de polymorphisme qui s'y rattache) ne peuvent nullement intervenir ici.

2 - L'HERITAGE

Le concept d'héritage constitue l'un des fondements de la programmation orientée objet. En effet, il permet de définir une nouvelle classe, dite *classe dérivée*[5] (ou aussi *étendue*, *fille*, *descendante* ou *sous-classe*), à partir d'une classe existante dite *classe de base* (ou aussi *parente* ou *ascendante*). Cette nouvelle classe hérite d'emblée des fonctionnalités de la classe de base (champs et méthodes) qu'elle pourra modifier ou compléter à volonté, sans qu'il soit nécessaire de remettre en question la classe de base.

Cette technique permet donc de développer de nouveaux outils en se fondant sur un certain acquis, ce qui justifie le terme d'héritage. Comme on peut s'y attendre, il sera possible de développer à partir d'une classe de base, autant de sous-classes qu'on le désire. De même, une sous-classe pourra à son tour servir de classe de base pour une nouvelle extension.

[5] Attention, Fortran parle plutôt de types dérivés pour désigner des « types dérivés des types de base », types que l'on nomma aussi structures. Il emploie le terme de « types étendus » dans le cas de l'héritage.

Nous commencerons par vous présenter la mise en œuvre de l'héritage et nous verrons alors ce que deviennent les droits d'accès aux champs et méthodes d'une classe descendante. Puis, nous ferons le point sur la construction et l'initialisation des objets correspondants. Nous montrerons ensuite comment une classe descendante peut redéfinir une méthode d'une classe de base, avant d'énoncer quelques règles générales.

2.1 Le mécanisme

Supposez que nous disposions d'une classe *point* (par exemple, celle du paragraphe 1.2) et que nous souhaitions disposer d'une classe *pointcol*, destinée à manipuler des points colorés d'un plan. Une telle classe peut manifestement disposer des mêmes fonctionnalités que la classe *point*, auxquelles on pourrait adjoindre, par exemple, une méthode nommée *colore*, chargée de définir la couleur. Dans ces conditions, nous pouvons chercher à définir *pointcol* comme classe descendante de *point*. Si nous y prévoyons, outre la méthode *colore*, un membre nommé *couleur*, de type *integer*, destiné à représenter la couleur d'un point, voici comment pourrait se présenter la déclaration de la classe *pointcol* :

```
type, extends (point) :: pointcol      ! pointcol hérite de point (ou étend point)
    integer, private :: coul = 0
  contains
    procedure :: colore
  end type pointcol
```

Disposant de cette classe, nous pouvons déclarer des objets de type *pointcol* :

```
type (pointcol) :: pc
```

Un objet de type *pointol* peut bien sûr faire appel aux méthodes publiques de *pointcol* (ici, *colore*) mais aussi aux méthodes publiques de *point* telles que *initialise*, *deplace* et *affiche*.

```
call pc%initialise (3, 5)    ! donne les valeurs 3 et 5 aux champs x et y de pc
call pc%colore (3)           ! donne la valeur 3 au champ coul de pc
call pc%affiche ()
```

D'une manière générale, **un objet d'une classe descendante accède aux membres (champs et méthodes) publics de sa classe de base**, exactement comme s'ils étaient définis dans la classe descendante elle-même. Si cela s'avère nécessaire, il est possible d'accéder à la globalité des données de l'objet hérité. Par exemple, *pc%point* désigne la « composante » *point* de l'objet *pc* de type *pointcol*. Le dernier appel précédent pourrait aussi s'écrire *call pc%point%affiche()*[6].

En revanche, **une méthode d'une classe descendante n'a pas accès aux membes privés de sa classe de base**. En l'absence de cettre règle restrictive, il suffirait de créer une classe descendante pour violer le principe d'encapsulation.

[6] Attention, les deux écritures ne seraient pas équivalentes si la méthode *affiche* était redéfinie dans *pointcol*.

Ainsi, si l'on considère notre classe *pointcol*, elle ne dispose pour l'instant que d'une méthode *affiche*, héritée de *point* qui, bien entendu, ne fournit pas la couleur. On peut chercher à la doter d'une nouvelle méthode nommée, par exemple, *affichec*, founissant à la fois les coordonnées du point coloré et sa couleur. Mais, il n'est pas possible de procéder ainsi (puisque *x* et *y* sont privés pour les méthodes de *pointcol*) :

```
subroutine affiche_c (p)
    class (pointcol), intent (in) :: p
    print *, "Je suis un point colore de coordonnees ", p%x, p%y ! NON x et y prives
    print *, "        et de couleur ", p%coul
end subroutine affiche_c
```

Mais nous pouvons nous appuyer sur la méthode *affiche* de *point* en procédant ainsi :

```
    call p%point%affiche()
    print *, "        et de couleur ", p%coul
```

En fait, ici, nous avons appelé la méthode *affiche* pour la « composante » *point* de l'objet *pc*.

En définitive, voici un exemple complet reprenant cette nouvelle classe *pointcol* que nous avons également dotée d'une méthode *initialise_c* permettant de définir à la fois les composantes et la couleur d'un point coloré (là encore, nous nous appuyons sur la méthode *initialise* de *point*). Nous n'avons pas reproduit les procédures *initialise*, *affiche* et *deplace* qui sont celles du paragraphe 1.2.

```
module point_simple
  type point ;  integer, private :: x=0, y=0
    contains ; procedure :: initialise, affiche, deplace
  end type point
contains
 !!!! procedures initialise, deplace, affiche du module point_simple - section 1.2
end module point_simple
module point_colore
   use point_simple
  type, extends (point) :: pointcol
    integer, private :: coul = 0
  contains
    procedure :: initialise_c, affiche_c, colore
  end type pointcol
contains
  subroutine initialise_c (p, x, y, c)
    class (pointcol), intent (inout) :: p
    integer :: x, y, c
    call p%initialise (x, y) ; call p%colore (c)
  end subroutine initialise_c
```

```
  subroutine affiche_c (p)
    class (pointcol), intent (in) :: p
    call p%affiche()        !  ou   p%point%affiche()
    print *, "        et de couleur ", p%coul
  end subroutine affiche_c
  subroutine colore (p, c)
    class (pointcol), intent (inout) :: p
    integer :: c
    p%coul = c
  end subroutine colore
end module point_colore

program testPoint
  use point_simple ; use point_colore
  type (pointcol) :: pc1, pc2
  call pc1%initialise (3, 5) ; call pc1%colore (3)
  call pc1%affiche ()      ! attention, ici affiche
  call pc1%affiche_c ()    ! et ici affiche_c
  call pc2%initialise_c (5, 8, 2) ;  call pc2%affiche_c ()
  call pc2%deplace (1, -3) ;         call pc2%affiche_c ()
end program testPoint
```

```
 Je suis un point de coordonnees :          3              5
 Je suis un point de coordonnees :          3              5
        et de couleur           3
 Je suis un point de coordonnees :          5              8
        et de couleur           2
 Je suis un point de coordonnees :          6              5
        et de couleur           2
```

Création et utilisation d'une classe *pointcol* descendante de *point*

2.2 Redéfinition de méthodes

L'héritage permet donc d'ajouter de nouvelles fonctionnalités (méthodes et données) à une classe existante, sans remettre en cause l'existant. Nous allons maintenant aborder une autre possibilité très puissante de l'héritage, la redéfinition de méthode : une classe descendante peut fournir une nouvelle définition d'une méthode définie dans une classe ascendante. Nous verrons que cette redéfinition (*overriding* en anglais) sera à la base même du polymorphisme.

Considérons l'exemple du paragraphe précédent. Nous avons vu que l'appel *call pc1%affiche()* fournissait tout naturellement les coordonnées de l'objet *pc1*, mais pas sa couleur. C'est pour cette raison que nous avions introduit dans *pointcol* une méthode *affichec* affichant à la fois les coordonnées et la couleur d'un objet de type *pointcol*.

Or, manifestement, les méthodes *affiche* et *affichec* font un travail semblable : ellles affichent les valeurs des données d'un objet de leur classe. Dans ces conditions, il paraît logique de chercher à leur attribuer le même nom. Cette possibilité qui existe dans la plupart des langages objet peut être mise en œuvre en Fortran. Toutefois, il n'est pas permis de définir directement une nouvelle méthode *affiche* dans *pointcol*. Mais il est possible dans la déclaration d'association de la procédure *affichec* de *pointcol* de lui fournir un nom synonyme (ici, *affiche*) en procédant ainsi :

```
procedure :: affiche => affiche_c
```

Cela signifie que, au sein du module où est défini le type *pointcol*, on définira la procédure comme auparavant sous le nom *affiche_c*. En revanche, on l'utilisera depuis un programme sous le nom *affiche*. Toutefois, dans la définition de *affiche_c*, il n'est plus question d'utiliser un appel tel que :

```
call p%affiche() !  provoquerait un appel récursif de affiche
```

qui, cette fois, appelerait la méthode *affiche* de *pointcol* (donc son synonyme *affiche_c)*, provoquant une récursivité non souhaitée. Il nous faut absolument recourir à la méthode *affiche* de la composante *point* de *p*, en écrivant :

```
call p%point%affiche()
```

Voici un exemple complet de programme illustrant cette possibilité de redéfinition. Nous utilisons toujours le type *point* défini au paragraphe 1.2 et nous avons défini une classe descdendante *pointcol* simplifiée.

```
module point_simple
  type point
    integer, private :: x=0, y=0
  contains
    procedure :: initialise, affiche, deplace
  end type point
contains
   !!!! procedures initialise, deplace, affiche du module point_simple - section 1.2
end module point_simple
```

```
module point_colore
  use point_simple
  type, extends (point) :: pointcol
    integer, private :: coul = 0
  contains
    procedure :: initialise_c, affiche => affiche_c
  end type pointcol
contains
  subroutine initialise_c (p, x, y, c)
    class (pointcol), intent (inout) :: p
    integer, intent(in) :: x, y, c
    call p%initialise (x, y)   ! ou  call p%point%initialise (x, y)
    p%coul = c
  end subroutine initialise_c
  subroutine affiche_c (p)
    class (pointcol), intent (in) :: p
    call p%point%affiche()   !  call p%affiche() => appel recursif de affiche
    print *, "       et de couleur ", p%coul
  end subroutine affiche_c
end module point_colore

program testRedefinition
  use point_simple
  use point_colore
  type (point) :: p
  type (pointcol) :: pc
  call p%initialise (4,8)
  call p%affiche()                ! appel de affiche de point
  call pc%initialise_c (3, 5, 3)
  call pc%affiche ()
  call pc%deplace (1, -3)
  call pc%affiche ()              ! appel de affiche de pointcol
end program testRedefinition
```

```
Je suis un point de coordonnees :            4             8
Je suis un point de coordonnees :            3             5
       et de couleur            3
Je suis un point de coordonnees :            4             2
       et de couleur            3
```

Redéfinition de la méthode *affiche* de *pointcol*

2.3 Quelques règles

On notera bien qu'en Fortran, la redéfinition ne porte pas sur les vrais noms des fonctions (ils doivent rester uniques), mais sur leurs synonymes.

Lorsqu'une classe dérivée redéfinit ainsi une méthode d'une classe parente, il est nécessaire qu'elle possède la même interface, y compris au niveau des noms de paramètres et des éventuelles valeurs de *intent*. Bien entendu, l'argument implicite représentant l'objet à l'origine de l'appel fait partiellement exception à cette règle puisque son type se trouve être d'un type descendant de celui attendu par la méthode redéfinie. Compte tenu de ces contraintes, on voit qu'il ne serait pas possible d'associer la méthode *initialise_c* de *pointcol* en lui donnant le synonyme *initialise*.

On notera que les méthodes génériques sont traitées de façon particulière en ce qui concerne la redéfinition. Si, par exemple, on a défini dans une classe *T*, les méthodes *fint*, *fdouble* regroupées sous le synonyme *fgen* et que l'on définit, toujours comme synonyme de *fgen* dans une classe *T'* descendante de *T*, les méthodes *fint2 et fchar*, elles ne masqueront pas celle de *T*, mais elles les compléteront. Bien entendu, l'ensemble des quatre méthodes devra alors respecter les règles habituelles relatives aux fonctions génériques.

Enfin, on peut interdire qu'une méthode d'une classe puisse être redéfinie dans les classes descendantes, en la déclarant dans l'instruction d'association avec l'attribut *non_overridable* comme dans :

```
procedure, non_overridable :: sp     ! sp ne pourra pas être redéfinie dans les
                                     ! classes descendantes
```

3 - LE POLYMORPHISME

Nous avons déjà vu que grâce à la redéfinition des méthodes, on pouvait appliquer le même traitement (comme *affiche*) à des objets de types différents (comme *point* et *pointcol*). Mais, jusqu'ici, le type de l'objet était connu à la compilation. Le polymorphisme permet de définir des variables contenant des références à des objets dont le type peut varier au fil de l'exécution. En Fortran (comme en C++), cela passe par le biais de pointeurs.

3.1 Exemple introductif

Supposons que nous disposons des classes *point* et *pointcol* ayant chacune leur méthode *affiche* (comme celles des paragraphes 1.2 et 2.2). Considérons alors ces instructions :

```
type (point),     target  :: p
type (pointcol),  target  :: pc
```

Elles déclarent des objets *p*, de type *point* et *pc* de type *pointcol* qui pourront être utilisés comme cible d'un pointeur. Considérons alors :

```
class (point), pointer :: adp
```

Cette instruction déclare un pointeur sur des objets de type *point*. Notez bien l'utilisation du mot-clé *class* (et non *type*), lequel signifie que la cible du pointeur pourra être de type *point* ou d'un type descendant.

Bien entendu, on pourra affecter à *adp* la référence d'un objet de type *point*, mais aussi celle d'un objet de type *pointcol* (attention, l'affectation inverse serait illégale) :

```
adp => p              ! usuel
adp => adpc           ! correct car pc est d'un type descendant de point
                      ! et adp est déclaré class(point) et non type(point)
```

Grâce aux proprités de polymorphisme, un appel tel que :

```
call adp%affiche ()
```

appellera la méthode *affiche* de la classe à laquelle appartient l'objet pointé par *adp* :

```
adp => p ;    call adp%affiche ()     ! appelle affiche de point
adp => adpc ; call adp%affiche ()     ! appelle affiche de pointcol
```

Voici un programme qui illustre ce mécanisme, en utilisant la classe *point* du paragraphe 1.2 et la classe *pointcol* du paragraphe 2.1 (sans la méthode *colore*, inutile ici) :

```
module point_simple
  type point
    integer, private :: x=0, y=0
  contains
    procedure :: initialise, affiche, deplace
  end type point
contains
    !!!! subroutines initialise, affiche et deplace du paragraphe 1.2
end module point_simple
module point_colore
  use point_simple
  type, extends (point) :: pointcol
    integer, private :: coul = 0
  contains
    procedure :: initialise_c
    procedure :: affiche => affiche_c
  end type pointcol
contains
    !!!! subroutines intialise_c et affiche_c du paragraphe 2.1
end module point_colore
```

```
program testPoly
  use point_simple
  use point_colore
  type (point),      target  :: p
  type (pointcol),   target  :: pc
  class (point),     pointer :: adp
  class (pointcol), pointer :: adpc     ! ici, type(pointcol) pourrait convenir
  call p%initialise (3, 5) ; adp => p
  call pc%initialise_c (3, 8, 2) ; adpc => pc  !   adpc => adp serait rejete
  call adp%affiche () ; call adpc%affiche () ;
  adp => adpc           ! serait illegale avec type(pointcol), pointer :: adpc
  call adp%affiche () ; call adpc%affiche () ;
end
```

```
Je suis un point de coordonnees :           3             5
Je suis un point de coordonnees :           3             8
        et de couleur            2
Je suis un point de coordonnees :           3             8
        et de couleur            2
Je suis un point de coordonnees :           3             8
        et de couleur            2
```

Exemple de polymorphisme

3.2 Les variables polymorphiques en Fortran

Les pointeurs tels que *adp* et *adpc* de notre précédent exemple sont souvent nommés « variables polymorphiques ». Comme nous l'avons vu, l'intérêt d'une variable polymorphique réside dans le fait qu'elle permet de choisir une méthode en fonction de l'objet pointé à un moment donné et non en fonction du type (statique) du pointeur lui-même[7]. En Fortran, il existe deux autres variables polymorphiques, à savoir les **arguments muets de type *class*** des procédures (nous en verrons un exemple dans le paragraphe suivant), ainsi que les **variables allouables (attribut *allocatable*)**[8].

---

[7] On parle aussi, parfois, de « ligature dynamique » pour traduire le fait que le lien entre objet et procédure est réalisé lors de l'exécution et non plus lors de la compilation.

[8] Nous avons déjà rencontré les tableaux dynamiques qui existent depuis Fortran 90. Fortran 2003 a élargi cette possibilité aux autres types (scalaires, chaînes de caractères, dérivés comme les structures ou les classes), comme nous le verrons dans l'anexe suivante.

On peut dire que le polymorphisme permet d'obtenir un comportement adapté à chaque type d'objet, sans avoir besoin de tester sa nature, de quelque façon que ce soit. La richesse de cette possibilité amène parfois à dire que l'instruction *if* est à la POO ce que l'instruction *goto* est à la programmation structurée. Autrement dit, le bon usage du polymorphisme permet parfois d'éviter des instructions de test, de même que le bon usage de la programmation structurée permettait d'éviter l'instruction *goto*.

On notera bien que si l'on considère une variable telle que *p* déclarée :

```
type (point) p
```

il ne s'agit pas d'une variable polymorphique puisqu'on ne peut affecter à *p* que des objets de type *point* (et il n'est pas possible d'utiliser ici le mot-clé *class* à la place de *type*). Sans entrer dans les détails, on peut dire que cette restriction est liée à la façon dont Fortran gère les objets (et les autres structures), à savoir « par valeur » et non « par référence ». Dans les langages comme Java qui gèrent les objets par référence, les noms d'objet deviennent eux aussi polymorphiques. En C++, en revanche, les objets sont également gérés par valeur et il faut recourrir à des pointeurs pour pouvoir disposer du polymorphisme.

Remarque :

> Il ne faut pas confondre la redéfinition des méthodes où les appels correspondants sont parfaitement définis à la compilation avec le polymorphisme où les appels correspondants ne sont définis qu'à l'exécution, même si, en définitive, le polymorphisme exploite la redéfinition.

3.3 Une autre situation exploitant le polymorphisme

Dans l'exemple précédent, lors de l'écriture de la classe *point*, nous avons prévu que chacune de ses descendantes redéfinirait à sa guise la méthode *affiche*. Cela conduit à prévoir, dans chaque méthode, des instructions d'affichage des coordonnées. Pour éviter cette redondance[9], nous pouvons définir la méthode *affiche* de la classe *point*, de manière à ce qu'elle :

- affiche les coordonnées (action commune à toutes les classes descendantes) ;

- fasse appel à une autre méthode (nommée, par exemple, *identifie*), ayant pour vocation d'afficher les informations spécifiques à chaque objet. Bien entendu, ce faisant, nous supposons que chaque descendante de *point* redéfinira *identifie* de façon appropriée (mais elle n'aura plus à prendre en charge l'affichage des coordonnées).

Cette démarche nous conduit à introduire dans la classe *point* la méthode *identifie* et à modifier la méthode *affiche* :

---

[9] Certes, l'enjeu est très limité ici. Mais, il pourrait être important dans un programme réel.

```
subroutine affiche (p)
  class (point), intent (in) :: p
  call p%identifie()
  print *, "Mes coordonnees sont ", p%x, p%y
end subroutine affiche
subroutine identifie (p)
  class (point), intent (in) :: p
  print *, "---- Je suis un point"
end subroutine identifie
```

Définissons une classe descendante *pointcol* en redéfinissant comme voulu la fonction *identifie* et, cette fois, sans y prévoir de méthode *affiche* :

```
procedure :: identifie => identifie_c
   .....
subroutine identifie_c (p)
  class (pointcol), intent (in) :: p
  print *, "---- Je suis un point colore de couleur ", p%coul
end subroutine identifie_c
```

Considérons alors un appel tel que (*pc* étant de type *poincol*) :

```
call pc%affiche()
```

Comme *pointcol* ne dispose pas de méthode *affiche*, on appellera la méthode d'une classe ascendante, ici *point* (rappelons que ce n'est possible que parce que l'argument muet *p* est déclaré de type *class(point)* et non *type(point)*. Cette déclaration fait également de cet argument une variable polymorphique, de sorte que l'appel *p%identife* va appeler la méthode *identifie* correspondant au type effectif représenté par *p*, c'est-à-dire ici *pointcol*. C'est bien ce que nous souhaitions.

Voici un programme complet illustrant la situation :

```
module point_simple
  type point
    integer, private :: x=0, y=0
  contains
    procedure :: initialise, affiche, deplace, identifie
  end type point
contains
  subroutine affiche (p)
    class (point), intent (in) :: p
    call p%identifie()
    print *, "Mes coordonnees sont ", p%x, p%y
  end subroutine affiche
```

```
  subroutine identifie (p)
    class (point), intent (in) :: p
    print *, "---- Je suis un point"
  end subroutine identifie
   !!!! subroutines initialise et deplace, comme au paragraphe 1.2
end module point_simple
module point_colore     ! plus de subroutine affiche, mais seulement identifie
  use point_simple
  type, extends (point) :: pointcol
    integer, private :: coul = 0
  contains
    procedure :: initialise_c
    procedure :: identifie => identifie_c
  end type pointcol
contains
 subroutine identifie_c (p)
    class (pointcol), intent (in) :: p
    print *, "---- Je suis un point colore de couleur ", p%coul
  end subroutine identifie_c
     !!!! subroutine initialise_c, comme au paragraphe 2.1
end module point_colore
program testPoly
  use point_simple
  use point_colore
  type (point) :: p ; type (pointcol) :: pc
  call p%initialise (3, 4)
  call pc%initialise_c (5, 9, 5)
  call p%affiche()
  call pc%affiche()
end
```

```
---- Je suis un point
Mes coordonnees sont            3            4
---- Je suis un point colore de couleur              5
Mes coordonnees sont            5            9
```

Une autre situation où le polymorphisme se révèle indispensable (1)

Bien entendu, le même mécanisme fonctionnera si l'on utilise des pointeurs sur des objets de type *pointcol*, comme le montre ce petit programme utilisant les mêmes classes *point* et *pointcol* que précédemment :

```
program testPoly3
  use point_simple
  use point_colore
  type (point),     target  :: p
  type (pointcol),  target  :: pc
  class (point),    pointer :: adp
  class (pointcol), pointer :: adpc
  call p%initialise (3, 5) ; adp => p
  call pc%initialise_c (3, 8, 2) ; adpc => pc  !
  call adp%affiche () ; call adpc%affiche () ;
  adp => adpc
  call adp%affiche () ; call adpc%affiche () ;
end program testPoly3
```

```
---- Je suis un point
Mes coordonnees sont            3           5
---- Je suis un point colore de couleur             2
Mes coordonnees sont            3           8
---- Je suis un point colore de couleur             2
Mes coordonnees sont            3           8
---- Je suis un point colore de couleur             2
Mes coordonnees sont            3           8
```

Une autre situation où le polymorphisme se révèle indispensable (2)

3.4 Polymorphisme universel

Enfin, Fortran 2003 propose un polymorphisme universel (ou polymorphisme illimité). Ainsi, on peut déclarer :

```
class (*), pointer :: ptr_univ
```

Le pointeur *ptr_univ* peut alors désigner n'importe quelle cible :

```
integer, target :: n
type(point), target :: p
   .....
ptr_univ => n       ! OK
   .....
ptr_univ => p       ! OK
```

On notera toutefois que l'intérêt de cette possibilité reste limité dès lors que les objets concernés ne disposent pas des mêmes méthodes (ce qui sera nécessairement le cas pour les types de base !). En effet, on ne peut alors plus bénéficier du mécanisme du polymorphisme. Tout au plus pourra-t-on se fonder sur une instruction *select type* (présentée ci-après) pour effectuer un traitement dépendant du type.

4 - L'INSTRUCTION SELECT TYPE

L'instruction *select type* est une structure de choix multiple dans laquelle la sélection se fonde sur le type effectif d'une variable polymorphique. En voici un exemple utilisant l'une des classes *point* et *pointcol* déjà rencontrées :

```
program testSelect
  use point_simple
  use point_colore
  type (point),     target  :: p
  type (pointcol),  target  :: pc
  class (point),    pointer :: adp
  class (pointcol), pointer :: adpc
  call p%initialise (3, 5) ; adp => p
  call pc%initialise_c (3, 5, 9) ; adpc => pc
  select type (adp)    ! ------ select 1
    class is (point) ;    print *, 'select 1 : class point'
    class is (pointcol) ; print *, 'select 1 : class pointcol'
    type is (point) ;     print *, 'select 1 : type point'
    type is (pointcol) ;  print *, 'select 1 : type pointcol'
  end select
  adp => adpc
  select type (adp)    ! ------ select 2
    class is (point) ;    print *, 'select 2 : adpclass point'
    class is (pointcol) ; print *, 'select 2 : class pointcol'
    type is (point) ;     print *, 'select 2 : type point'
    type is (pointcol) ;  print *, 'select 2 : type pointcol'
  end select
  select type (adp)    ! ------ select 3
    class is (point) ;    print *, 'select 3 : class point'
    type is (point) ;     print *, 'select 3 : type point'
  end select
end
```

```
select 1 : type point
select 2 : type pointcol
select 3 : class point
```

Utilisation de *select type*

La clause de sélection *select type* doit mentionner une variable polymorphique servant de « sélecteur ». Les différentes possibilités sont des blocs d'instructions introduits par des expressions de l'une des formes suivantes :

type is (nom_de_type) : la condition est satisfaite si le type du sélecteur est exactement *nom_de_type* ;

class is (nom_de_type) : la condition est satisfaite si le type du sélecteur est *nom_de_type* ou un type descendant.

Par ailleurs, on n'exécute qu'un seul bloc au maximum, sachant que les conditions *type* sont prioritaires sur les conditions *class*. De plus, si plusieurs conditions *class* conviennent, on choisit celle qui est « la plus proche » du sélecteur, c'est-à-dire dont le type est un type descendant des autres. On notera que les situations d'ambiguïté sont détectées par le compilateur.

Il est possible de prévoir un bloc introduit par *class default* qui se trouvera exécuté si aucun autre ne convient.

5 – LES CLASSES ABSTRAITES ET LES METHODES RETARDEES

Lorsque l'on exploite les possiblités d'héritage et de polymorphisme, on peut être amené à créer une classe simplement destinée à servir de classe de base pour d'autres classes, et en aucun cas à donner naissance à des objets. Fortran offre des outils pour gérer ce genre de situation. La déclaration :

```
type, abstract :: affichable
   .....
end type affichable
```

précise que la classe *affichable* est « abstraite », ce qui signifie qu'il sera impossible de déclarer directement des objets de ce type :

```
type (affichable) :: aff     ! interdit : affichable est abstraite
```

Une telle classe abstraite peut contenir des champs et des méthodes mais, surtout, elle peut contenir des « méthodes retardées[10] ». Il s'agit de méthodes dont on ne fournit que l'interface qui devront obligatoirement être définies dans toute classe descendante pour que cette dernière permette la déclaration d'objets.

Voici un exemple de classe abstraite, nommée *affichable*, comportant une seule méthode retardée nommée *affiche* dont nous fournissons l'interface à l'aide d'une interface abstraite (présentée précédemment).

```
module classes_affichables
  type, abstract :: affichable
  contains
     procedure (interface_affiche), deferred :: affiche
  end type affichable
  abstract interface
    subroutine interface_affiche (obj)
       import :: affichable      ! necessaire car type affichable non visible ici
       class (affichable), intent (in) :: obj
    end subroutine interface_affiche
   end interface
end module classes_affichables
```

Une classe abstraite *affichable* contenant une méthode retardée (*affiche*)

On notera l'utilisation d'une nouvelle instruction *import*, introduite par Fortran 2003 pour permettre à une interface d'accéder à son environnement.

On peut alors créer une classe descendante nommée ici *entier*, de façon classique, en prévoyant bien de définir la méthode *affiche* :

```
module classe_entier
  use classes_affichables
  type, extends (affichable) :: entier
    integer, private :: n
    contains
      procedure :: init => initi, affiche
    end type entier
```

[10] *Defered methods* en anglais.

```
    contains
      subroutine initi (obj, n)
        class (entier), intent (inout) :: obj
        integer, intent (in) :: n
        obj%n = n
      end subroutine initi
      subroutine affiche (obj)
        class (entier), intent (in) :: obj
        print *, "entier de valeur ", obj%n
      end subroutine affiche
end module classe_entier
```

Une classe (concrète) *entier* descendante de *affichable*

Notez que nous avons défini la méthode *initi* comme synonyme de *init*. Cela n'était pas obligatoire à ce niveau mais, dès que l'on est amené à utiliser en même temps, plusieurs descendantes de *affiche*, le problème de conflit de nom se pose.

Voici une autre classe descendante nommée *reel* (avec *initr* comme synonyme de *init*) :

```
module classe_reel
  use classes_affichables
  type, extends (affichable) :: reel
    real, private :: x
    contains
      procedure :: init => initr, affiche
    end type reel
    contains
      subroutine initr (obj, x)
        class (reel), intent (inout) :: obj
        real, intent (in) :: x
        obj%x = x
      end subroutine initr
      subroutine affiche (obj)
        class (reel), intent (in) :: obj
        print *, "reel de valeur   ", obj%x
      end subroutine affiche
end module classe_reel
```

Une autre classe (concrète) *reel* descendante de *affichable*

S'il n'est pas permis de déclarer des objets à partir d'une classe abstraite, il est en revanche possible de définir des variables polymorphiques de ce type. Voici un exemple de programme utilisant les classes que nous venons de définir. Nous y définissons une variable polymorphique de type *affichable* :

```
class (affichable), pointer :: ad
```

que nous faisons pointer successivement sur un objet de type *entier*, puis de type *reel*. L'appel *call ad%affiche()* entraîne bien l'appel de la méthode correspondant au type pointé par *ad*.

```
program TestAbstraite
  use classes_affichables ; use classe_entier ; use classe_reel
  class (affichable), pointer :: ad
  type (entier), target :: cn    ! attention : type ici
  type (reel),   target :: cr    ! et ici
  call cn%init (12)
  call cr%init (2.5)
  ad => cn
  call ad%affiche ()
  ad => cr
  call ad%affiche ()
end
```

```
 entier de valeur           12
 reel de valeur      2.50000000
```

Exemple d'utilisation d'une classe abstraite

Le recours aux classes abstraites et aux méthodes retardées facilite largement la conception des logiciels. En effet, on peut placer dans une classe abstraite toutes les « fonctionnalités » dont on souhaite disposer pour toutes ses descendantes :

- soit en définissant complètement certaines méthodes (non retardées) lorsqu'elles sont communes à toutes les descendantes ;

- soit sous forme de méthodes retardées dont on est alors certain qu'elles existeront dans toute descendante.

C'est cette certitude de la présence de certaines méthodes qui permet d'exploiter le polymorphisme, et ce dès la conception de la classe abstraite, alors même qu'aucune classe descendante n'a peut-être encore été créée.

ANNEXE I :
FORTRAN 95, 2003 et 2008

Certaines améliorations des normes Fortran 95, 2003 et 2008 ont déjà été présentées dans l'ouvrage. C'est notamment le cas des possibilités de POO présentées dans l'annexe précédente. Nous exposons ici les plus importantes des autres possibilités. Certaines d'entre elles, souvent d'implémentation facultative, concernent des aspects plus techniques sortant manifestement du cadre de cet ouvrage d'apprentissage du langage. Nous nous contenterons alors de les citer.

1 – LA BOUCLE FORALL POUR LES TABLEAUX

Fortran 95 a introduit la boucle *forall*, en vue de faciliter le calcul parallèle sur des tableaux. Elle peut prendre deux formes nommées généralement instruction *forall* et construction *forall*.

1.1 L'instruction forall

Considérons :

```
integer :: t(20), u(4, 3)
do i = 1, 20
   t(i) = i*i
end do
```

L'instruction *do* peut être remplacée par[1] :

```
forall (i=1:20) t(i) = i*i
```

[1] Ici, contrairement à ce qui se passe avec *do*, la portée de *i* est limitée à l'instruction.

Dans le premier cas *(do)*, les affectations sont obligatoirement réalisées dans l'ordre imposé. Dans le second cas, l'évaluation peut se faire dans n'importe quel ordre ; il est donc préférable qu'il n'y ait pas de dépendances entre les différentes évaluations, ce qui serait le cas avec :

```
forall (i=1:19) t(i) = t(i+1)*2        ! résultat imprevisible
```

D'une manière générale, cette instruction ne peut porter que sur des affectations de valeurs à des tableaux. Les instructions suivantes (*som* étant une variable entière), si elles étaient acceptées par le compilateur, conduiraient à des résultats incorrects :

```
som = 0
forall (i=1:10) som = som + t(i)     ! resultat probablement faux
```

Il est possible d'utiliser plusieurs indices comme dans :

```
integer :: u(4, 3)
  .....
forall (i=1:4, j=1:3)  u(i,j) = i*j
```

qui remplace :

```
do i = 1, 4
    do j = 1, 3
        u(i, j) = i*j
    end do
 end do
```

1.2 La construction forall

Alors que l'instruction *forall* ne comporte qu'une seule instruction, la construction *forall* peut en comporter plusieurs, comme dans :

```
integer :: u(4, 3), v(4, 3)
   .....
forall (i=1:4, j=1:3)
   u(i,j) = i*j
   v(i,j) = i+j
end forall
```

Cette construction peut contenir des instructions *where*.

2 – AMELIORATION DE LA GESTION DYNAMIQUE

2.1 Tableaux dynamiques en argument muet

En Fortran 90/95, un tableau dynamique (déclaré *allocatable*) ne pouvait pas figurer en argument muet d'une procédure, ce qui signifie qu'il devait être alloué et libéré dans la même unité de programme (revoyez le paragraphe 1.3 du chapitre X). En Fortran 2003, les tableaux dynamiques sont gérés comme les pointeurs sur les tableaux, ce qui signifie qu'on leur associe automatiquement une information représentant leur profil et leur état (alloué/non alloué). Ils peuvent alors apparaître en argument muet d'une procédure Voyez cet exemple dans lequel deux tableaux dynamiques *t1* et *t2*, déclarés dans le programme principal, l'un y étant alloué, l'autre pas, sont transmis au sous-programme *sp*.

```
program TabDynArg
  implicit none
  integer, dimension (:), allocatable :: t1
  integer, dimension (:), allocatable :: t2
  allocate (t1(2:5))
  print *, '-- Premier appel sp'  ; call sp (t1)
  print *, '-- Deuxieme appel sp' ;  call sp(t2)
contains
subroutine sp (t)
  integer, dimension (:), allocatable, intent(inout) :: t
  if (allocated(t)) then
    print *, 'tableau deja alloue -    bornes ', lbound(t), ubound(t)
  else
    allocate (t(4))
    print *, 'tableau alloue dans sp - bornes ', lbound(t), ubound(t)
  end if
  end subroutine sp
end program TabDynArg
```

```
-- Premier appel sp
tableau deja alloue -    bornes            2           5
-- Deuxieme appel sp
tableau alloue dans sp - bornes            1           4
```

Tableau dynamique figurant en argument muet

Notez bien qu'ici, l'argument muet *t* a été déclaré avec l'attribut *inout*. D'une manière générale, lorsqu'un tableau allouable figure en argument muet, il ne peut pas posséder l'attribut *in*, ce qui est logique. En revanche, s'il possède l'attribut *out*, le tableau correspondant est désalloué dès l'entrée dans la procédure et ceci, même s'il avait été alloué dans la procédure appelante.

Ainsi, en décarant *t* avec l'attribut *out* dans le programme précédent, nous obtiendrions ces résultats :

```
-- Premier appel sp
tableau alloue dans sp - bornes            1          4
-- Deuxieme appel sp
tableau alloue dans sp - bornes            1          4
```

2.2 Variables dynamiques

a) Présentation

En Fortran 90/95, seuls les tableaux pouvaient être gérés dynamiquement sans recourir à des pointeurs. Avec Fortran 2003, n'importe quelle variable, y compris les champs d'un type dérivé (structures ou classes) peut se voir déclarer avec l'attribut *allocatable*. On pourra alors lui attribuer un emplacement avec l'instruction *allocate* et le désallouer, le cas échéant, avec l'instruction *deallocate* :

```
type (point), allocatable :: pa
   .....
allocate (pa)     ! allocation d'un emplacement pour un point
   .....
deallocate (pa)   ! desallocation
```

Ces possiblités seront également intéressantes pour les chaînes de caractères dont la longueur (maximale) pourra être définie lors de l'exécution et, éventellement varier pendant le déroulement du programme[2] :

```
Integer :: nb = 30
character (:), allocatable :: ch    ! ch = chaine dynamique de longueur differee (:)
   .....
allocate (character(nb) ::ch)       ! on l'alloue ici avec une taille nb
   .....
deallocate (ch)                     ! on la desalloue ici
   .....
allocate (character(nb+20) ::ch)    ! pour l'allouer ici avec une taille nb+20
```

[2] Ne confondez pas la notation * qui correspond à une longueur fournie en argument avec la notation : qui correspond à une longueur dite « différée ».

b) Allocation par affectation

En outre, **toute affectation à une variable dynamique (d'attribut *allocatable*) d'une expression de même type entraîne l'allocation automatique de cette variable** ; si elle est déjà allouée, elle sera auparavant désallouée. En voici un exemple avec des chaînes de caractères :

```
program testChaineDyn
  implicit none
  character (12) :: ch1
  character (:), allocatable :: ch2
  integer :: i

  ch1 = "bonjour" ; print *, "chaine fixe :     ", ch1, len(ch1)
  ch2 = "bonjour" ; print *, "chaine variable : ", ch2, len(ch2)
  ch1 = "salut" ;   print *, "chaine fixe :     ", ch1, len(ch1)
  ch2 = "salut" ;   print *, "chaine variable : ", ch2, len(ch2)

  deallocate (ch2)
  allocate (character(20) :: ch2)
  do i = 1, 20
     ch2(i:i) = 'x'
  end do
  print *, "chaine variable : ", ch2, len(ch2)
end
```

```
 chaine fixe :     bonjour                12
 chaine variable : bonjour            7
 chaine fixe :     salut                  12
 chaine variable : salut            5
 chaine variable : xxxxxxxxxxxxxxxxxxxx          20
```

Allocation par affectation (1)

Voici un autre exemple comportant une transmission d'une chaîne dynamique en argument :

```
program ChainesDynArgument
  implicit none
  character (:), allocatable :: ch1
  character (:), allocatable :: ch2
  integer, allocatable :: n
  allocate (n)
  if (allocated(n)) print *, "-- n est alloue"
  ch1 = "bonjour" ;
  call sp (ch1) ; print *, ch1
  call sp (ch2) ; print *, ch2
contains
  subroutine sp (ch)
    character(:), allocatable, intent (inout) :: ch
    if (allocated (ch)) then
       print *, "-- deja alloue - on ne modifie pas "
    else
       print *, "-- pas encore alloue - on cree une nouvelle chaine"
       ch = "au revoir et merci"
    end if
  end subroutine sp
end
```

```
-- n est alloue
-- deja alloue - on ne modifie pas
bonjour
pas encore alloue - on cree une nouvelle chaine
au revoir et merci
```

Allocation par affectation (2)

Remarques :

En théorie, la longueur de la chaîne allouée par *allocate* peut être, non seulement une constante comme dans notre exemple, mais aussi une variable (dont la valeur est alors définie lors de l'exécution). Cela autorise des schémas de ce genre où la longeur de la chaîne est lue en donnée :

```
print *, "longeur maxi"
read *, lgmax
allocate (character(lgmax) :: ch2)
read *, ch2
```

c) Transfert d'allocation

Il existe une subroutine *move_alloc* qui permet de déplacer le contenu d'un objet dynamique vers un autre objet de même type, tout en le désallouant préalablement. Voici un exemple où l'on déplace un tableau d'entiers nommé *b* dans un autre tableau nommé *a*.

```
program tstMoveAlloc
  integer, allocatable :: a(:), b(:)
  integer :: i
  allocate (a(10:15))
  do i = lbound(a,1), ubound(a,1) ; a(i) = i ; end do
  print *, 'a = ', a
  allocate (b(1:3))      ! b alloue a 3 elements
  do i = lbound(b,1), ubound(b,1) ; b(i) = 2*i ; end do
  print *, 'b = ', b
  call move_alloc (a, b)      ! ou : call move_alloc (from = a, to = b)
  print *, 'b= ', b
  print *, 'a alloue ? ', allocated(a)     ! maintenant, a est desalloue
end
```

```
a =          10          11          12          13          14          15
b =           2           4           6
b =          10          11          12          13          14          15
a alloue ?  F
```

Transfert d'allocation

D'une manière générale, dans un appel tel que :

```
call move_alloc (a,b)
```

- *a* doit être une variable dynamique (attribut *allocatable*) ; s'il a été reçu en argument, il doit avoir un *intent (inout)* ;

- *b* doit être de même type (ou de type descendant si *a* et *b* sont des variables polymorphiques) et même rang que *a* ; s'il a été reçu en argument, il doit avoir un *intent(out)*.

3 – AMELIORATION CONCERNANT LES POINTEURS

3.1 Pointeurs de procédures

a) Exemple d'introduction

Fortran 2003 a introduit la notion de pointeur sur une procédure (fonction ou sous-programme), c'est-à-dire une variable destinée à contenir l'adresse d'une procédure. La déclaration de telles variables se présente ainsi :

```
procedure (f), pointer :: pf
```

Il semble qu'on déclare un pointeur sur la procédure *f* seulement. En réalité, il s'agit d'un pointeur sur une procédure ayant la même interface que *f*. On peut ensuite affecter à *pf* l'adresse d'une fonction « convenable » :

```
pf => ...
```

L'appel de la procédure correspondante se fera classiquement en utilisant *pf* en lieu et place du nom de la procédure :

```
call pf (.....)
```

Voici un programme illustrant ces possibilités

```
program testPtrsProcedures
  implicit none
  procedure (fois2), pointer :: pf
    ! pf est un pointeur sur une procedure ayant meme interface que fois2
  pf => fois2
  print *, pf (3)     ! meme role que fois2(3)
  pf => carre
  print *, pf (3)     ! meme role que carre(3)
contains
  integer function fois2 (n)
    integer, intent (in) :: n
    fois2 = 2 * n
  end function fois2
  integer function carre (n)
    integer, intent (in) :: n
    carre = n * n
  end function carre
end program testPtrsProcedures
```

```
6
9
```

Utilisation de pointeurs de procédures avec interface concrète

b) Interface abstraite

Dans notre précédent exemple, la déclaration de *pf* fait intervenir une fonction donnée, alors que *pf* pourra désigner n'importe quelle fonction de même interface. Pour rendre les choses plus lisibles (ou pour pouvoir écrire le code lorsque l'on ne connaît pas encore de fonction cible), on peut utiliser une interface particulière dite « abstraite » (mot-clé *abstract*) qui sert à déclarer un modèle d'interface. Voici comment adapter dans ce sens l'exemple précédent. On y déclare une interface abstraite *fcal* qu'on utilise ensuite en lieu et place de *fois2* pour déclarer notre pointeur de fonctions.

```
module calcul
  abstract interface
    integer function fcal (n)   ! interface abstraite des fonctions de calcul
      integer, intent (in) :: n
    end function fcal
  end interface
  contains
    integer function fois2 (n)
      integer, intent (in) :: n
      fois2 = 2 * n
    end function fois2
    integer function carre (n)
      integer, intent (in) :: n
      carre = n * n
    end function carre
end module calcul
program testPtrsProcedures
  use calcul
  procedure (fcal), pointer :: ptr
     ! ptr est un pointeur sur une procedure ayant l'interface (abstraite) fcal
  ptr => fois2
  print *, ptr (3)
  ptr => carre
  print *, ptr(3)
end program testPtrsProcedures
```

```
6
9
```

Utilisation de pointeurs de procédures avec interface abstraite

c) Les pointeurs de procédure en général

Un pointeur de procédure peut apparaître en argument muet d'une procédure.

Une fonction peut renvoyer un résultat de type pointeur de procédure.

Par défaut, un pointeur de procédure n'est pas initialisé. On peut recourir à la fonction *null()* lors de sa déclaration.

En théorie, il est possible d'utiliser des pointeurs de procédure, sans expliciter d'interface, comme dans :

```
procedure(), pointeur :: pp      ! pp est un pointeur sur une procedure quelconque
```

Cette possibilité est peu recommandée, dans la mesure où le compilateur ne peut plus vérifier la compatibilité des interfaces et les problèmes sont rejetés à l'exécution.

d) Champs de type pointeur de procédure

Une structure (ou une classe) peut disposer d'un champ de type pointeur de procédure :

```
type T
   procedure (traite), pointer :: pp     ! pp est un pointeur sur une procedure
                                         ! ayant meme interface que traite
                                         ! ou d'interface abstraite traite
   .....
end type T
```

Dans ce cas, lorsqu'on appellera la procédure pointée par *pp*, elle recevra l'adresse de l'objet concerné en premier argument, sauf si l'on a utilisé le paramètre *pass* pour en modifier la position ou si l'on en a supprimé la transmission par *nopass* comme dans :

```
procedure (traite), pass (obj), pointer :: pp
procedure (traite), nopass, pointer :: pp
```

3.2 Amélioration des pointeurs sur des tableaux

Depuis Fortran 2003, lorsque l'on affecte un pointeur sur un tableau à une cible qui est une section de tableau, on peut spécifier la borne inférieure désirée. Considérons :

```
integer, target :: temperatures (1800:2014)
integer, pointer :: intervalle (:)
```

Avec cette affectation, utilisable avec Fortran 90 :

```
intervalle => temperatures
```

on conserve pour *intervalle* les bornes 1800:2014. Mais avec cette affectation, également utilisable avec Fortran 90 :

```
intervalle => temperatures(1900:1999)
```

on obtient pour *intervalle* les bornes 1:100.

En revanche, depuis Fortran 2003, on peut utiliser :

```
intervalle (1900:) => temperatures(1900:1999)
```

ce qui permet de récupérer pour *intervalle* les bornes 1900:1999

4 – LES TYPES PARAMETRES

En Fortran 90, il existe des variantes des types de base, spécifiés à l'aide du paramètre *KIND* (voir l'annexe B). Les valeurs de ce paramètre sont connues à la compilation et, pour la généricité, les différentes variantes correspondent à des types différents : on dit que ces paramètres *KIND* sont discriminants pour la généricité.

Par ailleurs, il existe un paramètre *LEN* utilisable pour les chaînes (il peut se combiner avec *KIND*) qui n'est pas discriminant pour la généricité. Depuis Fortran 2003, ce paramètre ne peut être défini que lors de l'exécution.

Avec Fortran 2003, ces possibilités de paramétrage se généralisent aux types dérivés (structures, classes) comme dans cet exemple où l'on définit un vecteur dont le type et le nombre des éléments sont paramétrables :

```
type vecteur (variante, nb)
   integer, kind :: variante   ! parametre de type kind
   integer, len :: nb          ! parametre de type len
   real (variante) :: elem (nb)
end type vecteur
```

Les valeurs des paramètres seront alors fournies lors de la déclaration de variables du type :

```
type (vecteur (kind(0.0), 5)) :: v      ! 5 elements du type de la constante 0.0
```

Pour les variables dynamiques (*allocatable* ou *pointer*), la valeur des paramètres de type peut être différée et précisée lors de l'allocation :

```
type (vecteur (kind(0.0), :)), allocatable :: w
```

La valeur effective sera alors fournie lors de l'allocation.

Lorsqu'un type paramétré apparaît en argument muet d'une procédure, les paramètres de type *len* sont définis avec la valeur * (signifiant valeur définie par ailleurs) :

```
subroutine truc (z)
  type (vecteur (kind(0.0, *) :: 3
    .....
```

Il est également possible de fournir des valeurs par défaut de ces paramètres dans la définition du type :

```
type vecteur (variante, nb)
   integer, kind :: variante = kind (0.0)
   integer, len :: nb = 30
   real (variante) :: elem (nb)
end type vecteur
```

5 – AMELIORATION DES ENTREES-SORTIES

5.1 Types dérivés

En Fortran 2003, il est possible de définir la manière dont on souhaite traiter une variable d'un type dérivé (structure ou classe) lorsqu'elle apparaît dans la liste d'une instruction d'entrée-sortie formatée ou non. Pour ce faire, on associe au type concerné des procédures génériques de nom *read(formatted)*, *read(unformatted)*, *write(formatted)* ou *write(unformatted)*, comme dans :

```
Generic :: read(formatted) => lect1, lect1
```

5.2 Entrées-sorties asynchrones

Par défaut, lorsqu'une instruction d'entrée-sortie apparaît dans un programme, on attend qu'elle soit terminée pour continuer l'exécution du code ; on parle alors d'entrée-sortie synchrone. Fortran 2003 offre des outils permettant de demander que l'exécution se poursuive, sans que l'opération ne soit terminée. Des outils apropriés permettent de prévoir l'attente de la fin de l'opération si cela s'avère nécessaire.

5.3 Entrées-sorties en mode « stream » (flux)

Fortran 2003 permet de traiter des fichiers de la même façon que le langage C, c'est-à-dire en s'affranchissant de la notion d'enregistrement : un fichier devient alors une simple suite d'octets. Il est alors possible d'accéder directement à un octet de rang donné du fichier. Il faut cependant prendre des précautions avec la manière dont sont représentées les fins de ligne des fichiers formatés (certains systèmes utilisent un seul caractère, d'autres deux...).

6 – INTEROPERABILITE AVEC LE LANGAGE C

Fortran 2003 fournit des spécifications permettant la communication entre programmes ou procédures C et Fortran, qu'il s'agisse de partage de données ou d'appel d'une fonction C depuis un code Fortran ou d'un appel d'une procédure Fortran depuis un code C. On trouve à la fois (mais de façon facultative) :

- Des types Fortran équivalents aux différents types du C. Par exemple, le module *iso_c_binding* contient le type *c_int* qui correspond à *int* du C. Il peut éventuellement contenir *c_long* pour *long int*, *c_float* pour *float*...

- Des règles à respecter pour l'appel mutuel de procédures.

7 – DIVERSES AUTRES FONCTIONNALITES

7.1 Standard IEE et gestion des exceptions

Le standard IEEE définit :

- un mode de codage des flottants, dans lequel on dispose de motifs particuliers comme +0, -0, +inf, -inf et NaN *(not a number)* pour les opérations dont le résultat est indéfini (0/0 par exemple) ;

- différents modes d'arrondis (au plus proche, vers 0, vers l'infini, vers moins l'infini) ;

- des indicateurs (dépassement de capacité, sous-dépassement de capacité, division par zéro, inexact, invalide).

Fortran 2003 offre, de façon facultative, des outils permettant d'exploiter, dans la mesure du possible (tous les ordinateurs n'utilisant pas toutes les conventions IEEE) ces possibilités en offrant un contrôle plus ou moins complet des caractéristiques du codage en général, du codage d'une valeur donnée et de la gestion des exceptions.

7.2 Structure de bloc

Fortran 2008 permet de construire un bloc dans lequel on peut déclarer des variables dont la portée est limitée à ce bloc :

```
block
   integer :: i
   .....    ! ici i est connu
end block
.....       ! ici,il ne l'est plus
```

7.3 Co-tableaux

Fortran 2008 offre des outils permettant de faciliter la programmation parrallèle, qu'il s'agisse d'architecture à mémoire distribuée ou à mémoire partagée.

7.4 Sous-modules

Fortran 2008 a introduit cette notion pour le développement de programmes de grande taille. Il est alors possible de dissocier les interfaces des procédures (qui restent définies dans un module) de leur corps qui se trouvent définis dans une unité séparée nommé sous-module.

ANNEXE J :
LES INSTRUCTIONS OBSOLETES

Nous décrivons ici les instructions de Fortran 77 qui, bien qu'acceptées par les versions suivantes, sont à déconseiller.

1 – L'INSTRUCTION EQUIVALENCE

Cette instruction permet de désigner un même emplacement mémoire à l'aide de plusieurs noms différents. Par exemple, avec :

```
real :: x, z
equivalence (x, z)
```

les symboles *x* et *z* désignent tous les deux des variables réelles situées à la même adresse.

Avec :

```
real, dimension (8) :: t
real, dimension (5) :: u
equivalence ( t(4), u(2) )
```

on précise que *t(4)* et *u(2)* ont la même adresse, ce qu'on peut illustrer par ce schéma :

```
    t(1)  t(2)  t(3)  t(4)  t(5)  t(6)  t(7)  t(8)
  |_____|_____|_____|_____|_____|_____|_____|____|
              u(1)  u(2)  u(3)  u(4)  u(5)
```

On notera bien que l'instruction *equivalence* ne réserve pas de nouvel emplacement mais que, au contraire, elle fait coïncider deux adresses d'objets définis par ailleurs. De plus, il faut bien voir que faire coïncider *t(4)* avec *u(2)* implique obligatoirement que *t(3)* coïncide avec *u(1)*, *t(5)* avec *u(3)*, etc.

D'une manière générale, lorsque l'on fait coïncider les adresses de variables ou de tableaux de types différents, les résultats obtenus dépendent de la taille exacte utilisée par l'ordinateur pour représenter les objets du type en question. Par exemple, suivant les cas, un entier pourra correspondre à 2 ou 4 caractères, un réel à un ou deux entiers...

On notera que le bon sens interdit de donner deux adresses différentes à un même objet. Ainsi, cette suite d'instructions sera rejetée par le compilateur :

```
equivalence ( t(4), u(2) )
equivalence ( t(5), u(1) )
```

Pour les mêmes raisons, il n'est pas possible de faire coïncider deux objets définis dans des unités de compilation différentes, notamment un objet d'un module avec un objet d'une procédure utilisant ce module.

2 – L'INSTRUCTION COMMON

Nous avons vu comment différentes unités de programmes pouvaient partager des données à l'aide d'un module approprié. Avec Fortran 77, ceci n'était pas possible et il fallait alors recourir aux « zones communes ». Cette méthode consiste à définir une ou plusieurs zones (de mémoire) utilisées parallèlement par différentes unités de programme.

Pour ce faire, on donne un nom à chacune des zones que l'on souhaite partager ; on décrit cette zone, dans chaque unité de programme, avec des noms de variables locales. La correspondance se trouve alors réalisée par la place occupée par chaque élément dans la zone concernée.

Par exemple, en plaçant dans un programme principal :

```
real :: a, z, x
common /partag/ a, z, x
```

et dans une procédure :

```
real ::: x, y, t
common /partag/ x, y, t
```

les variables nommées *x*, *y* et *t* dans le programme principal auront les mêmes adresses que celles nommées respectivement *a*, *z* et *x* dans la procédure.

De même, si une première procédure comporte :

```
real, dimension (3) :: x
real :: y
common /cm1/ x, y
```

et si une seconde procédure comporte :

```
real, dimension (2) :: t
real :: a, b
common /cm1/ a, b, t
```

les différents objets des deux procédures se correspondront ainsi :

première procédure	seconde procédure
x(1)	a
x(2)	b
x(3)	t(1)
y	t(2)

D'une manière générale, l'instruction *common* a pour syntaxe :

```
COMMON [/nom_de_zone/] liste [, [/nom_de_zone/] liste ]...
```

Elle offre donc la possibilité de définir plusieurs zones dans une même instruction ; ceci était toutefois rarement utilisé.

Par ailleurs, le nom de zone est facultatif ; on parlait alors de « common blanc ». Bien entendu, il ne pouvait y avoir au maximum qu'un seul common blanc par unité de compilation.

Il était possible de déclarer dans une instruction *equivalence* des objets déclarés dans une zone commune. En revanche, un objet d'une zone commune ne pouvait pas apparaître en argument muet d'une procédure (ce qui serait revenu à donner deux adresses différentes à un même symbole...). En revanche, un tel objet pouvait naturellement figurer comme argument effectif d'un appel de procédure.

3 – L'INSTRUCTION DATA

Nous avons vu comment initialiser une variable lors de sa déclaration. Toutefois, cette possibilité n'existait pas en Fortran 77 et il fallait alors recourir à l'instruction *data*. En voici un premier exemple :

```
data k / 5 /
```

Cette instruction attribue la valeur initiale 5 à la variable *k* (éventuellement déclarée préalablement).

Voici un autre exemple, dans lequel *x* est un tableau de réels de dimension 3 :

```
data x / 1.0, 2.5, 3.2 /
```

On peut y mettre des valeurs « en facteur » comme dans cet exemple où *t* est un tableau de 5 entiers :

```
data t / 1, 3*5, 8 /
```

Ou initialiser uniquement certains éléments :

```
data t(2), t(4) / 3, 8 /     ! ou encore data t(2) /3/, t(4) /8/
```

On peut également utiliser des listes implicites comme dans :

```
data ( t(i), i=1,5,2 ) / 2, 9, 12 /     ! ou  data t(1), t(3), t(5) / 2, 9, 12 /
```

4 – L'INSTRUCTION BLOCK DATA

En Fortran 77, il n'était pas possible d'initialiser des variables autrement qu'en utilisant l'instruction *data* (voyez le paragraphe précédent). De surcroît, cette instruction *data* ne pouvait pas s'appliquer à des objets figurant dans une zone commune. Ceci provenait essentiellement de ce que l'instruction *data* réservait l'emplacement pour les variables correspondantes ; dans ces conditions, chercher à initialiser par *data* un objet d'une zone commune revenait à tenter d'attribuer deux emplacements différents à un même symbole (ou, ce qui revient au même, à déclarer deux fois, de manière différente, le même objet).

Pour résoudre le problème, il fallait alors faire appel à l'instruction *block data.* Cette dernière sert à définir une sorte de procédure ne comportant exclusivement que des déclarations. En voici un exemple :

```
block data bloca
  common /const/ pi, n1, n2
  data pi /3.14159/
  data n1 /50/, n2 /100/
end
```

Ici, *bloca* est le nom attribué à ce bloc de données.

D'une manière générale, cette instruction a pour syntaxe :

```
BLOCK DATA [nom_bloc]
   instructions de déclaration
END [ BLOCK DATA [nom_bloc] ]
```

5 – L'INSTRUCTION GO TO CALCULE

L'instruction :

```
go to (etiquette1, etiquette2, ... etiquetten) [,] expression
```

évalue la valeur de l'expression (entière). Suivant la valeur ainsi obtenue, il y a branchement :

- à $etiquette_1$ si cette valeur est 1 ;
- à $etiquette_2$ si cette valeur est 2 ;
- etc.

Si la valeur de l'expression est inférieure à 1 ou supérieure au nombre d'étiquettes mentionnées, l'exécution se poursuit en séquence.

Généralement, une telle instruction était utilisée pour réaliser un « choix multiple » ; dans ce cas, l'instruction *case* est beaucoup plus appropriée.

6 – ANCIENS NOMS DE PROCEDURES INTRINSEQUES

En Fortran 90, beaucoup de procédures sont génériques, dans la mesure où un même nom peut désigner plusieurs procédures. C'est par exemple le cas de *sqrt* qui peut, suivant la nature de son argument, correspondre à la racine carrée d'un entier, d'un réel ou d'un complexe.

Dans les précédentes versions de Fortran, cette généricité n'existait pas et il était nécessaire de distinguer ces différents cas et donc d'utiliser un nom de fonction différent dans chaque cas. Ainsi, trouvait-on *sqrt* pour la racine carrée d'un réel simple précision *(real)*, *dsqrt* pour la racine carrée d'un réel double précision *(double precision)*, *csqrt* pour la racine carrée d'un complexe *(complex)*.

Vous n'avez aucune raison d'utiliser ces noms lors de l'écriture de nouveaux programmes. Si, en revanche, vous devez exploiter des programmes développés avec des versions précédentes de Fortran, sachez que les anciens noms restent suffisamment proches des nouveaux pour que vous en retrouviez la signification ; simplement, ils seront souvent préfixés d'une lettre supplémentaire correspondant au type de l'argument : A (ou rien) pour *real*, D pour *double precision*, I pour *integer* et C pour *complex*. Seules échappent à cette règle les fonctions ci-après.

Nom générique (Fortran 90)	Anciens noms	Type argument	Type résultat
INT	INT	real	integer
	IFIX	real	integer
	IDINT	double	integer
REAL	REAL	integer	real
	FLOAT	integer	real
	SINGL	double	real
MAX/MIN	MAX0/MIN0	integer	integer
	AMAX1/AMIN1	real	real
	DMAX1/DMIN1	double	double
	AMAX0/AMIN0	integer	real
	MAX1/MIN1	real	integer

7 – LA DIRECTIVE INCLUDE

Dans un programme source, il est possible de demander au compilateur d'incorporer des instructions provenant d'un autre fichier, à l'aide d'une ligne particulière :

```
include nom_fichier
```

Notez qu'il ne s'agit pas d'une instruction Fortran à proprement parler ; cette ligne ne peut pas comporter autre chose, exception faite d'éventuels commentaires.

Tout se passe comme si les instructions du fichier concerné figuraient effectivement à la place de cette ligne. Il est tout à fait possible que ce fichier contienne à son tour une ou plusieurs lignes *include*.

Bien qu'introduite par Fortran 90, cette possibilité est généralement considérée comme périmée dans la mesure où l'emploi de modules (avec l'instruction *use*) est de loin préférable.

8 – L'INSTRUCTION IF ARITHMETIQUE

Elle a pour syntaxe :

IF (expression_arithmétique) $etiquette_1$, $etiquette_2$, $etiquette_3$

Elle évalue l'expression indiquée (elle doit être de type numérique différent de *complex*) et elle provoque un branchement à l'une des trois étiquettes indiquées, à savoir :

- $etiquette_1$ si le résultat est négatif ;
- $etiquette_2$ si le résultat est nul ;
- $etiquette_3$ si le résultat est positif.

9 – LES INSTRUCTIONS ASSIGN ET GO TO ASSIGNE

Voyez cet exemple :

```
integer et
   .....
assign 125 to et
   .....
assign 200 to et
   .....
go to et
```

L'instruction *assign 125 to et* place l'étiquette 125[1] dans la variable entière *et*. L'instruction *go to et* effectue un branchement à l'étiquette contenue dans *et*.

D'une manière générale, l'instruction *go to assigné* peut préciser la liste des différentes étiquettes susceptibles d'avoir été attribuées à la variable correspondante. Dans notre précédent exemple, nous pourrions écrire :

```
go to et (125, 200)
```

Une variable entière peut également recevoir la valeur d'une étiquette d'une instruction *format* et, dans ce cas, intervenir dans une instruction d'entrée-sortie comme dans cet exemple :

```
    integer etf
      .....
100 format (i3, f8.0)
110 format (i5, e12.4)
      .....
    read (*, etf) n, x
```

10 – L'INSTRUCTION NAMELIST

L'instruction *namelist* permet de donner un nom à une liste d'entrées-sorties. En voici un exemple (on suppose que les variables citées ont été convenablement déclarées) :

```
namelist /valeurs/ n, x, z
```

Le nom *valeurs* peut alors intervenir dans une instruction d'entrée-sortie dont la syntaxe est celle relative aux fichiers, moyennant le remplacement du paramètre *fmt* par le paramètre *nml* (aucune liste n'apparaît alors). Par exemple :

```
write (*, nml=valeurs)       ! ou simplement  write (*, valeurs)

read (*, nml=valeurs)        ! ou simplement  read (*, valeurs)
```

En cas d'instruction d'écriture, les informations sont écrites en format libre, précédées de leur nom respectif, le nom de la liste précédant le tout comme dans :

```
&valeurs n=5 x=4.55 z=1.75
```

En cas de lecture, l'enregistrement (ou la ligne) doit commencer par le nom de la liste ; les différentes informations sont identifiées par le nom de la variable correspondante. Il est possible de ne pas fournir toutes les valeurs : on termine alors l'enregistrement par le caractère /. Les variables pour lesquelles aucune valeur n'a été fournie restent inchangées. Voici deux exemples d'enregistrements possibles pour l'exemple de lecture précédent :

```
&valeurs x=1.5 n=3 z=2.5
&valeurs n=15/
```

---

[1] En toute rigueur, un « code » correspondant à cette étiquette.

CORRECTION DES EXERCICES

Chapitre 3

Exercice 3.1

a) real : 3
b) double precision : 5,25
c) real : 2,2
d) integer : 81
e) integer : -100
f) logical : T
g) logical : T
h) logical : F
i) logical : F
j) logical : T

Exercice 3.2

```
A :  3
B :     3.5999999
C :     3.0000000
D :  3
E :  T
F :  T
```

Exercice 3.3

```
program conversion_angles
  implicit none
  real :: angle                              ! angle en degres decimaux
  integer :: degres, minutes, secondes       ! degres, minutes et secondes correspondant
  real :: res_deg, res_min

  print *, 'donnez un angle (en degres decimaux)'
  read *, angle
  degres = angle                        ! ou degres = int (angle)
  res_deg = (angle - degres) * 60.
  minutes = res_deg                     ! ou minutes = int (res_degres)
  res_min = (res_deg - minutes) * 60.
  secondes = res_min                    ! ou secondes = int (res_minutes)
  print *, angle, ' = ', degres, ' degres ', minutes, ' minutes ', secondes,
'secondes'
end
```

Chapitre 4

Exercice 4.1

```
program moyennes
  implicit none
  real :: note,        &          ! note courante
          som,         &          ! somme des notes
          moy                     ! moyenne
  integer :: num                  ! numero note courante

  som = 0 ; num = 1
  do
     print *, 'note ', num
     read *, note
     if (note < 0) exit
     num = num + 1
     som = som + note
  end do
  num = num - 1      ! car la derniere note ne doit pas etre consideree
```

```
  if (num > 0) then
     moy = som / num
     print *, 'moyenne de ces ', num, ' notes : ', moy
  else
     print *, '--- aucune note fournie ---'
  end if
end
```

Exercice 4.2

```
program fibonacci
  implicit none
  integer :: u1, u2, u3,   &      ! pour parcourir la suite
             n,            &      ! rang du terme demande
             i                    ! compteur

  print *, 'rang du terme demande (au moins 3)'
  read *, n
  u1 = 1 ; u2 = 1                  ! les deux premiers termes
  i = 2
  do while (i < n)          ! ou encore   do ; if (n<n) exit
     i = i + 1
     u3 = u1 + u2
     u1 = u2
     u2 = u3
  end do
  print *, 'valeur du terme de rang ', i, ' : ', u3
end
```

Exercice 4.3

```
program serie_harmonique
  implicit none
  integer :: nt           ! nombre de termes
  real :: som             ! pour la somme de la serie
  integer :: i
  print *, 'combien de termes (au moins 1)'
  read *, nt
  som = 0
```

```
    do i = 1, nt
      som = som + 1.0/i       ! ou encore som = som + 1/float (i)
                             ! attention som = som + 1/i ne conviendrait pas
    end do
    print *, 'somme des ', nt, ' premiers termes : ', som
  end
```

Exercice 4.4

```
  program max_min
    implicit none
    integer :: note,  &  ! note courante
               maxi,  &  ! note maxi
               mini,  &  ! note mini
               nmax,  &  ! nombre de fois ou note maxi trouvee
               nmin      ! nombre de fois ou note mini trouvee
    maxi = -1                ! car toutes notes >= 0
    mini = 21                ! car toutes notes <= 20
    do
      print *, 'donnez une note (<0 pour finir)'
      read *, note
      if (note < 0) exit
      if (note == maxi) nmax = nmax + 1
      if (note > maxi) then
           maxi = note
           nmax = 1
      end if
      if (note == mini) nmin = nmin + 1
      if (note < mini) then
           mini = note
           nmin = 1
      end if
    end do
    if (maxi >=0) then      ! sinon aucune note fournie
      print *, 'note maximale : ', maxi, ' attribuee ',  &
               nmax, 'fois'
      print *, 'note minimale : ', mini, ' attribuee ',  &
               nmin, 'fois'
    end if
  end
```

Exercice 4.5

```
program pieces_de_monnaie
  implicit none
  integer :: nbf,  &    ! compteur du nombre de facons de faire 1 F
          n10,  &    ! nombre de pieces de 10 c
          n5,   &    ! nombre de pieces de 5 c
          n2         ! nombre de pieces de 2 c
  nbf = 0
  do n10 = 0, 10
    do n5 = 0, 20
      do n2 = 0, 50
        if ( 2*n2 + 5*n5 + 10*n10 == 100) then
           nbf = nbf + 1
           print *, '1 F = ', n2, ' X 2c + ', &
                              n5, ' X 5c + ' , n10, ' X 10c'
        end if
      end do
    end do
  end do
  print *, 'En tout, il y a ', nbf, ' facons de faire 1 F'
end
```

Chapitre 5

Exercice 5.1

Le tableau *te* est de rang 2, de profil (9, 3) et de taille 27 (9x3).

Le tableau *tr* est de rang 3, de profil (4, 2, 14) et de taille 112 (4x2x14).

Exercice 5.2

Elles placent la valeur 5 dans les 200 éléments de a puis de b et la valeur 10 (5 + 5) dans les 200 éléments de c.

Exercice 5.3

Pour l'instant, les tableaux a, b et c ont bien le même profil (10, 20). Aucune erreur de compilation ne sera signalée. Néanmoins, si, par la suite, on modifie les valeurs des paramètres *n1* ou *n2*, on risque fort que cette condition (profils identiques de a, b et c) ne soit plus vérifiée, ce qui conduira à la détection d'une erreur de compilation dans l'instruction d'affectation $c = a + b$.

Exercice 5.4

L'instruction II est incorrecte car *b* et *c1* n'ont pas le même profil.

L'instruction VI est correcte ici, car les sections *a(::2)* et *c1(::2)* ont effectivement le même profil (elles comportent 5 éléments qui sont *b(0), b(2), b(4), b(6)* et *b(8)* pour la première et *c1(1), c1(3), c1(5), c1(7)* et *c1(9)* pour la seconde). Néanmoins, si l'on donne au paramètre *nel* une valeur impaire, il n'en va plus ainsi ; par exemple, avec *nel*=*9*, la première section comportera toujours 5 éléments (*a(0)*, *a(2)*, *a(4)*, *a(6)*, *a(8)*) tandis que la seconde n'en comportera plus que 4 (*c1(1), c1(3), c1(5), c1(7)*) ; on obtiendra alors une erreur de compilation.

Exercice 5.5

```
a)    mat (i, :)                  ! ligne de rang i
b)    mat (:, j)                  ! colonne de rang j
c)    mat (2:10:2, :)             ! toutes les lignes paires
d)    mat (1:10:2, 1:20:2)        ! éléments de rang impair en ligne et en colonne
e)    mat (10:1:-1, :)            ! lignes inversées
f)    mat (:, 20:1:-1)            ! colonnes inversées
g)    mat (10:1:-1, 20:1:-1)      ! lignes et colonnes inversées
```

Exercice 5.6

```
integer, dimension (20) :: premimp = (/ (i, i = 1, 40, 2) /)                 ! a)

integer, dimension (20) :: tab     = (/ (i, i = 1, 10), (i, i = 1, 20, 2) /)  ! b)
```

Dans les deux cas, il est nécessaire d'avoir déclaré préalablement une variable i de type *integer*.

Exercice 5.7

```
real, dimension (10) :: t1 = (/ ( 0.1*i, i = 0, 9 ) /)                    ! a)

real, dimension (20) :: t2 = (/ ( 0.5*i, i = 2, 19) /)                    ! b)
```

Dans les deux cas, il est nécessaire d'avoir déclaré préalablement une variable i de type *integer*.

Exercice 5.8

```
  integer :: i, j
  integer, dimension (nel, nel) :: t =
&           reshape ( (/ ( ( i*j , j = 1, nel), i = 1, nel) /), (/ nel, nel /) )
```

Exercice 5.9

```
 tableau t apres initialisation :  1 2 3 4 5 6 7 8 9 10
 donnez un entier :
4
 tableau t apres execution      :  4 5 6 12 14 16 18 20 22 24
```

Chapitre 6

Exercice 6.1

```
a)   ^^^1^^^8^^^12.00^^^^^^25.00
b)   ^^^1^^^8^^^^2.50^^^^^^25.00
c)   ^^10^^^5^^^^5.00^^^^^^^5.00
```

Exercice 6.2

```
 123 4567
1234567
123  **
    12.365325500.000
**12.365  4567325500.
valeur de n :
   123

valeur de p :
  4567
4567: 123
n=  112365
```

Exercice 6.3

```
print "(t27, 'A', t62, 'B')"
print "(1x, 'ligne ', i2, t10, 3f10.2, t45, 2f10.2)", (i, a(i,:), b(i,:), i = 1, 5)
```

Chapitre 7

Exercice 7.1

```
function volume (r)
  implicit none
  real, intent (in) :: r
  real :: volume
  real :: pi = 3.1415926
  volume = 4.0/3.0*pi*r**3
end

program volume_sphere
  implicit none
  integer :: i
  real :: rayon
```

```
  interface
    function volume (r)              ! si l'interface n'est pas presente
      real, intent (in) :: r         ! il faut au moins la declaration :
      real :: volume                 !    real :: volume
    end function volume              ! puisque aucun type n'est implicite
  end interface                      !  (a cause de implicit none)
  do i = 1, 3
    print *, "rayon ? "
    read *, rayon
    print *, "volume = ", volume (rayon)
  end do
end program volume_sphere
```

Exercice 7.2

```
program volume_sphere
  implicit none
  integer :: i
  real :: rayon
                          ! interface de volume inutile puisque fonction interne
  do i = 1, 3
    print *, "rayon ? "
    read *, rayon
    print *, "volume = ", volume (rayon)
  end do
contains
  function volume (r)
    real, intent (in) :: r
    real :: volume
    real :: pi = 3.1415926
    volume = 4.0/3.0*pi*r**3
  end function volume
end program volume_sphere
```

Exercice 7.3

```
subroutine volume (r, v)
  implicit none
  real, intent (in)  :: r
  real, intent (out) :: v
  real :: pi = 3.1415926
  v = 4.0/3.0*pi*r**3
end
```

```
program volume_sphere
  implicit none
  integer :: i
  real :: rayon, vol
  interface
    subroutine volume (r, v)              !
      real, intent (in)  :: r             !   interface
      real, intent (out) :: v             !  facultative
    end subroutine volume                 !      mais
  end interface                           !   conseillee
  do i = 1, 3
    print *, "rayon ? "
    read *, rayon
    call volume (rayon, vol)
    print *, "volume = ", vol
  end do
end program volume_sphere
```

Exercice 7.4

a)

```
subroutine tri (t, n)
  implicit none
  integer, intent (in) :: n     ! cette declaration doit apparaitre avant la suivante
  integer, dimension (n), intent (inout) :: t
  integer :: temp          ! pour l'echange de deux elements du tableau
  integer :: i, j
  do i = 1, n-1
    do j = i+1, n
      if (t(i) > t(j)) then ; temp = t(i) ; t(i) = t(j) ; t(j) = temp ; end if
    end do
  end do
end subroutine tri
```

Exemple de programme d'utilisation :

```
program essai_tri
  implicit none
  integer :: i
  integer, parameter :: dim = 5
  integer, dimension (dim) :: t = (/ (dim-i+1, i=1, dim) /)
```

```
  interface ; subroutine tri (t, n)                           !
              integer, intent (in) :: n                       !  interface
              integer, dimension (n), intent (inout) :: t     !  facultative
              end subroutine tri                              !
  end interface
  print *, 'avant tri : ', t
  call tri (t, dim)
  print *, 'apres tri : ', t
end program essai_tri
```

b)

```
subroutine tri (t)
  implicit none
  integer, dimension (:), intent (inout) :: t
  integer :: temp          ! pour l'echange de deux elements du tableau
  integer :: i, j
  do i = 1, size (t) - 1      ! ou size(t,1)-1
    do j = i+1, size (t)
      if (t(i) > t(j)) then ; temp = t(i) ; t(i) = t(j) ; t(j) = temp ; end if
    end do
  end do
end subroutine tri
```

Exemple de programme d'essai :

```
program essai_tri
  implicit none
  integer :: i
  integer, parameter :: dim = 5
  integer, dimension (dim) :: t = (/ (dim-i+1, i=1, dim) /)
  interface ; subroutine tri (t)                              !  interface
              integer, dimension (:), intent (inout) :: t     !  obligatoire
              end subroutine tri                              !
  end interface

  print *, 'avant tri : ', t
  call tri (t)
  print *, 'apres tri : ', t
end program essai_tri
```

Exercice 7.5

```
function tri (t)
  implicit none
  integer, dimension (:), intent (in) :: t
  integer, dimension (size(t)) :: tri
  integer, dimension (size(t)) :: tab     ! pour recopier le tableau recu en entree
  integer :: temp
  integer :: i, j
  tab = t                                 ! recopie du tableau recu en entree
  do i = 1, size (tab) - 1
    do j = i+1, size (tab)
      if (tab(i) > tab(j)) then
          temp = tab(i) ; tab(i) = tab(j) ; tab(j) = temp
      end if
    end do
  end do
  tri = tab
end function tri
```

Exemple de programme de test :

```
program essai_tri
  implicit none
  integer :: i
  integer, parameter :: dim = 5
  integer, dimension (dim) :: t = (/ (dim-i+1, i=1, dim) /)
  interface ; function tri (t)                        !  interface
              integer, dimension (:), intent (in) :: t   !  obligatoire
              integer, dimension (size(t)) :: tri        !
              end function tri                          !
  end interface
  print *, 'avant tri : ', t
  print *, 'apres tri : ', tri(t)
end program essai_tri
```

Exercice 7.6

```
function prod (a, b)
  implicit none
  real, dimension (:), intent (in)   :: a, b     ! profils implicites
```

```
    real, dimension (size(a), size(b)) :: prod      ! profil déduit de ceux de a et b
    integer :: i, j
    do i = 1, size(a)
      do j = 1, size(b)
        prod (i, j) = a(i) * b(j)
      end do
    end do
  end function prod
```

Exemple de programme de test :

```
  program test
    implicit none
    integer, parameter :: n1 = 3, n2 = 4
    integer :: i
    interface
      function prod (a, b)
        real, dimension (:), intent (in)  :: a, b
        real, dimension (size(a), size(b)) :: prod
      end function prod
    end  interface
    real, dimension (n1) :: v1 = (/ (i, i = 1, n1) /)
    real, dimension (n2) :: v2 = (/ (i, i = n2, 1, -1) /)
    print *, 'vecteur 1 : ', v1
    print *, 'vecteur 2 : ', v2
    print *, 'matrice   : ', prod (v1, v2)
  end program test
```

Exercice 7.7

```
  subroutine compte ()
    integer :: nappels = 0       ! statique car initialisee (save facultatif)
    integer :: limite  = 1       ! statique car initialisee (save facultatif)
    nappels = nappels + 1
    if (nappels >= limite) then
                           print *, '*** appel ', limite, ' fois ***'
                           limite = limite * 10
                          end if
  end subroutine compte
```

Exemple de programme d'utilisation de ce sous-programme :

```
program test
  implicit none
  integer, parameter ::  nfois = 10000
  integer :: i
  do i = 1, nfois
    call compte ()
  end do
end program test
```

Exercice 7.8

```
recursive function acker (m, n) result (res)
  integer, intent (in) :: m, n
  integer :: res
  if ( (m<0) .and. (n<0) ) then
     res = 0
     elseif (m == 0) then
     res = n + 1
     elseif (n == 0) then
     res = acker (m-1, 1)
     else
     res = acker (m-1, acker (m, n-1) )
  end if
end function acker
```

Chapitre 8

Exercice 8.1

```
 :bonjour mo:bonjo:
```

Exercice 8.2

```
- abcd -ghijkl
-'hell -,"boy"
-      -    /
```

Exercice 8.3

```
program comptage
  implicit none
  integer, parameter :: lgmot = 26
  character (len=*), parameter :: lettre = 'e'
  integer :: nbl = 0, i
  character (len=lgmot) :: mot
  print *, 'donnez un mot'
  read *, mot
  do i = 1, len_trim (mot)
    if ( mot(i:i) == lettre) nbl = nbl + 1
  end do
  print *, 'votre mot comporte ', nbl, ' fois la lettre ', lettre
end program comptage
```

Exercice 8.4

```
program suppression_de_lettres
  implicit none
  integer, parameter :: lgtexte = 80
  integer pos
  character (len=1), parameter :: lettre = 'e'
  character (len=lgtexte) :: texte

  print *, "donnez un texte d'au plus ", lgtexte, " caracteres"
  read *, texte
  do
     pos = index (texte, lettre)
     if (pos == 0) exit
     texte (pos:) = texte (pos+1:)
     texte (lgtexte:lgtexte) = ' '
  end do
  print *, 'texte prive des lettres ', lettre
  print *, texte
end program suppression_de_lettres
```

Exercice 8.5

```
program concatenation_intelligente
  implicit none
  interface
     function concat (ch1, ch2)
       character (len=*) :: ch1, ch2
       character (len=len_trim(ch1)+len_trim(ch2)+1) :: concat
     end function concat
  end interface

  character (len=15) :: mot1 = "bonjour", mot2 = "monsieur"
  print *, ":", concat (mot1, mot2), ":"
end

function concat (ch1, ch2)
   character (len=*) :: ch1, ch2
   character (len=len_trim(ch1)+len_trim(ch2)+1) :: concat
   concat = trim (ch1) // " " // trim (ch2)      ! deuxieme trim facultatif
end function concat
```

Exercice 8.6

```
program tri_chaines
  implicit none
  integer, parameter :: lgch = 10
  character (len=lgch), dimension (4) :: tab =                         &
      (/ "fortran 90", "pascal    ", "langage C ", "basic     " /)
         ! attention, toutes les constantes doivent avoir la meme longueur
  interface
    subroutine tri (t, lg)
       integer, intent (in) :: lg
       character (len=lg), dimension (:), intent (inout) :: t
    end subroutine tri
  end interface

  print  '("chaines avant tri "/ (1x,a))', tab
  call tri (tab, lgch)
  print  '("chaines apres tri "/ (1x,a))', tab
end
```

```
subroutine tri (t, lg)
  implicit none
  integer, intent (in) :: lg
  character (len=lg), dimension (:), intent (inout) :: t
  integer :: i, j
  character (len=lg) :: temp
  do i = 1, size (t)-1
    do j = i+1, size (t)
      if (t(i) > t(j)) then
         temp = t(i) ; t(i) = t(j) ; t(j) = temp
      end if
    end do
  end do
end subroutine tri
```

Chapitre 9

Exercice 9.1

```
program tableau_structures
  implicit none
  integer, parameter :: nel = 4
  integer :: i
  type point
    character (len=1) :: nom
    real :: x, y
  end type point
  type (point), dimension (nel) :: ts
  do i = 1, nel
    print *, "nom (1 caractere) et coordonnees (2 reels)"
    read *, ts (i)
  end do
  print *, "liste des points fournis"
  print *, ts
end
```

Exercice 9.2

```
program tableau_structures
  implicit none
  integer, parameter :: nel = 4
```

```
  type point ; sequence
    character (len=1) :: nom
    real :: x, y
  end type point
  type (point), dimension (nel) :: ts
  interface
     subroutine lecture (t)
       type (point), dimension (:), intent (out) :: t
     end subroutine lecture
     subroutine ecriture (t)
       type (point), dimension (:), intent (in) :: t
     end subroutine ecriture
  end interface
  call lecture (ts)
  call ecriture (ts)
end

subroutine lecture (t)
  implicit none
  type point ; sequence                   ! on redeclare le type point
    character (len=1) :: nom              ! faute de mieux
    real :: x, y                          ! (mais l'ideal sera d'utiliser
  end type point                          ! un module
  type (point), dimension (:), intent (out) :: t
  integer :: i
  do i = 1, size (t)
    print *, "nom (1 caractere) et coordonnees (2 reels)"
    read *, t (i)
  end do
end subroutine lecture

subroutine ecriture (t)
  implicit none
  type point ; sequence
    character (len=1) :: nom
    real :: x, y
  end type point
  type (point), dimension (:), intent (in) :: t
  print *, 'liste des points'
  print *, t
end subroutine ecriture
```

Exercice 9.3

```
program somme_vecteurs
  implicit none
  type vecteur ; sequence
    real :: x ; real :: y ; real :: z
  end type vecteur
  interface
    function somme (a, b)
      type (vecteur), intent (in) :: a, b
      type (vecteur) :: somme
    end function somme
  end interface
  type (vecteur) :: v1 = vecteur(1, 3, 5), v2 = vecteur(5, 3, 1), w
  w = somme (v1, v2)
  print *, 'v1    : ', v1
  print *, 'v2    : ', v2
  print *, 'somme : ', w
end

function somme (a, b)
  implicit none
    type vecteur ; sequence
    real :: x ; real :: y ; real :: z
  end type vecteur
  type (vecteur), intent (in) :: a, b
  type (vecteur) :: somme
  somme = vecteur (a%x + b%x, a%y + b%y, a%z + b%z)
          ! on peut aussi ecrire :
          ! somme%x = a%x + b%x ; somme%y = a%y + b%y ; somme%z = a%z + b%z
end function somme
```

Chapitre 10

Exercice 10.1

```
program tab_dyn
  implicit none
  real, dimension (:,:), allocatable :: mat
  integer :: n, allok
```

```
  interface
    subroutine init (a) ;    real, dimension (:,:), intent (out) :: a
    end subroutine init
    subroutine affiche (a) ; real, dimension (:,:), intent (in) :: a
    end subroutine affiche
  end interface
  print *, 'donnez la taille : ' ; read *, n
  allocate ( mat(n,n), stat = allok)
  if (allok > 0) then
                print *, 'allocation impossible'
                stop
  end if
  call init (mat)
  call affiche (mat)
  deallocate (mat)
end

subroutine init (a)
  real, dimension (:,:), intent (out) :: a
  integer :: i, j
  do i = 1, size (a, 1)
    a(i, :) = (/ (j, j=1, size(a,2) ) /)
  end do
end subroutine init
subroutine affiche (a)
  real, dimension (:,:), intent (in) :: a
  integer :: i
  do i = 1, size (a,1)
    print '(1x, 6e12.4)', a(i, :)
  end do
end subroutine affiche
```

Exercice 10.2

```
A :    5.0000000
B :    7.0000000
C :    1.0000000   1.0000000
D :    2.5000000   2.5000000   2.5000000   2.5000000
D :    5.0000000
```

Exercice 10.3

```
program procedure_gestion_chaine
  implicit none
  character (len=60), pointer :: adch
  interface                  ! seule la premiere interface est indispensable ici
    subroutine alloc (ad) ; character (len=60), pointer :: ad ; end subroutine alloc
    subroutine lit (ch) ;   character (len=60), intent (out) :: ch
    end subroutine lit
    subroutine ecrit (ch) ; character (len=60), intent (in) :: ch
    end subroutine ecrit
  end interface
  nullify (adch)
  call alloc (adch)
  call lit (adch)
  call ecrit (adch)
end

subroutine alloc (ad)
  character (len=60), pointer :: ad
  if (.not.associated (ad)) allocate (ad)
end subroutine alloc
subroutine lit (ch)
  character (len=60), intent (out) :: ch
  print *, 'donnez une chaine ' ; read *, ch
end subroutine lit
subroutine ecrit (ch)
  character (len=60), intent (in) :: ch
  print *, ch
end subroutine ecrit
```

INDEX

S

T

Dépôt légal : février 2015
N° d'éditeur : 9242

Imprimé en Allemagne par BoD

www.ingramcontent.com/pod-product-compliance
Ingram Content Group UK Ltd.
Pitfield, Milton Keynes, MK11 3LW, UK
UKHW021044220726
13924UKWH00006B/2246